西北大学"双一流"建设项目资助

Sponsored by First-class Universities and AcademicPrograms of Northwest University

本书为国家社科基金重点项目（项目编号：19AJL010）中期研究成果

FINANCIAL
DEVELOPMENT
IN WESTERN CHINA (2006-2018)

基于发展质量视角的分析

AN ANALYSIS FROM THE PERSPECTIVE OF
DEVELOPMENT QUALITY

金融发展 中国西部

（2006-2018）

徐璋勇　王小腾　刘潭　等／著

社会科学文献出版社
SOCIAL SCIENCES ACADEMIC PRESS (CHINA)

目 录
CONTENTS

第一篇 | 理论基础

▶本篇在对金融发展理论演化脉络梳理与回顾的基础上，依据"金融功能论"与"金融可持续发展理论"，对金融发展质量的内涵进行科学界定；分析影响金融发展质量的主要因素，并构建金融发展质量评价的指标体系，提出评价方法，为整个研究提供理论基础。

第一章
金融发展质量问题研究的理论基础

金融高质量发展是新时期金融回归本源且可持续发展的客观要求。本章将依据金融发展的演化逻辑，对金融发展质量的内涵进行界定，为金融发展质量评价奠定理论基础。

一 金融发展理论的简要回顾

金融虽然是一个古老的经济学命题，但形成系统的发展理论则萌芽于20世纪50年代中期到70年代初，以约翰·G.格利、爱德华·S.肖、雷蒙德·W.戈德史密斯、罗纳德·麦金农等为代表的一批经济学家，关注到一批新独立的发展中国家在追求经济发展过程中，普遍遇到了储蓄不足和资金短缺的问题。为此，他们将其研究聚集于发展中国家金融发展与经济增长的关系，并先后出版了一系列论著，从而创立了金融发展理论。

（一）金融发展理论的演化

金融发展理论从其诞生起，始终围绕着三个问题展开：一是研究金融体系（包括金融中介和金融市场）在经济发展中所发挥的作用；二是研究如何建立有效的金融体系和金融政策组合以最大限度地促进经济增长；三是如何合理利用金融资源以实现金融的可持续发展并最终实现经济的可持续发展。[①]围绕着这三个命题，经济学家从不同的角度对其进行了解释。

1.萌芽阶段的金融发展理论

萌芽阶段的金融发展理论，主要在于解释金融在经济增长中的作用以

---

① 徐璋勇：《金融发展质量及其评价指标体系构建研究》，《武汉科技大学学报》（社会科学版）2018年第5期，第545~551页。

及金融结构演化的规律性。1955 年，约翰·G. 格利和爱德华·S. 肖分别发表了《经济发展中的金融方面》和《金融中介机构与储蓄——投资》两篇论文，通过建立一种由初级向高级、由简单向复杂逐步演进的金融发展模型，以证明经济发展阶段越高时金融的作用就越强的命题。他们认为，实际产出的增长能力来自两个方面：一是资本存量的增加；二是资本存量的分配。而这两个方面都与初始落后的金融制度相关。要克服初始经济下金融制度对产出的抑制，就必须进行金融创新，包括金融资产的增多（包括种类、数量）以及金融技术的进步。这样既可扩大可贷资金的市场广度，同时也可提高资金分配的效率。随着经济增长过程中人均收入的提高，金融资产的增长率将超过产出增长率或实际收入增长率，从而形成金融发展与经济增长的良性循环。其后，他们在 1967 年发表的《金融结构与经济发展》一文中，通过对传统金融理论及金融机构理论的扩展，进一步论证了金融发展是推动经济发展的动力和手段的命题。

1969 年，雷蒙德·W. 戈德史密斯出版了《金融结构与金融发展》一书，开创了从金融结构方面探讨金融发展与经济发展之间关系的先河。他指出：金融理论的职责在于找出决定一国金融结构、金融工具存量和金融交易流量的主要经济因素，并创造性地提出金融发展就是金融结构变化的思想。他采用定性和定量分析相结合、国际横向比较和历史纵向比较相结合的方法，确立了衡量一国金融结构和金融发展水平的基本指标体系；通过对 35 个国家近 100 年资料的统计分析，归纳出了金融结构演变的 12 条规律，并得出了金融相关率与经济发展水平正相关的基本结论。这为此后的金融研究提供了重要的方法论和分析基础，也成为 20 世纪 70 年代以后产生和发展起来的各种金融发展理论的重要渊源。[①]

2. 建立阶段的金融发展理论

1973 年，罗纳德·麦金农的《经济发展中的货币与资本》和爱德华·S. 肖的《经济发展中的金融深化》两本书的出版，标志着以发展中国家或地区为研究对象的金融发展理论真正产生。他们认为发展中国家普遍存在的金融抑制，对经济增长形成了制约。如现代金融机构与传统金融机构并存的二元金融结构，影响了货币政策的传导；不平衡的金融体制等，导致金融运行效率低下；金融市场发展落后、金融工具种类匮乏、社会资金的融通渠道不

---

① 王玉、陈柳钦：《现代金融发展理论的发展及计量检证》，《兰州学刊》2006 年第 2 期，第 136 ~ 141 页。

畅，导致资本形成不足；政府对经济和金融业的过分管制和干预，导致利率和汇率扭曲，使利率和汇率丧失了反映资金和外汇供求的作用。为此，要发挥金融对经济的促进作用，就应该放弃"金融抑制"政策，实行"金融自由化"或"金融深化"，即放弃国家对金融体系和金融市场过分的行政干预，放弃对利率和汇率的控制，让其充分地反映资金和外汇供求的实际状况，充分发挥市场的作用，有效控制通货膨胀。

3. 发展阶段的金融发展理论

金融发展理论的快速发展时期是在 20 世纪 70 年代中期到 90 年代中期，经济学家从不同的角度对金融深化论进行了发展。根据年代不同，此阶段的金融发展理论可以划分为第一代麦金农、肖学派和第二代麦金农、肖学派。

（1）第一代麦金农、肖学派

这一时期的金融发展理论盛行于 20 世纪 70 年代中期到 80 年代中期，代表人物有巴桑特·卡普、唐纳德·马西森、维森特·加尔比斯和韦尔·J. 弗赖伊等，他们主要的研究工作是对金融深化论进行了实证和扩充。

巴桑特·卡普以劳动力过剩、固定资本闲置的欠发达封闭经济为研究对象，通过分析固定资本与流动资本的比例关系等研究金融发展与经济增长的关系。他认为固定资本与流动资本之间总是保持着固定比例关系，在固定资本闲置的条件下，决定产出的关键因素是企业能获得多少流动资金，而流动资本一般完全通过银行筹集。因此，商业银行对实际经济的影响主要是通过提供流动资本来实现；商业银行能提供的流动资本量取决于实质货币需求、货币扩张率与贷款占货币的比例。

唐纳德·马西森则以所有的固定资本都被充分利用，企业需要同时向银行借入部分固定资本与流动资本为假设，认为经济增长会受到银行贷款供给的制约，而银行贷款供给又在很大程度上受到存款实际利率的影响。要实现经济的稳定增长，就必须使实际利率达到均衡水平。因此，必须取消利率管制，实行金融自由化。

维森特·加尔比斯以发展中国家经济普遍存在分割性为假定，认为在发展中国家，经济具有的某种特性使得资源无法由低效部门向高效部门转移，导致不同部门投资收益率长期不一致，从而导致资源配置的低效率。由此得出，金融资产实际利率过低是金融压制的主要表现，是阻碍经济发展的重要因素。要克服金融压制就必须充分发挥金融中介对经济增长的促进作用，把金融资产的实际利率提高到均衡水平。

韦尔·J. 弗赖伊认为，经济增长的决定因素是投资规模与投资效率，但在发展中国家，投资规模与投资效率又都在很大程度上受到货币金融因素的影响。因此，在静态均衡的条件下，实际增长率必等于正常增长率。[①]但是在动态经济中，二者却未必相等。因为实际增长率是由正常增长率和周期性增长率两部分构成的。

（2）第二代麦金农、肖学派

这一时期的金融发展理论盛行于20世纪80年代末期到90年代中期，主要是引入了诸如不确定性（流动性冲击、偏好冲击）、不对称信息（逆向选择、道德风险）和监督成本之类的与完全竞争相悖的因素，从效用函数入手，通过建立各种具有微观基础的模型，对金融机构和金融市场的形成予以解释。

对金融机构形成的理论解释。在第二代麦金农、肖学派中，对金融机构形成的原因提出了多种理论解释，其中具有代表性的解释模型有以下三种。一是Bencivenga和Smith的解释模型。该模型认为，金融机构形成的原因在于当事人随机的或不可预料的流动性需要，金融机构的作用是提供流动性，而不是克服信息摩擦。[②]二是Schreft和Smith的解释模型。该模型认为，金融机构的形成在于空间分离和有限沟通，即当事人在迁移时需要变现其资产，从而将面临迁移风险。为了规避这一风险，当事人就需要通过金融机构享受相应的服务。[③]三是Dutta和Kapur的解释模型。该模型认为，金融机构形成的原因是当事人的流动性偏好和流动性约束，即金融机构的存在使当事人可以持有金融机构存款，作为流动资产的金融机构存款与其他公共债务和法定货币相比，在提供流动性服务方面效率更高，可以缓解流动性约束对消费行为的不利影响。[④]

对金融市场形成的理论解释。在第二代麦金农、肖学派中，对金融市场形成原因进行解释的代表性模型有以下两种。一是Boot和Thakor的解释模型。该模型从经济的生产方面考察，认为组成金融市场的当事人把钱存入金融机构，金融机构再把所吸收的存款贷出去，从而为生产者提供资金，在

---

① 黄志钢：《市场建设对金融发展的作用研究——以江西为例》，博士学位论文，南昌大学，2010，第12～13页。

② Bencivenga, V. R., and Smith, B. D. Financial Intermediation and Endogenous Growth. *Review of Economic Studies*, 1991, 58（2）：195–209.

③ Schreft, S. L., and Smith, B. D. The Effects of Open Market Operations in a Model of Intermediation and Growth. *Review of Economic Studies*, 1998, 65（3）：519–550.

④ Dutta, J., and Kapur, S. Liquidity Preference and Financial Intermediation. *Review of Economic Studies*, 1998, 65（3）：551–572.

金融机构中，当事人进行合作并协调其针对生产者的行动。[①] 二是 Greenwood
和 Smith 的解释模型。该模型认为，金融市场的固定运行成本或参与成本导
致了金融市场的内生形成，即在金融市场的形成上存在门槛效应（Threshold
Effect），只有当经济发展到一定水平以后，有能力支付参与成本的人数才较
多，交易次数才较多，金融市场才得以形成。[②]

另外，在金融机构和金融市场形成之后，其发展水平会随该国内外条件
的变化而变化，一些经济学家从理论上也对这个动态发展过程进行了解释。
如 Greenwood 和 Smith 以及 Levine 等在各自的模型中引入了固定的进入费或
固定的交易成本，借以说明金融机构和金融市场是如何随着人均收入和人均
财富的增加而发展的。在经济发展的早期阶段，人均收入和人均财富很低，
由于缺乏对金融服务的需求，金融服务的供给无从产生，金融机构和金融市
场也就不存在。但是，当经济发展到一定阶段以后，一部分先富裕起来的人
由于其收入和财富达到上述的临界值，所以有动力去利用金融机构和金融市
场，亦即有动力去支付固定的进入费。这样，金融机构和金融市场就得以建
立起来。随着时间的推移和经济的进一步发展，由于收入和财富达到临界值
的人越来越多，利用金融机构和金融市场的人也越来越多，这意味着金融机
构和金融市场不断发展。

4. 金融约束理论

在金融深化理论影响下，一些国家推行了以金融自由化为核心的金融改
革。从实践的结果来看，虽然取得了一定的成效，但并未达到预期的目标，
特别是在一些国家还诱发了金融危机。在此背景下，许多经济学家开始对以
往经济发展理论的结论和缺失进行反思和检讨。Stiglitz 在新凯恩斯主义学派分
析的基础上，对金融市场失败的原因进行了分析。他认为，政府不应该放弃
对金融市场的监管，而是应该在监管方式上采取间接控制，并依据一定的原
则确立监管的范围和标准。[③] 随后，Hellman、Murdock 和 Stiglitz 于 1997 年在
《金融约束：一个新的分析框架》一文中提出了金融约束的理论分析框架。所
谓金融约束是指政府通过一系列金融政策在民间部门创造租金机会，以达到

① Boot, A. W. A., and Thakor, A. V. Banking Scope and Financial Innovation. *Review of Financial Studies*, 1997, 10（4）: 1099–1131.
② Greenwood, J., and Smith, B. D. Financial Markets in Development and the Development of Financial Markets. *Journal of Economic Dynamics and Control*, 1997, 21（1）: 145–181.
③ Stiglitz, J. E. Alternative Approaches to Macroeconomics. National Bureau of Economic Research, No. 3580, 1991.

既防止金融压抑的危害又能促使银行主动规避风险的目的。这里的金融政策包括对存贷款利率的控制、市场准入的限制，甚至对直接竞争加以管制，以影响租金在生产部门和金融部门之间的分配，并通过租金机会的创造，调动金融企业、生产企业和居民等各个部门生产、投资和储蓄的积极性。[①] 在金融约束环境下，银行只要能吸收到存款，就可以获得租金，促使银行寻求新的存款来源。如果此时政府再对市场准入给予一定的限制，就更能促使银行增加投资，以便吸收更多的存款，其结果将是资金供给的增加。因此，建立合理数量的储蓄机构，吸引更多的储户和银行存款是发展中国家金融深化的一个重要组成部分。金融约束不是对金融深化的抑制，而是对金融深化的促进。

5. 金融资源理论

20 世纪 90 年代末，随着资源约束问题的日益严重及经济可持续发展理论广泛被接受，我国著名金融学家白钦先教授提出了"金融资源论"，并以此为基础，提出了"金融可持续发展理论"。他根据金融资源的战略性、脆弱性、中介性、社会性和层次性特点，从金融功能及其扩展出发，将金融发展界定为质与量的统一，强调金融发展水平的衡量标准在于金融发展与经济发展的适应与协调程度，论证了金融可持续发展与经济可持续发展的辩证关系，实现了金融发展理论的研究范式转换、理论创新以及研究方法变革，将金融发展理论三大核心命题的研究推到了一个新的阶段。

（二）金融发展理论的实证检验

随着金融发展理论的提出，对其理论观点正确性的验证研究也随之展开。其核心在于通过选取样本（包括国家、产业、企业等层面），采用计量经济学方法，对金融发展与经济增长关系的相关理论观点进行计量检验。

20 世纪 80 年代的计量检验，主要是对金融抑制理论、金融深化理论研究结论的佐证，其中大多数实证研究结论都肯定了"金融抑制论"及"金融深化论"的科学性。比如 Lanyi 和 Saracoglu 通过对 21 个发展中国家 1971 ~ 1980 年实际利率与金融资产增长率及国内生产总值增长率之间的关系进行了计量验证，发现实际利率为正值的国家，其平均的金融资产增长率与国内生产总值增长率都较高；实际利率为负值的国家，其平均的金融资产增

---

① 王玉、陈柳钦：《现代金融发展理论的发展及计量检证》，《兰州学刊》2006 年第 2 期，第 136 ~ 141 页。

长率与国内生产总值增长率都较低，甚至为负值。[①] Fry 采用计量方法，通过对所选择的 61 个发展中国家在 20 世纪 60 年代中期至 70 年代中期的资料进行分析，发现金融压制的代价是实际存款利率每低于其市场均衡利率 1 个百分点，经济增长率将损失大约 0.5 个百分点。[②]

进入 20 世纪 90 年代以后，对金融发展与经济增长关系的实证研究不仅验证了金融发展确实具有促进经济增长的功能，而且揭示了金融中介与金融市场对经济增长的作用机理，以及影响和决定金融发展和金融结构的制度因素。在研究的具体对象上，分别从三个层面进行。一是从宏观层面，以国家（包括发展中国家与发达国家）为研究对象，研究金融发展对经济增长的影响，尤其是对全要素生产力的影响。如 King 和 Levine 从金融功能的角度入手对金融发展与经济增长关系的研究[③]、Levine 和 Zervos 对股票市场发展对经济增长影响的研究[④]、Rousseau 和 Wachtel 对金融中介体对实际经济活动作用的研究[⑤] 等。二是从中观层面，即产业层面进行的研究，重点分析一国金融发展水平与产业成长之间的关系，并由此解释金融发展影响经济增长的机制。如 Rajan 和 Zingales 对金融发展与产业规模及产业集中度关系的研究[⑥]、Neusser 和 Kugler 对经合组织中 13 个国家制造业与金融发展之间关系的研究[⑦]、Fisman 和 Love 对金融市场发展对产业成长性关系的研究[⑧] 等。三是从微观层面，即企业层面进行的研究，重点通过对企业数据的分析，研究国家法治体系、商业环境等对金融市场的影响，以及由此对企业成长的影响。

---

① 王玉、陈柳钦：《现代金融发展理论的发展及计量检验》，《兰州学刊》2006 年第 2 期，第 136～141 页。

② Fry, M. J. Saving, Investment, Growth and the Cost of Financial Repression. *World Development*, 1980, 8（4）: 317–327.

③ King, R. G., and Levine, R. Finance, Entrepreneurship and Growth. *Journal of Monetary Economics*, 1993, 32（3）: 513–542.

④ Levine, R., and Zervos, S. Stock Market Development and Long-run Growth. *World Bank Economic Review*, 1998, 10（2）: 323–339.

⑤ Rousseau, P.L., and Wachtel, P. Financial Intermediation and Economic Performance: Historical Evidence from Five Industrialized Countries. *Journal of Money, Credit & Banking*, 1998, 30（4）: 657–678.

⑥ Rajan, R.G., and Zingales, L. Financial Dependence and Growth. *American Economic Review*, 1998, 88（3）: 559–586.

⑦ Neusser, K., and Kugler, M. Manufacturing Growth and Financial Development: Evidence from OECD Countries. *The Review of Economics and Statistics*, 1998, 80（4）: 638–646.

⑧ Fisman, R., and Love, I. Trade Credit, Financial Intermediary Development, and Industry Growth. *Journal of Finance*, 2003, 58（1）: 353–374.

上述通过不同层面，采用不同样本数据进行的实证研究，其多数结果都为金融发展理论提供了支持。虽然部分实证研究结果与金融发展理论存在一定分歧，但大多是因为研究对象的特殊性或采用样本的特殊时期与金融发展理论的基本假设存在不一致，并不能否认金融发展理论的正确性。因此，金融发展理论对科学认识金融发展规律，并依此推进金融改革与发展具有重要的指导作用。

二 金融发展质量问题提出的背景

如前所述，金融发展理论的核心在于解释金融发展与经济增长的关系，在此基础上探讨金融发展如何促进经济增长。但进入 20 世纪 80 年代以来，金融业快速发展的同时也带来了诸多严重问题，如金融脆弱性的持续增大及金融危机的频繁爆发，并因此对经济运行产生破坏性冲击。人们日益认识到，金融业数量规模的快速增长并不等于高质量的金融发展，良好的金融发展必须是数量与质量的统一。

（一）金融自由化浪潮下催生的金融快速扩张增大了金融业的脆弱性

随着 20 世纪 70 年代麦金农、肖的金融深化理论的提出，以利率市场化、金融机构业务经营自由化等为核心内容的金融自由化浪潮席卷全球。实施金融自由化改革的国家在取得经济增长成果的同时，也承担了自由化推进带来的风险和成本。Demirgüc–Kunt 和 Detragiache 以 53 个国家 1980～1995 年利率市场化为样本，采用多元 Logit 模型进行回归分析，研究发现：即使其他因素得到控制，以放松利率管制为代表的金融自由化与金融危机发生的概率也呈现显著的正相关性，这表明金融自由化对金融系统的稳定产生了负面影响。[1] Weller 对 27 个新兴市场国家和地区的金融自由化与金融危机的关系进行实证研究，结果也表明，金融自由化以后，新兴市场经济体更容易受到金融危机的冲击，金融体系的不稳定性更强。[2] 即使在宏观经济十分稳定的情况下，金融自由化仍会增大金融脆弱性。因此，金融自由化作为一项重要的金

---

[1] Demirgüc–Kunt, A., and Detragiache, E. The Determinants of Banking Crises: Evidence from Developed and Developing Countries. Working Paper 1828, 1997, World Bank, Washington, D. C.

[2] Weller, C. L. A Few Observations on Financial Liberalization and Financial Instability. *Review of Radical Political Economics*, 1999, 31（3）: 66–77.

融改革措施，在改善金融资源配置、增强金融机构及金融市场竞争力的同时，也将金融机构置于高风险的竞争环境之中，加剧了银行乃至金融体系的脆弱性。尤其是在发展中国家，由于缺乏金融体系良好运行所必需的制度环境，随着金融自由化的推进，金融脆弱性必然不断积累，使金融体系内在的不稳定性和风险日益凸显，直至诱发金融危机。

（二）金融危机的频繁爆发凸显出金融业稳健发展的重要性

进入 20 世纪 70 年代以后，在金融自由化浪潮下，国际金融业增加值及金融市场交易规模均获得了前所未有的快速增长。到 20 世纪 80 年代初，无论是发达国家还是新兴工业化国家，以股票、债券、金融衍生品等形式存在的金融资产总额均超过了其实物资产总额，且还在以远超实物资产增长的速度在增长。但在金融业快速增长的同时，金融危机爆发的次数也在大幅增加，频率快速提升。据世界银行统计，20 世纪 80 年代至 90 年代末，全球共发生不同程度的金融危机 108 次[①]，其中最具影响力的金融危机为 20 世纪 80 年代初的拉美债务危机、90 年代初的墨西哥金融危机、1997 年的东南亚货币危机、2007 年的美国次贷危机等，任何一次金融危机的爆发都会对经济运行产生巨大破坏性。以 2007 年美国次贷危机为例，这次危机导致全球金融资产缩水 27 万亿美元。美联储前主席格林斯潘撰文指出："有一天，人们回首今日，可能会把美国当前的金融危机评为二战结束以来最严重的危机。"虽然每次危机爆发的具体诱因并不相同，但金融自由化、金融产品创新、衍生品泛滥、金融管制的放松等均是其中的主要因素。因此，金融危机的频繁爆发，日益凸显出金融业稳健发展的重要性。

（三）金融业的快速增长并不意味着真正的金融发展

自从 1992 年我国提出发展社会主义市场经济以来，金融业获得了前所未有的高速增长。突出表现在两个方面。一是金融业的内容与范围快速扩展。金融业由以银行为主的狭义金融逐步扩展为包含银行、保险、证券、信托、典当、租赁等在内的广义金融，各种非银行金融业态发展迅速，即使是传统的银行业也在互联网发展的支撑下加速向互联网银行、开放银行转型。二是金融规模快速扩张。2006～2018 年，广义货币供应量（M2）余额从 34.56 万亿元增加

---

① 何秉孟、李千：《金融改革与经济安全——警惕"金融自由化"对我国金融改革的干扰》，《马克思主义研究》2007 年第 6 期，第 9 页。

到了 182.67 万亿元，净增加了 4.28 倍；占 GDP 的比例由 168% 提升到了 199%；银行业金融机构总资产由 41 万亿元增加到 268.24 万亿元，净增加了 5.54 倍；全部金融机构本外币存款余额从 34.81 万亿元增加到了 182.52 万亿元，净增加了 4.24 倍；各项贷款余额从 23.85 万亿元增加到了 141.75 万亿元，净增加了 4.94 倍；保险机构保费收入从 5641 亿元增加到了 38016 亿元，净增加了 5.74 倍；股票市场年末市值由 89403.9 亿元增加到了 479600 亿元，净增加了 4.36 倍；而同期名义 GDP 由 20.94 万亿元增加到了 92.42 万亿元，净增加了 3.41 倍。[①] 可见，无论从哪个指标看，我国金融业的增长速度均远远超过了同期 GDP 的增长。这种快速的金融总量增长与我国市场经济发展的不断深入以及金融市场化程度的不断加深密切相关。但当我国经济由高速增长转向中高速增长之后，作为现代市场经济核心的金融业，也必然要从数量扩张转向高质量发展，这不仅是我国经济转型发展的要求，也是实现金融可持续发展的内在必然。

三　金融发展质量的内涵界定

（一）现有金融发展质量界定的简要回顾

自我国经济增速逐渐由高速向中高速转变且经济更加注重有质量的增长以来，作为现代经济核心的金融业，其发展质量问题也自然进入了研究者的视野。目前对金融发展质量给出明确界定的文献非常零散，具有代表性的有：任保平等将金融业增长质量界定为"金融业规模的扩张、结构的优化、效率的提升、稳定性的增强和风险的降低"。[②] 扶明高将金融发展质量分为整体金融业的发展质量与单个金融企业的发展质量，其中将整体金融业发展质量界定为"九性"，即完善性、稳健性、创新性、充分性、协调性、便捷性、普惠性、先进性、开放性；单个金融企业发展质量体现为"十性"，即充足性、安全性、流动性、合规性、准确性、审慎性、有效性、真实性、适应性、充分性。[③] 徐璋勇依据金融功能理论，将金融高质量发展界定为金融规模扩大、金融结构优化、金融效率提升、金融稳健性增强以及金融功能得到充分发

---

① 资料来源：根据中国人民银行发布的《中国区域金融运行报告》（2007～2019 年）中数据计算所得。
② 任保平、钞小静、魏婕等：《中国经济增长质量发展报告（2015）——中国产业与行业发展质量评价》，中国经济出版社，2015，第 219 页。
③ 扶明高：《提高金融发展质量，支持现代化经济体系建设》，《新华日报》2018 年 1 月 24 日，第 20 版。

挥。[①] 高一铭等将金融高质量发展的内涵概括为"效率""公平""可持续"三个维度。[②] 刘海瑞和成春林认为高质量的金融发展体现在一个国家或地区金融创新能力的增强、金融风险水平的降低、金融协调度的提高、金融排斥程度的下降、金融效率的提升和金融可持续发展能力的增强等方面。[③]

（二）金融发展质量的内涵界定

金融业是现代市场经济的核心。它作为一个产业，必须符合产业发展的一般规律。但金融业又是一个特殊产业，发展的脆弱性与高风险性是其内生的行业特征。特别是金融发展不当对经济产生的巨大破坏，使得金融发展过程中始终要以风险管控为基本前提。因此，依据现代金融发展理论，特别是"金融功能论"与"金融可持续发展理论"，我们将金融发展质量提升界定为：金融规模扩大、金融结构优化、金融效率提升、金融功能有效发挥及金融稳健性增强五个维度的有机统一。

1. 金融规模是保证金融发展质量的基础

金融规模可以划分为绝对规模与相对规模，其中绝对规模指金融发展相关指标的绝对数量，反映一个国家或一个地区金融发展的实力；相对规模指主要金融指标数量占社会经济总量的比例，反映经济的金融化程度以及金融业与经济发展的匹配度。金融规模的扩大不仅是金融业自身发展的体现，也是保障金融业高质量发展的基础。金融业的本源在于为实体经济服务，这种服务体现在提供融资、支付结算、管理风险、宏观调控等多个方面，只有一定的金融发展规模才可以为实体经济提供全面且有效的支持。

2. 金融结构是保证金融发展质量的基本条件

金融结构指金融业各部分所占比例及其相互关系，用来反映金融业内部各行业发展的协调程度。金融结构可以从不同角度进行划分，如金融资产结构、金融行业结构、金融主体结构、融资结构等。优化的金融结构意味着金融业内部各部门、各行业间具有和谐的比例关系，这是保证金融业高效运转及高质量发展的重要条件。

---

① 徐璋勇：《金融发展质量及其评价指标体系构建研究》，《武汉科技大学学报》（社会科学版）2018 年第 5 期，第 545 ~ 551 页。

② 高一铭、徐映梅、季传凤、钟宇平：《我国金融业高质量发展水平测度及时空分布特征研究》，《数量经济技术经济研究》2020 年第 10 期，第 63 ~ 82 页。

③ 刘海瑞、成春林：《金融发展质量的内涵——基于动力、过程、结果维度的研究》，《南方金融》2018 年第 7 期，第 3 ~ 11 页。

首先，金融结构是金融发展水平高低的直观体现。一般地，金融结构越复杂，即金融机构、金融工具、金融市场及其组合的种类越多、分布越广、规模越大，金融功能就越强，金融发展的水平和层次就越高。从历史的线索看，如果只有金融总量的增长，没有金融结构的演进，金融发展只能是同一水平或层次上的数量扩张。只有通过结构的优化，才能增加或提升金融功能，出现升级性的金融发展。

其次，金融结构影响着金融功能的发挥。金融发展的首要功能在于促进经济增长，而金融结构对经济增长具有重要影响。一是良好的金融结构有利于提高储蓄、投资水平，并通过有效配置资金来促进经济增长；二是良好的金融结构能通过提供丰富且具有特定内涵与特性的金融工具、金融服务、交易方式或融资技术等成果，从数量和质量两个方面同时提高需求者的满足程度，为经济社会提供各种金融便利和服务，为人们生活中的各种不确定性风险提供保障，增加金融商品和服务的效用，从而增强金融的基本功能，提高金融运作的效率，满足不断增加的各种金融需求，有利于提升人们经济生活的质量并增加社会总福利。

3. 金融效率是保证金融发展质量的重要内容之一

金融效率反映金融系统对金融资源的利用与配置状况，高的金融发展质量首先表现为金融业的高效率。金融效率的衡量要依据金融业的基本功能来确定，如银行业的基本功能在于通过动员闲散资金并转化为投资；证券业的基本功能在于通过市场融资，实现资金的高效率配置；保险业的基本功能在于通过风险的分散及补偿机制，保证参与保险的经济主体或产业的经营稳定性。

4. 金融功能是衡量金融发展质量的核心

根据金融可持续发展理论，金融功能就是金融对实体经济的支持作用。这种支持作用可以划分为三个层面：一是基础性功能；二是资源配置功能；三是扩展功能。显然，从金融服务于实体经济的本源来讲，金融功能的充分发挥是金融高质量发展的核心。

5. 金融稳健性是保证金融发展质量的必备条件

金融业是一个高风险行业，保持良好的稳健性不仅是其自身可持续发展的需要，也是其功能得以充分发挥的首要前提。因此，良好的稳健性是提高金融发展质量的必备条件。

综合来看，金融规模、金融结构、金融效率、金融功能、金融稳健性是金融发展质量的五个核心内容，也是评价金融发展质量的五个维度。任何一个维度的发展缺失或不足，都会构成金融发展质量的瑕疵。金融发展质量就是上面五个维度发展的综合体现。

四　金融发展质量问题研究的理论基础

金融发展理论从以雷蒙德·W. 戈德史密斯为代表的"金融结构论"，以罗纳德·麦金农、约翰·G. 格利、爱德华·S. 肖等为代表的"金融抑制论"和"金融深化论"，以 Hellman、Murdock 和 Stiglitz 为代表的"金融约束论"，以罗伯特·C. 默顿和兹维·博迪为代表的"金融功能论"，到以白钦先教授为代表的"金融可持续发展理论"，均从不同的角度解释了金融发展的内涵及其与经济增长的关系。但客观地说，"金融生态论""金融功能论"提出之前，研究的侧重点均在于解释金融业的自身发展及其与经济增长的单向关系，对于经济发展与金融发展的反向关系阐释不多，更没有从金融发展与经济增长的交互关系中阐释发展问题。"金融生态论"的提出，实现了对金融发展问题研究视角的转化，即将对金融发展问题的研究从金融业内部转向了金融业外部，重点研究影响金融发展的环境因素，为实现金融业的稳健发展提供了新的思路。而"金融可持续发展理论"更是将金融发展理论推进到一个新的阶段。它以金融是一国最基本的稀缺性战略资源为基础，探讨金融发展与经济发展的相互关系，从而将金融发展从以发展中国家为研究对象扩展到了包括发达国家在内的所有国家，阐释金融发展与经济发展的世界性问题，指出金融发展的核心在于金融效率，而金融效率是质与量的统一，金融效率高低的评价标准是金融发展与经济发展的适应与协调程度。这为新时代下确定金融发展的基本思想与发展原则及目标提供了理论基础。

（一）金融功能理论

金融功能问题的本质是金融与经济发展的关系问题，即金融相对于经济发展而言的作用如何。随着货币作为交换媒介的出现，围绕货币以及货币有关工具与经济发展的关系问题就进入了经济学家研究的视野之中，如约翰·穆勒、马克思、熊彼特等对信用及其功能的分析[①]，古典经济学家遵循萨伊定律

[①]　约翰·穆勒在其《政治经济学原理》一书中指出，信用可以使"使用的资本数量增加，从而使社会总产量增加"，信用的急剧扩大和收缩将导致商业危机。马克思在《资本论》（第三卷）中，将信用的作用归结为四点，即使利润平均化、减少流通费用、为股份公司产生提供条件、充分利用资本。熊彼特在《经济发展理论》一书中指出，"没有信用，现代工业的结构就不可能创立；信用使得个人能够在某种程度上不依赖于继承的财产而独立行事；经济生活的才智之士能够'跨上负债而取得成功'"。

提出的"货币中性论"，凯恩斯对古典经济学"货币中性"进行否定后提出的"货币非中性"等。但总体上讲，在金融发展理论形成之前，人们对金融功能的认识仅限于探讨货币、信用等对经济增长的作用。相对于现代金融来讲，这些研究与认识就显得比较零碎，并没有形成完整的系统理论。对金融功能的系统认识是在金融发展理论形成之后，并成为金融发展理论的核心内容之一。由于金融业及其运行的特殊性，对于金融功能的认识，截至目前理论界的研究还在不断深入。在此，我们仅以美国著名学者莫顿和博迪以及我国著名学者白钦先教授为代表，分别对国外、国内学界对金融功能的认识做出阐述。

1. 莫顿和博迪的金融功能理论

在当代经济学家中，美国著名学者莫顿和博迪的金融功能理论具有十分重要的影响。他们对金融功能的分析，为金融监管制度框架的构建以及金融制度改革提供了重要的理论基础。

莫顿与博迪在其1995年出版的《全球金融体系：功能观点》一书中提出，任何金融体系的主要功能都是为了在一个不确定的环境中帮助在不同地区或国家间在不同的时间配置和使用经济资源。他们将金融体系的功能分为以下六种。①清算和支付结算的功能，即金融体系提供了在商品、服务和资产交易中进行清算和支付结算的方法。无论是传统的支付体系，还是各种金融创新，包括一些衍生的金融工具，都可以实现这些功能。②聚集和分配资源的功能，即金融体系可以为企业或家庭聚集或筹集资金，对资源重新进行有效的分配。资金聚集的方式有两种：一是通过完善的金融市场直接筹集，二是通过金融中介间接筹集。其中，间接筹资的优势在于便于进行全过程监控，同时可以得到企业或家庭通常难以得到的信息；但不利之处在于筹资成本往往偏高。直接筹资的优势在于风险与收益对称，风险更为分散，且筹资成本较低；但不利之处在于监控能力较弱。③在不同的时间、空间及行业间转移资源的功能。在这一过程中该功能可以有效地解决信息不对称问题。④风险管理的功能。金融体系既可以提供管理和配置风险的方法，又是管理和配置风险的核心；风险管理和配置使金融交易过程中的融资和风险得以分离，从而使企业或家庭可以根据它们的意愿来选择承担风险的方式。⑤提供信息的功能。获得完善的信息是资源配置高效的前提条件，而金融体系是一个重要的信息来源，企业或家庭可以根据金融市场的价格变化（包括利率、资产价格等）进行资产配置与消费决策。金融市场上的交易工具越多，信息越丰富，越有利于资源配置决策。⑥解决激励问题的功能。激励问题是企业内生的，它的存在不仅会影响企业的所有决策，同时会增加社会成本，而金融体系尤其是金融工具可以帮助企业更为有效地利用金融资源，解决激励问题。

　　需要指出的是，莫顿和博迪对金融功能的分析基于两个假设：一是金融的功能比金融机构更具稳定性，即随着时间与空间的变化，金融功能的变化比金融机构的变化要小得多；二是金融功能优于金融组织结构，即金融机构的功能比其组织结构更为重要，金融机构只有在不断创新和竞争中才能使金融体系的功能更为强大，并具有更高的效率。[①] 因此，金融体系的构建，首先应该确定它具有的经济功能，然后建立可以使这些功能得到很好实现的金融机构与组织。

　　莫顿和博迪的金融功能理论，对金融体系改革和金融监管制度改革产生了重要影响。如在金融体系改革方面，他们指出金融中介的功能比金融机构本身更重要。随着金融交易技术的变化、金融市场竞争的加剧，金融产品或服务不再是某种金融机构的专利，因此，金融中介的未来发展，重要的不是哪种金融机构，而是金融机构具有什么功能。他们认为金融机构的主要问题是信用。金融机构的功能是通过向客户发行某种类型的债务、管理客户的各种资产来实现的，而在金融产品日益同质化的市场环境中，金融机构的生存与发展就深受客户对其信用状况看法的影响。因此，金融机构能否成功，关键在于它是否能够为客户有效地控制住各种债务实际和可能的风险。他们认为基于功能观点的金融体系更便于政府监管。由于金融功能的相对稳定性，所以，从功能角度从事监管，更有利于促进金融机构组织体系的变革。在金融监管制度改革方面，该理论为金融混业经营提供了有力的理论依据，实践中"功能性监管"概念随即被提出。1999 年美国国会通过的《金融服务现代化法案》(Financial Services Modernization Act of 1999)，亦称《格雷姆 – 里奇 – 比利雷法案》(Gramm–Leach–Bliley Act of 1999)，就是该理论在实践中产生巨大影响的直接体现。《金融服务现代化法案》废除了 1933 年制定的《格拉斯 – 斯蒂格尔法案》有关条款，从法律上消除了银行、证券机构、保险机构在业务范围上的边界，结束了美国长达 66 年之久的金融分业经营的历史，推动了美国金融业混业经营的大发展。

2. 白钦先教授的金融功能理论

　　白钦先教授是系统提出金融功能理论的国内学者，其在 1989 年出版的《比较银行学》中，在论述银行体系构成要素时，从功能视角提出了"银行

---

　　① 　于庆军、王海东：《金融产业组织结构与管制模式》，《生产力研究》2005 年第 6 期，第 61 ~ 62 页。

体系总体效应"的概念。随后，于 1998 年在其创立的以金融资源论为基础的金融可持续发展理论中，对金融功能进行了系统阐述。

　　白钦先教授认为，根据金融功能所处的不同层次，可以将金融功能划分为四个具有递进关系的层次，即基础性功能、核心功能、扩展功能、衍生功能，其中核心功能与扩展功能是金融的主导功能。

　　第一层次，基础性功能：服务功能、中介功能。其中，金融的服务功能是指金融为整个经济运行所提供的便利，包括为现实经济活动甚至社会活动提供一个统一的度量标准、为拥有剩余物质财富的人提供跨时消费的可能途径、解决物质交换的需求双重巧合困境从而便利交易、为大宗跨地交易提供汇兑结算服务、为富有者提供财富保管服务等。中介功能是指金融作为中介机构实现的简单的资金融通，即在资金短缺者和盈余者之间进行调剂。金融的服务功能与中介功能之所以是金融的基础性功能，是因为金融自产生以来在长时期内都提供服务和发挥中介作用。另外，这两个功能也是其他金融功能产生的基础。

　　第二层次，核心功能：资源配置。通过金融体系的运行，进行储蓄动员和项目选择，从而实现资源的高效配置。储蓄动员和项目选择既可以通过传统的银行等金融机构进行，也可以通过金融市场进行。通过资源配置功能的发挥，可以建立起资金盈余者与短缺者之间的联系，调剂余缺，对经济资源进行更为有效的配置利用，进而提高整个社会的福利水平。

　　第三层次，扩展功能：经济调节、风险规避。其中，金融的经济调节功能主要是指货币政策、财政政策、汇率政策、产业政策等通过金融体系的传导实现对经济的调节。风险规避功能主要是指利用大数定理把风险分散化、社会化。

　　第四层次，衍生功能：风险交易、信息传递、公司治理、引导消费、区域协调、财富再分配。这些功能是金融体系为了进一步提高资源配置效率在微观与宏观两个层面衍生出来的功能。这些功能可以归结为风险管理与宏观调节两个方面，风险管理主要包括风险交易、信息传递、公司治理等；宏观调节主要包括引导消费、区域协调、财富再分配等。

　　白钦先教授对金融功能的演化过程也进行了分析。他认为，金融最早呈现的是其基础性功能，随着经济发展水平的提高和金融本身的发展，金融的资源配置功能逐步显现出来；此后，为了解决资源配置过程中的伴随问题，金融功能进行了横向扩展，出现经济调节功能和风险规避功能；为了进一步提高资源配置效率，金融的衍生功能开始显现出来。金融功能的这一演化进程见图 1-1。

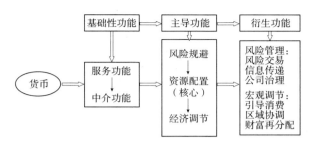

图 1-1 金融功能演化进程

资料来源：白钦先、谭庆华《论金融功能演进与金融发展》，《金融研究》2006 年第 7 期，第 49 页。

白钦先教授基于金融资源理论提出的金融功能理论，将金融发展的内涵界定由麦金农、肖的"金融深化论"、戈德史密斯的"金融结构论"推进到了"金融功能论"，即金融发展的过程就是金融功能不断演进的过程，并为其后提出金融可持续发展理论奠定了基础。

（二）金融可持续发展理论

金融可持续发展理论是白钦先教授在金融资源学说及金融功能理论基础上，将可持续发展的思想理念创造性地扩展运用到金融领域后提出的金融发展理论。

1. 金融可持续发展理论的理论基础：金融资源学说

白钦先教授认为，金融是一国最基本的战略性稀缺资源，他将金融资源划分为三个层次：第一层次是基础性核心金融资源，主要是广义的货币资产（资金）；第二层次是实体中间性资源，主要是金融组织体系和金融资产（工具）；第三层次为整体功能性高层金融资源。这种观点突破了传统经济学及金融学将资本或资金简单地视为一种生产要素的认识局限，是对金融重新认识后的新发展。金融资源从自然属性来看，是一种稀缺的社会性战略资源，这一属性使得金融资源自动进入可持续发展函数之中；从社会属性来看，它又是一种可以对其他所有资源（包括自然资源和社会资源）具有配置功能的资源，这一特殊属性体现了金融在现代经济中的枢纽地位。要实现经济和社会的可持续发展，必须首先实现金融本身的可持续发展。由此，金融资源的合理、科学、永续利用就是金融可持续发展的根本问题。

2. 金融可持续发展理论的研究视角：金融功能论

白钦先教授对戈德史密斯的金融结构理论进行了修正、补充与发展，认为金融发展不仅仅是金融结构的优化，更是金融功能的扩展与提升，即金融功能的演进。金融功能扩展体现为量性金融发展，金融功能提升则更多体现为质性金融发展，金融功能的扩展与提升体现了金融发展从量变到质变的统一。[①] 这一独特的研究视角，不仅使人们对金融发展本质的认识深化，而且也解释了以往的金融发展理论所不能解释的一些问题，如为什么具有相似金融相关率指标的不同国家金融发展程度不同；为什么有些国家发生了严重的金融危机，而有些国家却能保持相对稳定和正常运转。这对发展中国家的金融发展及政策选择具有更强的指导意义。

3. 金融可持续发展理论的政策含义

任何金融发展理论都要回归于对金融发展实践的指导，确定什么样的金融发展政策是金融发展实践的核心内容。金融可持续发展理论的政策含义可归结为三个方面：一是保持金融发展与经济发展的协调，即金融资源的开发利用要与经济发展的需求相协调，金融发展既不能超前于经济发展，也不能滞后于经济发展；二是保持稳定和谐的金融生态环境，实现金融资源量的累积过程与金融资源开发利用效率提高过程的统一协调，为此，在政策层面就应该选择合理的金融改革与发展模式、相容性的金融制度以及有效的金融稳定机制；三是追求公平竞争的全球金融资源配置和利益共享，这是在金融全球化和金融自由化背景下，实现世界各国金融协同发展的必然要求。

另外，金融业是一个充满风险的行业，脆弱性是其内生特征，这就使得金融业作为一个特殊产业，其自身的可持续发展是一切发展可持续的前提基础。为此，金融发展过程必须遵循金融量性扩张与质性提高的统一、金融稳定发展与金融创新诱发的跳跃式发展相并存、金融整体效率提升与微观效率改善并重等基本原则。

---

① 孙伟祖：《功能观视角下的金融发展理论及其延伸》，《广东金融学院学报》2005 年第 5 期，第 8 ~ 13 页。

第二章
金融发展质量的影响因素与评价指标体系构建

构建合理的评价指标体系是对金融发展质量进行科学评价的前提基础。本章依据前述对金融发展质量的界定，在对金融发展质量影响因素进行分析的基础上，提出金融发展质量评价指标体系与评价模型，为对西部地区金融发展质量进行科学评价奠定基础。

一 金融发展质量的影响因素

金融发展质量取决于多种因素，其中既有金融体系内因素，也有金融环境因素。只有对这些影响因素做归纳分析，才可以为提高金融发展质量提供依据。

（一）金融体系内因素

金融发展质量首先受到金融业自身相关因素的影响。这些因素归纳起来主要有以下几方面。

1. 金融发展规模

金融发展规模是影响金融发展质量的首要因素。金融发展规模可以划分为绝对规模与相对规模，其中绝对规模指金融发展相关指标的绝对数量，反映一个国家或地区金融发展的实力，具体可表现为金融资源的数量；相对规模指主要金融指标数量占社会经济总量的比例，反映经济的金融化程度以及金融业与经济发展的匹配度。金融发展规模的扩大不仅是金融业自身发展的体现，也是保障金融高质量发展的基础。

首先，从微观层面来看，适度规模的货币资本投入是企业获得最佳效率产出的基本条件。货币资本是最基本的金融资源，其规模大小又反映了一定的金融发展水平。货币资本对企业生存与发展的重要性毋庸置疑，但它作为一种投入要素，又不能孤立地发挥效用，而是需要与其他资源（如物质资本、人力资本等）按照一定的组合比例投入之后共同发挥作用。对于一个企业而言，投入的货币资本无论是短缺还是过剩，都不可能使企业保持在最大的生产可能性边界上。换句话说，不足或者过度的货币资本投入，都不可能实现一切现有资源产出效率的最大化。

其次，从宏观层面来看，适度的金融发展规模是保障社会经济稳健发展与良性运转的重要条件。金融活动是实体经济发展到一定阶段的产物，其发展受到实体经济发展水平的约束，但由于金融业自身特殊的发展规律，其可以在一定程度上、在一定范围内脱离实体经济而独立发展，从而形成了金融与实体经济发展关系的三种状态，即"金融压抑""金融适度""金融过度"。

所谓"金融压抑"，指金融资源供给小于生产可能性曲线边界相对应的金融资源需求的状态，即现有的金融资源供给不能把现有的其他资源最大限度地配置出来。① 这是金融发展不足与滞后于经济发展的表现。"金融压抑"产生的根源在于政府对金融市场的过分干预以及实行过度化的金融管制政策，使利率、汇率等市场价格发生扭曲，不足以反映真实的市场供求，导致金融发展规模严重不足，对经济增长形成阻碍。更为严重的是，金融发展不足与经济增长之间还会形成恶性循环，即金融发展不足与经济低增长之间会形成互为因果的关系。

所谓"金融适度"，指金融资源供给与生产可能性曲线边界相对应的金融资源需求基本一致的状态，也就是说，现有的金融资源供给正好与其他资源供给相匹配，从而实现最大的产出效率。"金融适度"表明金融发展与经济增长相适应，这是保障经济稳健增长的重要条件。

所谓"金融过度"，指金融资源的供给超过了实体经济发展对金融资源需求的状态，这是金融发展超前于经济发展的表现。当一个国家金融发展超前于经济发展时，过多的金融资源不能被实体经济吸收，在逐利原则下就会大量涌入虚拟经济领域，比如股票市场、房地产市场等，助推这些市场资产价格泡沫的形成，增大市场的不稳定性。当市场泡沫达到一定程度时，任何一种引发市场资产价格逆转的因素出现，都会引发资产价格的大幅下跌，严重的还会诱发金融危机，甚至是经济危机。

可见，一个国家或地区金融发展规模必须与经济发展对金融的需求相适

---

① 杨涤：《金融资源配置论》，中国金融出版社，2011，第 161 页。

应，既不能过小也不能过大。当金融发展规模过小时，会出现"金融压抑"，金融发展的经济增长效应无法发挥；而当金融发展超前、规模过大并超越某一临界值时，金融发展对经济增长的促进作用就会出现弱化、消失，甚至效应反转的现象，对经济增长形成阻碍，而这个临界值就是金融发展相对于经济发展水平的最优规模。[①]

2. 金融结构

金融结构是指构成金融总体各组成部分的分布、存在状态以及之间的相互关系。出于研究视角与需要的不同，可以进行多角度的划分。如从金融工具角度划分的金融工具结构、从金融资产形式角度划分的金融资产结构、从金融机构组织形式划分的金融组织结构、从融资形式及特点划分的融资结构等。其中，融资结构是金融结构分析的重点。

金融体系的基本功能之一就是实现资金在盈余者与短缺者之间的转移及资金供给与需求的对接，而这种功能的实现可以通过两种形式完成：一是间接融资，即以银行等金融机构为中介，在信用的基础上实现资金由盈余者向短缺者的转移；二是直接融资，即资金供给者与资金需求者不通过金融中介机构，而通过股票、债券等金融工具，在金融市场直接形成债权债务的融资形式。以间接融资为主体的融资体系称为银行主导型金融体系，以直接融资为主体的融资体系称为市场主导型金融体系。直接融资与间接融资的比例及相互关系就是融资结构。研究融资结构对金融资源配置效率的影响，实质就是分析哪种金融体系更有利于经济增长及金融功能的发挥。但截至目前的研究都表明，两种融资模式对经济增长的影响并无明显区别。如 Levine 先将国家分为银行主导型与市场主导型两类，再在每一类里又分为金融发达国家和金融不发达国家，转型国家单独列一类。统计发现，在金融不发达国家中，银行主导型的国家有 19 个，市场主导型的国家有 8 个；在金融发达国家中，银行主导型的国家有 16 个，市场主导型的国家有 14 个。[②] 由此可以看出，融资体系与国家发达程度之间并无规律性，即不管经济是否发达，都有市场主导型和银行主导型。这一研究发现似乎与我们平时认识到的"市场主导型金融体系具有更高效率"的观点相悖。

[①] 张志元、李东霖、张梁：《经济发展中最优金融规模研究》，《山东大学学报》（哲学社会科学版）2016 年第 1 期，第 88 ~ 97 页。

[②] Levine, R. Bank-Based or Market-Based Financial Systems: Which Is Better. *Journal of Financial Intermediation*, 2002, 11（4）：398-428.

虽然目前学术界还没有对哪种融资体系更优给出明确结论，但金融体系职能的发挥是在一定的经济与制度环境下进行的。换句话说，在一定的经济基础与制度环境下，不同的融资体系对经济增长的效率影响依然是有差异的。比如，在法律制度越完备、监管越严的国家，越有利于对投资者的保护，金融市场上的投资者与上市公司数量就会越多，金融市场就越发达，资产市场价格信号传递效应越强，市场的价值发现功能就越强，融资效率就越高；非银行金融机构（如养老基金、住房协会、保险公司、共同基金等）越发展，股票市场就会越活跃，其对经济增长的贡献就会越大。因此，要有效发挥金融体系的作用，必须构建与制度环境相适应的融资体系与融资模式。

另外，融资模式必须随着经济的发达程度而进行动态调整。在一些金融不发达国家，其证券市场不发达，银行融资就会扮演重要角色；随着经济的发展，融资结构向市场主导型过渡；在收入较高的国家，相对于银行，股票市场变得更活跃和更有效率。

3. 金融企业产权结构与所有制结构

产权制度是市场经济所有制度的基础，明确界定产权是市场交易必不可少的先决条件。由于金融是市场经济中资源配置的核心，金融产权的明确界定是决定金融资源配置有效性的基础和先决条件。所谓有效率的金融产权制度，必须满足两个基本条件：一是产权明晰；二是能够保证市场竞争足够有效。只有产权明晰才可以保障金融企业具有强烈的自我激励—约束机制，既具有积极开展金融创新、扩展金融活动规模的内在动力，又具有自我控制风险、承担风险后果的外在压力；只有有效的市场竞争才可以降低市场的负外部性，保障金融资源配置的高效率。

从产权性质来讲，金融企业产权无非可以划分为两种，即私人产权与公共产权，这两种产权制度下的金融企业行为存在显著不同，从而带来金融资源配置效率的巨大差异。在私人产权制度下，由于存在强烈的激励—约束机制，金融企业配置金融资源的基本原则是效率原则，在业务开展中追求以尽可能少的金融资源投入实现最大可能的产出，在空间拓展中遵循边际成本等于边际收益的古典经济学条件约束。这种产权性质既扩大了金融活动规模，同时也保障了金融机构的自身安全，实现了金融发展的可持续。但在公共产权制度下，由于缺乏明显的激励—约束机制，金融机构的"逆向选择"与"道德风险"尤为严重，在进行金融服务活动时的任何一个决策过程或环节，都可能加入了非市场、非效率因素，金融资源配置的低效率就成为必然。这就是以私有产权为基础的非国有银行与以国有产权为基础的国有银行在经营绩效上存在显著差异的重要原因。

需要指出的是，由于金融业是市场经济中资源配置的核心，而"市场失灵"又是一种客观存在，这就决定了从金融体系来讲的所有制结构是一个十分重要的问题。金融企业的所有制结构问题，实质上就是金融体系中的金融机构以谁为主的问题。如果国有金融机构数量超过民营金融机构数量，我们就称其金融业所有制结构为"以国有为主"，反之称为"以民营为主"。[1] 但无论是哪种所有制结构，都要以金融资源配置的高效率和金融体系功能的充分发挥为目标。世界各国经济与金融发展的历史经验表明，在经济发展水平较低的阶段，构建"以国有为主"的金融机构体系更有利于实现经济的快速增长；而在经济发展的较高阶段，构建"以民营为主"的金融机构体系更有利于金融功能的发挥。但无论在经济发展的哪个阶段，完全的金融机构国有化或者完全的金融机构私有化，都难以保证金融资源配置的有效性。而金融机构所有制形式的多元化，才是保障金融资源配置高效的最优选择。

4. 金融市场发育程度

金融市场是金融交易及金融活动开展的场所，也是影响其配置效率和金融发展质量的重要因素。发达金融市场一般具备四个特征：一是完整的金融市场体系，短期融资市场与中长期融资市场、股权市场与债权市场、货币市场与资本市场等均有发展；二是齐全的金融市场工具，能满足各类风险—收益偏好的组合需求；三是金融市场价格能灵敏反映资产供求，并对供求状况起导向调节作用；四是健全的金融监管制度。显然，发达的金融市场为促进金融资源组合多样化、降低市场风险提供了更多的可选择余地；反应灵敏的市场价格信息为金融资源的动态组合奠定了基础；完善的监管制度可以规避市场投机行为，维护市场的稳健性，从而减弱对资源配置效率冲击的强度。金融市场的有效竞争机制催生出各种各样的金融创新产品，不仅提供了诸多的投资途径满足人们的需要，还能改变银行等金融中介机构的经营模式，提高盈利水平，分散风险，从而保障金融资源配置效率的有效性。总之，发育程度越高的金融市场，越有利于金融资源配置效率的提升和金融高质量发展。

5. 金融基础设施

金融基础设施是指金融运行的硬件设施和相关的制度安排，包括金融法

---

[1] 杨涤：《金融资源配置论》，中国金融出版社，2011，第199页。

律法规、会计准则、信用环境以及由金融监管、中央银行最后贷款人职能、反洗钱、投资者保护制度等组成的金融安全网。金融基础设施的重要功能在于为金融机构快速有效动员资金，并将其转向生产部门提供条件。发达的金融基础设施，一方面能够促进规模更大、效率更高的产业资本的积累，促进经济增长；另一方面能有效提高本国金融体系应对外部冲击的能力。

一般来讲，金融基础设施有四个基本构成要素——金融法律基础设施、会计基础设施、监管基础设施、信息网络基础设施。每一项要素对金融发展及金融资源配置效率都有着重要影响。

首先，金融法律基础设施是金融基础设施的核心，完善的金融法律法规是一切金融活动有序进行的保证。金融法律基础设施主要是指与金融活动相关的法律法规，以及保障这些法律法规得到有效实施的相关制度。健全金融法律法规的核心在于保护一切金融产权人的权益，特别是保护金融机构的外部投资者、中小债权人、中小股东等的利益，使所有金融活动参与者在信息分享、权益分配等方面具有平等的地位与权利。

其次，会计基础设施是金融市场稳健运行的重要条件，是金融基础设施的重要内容。会计基础设施建设的核心在于建立完备的会计信息及严格的披露制度，因为完备且准确的会计信息及严格的披露制度是形成经济判断和做出经济行为决策的重要前提条件，有助于社会公众了解金融机构的运营状况，进而对其风险状况及运营的稳健性做出较为准确的判断，从而决定是否与其发生业务关系。完备的公司财务会计信息，有助于金融机构对其运营的风险状况做出准确评估，从而决定是否向其贷款；上市公司的完备会计信息及严格的披露制度，有助于市场对其价值做出准确评估，形成合理股价。因此，完备的会计信息及严格的披露制度对金融发展及其资源的有效配置具有极其重要的作用。

再次，建立完善且高效的金融监管制度是金融基础设施建设的另一重要内容。金融风险具有内生性、巨大的破坏性以及传染性，使得建立旨在防范金融风险发生、降低其危害、保障金融业稳健发展的金融监管制度就显得非常重要。现代金融监管制度的核心在于提高金融市场信息效率，保护消费者权益，维护市场秩序，在此基础上防范金融风险，保障金融体系稳定。为此，不仅需要建立健全科学的金融风险管理程序，快速有效地识别、计量、监测和控制各项重大的金融风险，还需要建立应对重大金融风险特别是金融危机的应急处置机制，以保障金融资源配置的高效率。

最后，信息网络基础设施是影响金融资源配置效率，特别是互联网金融发展模式下金融资源配置效率的重要因素。随着互联网技术的发展及其在金融领域的应用，以互联网为技术支撑的互联网金融、数字金融获得了快速发展，不仅改变了传统金融的业务流程、运营模式等，提高了金融服务的效率；更是拓展了金融服务的范围、方式与方法，有效提高了获得金融服务人群的覆盖率。比如在互联网技术支撑下，普惠金融使偏远贫困地区的居民获得了金融服务的享受权，助力其脱困致富。

6. 金融监管制度与政策

金融监管是一种政府管制行为，其存在的理论依据主要是基于金融市场失灵的社会利益论，基于金融系统脆弱性、信息不对称及公司治理的代理解说，以及基于监管者与被监管者之间动态利益关系的监管俘虏理论等。

第一，金融业存在的市场垄断现象会降低金融资源配置效率，影响金融发展质量。比如证券市场上的超级机构投资者，凭借其自身拥有的巨额资金，可以操纵股票市场价格，损害中小投资者利益，扭曲市场信号，降低市场运行效率。由此，对证券市场进行监管就是必要的。

第二，金融业巨大的负外部性使得金融监管成为必要。金融业具有内在的不稳定性，突出体现在金融机构高负债经营特点引致的内在不稳定性和金融市场价格剧烈波动引致的不稳定性两个方面。这种不稳定性蕴含的金融风险会通过金融市场迅速传导至个人、企业部门、金融部门乃至整个宏观经济部门，对社会经济运行构成巨大冲击。因此，出于维护金融稳定的目的，对金融业进行监管就成为必然。

第三，由于金融业广泛存在的信息不对称，所以需要进行金融监管。金融业中的信息不对称问题是一种客观存在，既体现在商业银行吸收存款与发放贷款的中介过程中，也广泛出现在证券市场上，由信息不对称衍生出的"逆向选择"与"道德风险"成为金融业的一种常态存在，对金融体系的安全构成威胁。为此，建立基于金融安全的金融监管体系就十分必要。

第四，金融业中存在的非理性行为使得进行适当的金融监管成为必要。"理性人假设"是传统经济学的基本假设前提之一，但现实的经济运行证明这一假设并不完全存在，而"非理性"似乎是一种常态现象。这在金融市场中表现得尤为突出，如证券市场上广泛存在的投资者的追涨杀跌行为等，其结果是导致市场波动性加剧，增大金融市场的不稳定性。出于稳定市场与引导投资的目的，金融监管政策就成为市场有序运行的保障之一。

第五，由于金融机构活动的特殊性，所以需要进行金融监管。金融机构特别是商业银行的基本职能就是将合理的流动性负债转变为非流动性资产，这种经营性质客观上就决定了需要对金融业进行监管。比如，在利率发生重大变化时，银行及金融机构负债的名义价值是固定的，但其资产价值却取决于利率的变化和资产负债表中两边价值对利率的非对称性反应，使金融机构面临着其他部门没有的风险。为了消除这种风险，适当的金融监管是必要的。

但是，金融监管是一把"双刃剑"，在防范与化解金融风险、维护金融稳定的同时，又因为其监管成本而对金融创新产生约束，降低金融资源配置效率和金融发展质量。由于金融业的信息不对称性及竞争性的结构特征，金融监管的主要方式之一就是对各类金融机构的市场准入进行规划，表现形式就是对从事金融业务的机构颁发业务许可证。其本意是防止过度竞争，而客观结果却往往成为对正常竞争的限制，滋生了金融业内部的无效率。另外，过严的金融监管制度会削弱金融市场竞争，导致价格信号扭曲、金融机构与金融市场创新动力不足，降低金融资源配置效率。因此，设计什么样的监管制度、采用什么样的监管政策，对金融资源配置效率和金融发展质量无疑具有重要影响。

（二）金融环境因素

金融环境是指在一定的制度与体制背景下，影响金融主体从事金融活动的各种要素的集合，也可以称为金融生态环境。良好的金融环境是金融体系充分发挥职能、实现金融与实体经济良性互动发展、保障金融发展质量的基础条件。从社会经济系统的角度看，影响金融运行的环境因素主要包括经济基础、经济结构、经济市场化程度、信用环境、区域经济合作、对外开放程度等。

1. 经济基础

经济基础包括经济规模及经济增长。其中，经济规模代表着一个地区的经济实力，通常用经济总量来表示，如 GDP、人均 GDP、社会消费品零售总额等；经济增长则代表着发展态势与潜力，通常用经济规模的增长率来衡量，如 GDP 增长率、人均 GDP 增长率或人均收入增长率、社会消费品零售总额增长率等。一般来说，经济规模越大的地区，往往同时具有较大的企业规模和市场规模，其对金融服务的需求也就越大，特别在市场经济下，其对金融的依赖度就越高。这不仅为金融企业及金融市场的发展提供了现实需求，同时为金融资源配置提供了更大的市场空间，为金融资源高效配置提供了前提基础。另外，经济的快速增长会带动市场规模的扩张和金融资产总量的膨胀，对风险分散和交易成本控制提出了更高的要求，进而推动金融发展水平及资源配置效率的提高。因此，良好的经济基础与金融发展质量的提升是互动促进的关系。

2. 经济结构

经济结构是国民经济各部分在国民经济整体中的比例及其相互关系，它既是经济资源在不同类型经济部门之间分配并不断调整的结果，也决定着整体经济的运行效率和发展态势。经济结构可以从多个方面进行衡量，其中最为常用的是所有制结构和产业结构。

首先，从所有制结构来看，其形成的基础是产权结构，而产权结构又是影响资源配置效率的重要因素。产权按照产权性质可以划分为公有产权与私有产权，以此为基础分别形成公有制和私有制，其中因为激励—约束机制的不同，在两种所有制中对资源的利用效率会存在较大差异。比如，对于同样数量的信贷资金，在公有制企业中，资金运用过程中的风险担保是"公有资产"，信贷资金利用的结果与每个企业员工并无直接的利益关系，导致在对资金进行利用与管理过程中的激励—约束不强，从而降低资源利用的效率。但在私有制企业中，由于企业资产所有权的明晰化及实体化，资金利用过程中的风险损失需要以私有资产为担保，使得资金借用者对其利用过程会严格监管，从而保障了资金利用的高效性。因此，从一个区域来讲，如果公有制经济所占份额较大，其对金融资源利用的效率就相对较低；而如果私有制经济所占份额较大，则经济活力较强，金融资源利用效率就越高。

其次，从产业结构来看，产业结构是各产业之间的比例及其相互关系，它既是资源（包括金融资源）配置的结果体现，也是影响资源流动及配置效率的重要因素。根据产业经济学理论，产业结构会随着经济发展水平的变化而不断演变，其演变的动因在于经济发展水平变化后引致的市场需求变化，演变的总趋势是产业升级，表现为第一产业份额的下降及第二、第三产业份额的上升。这种变化对金融资源配置效率的影响是明显的：一是产业结构升级为企业带来技术进步与技术创新，对金融部门提出更高质量的服务要求，从而提高金融资源的配置效率；二是产业升级引致的良好预期能够吸引大量的优质投资和金融资源，带动金融交易规模的扩张，间接推动金融资源配置效率的提高；三是在产业结构由低级向高级的演化过程中，金融资源被吸引流向更高效的产业之中，使得金融资源配置效率提升。

最后，从经济结构的调节弹性来看，无论是所有制结构，还是产业结构，都不可能是固定不变的，必须随着经济发展水平、发展环境及要素市场的变化而适时进行调节，这样才能保障整个经济运行的活力。经济结构优化调整的过程，就是经济资源从低效率部门（包括企业、行业、产业）向高效率部门流动转移的过程。经济结构调节的弹性越强，流动转移机制越健全，越能实现资源流动转移的高效率，资源配置效率也就越高。

3. 经济市场化程度

经济市场化程度是指市场在资源配置以及经济运行过程中发挥作用的趋势与程度。市场化程度越高，意味着经济运行更多遵循市场原则，依赖于市场机制。一般来讲，经济市场化的内涵主要体现在四个方面：一是生产要素市场化；二是企业行为市场化；三是政府与市场间边界清晰化；四是国际交易自由化。显然，经济市场化程度与金融资源配置效率和金融发展质量有着密切关系。

首先，金融作为一种核心和战略性资源，其配置效率不仅体现在金融业自身的投入产出，更是体现在其对经济社会发展与进步的贡献，包括 GDP 增长、产业结构优化升级、科技创新、社会发展、环境友好等方面，而这一切都需要金融资源与其他生产要素的有效组合，而要素市场化程度直接影响着这种组合的广度与深度。

其次，企业行为市场化的直观表现就是企业生产运营的每一个环节都遵循市场原则，而市场原则的核心就是实现投入—产出的最大化。因此，企业对所有资源（包括金融资源）的利用都会以产出最大化为目标。

再次，政府与市场间边界清晰化，就是要在资源配置过程中对政府管辖边界与市场边界给予清晰的界定，界定的原则就是兼顾效率与公平，以保障全社会范围内资源的充分利用，实现社会福利的最大化。

最后，国际交易的自由化就是要在国际范围内，遵循国际分工原则，实现国际范围内的贸易、投资等交易行为的最大自由，实现国际范围内资源配置的高效率。因此，从某种程度上讲，经济市场化程度与资源配置效率呈现正相关关系。

4. 信用环境

信用环境是指市场主体（包括企业、个人、政府）及其相互之间的信任关系与信用程度，其核心是各行为主体的守约遵规。信用环境的构建包括经济主体基于道德原则遵守契约以及保护契约并对违约行为进行处罚的法律制度。良好的信用环境是规范金融交易行为、提高金融资源配置效率与金融发展质量的重要保证。

首先，良好的信用环境会降低金融资源配置过程中的交易成本，表现在两个方面。一是降低交易前的信息收集成本。信息收集是金融机构进行资源配置前的基础性工作，对借款人信息获取的程度与完备性直接决定着金融机构的贷款决策及贷款风险。在具有良好信用的环境中，信用制度完善，市场主体具有良好的契约精神，借款人出于道德原则会提供更加真实的信息，金融机构为获取借款人真实信息所需要付出的成本低，从而提高了金融机构的决策效率，资金配置效率就越高。二是降低发生纠纷的摩擦成本。在良好的信用环境中，即使交易过程中发生利益纠纷，双方也都能遵守契约精神，能够本着公正与相互信任的原则处理问题，避免额外的时间成本与机会成本的投入，避免浪费时间与效率损失。正如诺思所言："一个以诚实和正直等特征为支撑的社会将是低交易成本的社会，相应地，在一个人们相互不信任或相互欺诈的社会，必然耗费大量的资源用于界定和实施契约。也就是说，当人们拥有实施契约的一套行为准则时，交易成本是低的。"[①]

其次，完备的法律制度为金融资源所有权人的利益提供了保障。完备的法律制度必须是基于保护契约并维护公平，包括立法完备与司法公正。一是完备的立法可以消除金融交易中的机会主义行为。基于最大化自身利益的需要，金融交易者会本能地采取某些机会主义行为，如借款者隐瞒真实的财务信息、基金公司向投资者隐瞒投资风险等，为其后交易过程中的纠纷与摩擦埋下隐患。而完备的立法则通过对故意隐瞒信息需要承担后果的告知条款，以及对信息隐瞒者责任追究的法律制度，从源头上有效消除金融交易中机会主义行为的出现。二是完善的法律制度可以为金融资源所有权人的权益提供法律保障。在一个法律制度完备的环境中，一旦金融资源所有权人的利益受到威胁或侵犯，便可依法维权，确保资源投放的安全性与收益性，消除金融资源所有权人的后顾之忧。三是公正的执法通过加大对金融违法犯罪等行为的惩罚力度，提高对金融案件的执行效率，保障信贷资金的安全使用，为信贷资金配置效率的提高保驾护航。

5. 区域经济合作

区域经济合作是一个市场交易过程，其动力在于通过发挥各自比较优势以促进资源优化配置，从而提高区域合作参与各方的福利水平，直接影响着资源优化配置的状况与效率。在经济全球化、一体化及金融自由化的背景下，区域经济合作的不断增强是一个不可逆的历史性发展趋势。

区域经济合作的首要特征是生产要素的自由流动，要素流动的动力来自

---

① 〔美〕诺思：《经济学的一场革命》，载科斯等著《制度、契约与组织：从新制度经济学角度的透视》，刘刚等译，经济科学出版社，2003。

对高回报率的追逐。金融资源的重要特征之一就是其具有高度的流动性，因此其作为生产要素中的一种，比其他生产要素具有更高的流动性偏好。显然，区域经济合作的范围越广，金融资源配置过程中对高回报率区域、投资项目的选择机会越多，从而提高金融资源的配置效率。另外，金融资源配置过程中的另一个原则就是规避风险，而不同经济区域因经济基础、市场运行、开放环境、监管制度等不同，产生金融风险的概率以及程度均有差异。在区域经济合作比较紧密的条件下，一旦某个经济区域产生金融风险或市场动荡冲击，区域内经济主体可以相互协作、共同应对，以有效对冲或降低风险，最大限度地降低效率损失。

6. 对外开放程度

对外开放包括产品市场对外开放和资本市场对外开放，其实质是打破原有封闭条件下的市场均衡，依据比较优势原则参与国际分工，共享分工带来的收益。对外开放对一国金融资源配置效率的影响是显著的。突出表现在三个方面。一是拓展了本国金融资源的供给与需求，为最大限度地获取配置收益提供了条件。一方面，金融对外开放会吸引大量国外资本流入，增加本国市场的金融资源供给；另一方面，开放的国际市场产生了对本国资本的需求，拓展了本国金融资源配置的空间，为本国资本获得更高收益提供了机会。二是金融对外开放的重要内容就是引入外资金融机构，这无疑会加剧金融市场竞争，不仅推动本国金融机构积极改善管理、加快金融创新、提高运营效率；同时通过"学习效应"，促使本国金融机构学习外资金融机构比较先进的风险控制理念、手段与技术，提升市场竞争力。三是金融对外开放也会增加本国金融市场受到外部冲击的可能性，加剧市场动荡，诱发金融风险，损害金融资源配置效率。因此，对外开放对于金融资源配置效率及金融发展质量来说是一把"双刃剑"，是正效应还是负效应取决于开放的制度设计，包括开放的领域、开放的步骤以及相应的监管制度等。

二　金融发展质量评价指标体系的构建

（一）金融发展质量评价指标体系研究的简要回顾

在以往关于金融发展与经济增长关系问题的相关研究中，学者们从不同角度构建了衡量金融发展水平的指标体系，但这些指标体系更多适用于衡量金融发展的数量而不是质量。近几年，随着金融发展质量问题的提出，部分学者也提出了衡量金融发展质量的指标体系。如任保平等构建了包含金融业规模、金融业结构、金融业效率、金融业稳定性、金融业风险性五个方面共计 15 项指标的指标体系[①]；李俊玲等基于金融业自身发展及支持经济创新、协调、绿色、开放、共享五大发展理念提出了六个准则层指标、14 个指标层指标的金融高质量发展评价指标体系[②]；徐璋勇提出了包含金融规模、金融结构、金融效率、金融稳健性和金融功能五大维度 43 个评价指标的金融发展质量评价指标体系[③]；高一铭等则从金融业投入—金融业产出的角度，构建了包含金融业投入与产出两大方面 6 个一级指标、19 个二级指标和 33 个三级指标的金融发展质量评价指标体系[④]。

可见，由于金融发展质量问题刚刚被提出，现有研究中构建的评价指标体系也不多见，且由于不同学者对金融发展质量的内涵界定不同，构建的评价指标体系也有较大差异。

（二）金融发展质量评价指标体系构建的原则

金融发展质量评价指标体系不仅是金融发展质量内涵的科学体现，更是测定与评价金融发展质量状况的基本依据，也是实现金融发展质量定量化研究的重要环节。针对金融业的特殊性、金融系统的复杂性以及金融体系功能的多样性，金融发展质量评价指标体系的构建必须遵循以下基本原则。

1. 科学性原则

科学性是指指标体系的设置要有科学的理论依据，指标构成要符合现代经济与金融学的基本原理，并反映学科研究与发展的最新动态；具体指标含义明确，内容简单明了；整个指标体系能准确反映金融发展质量的内涵与外延，评价的结果客观真实，能反映事实背后的一般规律。

2. 全面性原则

全面性原则是指构建的评价指标体系能够覆盖金融发展质量内涵界定的各个维度，不能在内容上有所遗漏。

---

① 任保平、钞小静、魏婕等：《中国经济增长质量发展报告（2015）——中国产业与行业发展质量评价》，中国经济出版社，2015，第 219 页。

② 李俊玲、戴朝忠、吕斌、胥爱欢、张景智：《新时代背景下金融高质量发展的内涵与评价——基于省际面板数据的实证研究》，《金融监管研究》2019 年第 1 期，第 15 ~ 30 页。

③ 徐璋勇：《金融发展质量及其评价指标体系构建研究》，《武汉科技大学学报》（社会科学版）2018 年第 5 期，第 545 ~ 551 页。

④ 高一铭、徐映梅、季传凤、钟宇平：《我国金融业高质量发展水平测度及时空分布特征研究》，《数量经济技术经济研究》2020 年第 10 期，第 63 ~ 82 页。

3. 可操作性原则

可操作性原则包含两方面要求：一是要求选取的指标以定量评价指标为主，即使是定性评价指标，也必须是可通过科学方法转化为可量化指标的，以保证指标计算及其结果的客观性；二是指标设计要考虑到我国现行的统计制度和统计基础，尽量保证所选取的指标有可靠的、连续的且权威的数据来源。

4. 可比性原则

可比性原则是指所选取的指标要便于对金融发展质量进行时间维度上的纵向比较，以了解其变化的态势；同时便于不同地区之间在空间维度上的比较，以了解区域之间金融发展质量的空间差异及其原因。为此，需要构建的指标体系在指标含义、计算口径、计算方法上应保持一致性与连贯性。

5. 相互独立性原则

相互独立性原则是指所构建的指标体系应尽可能避免指标之间的相互交叉和重叠，各个指标具有清晰的边界约定，既满足实证过程中指标之间不存在多重共线性的技术要求，同时在内容上各指标之间又相互联系与互补，能够反映金融发展质量的全貌。

（三）金融发展质量评价指标体系的构成

依据第一章对金融发展质量的内涵界定，对金融发展质量进行评价可以从金融规模、金融结构、金融效率、金融功能及金融稳健性五个维度进行。

1. 金融规模

金融规模可以划分为绝对规模与相对规模，其中绝对规模指金融发展相关指标的绝对数量，可以用金融资产量、金融机构数、金融业从业人员数、社会融资规模等来反映；相对规模指主要金融指标数量占社会经济总量的比例，反映经济的金融化程度，常用指标为 M2/GDP、FIR（金融相关率）等。考虑到西部地区属于经济欠发达地区，金融业发展的规模数量还远远不足；另外，为了规避相对规模衡量指标与其他维度衡量指标存在一定的自相关性而对计量分析带来的困扰，我们此处用绝对规模作为衡量金融规模的主要指标。具体来讲，选用五个指标。一是社会融资规模。社会融资规模是一定时期内（每月、每季或每年）实体经济从金融体系获得的全部资金总额，其中的金融体系从机构看，包括银行、证券、保险等金融机构；从市场看，包括信贷市场、债券市场、股票市场、保险市场以及中间业务市场等。社会融资规模是全面反映金融与经济关系，以及金融对实体经济资金支持的总量指标。二是银行贷款余额，反映银行业的发展规模。三是年末股票市值，反映证券业发展规模。四是债券筹资额，反映债券市场的发展规模。五是保费收入，反映保险业发展规模。

2. 金融结构

金融结构指金融业各部分所占比例及其相互关系，用来反映金融业内部各行业发展的协调程度。金融结构可以从不同角度进行划分，从而有不同的衡量指标，如金融资产结构、金融行业结构、金融主体结构、融资结构等。考虑到金融业的核心功能在于通过不同金融工具、金融市场满足经济主体之间的融资需求。为此，我们用以下两项指标反映金融结构：一是直接融资额占社会融资总额的比例，用来反映融资结构；二是非银行金融资产总额占金融资产总额的比例，用来反映金融行业结构。

3. 金融效率

金融效率反映金融资源利用与配置的状况。学术界关于金融效率的衡量指标也非常多，根据金融业的功能定位，我们将金融业效率分为金融业总体效率以及金融各行业效率。

金融业总体效率用三个指标衡量：一是银行信贷资金边际产出率，反映银行信贷资金的产出效率；二是金融业劳动生产率，反映金融业全员劳动效率；三是投资转化率，反映金融体系将社会融资转化为资本的能力。

金融各行业效率可分为银行业效率、证券业效率和保险业效率。其中，银行业效率用两个指标衡量：一是居民储蓄率，反映银行的资金动员能力；二是贷存率，反映银行的资金转化能力。证券业效率用两个指标衡量：一是居民股市参与率，反映资本市场对居民的吸引力；二是证券化率，反映经济发展的证券化程度。保险业效率用保险赔付率衡量，反映保险业对风险损失的弥补与保障能力。

4. 金融功能

根据金融可持续发展理论，金融的功能包括基础性功能（主要是服务与中介功能）、资源配置功能以及扩展功能（主要是金融推动经济增长与居民福利改善、产业结构优化升级、科技创新、环境改善、贫困减缓等方面的功能）。在此，我们将分别从金融的基础性功能、资源配置功能以及扩展功能三个维度构建指标体系。

维度1：金融基础性功能的衡量。金融的基础性功能是金融与生俱来的功能，也就是完成支付和完成借贷[①]，分别称之为"金融服务功能"和"金融

---

① 禹钟华：《金融功能的扩展与提升》，中国金融出版社，2005，第79页。

中介功能"。在此，我们用以下三项指标来衡量：一是金融服务覆盖率，即每万人拥有的金融机构网点数；二是金融服务使用率，即人均从银行获得贷款额与人均 GDP 的比值；三是保险密度，即当年保险收入 / 当年人口数。

维度 2：金融资源配置功能的衡量。金融的资源配置功能是金融业通过金融活动的进行，实现金融资源在行业、部门、地域之间的优化配置。实现资源的优化配置是金融的根本性功能，也是金融业发展的核心。基于数据的可获得性，我们用以下两项指标来衡量：一是债务投资率，即贷款与债券筹资额之和占全社会固定资产投资总额的比例，用来反映通过债权工具配置金融资源的能力；二是非国有单位社会固定资产投资率，即非国有单位社会固定资产投资额占全社会固定资产投资总额的比例，用来反映社会投资在不同所有制主体之间的配置状况。

维度 3：金融扩展功能的衡量。金融的扩展功能是金融的衍生功能，即金融通过基础性功能、资源配置功能的实现，对社会经济的全面发展起到的推动作用。这些作用体现为促进经济总量增长与居民福利的改善、产业发展与结构升级、科技创新、环境改善及减缓贫困等多个方面。

其一，金融发展促进经济总量增长与居民福利改善的衡量。我们用两个指标表示：一是经济增长的金融弹性，即 GDP 增长率与金融业增加值增长率的比值，反映金融业增长对 GDP 增长的推动率；二是居民收入增长的金融弹性，即居民收入增长率与金融业增加值增长率的比值，反映金融业增长对居民收入与福利改善的贡献率。

其二，金融发展促进产业发展与结构升级的衡量。我们用四个指标表示：一是企业成长金融支持率，即规模以上工业企业资产总额与金融业增加值的比值，反映金融业发展对产业主体成长的促进作用；二是第二、第三产业发展金融支持率，即第二、第三产业增加值与金融业增加值的比值，反映金融业对第二、第三产业发展的支持状况；三是产业合理化金融支持率；四是产业高级化金融支持率。后两个指标用来反映金融发展对产业结构优化升级的支持状况。

其三，金融发展对科技创新的衡量。我们采用两个指标表示：一是 R&D 费用支出与金融业增加值的比值，反映金融发展对科技研发投入的影响作用；二是高新技术产业主营业务收入与金融业增加值的比值，反映金融发展对科技产出的影响作用。

其四，金融发展对环境改善的衡量。改善环境、实现绿色发展是我国未来相当长时期内经济社会发展的基本原则，也是金融业重点支持的方向之一。对此，我们采用单位 GDP 能耗降低率与金融业增加值增长率的比值来衡量。

其五，金融发展对减缓贫困的衡量。扶贫脱贫是全社会各级政府、各行业及各部门的共同责任，虽然致贫的根源有多种，但人均收入低、生活困苦、资本短缺是贫困人口及贫困地区的共同特征。金融业的基本功能就在于通过融资突破资本短缺瓶颈，促进经济增长。因此，助力脱贫也是金融业的职责所在。由于各省（区、市）贫困人口并不是每年都公布的，所以贫困发生率数据不全，从而为衡量金融业对减缓贫困的作用带来困难。在此，我们采用两个指标对金融发展缓解贫困的作用进行间接衡量：一是城镇居民恩格尔系数；二是农村居民恩格尔系数。

5.金融稳健性

金融业是一个高风险的行业，保持良好的稳健性不仅是其自身可持续发展的需要，也是其功能得以充分发挥的前提。因此，良好的稳健性是金融发展质量的重要内容。由于金融业包括银行业、保险业、证券业、信托业等，而各行业又都具有自身特点，因此，对金融业稳健性的衡量理应将银行业、保险业、证券业、信托业等全部纳入。但由于目前缺乏省域层面的信托发展数据，省域层面的信托稳健性难以客观评价；另外，我国资本市场具有全国统一性，如果资本市场出现风险，往往是全国性的而非地区性的，因此从省域层面衡量证券业稳健性缺乏合理性。另外，考虑到我国金融风险的潜在源头在于严重的地方债务及房地产泡沫。为此，对金融稳健性的衡量采用以下五项指标：一是商业银行不良贷款率，反映银行业稳健性；二是地方政府负债率，用地方政府财政赤字/GDP表示，反映地方政府债务的规模状况；三是地方政府财政赤字率，用政府财政赤字额占当年地方政府财政收入的比例衡量；四是房价收入比，即城镇住户每套住房价格与家庭年收入的比值，反映房地产市场的绝对泡沫程度；五是房价上涨相对指数，用房价上涨率与GDP增长率的比值来衡量，反映房地产市场的相对泡沫程度。

以上各指标及其计算方法见表2-1。

表2-1　西部地区金融发展质量综合评价指标体系

评价维度	分项指标	计算方法	属性
金融规模	社会融资规模		正向
	银行贷款余额		正向
	年末股票市值	根据上市公司年末收盘价计算的市值	正向
	债券筹资额		正向
	保费收入		正向

评价维度	分项指标	计算方法	属性
金融结构	融资结构	直接融资额 / 社会融资总额	正向
	金融行业结构	非银行金融资产总额 / 金融资产总额	正向
金融效率	银行信贷资金边际产出率	GDP 增量 / 银行信贷增量	正向
	金融业劳动生产率	金融业增加值 / 金融业从业人数	正向
	投资转化率	资本形成额 / 社会融资总额	正向
	居民储蓄率	城乡居民人均储蓄存款 / 城乡居民人均可支配收入	正向
	贷存率	金融机构贷款余额 / 金融机构存款余额	正向
	居民股市参与率	股民人数 / 总人数	正向
	证券化率	股市市值 /GDP	正向
	保险赔付率	保险赔付额 / 保费收入	正向
金融功能	金融服务覆盖率	每万人拥有的金融机构网点数	正向
	金融服务使用率	人均从银行获得贷款额 / 人均 GDP	正向
	保险密度	当年保险收入 / 当年人口数	正向
	债务投资率	贷款与债券筹资额之和 / 全社会固定资产投资总额	正向
	非国有单位社会固定资产投资率	非国有单位社会固定资产投资额 / 全社会固定资产投资总额	正向
	经济增长的金融弹性	GDP 增长率 / 金融业增加值增长率	正向
	居民收入增长的金融弹性	居民收入增长率 / 金融业增加值增长率	正向
	企业成长金融支持率	规模以上工业企业资产总额 / 金融业增加值	正向
	第二、第三产业发展金融支持率	第二、第三产业增加值 / 金融业增加值	正向
	产业合理化金融支持率	产业合理化指数 / 金融业增加值	正向
	产业高级化金融支持率	产业高级化指数 / 金融业增加值	正向
	研发费用金融支持率	R&D 费用支出 / 金融业增加值	正向
	高新技术产业金融支持率	高新技术产业主营业务收入 / 金融业增加值	正向
	单位 GDP 能耗金融支持率	单位 GDP 能耗降低率 / 金融业增加值增长率	正向
	城镇居民恩格尔系数	城镇居民食品支出总额 / 支出总额	负向
	农村居民恩格尔系数	农村居民食品支出总额 / 支出总额	负向
金融稳健性	商业银行不良贷款率	不良贷款余额 / 贷款余额	负向
	地方政府负债率	地方政府财政赤字 /GDP	负向
	地方政府财政赤字率	政府财政赤字 / 政府财政收入	负向

评价维度	分项指标	计算方法	属性
金融 稳健性	房价收入比	城镇住房价格 / 家庭年收入	负向
	房价上涨相对指数	房价上涨率 /GDP 增长率	负向

注：①参照韩永辉等的做法，产业合理化指数的具体计算方法为：$SR = -\sum_{i=1}^{n}(Y_{it}/Y_t)|(Y_{it}/L_{it})/$ $(Y_t/L_t)-1|$。SR 越小，经济越偏离均衡状态，产业结构越不合理；SR 越大，产业结构越合理。参见韩永辉、黄亮雄、王贤彬《产业政策推动地方产业结构升级了吗？》，《经济研究》2017 年第8 期，第 33 ~ 48 页。②参照刘伟等、袁航和朱承亮的做法，产业高级化指数的具体计算方法为：$SH = \sum_{i=1}^{n}(Y_{it}/Y_t)(LP_{it}/LP_{if})$，$Y_{it}$ 代表 i 产业在 t 时的总产出，LP_{it} 为 i 产业在 t 时的劳动生产率，LP_{if} 为 i 产业在完成工业化后的劳动生产率。SH 越大，代表产业结构高级化程度越高。参见刘伟、张辉、黄泽华《中国产业结构高度与工业化进程和地区差异的考察》，《经济学动态》2008 年第 11期，第 4 ~ 8 页；袁航、朱承亮《国家高新区推动了中国产业结构转型升级吗》，《中国工业经济》2018 年第 8 期，第 60 ~ 77 页。

三　金融发展质量的评价方法

（一）金融发展质量评价方法研究回顾

回顾现有研究文献，对金融发展质量进行评价的方法主要有如下五种。

1. 比较评价法

该方法的基本原理是：选择具有近似宏观经济运行数据规模的省（区、市）为样本，以提出的金融发展质量评价维度选择金融指标，将各省（区、市）金融指标进行对比，依此对所选择省（区、市）的金融发展质量的相对高低进行评价。采用此方法的研究文献有：李善燊选择陕西省、重庆市、四川省、河南省和湖北省为比较样本，通过对其金融组织体系、融资功能、资金运转效率、法人治理机制、风险控制体系以及金融监管效率六个方面的比较分析，重点对陕西省金融发展质量进行了评价。[①]

2. Malmquist 生产率指数法

该方法基于高质量的金融发展就是具有高效率的金融发展，将金融效率分解为技术效率和技术进步，再次将技术效率分解为纯技术效率和规模效率，通过对金融业效率的测度分析来对金融业发展质量进行评价。采用此方法的有：向琳通过对全国 31 个省（区、市）在 2004 ~ 2013 年的金融

① 李善燊：《地方金融业高质量发展路径研究——以陕西省为例》，《金融发展评论》2019年第 8 期，第 55 ~ 65 页。

业全要素生产率及其分解值的分析来对我国八大综合经济区金融业发展质量进行评价。[①]

3. 熵值法

熵值法是一种客观赋权法，它是根据各项指标值的变异程度来确定指标权数的，避免了人为因素带来的偏差。熵值法能够深刻地反映出指标信息熵值的效用价值，它给出的指标权重值相比层次分析法和专家经验评估法有较高的可信度，适合对多元指标进行综合评价。如任保平等采用此方法对中国金融业发展质量进行了评价研究。[②]

4. 组合赋权法

该方法是在构建评价指标体系的基础上，分别通过层次分析法（AHP）、熵值法和变异系数法三种方法计算出各金融指标系数，然后对这三种方法计算的指标系数进行算术平均，将算术平均值作为各指标的权重，最后确定出组合指标系数，依此对金融发展质量进行综合评价。采用此方法的有：李俊玲等对 2013～2017 年我国 31 个省（区、市）金融发展质量进行的评价研究。[③]

5. 非意愿产出的超效率 SBM–DEA 方法

该方法在 SBM–DEA 模型的基础上，将"超限"的金融风险作为非意愿产出引入评价模型，通过计算包含非意愿产出的效率值来测度金融业质量发展水平。高一铭等采用此方法，运用 2005～2018 年我国 31 个省（区、市）数据对金融业发展质量进行了评价。[④]

综合现有评价方法可以看出，测度方法的不同实质上体现了研究者对金融发展质量的认知不同，且各种测度方法各有优缺点。但从发展趋势来讲，测度方法选择的趋势是用客观赋权法代替主观赋权法，以保证评价结果的客观公正性。

---

① 向琳：《经济新常态下区域金融发展质量动态比较与借鉴》，《金融与经济》2015 年第 8 期，第 22～25 页。

② 任保平、钞小静、魏婕等：《中国经济增长质量发展报告（2015）——中国产业与行业发展质量评价》，中国经济出版社，2015。

③ 李俊玲、戴朝忠、吕斌、胥爱欢、张景智：《新时代背景下金融高质量发展的内涵与评价——基于省际面板数据的实证研究》，《金融监管研究》2019 年第 1 期，第 15～30 页。

④ 高一铭、徐映梅、季传凤、钟宇平：《我国金融业高质量发展水平测度及时空分布特征研究》，《数量经济技术经济研究》2020 年第 10 期，第 63～82 页。

（二）金融发展质量评价方法的选择

为了克服多指标变量间信息的重叠和人为确定权重的主观性，本书运用熵值法对西部地区金融发展质量进行综合评价。熵值法是一种客观赋权法，它是根据各项指标值的变异程度来确定指标权数的，避免了人为因素带来的偏差。熵值法能够深刻地反映出指标信息熵值的效用价值，它给出的指标权重值相比层次分析法和专家经验评估法有较高的可信度，适合对多元指标进行综合评价，其主要步骤有六步。

第一步：数据标准化处理。由于系统中各指标的量纲、数量级及指标正负取向均有差异，所以在进行评价前需要对原始数据做标准化处理。

正向指标：$X_{ij}^{'}=(X_{ij}-\min X_j)/(\max X_j-\min X_j)$ （1）

负向指标：$X_{ij}^{'}=(\max X_j-X_{ij})/(\max X_j-\min X_j)$ （2）

第二步：计算第 i 年份第 j 项指标的比重。

$$Y_{ij}=X_{ij}^{'}/\sum_{i=1}^{m}X_{ij}^{'} \qquad (3)$$

第三步：计算指标信息熵。

$$e_j=-k\sum_{i=1}^{m}(Y_{ij}\times\ln Y_{ij}) \qquad (4)$$

第四步：计算信息熵冗余度。

$$d_j=1-e_j \qquad (5)$$

第五步：计算指标权重。

$$W_i=d_j/\sum_{j=1}^{n}d_j \qquad (6)$$

第六步：计算单个指标评价得分。

$$S_{ij}=W_i\times X_{ij}^{'} \qquad (7)$$

其中，X_{ij} 表示第 i 个年份第 j 项评价指标的数值，$\min X_j$ 和 $\max X_j$ 分别为所有年份中第 j 项评价指标的最小值和最大值，n 为指标数，$k=1/\ln m$，其中 m 为评价年数。计算出的 S_{ij} 即为单个评价维度的指数。以同样的方法对五个维度的指数进行合成，最后得到金融发展质量的综合指数。

第二篇 现实分析

▶ 本篇依据大量的统计数据，采用统计与比较分析相结合的方法，从金融业的总体发展、行业发展、市场发展、农村金融发展以及金融发展的生态环境等方面，对西部地区金融业发展现状进行全面系统的分析，为进行金融发展质量评价提供基础。

第三章
西部地区金融发展的总体分析 *

本章主要从西部地区总体与省域层面，对 2006～2018 年金融发展的规模、结构与效率进行分析，并将其与全国金融发展的动态变化进行比较，以形成对西部地区金融发展的全面认知。

一　西部地区金融发展的规模分析

金融发展规模是衡量金融发展的首要内容，也是金融功能有效发挥的前提基础。金融发展规模可以从不同角度，采用不同的经济指标进行衡量。但从指标性质来讲，无非包括两个方面：一是金融发展的绝对规模；二是金融发展的相对规模。基于此，出于反映内容的直观性考虑，本节分别用西部地区金融资产总额、地区社会融资规模、金融业机构数量、金融业从业人员数来衡量金融发展的绝对规模，用金融相关率衡量金融发展的相对规模，对西部地区金融发展状况进行总体分析。

（一）西部地区金融资产总额及变化分析

金融资产（Financial Assets）指单位或个人所拥有的以价值形态存在的资产，是一切可以在有组织的金融市场上进行交易、具有现实价格和未来估价的金融工具的总称。由于现代金融业包括银行、证券、保险、信托等多个行业，且金融机构种类繁多，缺乏统一的统计口径，加之信托资产的信息披露不全，本节采用银行贷款余额、债券筹资额、股市市值和保费收入之和来代表区域金融资产总额，计算公式如下：

---

*　由于西藏自治区相关数据缺失，本章及以后各章分析中提及的"西部地区"均不包含西藏自治区。特此说明。

$$金融资产总额=银行贷款余额^{①}+债券筹资额+$$
$$股市市值+保费收入 \tag{1}$$

表3-1列示了2006~2018年西部地区及全国的金融资产总额及其占比情况，可以看出，西部地区金融资产规模持续扩大，从2006年的46755.91亿元增加至2018年的338415.51亿元，12年间增加了6.24倍，年均增长率达到17.93%；同期全国金融资产总额从337995.38亿元增长到2058216.62亿元，增长了5.09倍，年均增长率为16.25%；西部地区金融资产年均增长率高于全国1.68个百分点。另外，西部地区金融资产占全国的比重也呈现在波动中上升的趋势，从2006年的13.83%上升到2018年的16.44%，上升了2.61个百分点（见图3-1）。

表3-1　2006~2018年西部地区及全国金融资产总额及其占比

单位：亿元，%

年份	西部地区	全国	西部地区占全国的比重
2006	46755.91	337995.38	13.83
2007	75356.18	632221.47	11.92
2008	68728.83	469478.42	14.64
2009	90209.85	701121.47	12.87
2010	123485.65	804013.60	15.36
2011	133035.06	817840.42	16.27
2012	155752.56	922791.31	16.88
2013	177518.87	1067647.88	16.63
2014	220008.76	1315067.90	16.73
2015	263416.82	1646722.00	16.00
2016	283431.65	1810686.76	15.65
2017	317428.63	1994330.58	15.92
2018	338415.51	2058216.62	16.44
年均增长率	17.93	16.25	—

资料来源：《中国统计年鉴》（2007~2019年）和中国人民银行发布的《中国区域金融运行报告》（2007~2019年）。

① 由于现有金融统计中采用的"银行业金融资产"既包括银行业金融机构的实物资产，也包括货币资产。本章侧重于对金融发展的整体分析，只有贷款余额更符合本书对金融发展的定义，因此，此处采用银行信贷余额来表示银行业金融资产。特此说明。

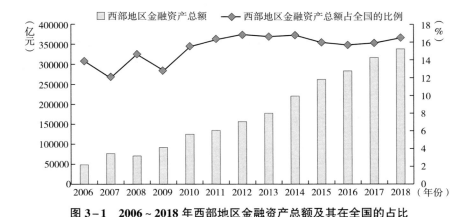

图 3-1　2006~2018 年西部地区金融资产总额及其在全国的占比

资料来源：《中国统计年鉴》（2007~2019 年）和中国人民银行发布的《中国区域金融运行报告》（2007~2019 年）。

（二）西部地区社会融资规模及变化分析

社会融资规模，指实体经济在一定时期内从金融体系获得的资金总额，中国从 2011 年起金融宏观调控将其作为一个新的检测分析指标。近年来，随着金融机构数量的不断增加，金融总量高速扩张，金融工具与金融产品不断创新，金融市场多样化与多层次发展，证券保险类金融机构对经济的贡献度加大，社会融资规模作为一个新的分析指标应运而生。特别是 2008 年国际金融危机发生后对影子银行体系的关注、监测和研究，使得传统的监测指标难以完整反映金融与实体经济的关系，社会融资规模的产生正是能够反映我国金融发展现状、满足金融调控需要、与货币供应量指标相互补充，是国际金融危机发生后我国金融统计的重要创新。在此基础上，2014 年中国人民银行首次发布了一项新的数据——地区社会融资规模，该指标是对一定时期内某一区域实体经济从金融体系获得资金支持的统计，其统计口径、内涵与全国社会融资规模相同。地区社会融资规模指标能够更全面地反映和比较区域融资的不平衡状况，增强区域金融透明度，有利于防范局部风险。表 3-2 和图 3-2 是 2006~2018 年西部地区及全国社会融资规模增量及其占比情况。

表 3-2 中的数据显示，2006~2018 年西部地区社会融资额总体上表现出增长态势，地区社会融资规模增量从 5602.7 亿元增加到 33458.1 亿元，增加了 5.0 倍，年均增长率为 16.06%；同期全国社会融资规模增量从 42696 亿元增加到 192584 亿元，增加了 3.5 倍，年均增长率为 13.38%。西部地区社会融资规模增量占 GDP 的比重从 2006 年的 14.28% 提升到了 2018 年的 18.30%，

12 年间增加了 4.02 个百分点。西部地区社会融资规模增量占全国的比重也由 2006 年的 13.12% 提升到了 2018 年的 17.37%，提升了 4.25 个百分点。社会融资规模的扩大及占比的提高，表明西部地区实体经济从金融体系获得的金融资源越来越多，金融对实体经济增长的支持力度不断增大。

表 3-2　2006～2018 年西部地区及全国社会融资规模增量及其占比

单位：亿元，%

年份	西部地区		全国		西部地区社会融资规模增量占全国的比重
	社会融资规模增量	社会融资规模增量/GDP	社会融资规模增量	社会融资规模增量/GDP	
2006	5602.7	14.28	42696	19.46	13.12
2007	7386.6	15.54	59663	22.08	12.38
2008	10705.5	18.50	69802	21.85	15.34
2009	21205.6	31.87	139104	39.85	15.24
2010	19341.5	23.91	140191	33.94	13.80
2011	20305.8	20.38	128286	26.22	15.83
2012	23984.3	21.19	157631	29.17	15.22
2013	37853.0	30.24	173169	29.09	21.86
2014	38105.0	27.78	164571	25.49	23.15
2015	31743.0	22.04	154086	22.36	20.60
2016	30028.0	19.29	178022	23.96	16.87
2017	37880.1	22.65	223969	23.45	16.91
2018	33458.1	18.30	192584	21.44	17.37
年均增长率	16.06	—	13.38	—	—

资料来源：《中国统计年鉴》（2007～2019 年）和中国人民银行发布的《中国区域金融运行报告》（2007～2019 年）。

图 3-2 是 2006～2018 年西部地区社会融资规模增量的动态变化情况。可见，西部地区社会融资规模增量呈现波动增加态势，其中在 2014 年达到最大，社会融资规模增量为 38105.0 亿元，其后呈下降趋势，在 2018 年为 33458.1 亿元。如果将西部地区社会融资规模增量占 GDP 的比重与全国社会融资规模增量占 GDP 的比重做比较会发现，2006～2018 年，有 11 年该比例低于全国平均水平（见图 3-3）。这表明，西部地区实体经济从金融体系获得的金融资源支持力度小于全国平均水平，这一方面是西部地区金融发展落后于全国平均水平的直观体现，另一方面也表明西部地区金融业对实体经济的支持力度还有待加大。

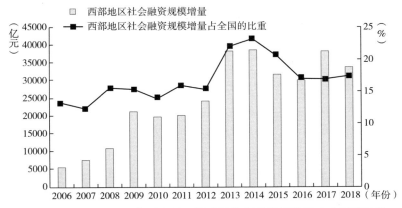

图 3-2　2006～2018 年西部地区社会融资规模增量及其占全国的比重

资料来源：《中国统计年鉴》（2007～2019 年）和中国人民银行发布的《中国区域金融运行报告》（2007～2019 年）。

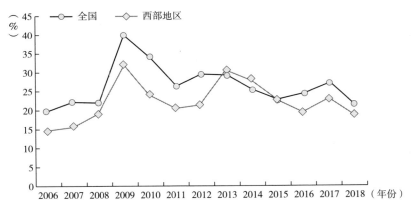

图 3-3　2006～2018 年西部地区及全国社会融资规模增量占 GDP 的比重

资料来源：《中国统计年鉴》（2007～2019 年）和中国人民银行发布的《中国区域金融运行报告》（2007～2019 年）。

（三）西部地区金融业机构数量及变化分析

金融业机构是承担金融活动、发挥金融功能的主体。如果一个地区金融机构数量较多，说明该地区金融资源丰富，金融活跃度高，金融发展水平较好，并具有较强的金融竞争力。基于数据可获得性，本章选取银行业、证券业及保险业的法人机构数量之和作为金融业法人机构总数（见表 3-3），同时图 3-4 显示了 2006～2018 年西部地区及全国金融业法人机构数量变化及其在全国的占比情况。

表3-3 2006～2018年西部地区及全国金融业法人机构数量

单位：家

年份	银行业法人机构数		证券业法人机构数		保险业法人机构数		金融业法人机构数	
	西部地区	全国	西部地区	全国	西部地区	全国	西部地区	全国
2006	3373	7611	44	344	4	98	3421	8053
2007	3331	7485	40	341	6	110	3377	7936
2008	2190	5634	40	338	6	130	2236	6102
2009	2078	3857	39	333	6	138	2123	4328
2010	1576	3807	38	332	6	146	1620	4285
2011	1458	4061	38	341	9	140	1505	4542
2012	1209	3598	36	352	8	153	1253	4103
2013	1266	3872	38	360	10	167	1314	4399
2014	1267	4195	37	368	10	178	1314	4741
2015	1307	4203	39	376	9	182	1355	4761
2016	1353	4311	39	387	10	173	1402	4871
2017	1413	4470	39	393	16	266	1468	5129
2018	1425	4724	39	400	19	197	1483	5321

资料来源：《中国金融年鉴》（2007～2019年）和中国人民银行发布的《中国区域金融运行报告》（2007～2019年）。

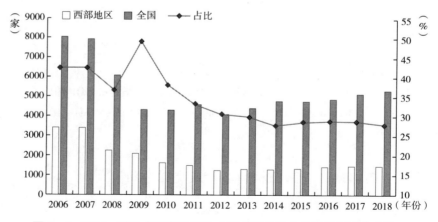

图3-4 2006～2018年西部地区和全国金融业法人机构数量及占比情况

资料来源：《中国金融年鉴》（2007～2019年）和中国人民银行发布的《中国区域金融运行报告》（2007～2019年）。

从图3-4中可以看出，2006～2018年，我国西部地区的金融业法人机构数量由3421家减少到1483家，减少了56.65%，全国范围内的金融业法人机构数由 8053 家减少到 5321 家，减少了 33.93%，以至于西部地区在全国的占比总体呈小幅下降的趋势。另外，随着金融体制改革的逐步推进，我国金融机构的发展呈现多元化的态势，但是对于经济发展比较落后的西部地区来说，其金融体系仍然是以银行业为主导，其中银行业法人机构数量在整个金融业法人机构数量中占绝对的优势，占比维持在 90% 以上；而证券业和保险业法人机构数量的占比均较小。

（四）西部地区金融业从业人员数及变化分析

金融业从业人员数量也是衡量金融发展规模的一个重要指标。表 3-4 列出了 2006~2018 年西部地区及全国的金融业从业人员数及占全国的比重。由图 3-5 可以直观地看出，与全国类似，西部地区金融业从业人员数以平稳速度缓慢增长，2006 年金融业从业人员数仅为 78.0 万人，到 2018 年金融业从业人员数已经达到 142.1 万人，12 年间增长了 82.18%，比同期全国增长率 90.34% 低 8.16 个百分点。

表 3-4 2006~2018 年西部地区及全国金融业从业人员数及占比

单位：万人，%

年份	金融业从业人员数		西部地区占全国的比重
	西部地区	全国	
2006	78.0	367.4	21.23
2007	81.9	389.7	21.02
2008	87.6	417.6	20.98
2009	94.6	449.0	21.07
2010	100.8	470.1	21.44
2011	105.9	505.3	20.96
2012	111.6	527.8	21.14
2013	115.0	537.9	21.38
2014	117.7	566.3	20.78
2015	124.1	606.8	20.45
2016	134.5	665.2	20.22
2017	140.4	688.8	20.38
2018	142.1	699.3	20.32
2018 年较 2006 年增长	82.18	90.34	—

资料来源：根据《中国统计年鉴》（2007~2019 年）数据整理计算。

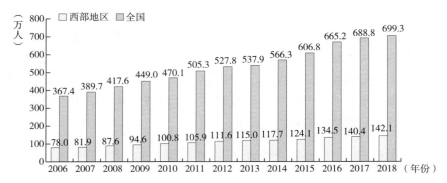

图3-5　2006~2018年西部地区及全国金融业从业人员数

资料来源：根据《中国统计年鉴》（2007~2019年）数据整理计算。

西部地区金融业从业人员数占全国的比重在波动中呈现下降趋势（见图3-6），从2006年的21.23%下降到2018年的20.32%。其中占比最高点在2010年，占比达21.44%；最低点出现在2016年，占比仅为20.22%。这表明，虽然2006~2018年西部地区金融业获得了快速发展，人员规模也在快速增加，但人员扩张速度低于全国。

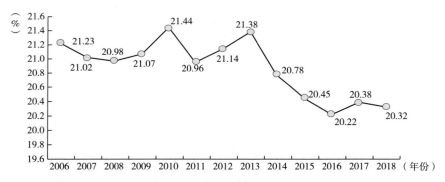

图3-6　2006~2018年西部地区金融业从业人员数占全国的比重

资料来源：根据《中国统计年鉴》（2007~2019年）数据整理计算。

如果进一步分析西部地区金融业从业人员的行业结构，会发现在金融业从业人员规模增速慢于全国的状态下，银行类金融机构的从业人员数量的增加速度却高于全国（见表3-5和图3-7）。2006~2018年全国银行类金融机构从业人员数量增加了57.21%，而同期西部地区增加了60.94%，比全国增长率高出3.73个百分点；西部地区银行类金融机构从业人员数量占全国的比重也有所提高，从2006年的23.99%提高到2018年的24.56%，其间虽然所占比例有所波动，但总体呈现上升趋势。这说明，一是近年来西部地区金融业的快速发展主要来自银行类金融机构的快速发展，这主要得益于国家加快了普惠金融在西部地区的发展，使得银行类金融机构在空间覆盖率上有了大幅度的提高；二是西部地区金融业发展的内部结构依然是以银行业为主导，非银行类金融业务发展缓慢且相对不足。因此，西部地区金融业在未来如何实现银行类业务与非银行类业务的均衡及协调发展、形成和谐的金融内部结构，是一个需要研究的重要问题。

表 3-5　2006~2018 年西部地区及全国银行类金融机构从业人员数及占比

单位：万人，%

年份	银行类金融机构从业人员数		西部地区占全国的比重
	西部地区	全国	
2006	59.98	250.00	23.99
2007	60.50	267.80	22.59
2008	60.37	273.00	22.11
2009	64.80	287.00	22.58
2010	73.62	308.00	23.90
2011	76.64	319.10	24.02
2012	81.35	337.80	24.08
2013	85.28	356.70	23.91
2014	88.52	372.20	23.78
2015	90.30	379.00	23.83
2016	93.00	379.60	24.50
2017	92.98	394.78	23.55
2018	96.53	393.03	24.56
2018 年较 2006 年增长	60.94	57.21	—

资料来源：根据中国人民银行发布的《中国区域金融运行报告》（2007~2019 年）数据整理。

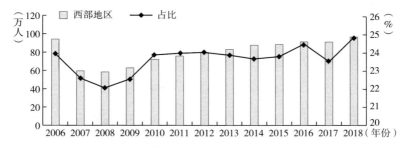

图 3-7　2006~2018 年西部地区银行类金融机构从业人员数及其在全国的占比

资料来源：根据中国人民银行发布的《中国区域金融运行报告》（2007~2019 年）数据整理。

（五）西部地区金融相关率及变化分析

金融发展的相对规模指标，通常用区域金融资源总量与 GDP 的比值来反映，以表示金融业在区域经济总量中的比重与地位，而金融相关率（FIR）就是一个首选指标。该指标由 Goldsmith 于 1969 年提出，采用一国金融资产总额占该国经济总量的比重表示。该指标既可用于衡量一个国家的金融发展水平，也可用来衡量一个国家金融发展的相对规模。基于数据的可得性，本章选取金融资产总额占 GDP 的比重来表示，即：

$$FIR = 金融资产总额 / GDP \tag{2}$$

表 3-6 和图 3-8 分别是依据公式（2）计算出的 2006～2018 年西部地区与全国的金融相关率及变动情况。可见，2006～2018 年，西部地区金融相关率与全国金融相关率的变动趋势基本相同，除了 2008 年受国际金融危机影响有所下降外，总体趋势依然是稳步向上的，表明这 13 年西部地区的金融发展水平同全国一样在稳步提高。但与全国比较，各年金融相关率始终低于全国平均水平，这表明西部地区金融发展依然滞后于全国平均水平，与全国平均水平相比依然存在一定差距。

表 3-6　2006～2018 年西部地区与全国金融相关率

年份	2006	2007	2008	2009	2010	2011	2012	2013	2014	2015	2016	2017	2018
西部地区	1.16	1.53	1.14	1.35	1.52	1.33	1.37	1.41	1.59	1.81	1.81	1.86	1.84
全国	1.56	2.38	1.49	2.06	2.00	1.73	1.78	1.82	2.07	2.43	2.43	2.41	2.29

资料来源：根据前文有关数据表格计算。

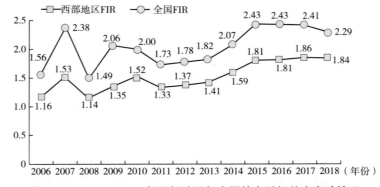

图 3-8　2006～2018 年西部地区与全国的金融相关率变动情况

资料来源：根据前文有关数据计算。

二 西部地区金融发展的结构分析

金融规模能够反映金融发展的"数量"水平，而金融结构可以在一定程度上体现金融发展的"质量"水平。在区域金融发展的非均衡研究中，金融发展结构不仅是对一个国家或地区金融总体及其成长状态的直接反映，也直接影响到金融体系的功能发挥及资源配置效率的高低。由于金融结构有多种划分方法，本节主要从金融资源的行业结构和融资结构两个方面进行分析。

（一）金融资源的行业结构及变化分析

现代金融业可以划分为银行业、证券业、保险业、信托业等子行业。因此，本节对金融资源行业结构的分析从此角度进行。首先，从资产结构来讲，本节将银行业、证券业和保险业的代表性指标在金融资产总额中的占比作为分析指标，以考察西部地区的金融资产结构。其次，参考李忠民在《中国西部金融发展报告（2013~2014）》中构建的金融结构指标（FSR），对西部地区金融资产结构的优化程度进行衡量。其计算公式如下：

$$FSR = （保费收入 + 股市市值 + 债券筹资额）/ 金融资产总额 \qquad （3）$$

其中，金融资产总额包括银行贷款、债券筹资额、股市市值和保费收入。FSR 数值越高，表明金融结构优化程度越高。

表 3-7 列出了 2006~2018 年西部地区银行贷款、股市市值、债券筹资额和保费收入及其各自在金融资产总额中的占比，并根据公式（3）计算出金融结构指标 FSR 值。

表 3-7　2006~2018 年西部地区金融资产结构情况

单位：亿元，%

年份	银行业		证券业						保险业		金融资产总额	FSR
	银行贷款		股市市值		债券筹资额		合计		保费收入			
	总额	占比	总额	占比	总额	占比	总额	占比	总额	占比		
2006	37391	80.53	7818	16.84	304	0.65	8122	17.49	917	1.97	46429	19.47
2007	43650	58.27	29772	39.74	301	0.40	30072	40.14	1191	1.59	74914	41.73
2008	51644	78.91	11501	17.57	569	0.87	12070	18.44	1730	2.64	65443	21.09
2009	71310	72.48	24179	24.57	892	0.91	25071	25.48	2008	2.04	98388	27.52
2010	88014	71.92	29980	24.50	1793	1.47	31773	25.96	2590	2.12	122377	28.08
2011	104379	79.04	22716	17.20	2290	1.73	25006	18.93	2678	2.03	132062	20.96
2012	123633	80.02	23648	15.31	4312	2.79	27960	18.10	2913	1.89	154506	19.98

续表

年份	银行业		证券业						保险业		金融资产总额	FSR
	银行贷款		股市市值		债券筹资额		合计		保费收入			
	总额	占比	总额	占比	总额	占比	总额	占比	总额	占比		
2013	144543	81.43	24930	14.04	4725	2.66	29654	16.71	3309	1.86	177507	18.57
2014	168305	76.50	39796	18.09	8080	3.67	47876	21.76	3816	1.73	219997	23.50
2015	192757	73.18	56552	21.47	9484	3.60	66036	25.07	4611	1.75	263405	26.82
2016	217379	76.70	52454	18.51	7801	2.75	60255	21.26	5786	2.04	283420	23.30
2017	243253	76.64	61064	19.24	6276	1.98	67340	21.22	6824	2.15	317417	23.36
2018	271950	80.33	46216	13.65	12039	3.56	59224	17.49	7384	2.18	338558	19.39
年均增长率	17.98	—	15.96	—	35.88	—	18.01	—	18.99	—	18.01	—

资料来源：根据中国人民银行发布的《中国区域金融运行报告》（2007~2019年）数据整理。

首先，从金融资产构成来看，银行业始终是金融体系的绝对主导。在西部地区金融资产结构中，除2007年外，以银行贷款余额表示的银行业资产所占比例大多在70%以上，其中2013年最高，达到81.43%；即使2007年占比最低，也达到了58.27%，占有绝对的比例。除2007年外，证券业资产所占比例一直在16%和26%之间。2007年由于股市大幅上涨，证券业资产占金融资产的比例达到12年中的最高值40.14%。但在证券业中，债券筹资额所占比例一直很小，即使是2014年占比达到最高，也不到4%。这说明，在证券业中股票市场处在绝对地位。另外，保险业资产占比一直很小，不到金融资产总额的3%。由此可知，西部地区金融资产及金融资源的行业分布存在严重的不均衡现象。

其次，从衡量金融结构优化程度的FSR来看，西部地区FSR波动幅度较大（见图3-9）。最高值出现在2007年，达到41.73%；最小值出现在2013年，为18.57%。FSR值的大幅波动表明西部地区金融资产结构处在极不稳定的状态之中，且优化程度较低。

最后，从行业资产结构的变化来看，西部地区银行贷款占比从2006年的80.53%微降到2018年的80.33%，总的变化并不显著；股市市值占比从2006年的16.84%下降到2018年的13.65%，下降了3.19个百分点；债券筹资额占比从2006年的0.65%上升到2018年的3.56%，虽然总体比例依然较低，但其占比提高了2.91个百分点；保费收入占比从2006年的1.97%上升到2018年的2.18%，13年间上升了0.21个百分点。可见，西部地区金融资产行业结构的突出变化表现为债券余额的快速增加。这表明西部地区金融资

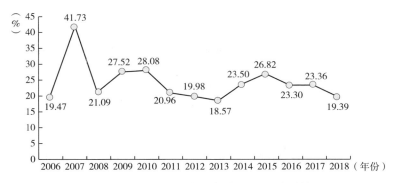

图 3-9 2006～2018 年西部地区 FSR 变动情况

资料来源：根据中国人民银行发布的《中国区域金融运行报告》（2007～2019 年）数据整理。

源供给对债券筹资的依赖度快速提升。

（二）西部地区的融资结构及变化分析

融资结构通常用直接融资与间接融资占社会融资的比例来反映。其中，直接融资必须借助于金融市场完成，而间接融资更多依赖于银行等金融机构，因此直接融资与间接融资的比例关系实质上反映了融资模式是市场主导型还是银行主导型。从表 3-8 中可以直观地看出以下两方面结论。

1.西部地区社会融资规模大幅增加

西部地区社会融资规模增量从 2006 年的 5603 亿元增加到了 2018 年的33458 亿元，年均增长率达 16.06%，其中直接融资额从 2006 年的 406 亿元增加到 2018 年的 13036 亿元，年均增长率达 33.52%；间接融资额从 2006年的 5197 亿元增加到 2018 年的 20422 亿元，年均增长率为 12.08%。西部地区社会融资规模的大幅增加表明西部地区经济系统从金融体系获得的资金投入大幅增多，金融体系对社会经济发展的支持力度在持续增大。

表 3-8 2006～2018 年西部地区及全国融资结构

单位：亿元，%

年份	西部地区					全国				
	融资增量	直接融资	占比	间接融资	占比	融资增量	直接融资	占比	间接融资	占比
2006	5603	406	7.24	5197	92.76	42696	4739	11.10	37957	88.90
2007	7387	871	11.79	6516	88.21	59663	7637	12.80	52026	87.20
2008	10706	1066	9.95	9640	90.05	69802	10331	14.80	59471	85.20

续表

年份	西部地区					全国				
	融资增量	直接融资	占比	间接融资	占比	融资增量	直接融资	占比	间接融资	占比
2009	21206	1492	7.03	19714	92.97	139104	18084	13.00	121020	87.00
2010	19342	2698	13.95	16644	86.05	140191	19767	14.10	120424	85.90
2011	20306	3214	15.83	17091	84.17	128286	22578	17.60	105708	82.40
2012	23984	5128	21.38	18856	78.62	157631	30265	19.20	127366	80.80
2013	37853	5840	15.43	32013	84.57	173169	26755	15.45	146414	84.55
2014	38105	9368	24.58	28737	75.42	164571	34247	20.81	130324	79.19
2015	35434	11352	32.04	24082	67.96	154086	42220	27.40	111866	72.60
2016	33138	9851	29.73	23287	70.27	178022	48369	27.17	129653	72.83
2017	37880	8116	21.43	29764	78.57	223969	49833	22.25	174136	77.75
2018	33458	13036	38.96	20422	61.04	192584	69384	36.03	123200	63.97
年均增长率	16.06	33.52	—	12.08	—	13.38	25.06	—	10.31	—

资料来源：《中国金融年鉴》（2007～2019 年）、中国人民银行发布的《中国区域金融运行报告》（2007～2019 年）和 Wind 数据库。

2. 西部地区融资结构显著优化

图 3-10 是西部地区直接融资与间接融资的比例变化情况，可以看出，直接融资与间接融资的比例从 2006 年的 7.24∶92.76 演变为 2018 年的 38.96∶61.04，直接融资比例上升及间接融资比例下降了 31.72 个百分点。直接融资比例偏小与间接融资比例偏大的结构性失衡问题得到显著改善。

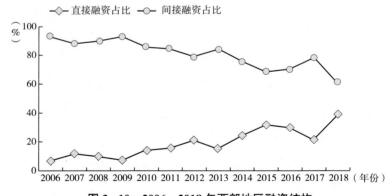

图 3-10　2006～2018 年西部地区融资结构

资料来源：《中国金融年鉴》（2007～2019 年）、中国人民银行发布的《中国区域金融运行报告》（2007～2019 年）和 Wind 数据库。

三 西部地区金融发展的效率分析

金融效率是金融功能的重要体现。金融发展效率越高，表明金融市场越发达，投融资成本与信息及交易费用越低，客户的金融服务需求满足程度越高。因此，金融发展效率是衡量金融发展质量的核心内容。

（一）西部地区金融业总体效率分析

对金融业总体效率的衡量，本章采用两个指标。一是信贷资金边际产出率，即 GDP 增量与信贷增量的比值，用每单位信贷资金增加所带来的 GDP 增量表示。该指标越大，表明单位信贷资金投入对 GDP 增长的边际贡献越大，资金效率越高。二是金融业劳动生产率，用每单位金融业从业人员创造的金融业增加值表示。该指标越大，意味着该地区金融业劳动效率越高。

表 3-9 是 2006～2018 年西部地区及全国金融业总体效率情况。从中可以看出，2006～2018 年西部地区与全国信贷资金投入的 GDP 边际产出均呈现波动下降趋势，其中西部地区从 1.35 下降到 0.47，全国从 1.05 下降到 0.49。但从西部地区与全国的比较来看，单位信贷资金投入产生的 GDP 边际产出差异并不明显。这表明，近年来我国信贷资金投入的边际效率明显递减，如何提高信贷资金投入的产出效率是金融发展中需要认真思考的一个现实问题。

表 3-9 2006～2018 年西部地区及全国金融业总体效率

年份	西部地区		全国	
	信贷资金边际产出率	劳动生产率（万元／人）	信贷资金边际产出率	劳动生产率（万元／人）
2006	1.35	17.18	1.05	27.14
2007	1.36	21.07	1.39	39.00
2008	1.26	24.22	1.18	43.93
2009	0.31	29.68	0.30	48.63
2010	0.80	33.60	0.80	54.74
2011	1.04	40.94	1.10	60.85
2012	0.68	49.92	0.62	66.83
2013	0.61	61.40	0.61	76.77
2014	0.47	70.56	0.49	82.74
2015	0.32	75.56	0.36	92.78
2016	0.47	79.91	0.43	90.14

续表

年份	西部地区		全国	
	信贷资金边际产出率	劳动生产率 （万元 / 人）	信贷资金边际产出率	劳动生产率 （万元 / 人）
2017	0.69	87.93	0.60	94.14
2018	0.47	91.53	0.49	100.97

资料来源：根据《中国统计年鉴》（2007～2019年）的数据计算整理而得。

为了便于观察，我们根据西部地区与全国的金融业劳动生产率绘制成图3-11。从中可以看出，西部地区金融业劳动生产率一直保持着稳步增加态势，从2006年的17.18万元/人增加到2018年的91.53万元/人，金融业人均劳动生产率实现了大幅度增长，年均提高幅度高达14.96%。但与全国相比，西部地区金融业劳动生产率仍低于全国平均水平。2006年西部地区金融业劳动生产率比全国平均水平低9.96万元/人，到2010年二者的差距达到最大，西部地区比全国平均水平低21.14万元/人；其后，西部地区金融业劳动生产率与全国平均水平的差距逐步缩小，2018年差距缩小为9.44万元/人。

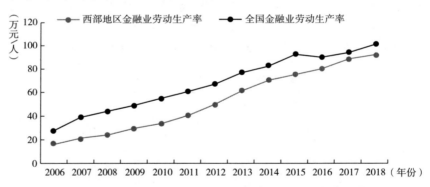

图3-11　2006～2018年西部地区金融业劳动生产率变化情况

资料来源：根据表3-9绘制而得。

（二）西部地区金融各行业效率分析

金融业包含银行业、证券业、保险业等分支行业，分析金融各行业的效率有助于客观评判其服务功能的发挥程度。由于银行业的基本功能在于将储蓄转化为投资，因此银行业效率可以用银行贷存率来反映。该指标越大，表明银行业将储蓄转化为投资的能力越强。证券业的基本功能在于通过资本市场为企业融资，同时使投资参与者获得资产收益，因此我们选用居民股市参与率和证券化率来衡量证券业效率。其中，居民股市参与率用股民人数与地区人口总数的比值来衡量；证券化率即上市公司总市值与 GDP 的比值，反映区域经济的证券化程度。保险业的基本功能在于降低参与者出险后的财产损失，因此其效率可以用保险赔付率来表示，即赔款支出与保费收入的比值，反映保险业的风险保障程度。

表 3-10 列出了 2006～2018 年西部地区金融各行业的效率值。首先，银行业贷存率呈逐年上升的趋势，从 2006 年的 0.73 上升到 2018 年的 0.93，说明西部地区银行业资金转化能力在逐年增强，银行业效率稳步提升。其次，反映证券业效率的两个指标均在增加。一方面，近年来居民股市参与率增长迅速，从 2006 年的 0.03 增长到 2018 年的 0.17，增加了 14 个百分点，说明随着经济生活水平的提升和居民投资意识的增强，有更多的居民参与到股市之中；另一方面，西部地区证券化率在 2006～2018 年也实现了小幅提升，说明西部地区证券市场在国民经济中的地位逐渐提高，但证券化水平较低，基本上维持在 0.20～0.36，仍有较为广阔的发展空间。最后，保险赔付率呈现波动上升趋势，从 2006 年的 0.27 提升到 2018 年的 0.35，特别是在 2012 年以后，保险赔付率始终保持在 0.30 以上，这表明西部地区保险业的风险保障功能不断提升。

表 3-10　2006～2018 年西部地区金融各行业效率

年份	银行业	证券业		保险业
	贷存率	居民股市参与率	证券化率	保险赔付率
2006	0.73	0.03	0.20	0.27
2007	0.73	0.05	0.21	0.35
2008	0.70	0.05	0.20	0.32
2009	0.73	0.06	0.22	0.29
2010	0.74	0.07	0.22	0.24
2011	0.76	0.07	0.25	0.28
2012	0.76	0.08	0.24	0.32
2013	0.78	0.08	0.25	0.36
2014	0.83	0.08	0.26	0.38
2015	0.83	0.08	0.30	0.37
2016	0.84	0.09	0.36	0.36
2017	0.87	0.16	0.30	0.33
2018	0.93	0.17	0.25	0.35

资料来源：根据《中国金融年鉴》(2007～2019 年)、中国人民银行发布的《中国区域金融运行报告》(2007～2019 年)计算整理而得。

四　西部地区金融发展的省域比较分析

（一）西部地区金融资产的省域比较

1. 金融资产年均增长率的省域比较

表3-11是2006～2018年西部各省（区、市）金融资产及其增长情况，可以看出，12年间西部各省（区、市）中，金融资产年均增长率最快的三个省（市）分别是贵州（20.11%）、甘肃（19.71%）和重庆（18.97%），增长率最慢的三个省（区）分别是云南（16.10%）、内蒙古（16.68%）和新疆（17.49%）。其中，低于西部地区年均增长率（18%）的省（区）有5个，分别是云南、内蒙古、新疆、宁夏和四川，占到西部所有省（区、市）的45%。2018年西部地区金融资产总量最多的省（区、市）是四川（74843亿元），其次是重庆（39008亿元），四川是重庆的1.92倍。2018年金融资产总量最少的省份是青海（7353亿元），排名第一的四川是其总量的10.18倍。由此可见，西部地区各省域之间的金融发展规模呈现较大的地区差异和非均衡性。

表3-11　2006～2018年西部各省（区、市）金融资产及其增长情况

单位：亿元，%

年份	内蒙古	广西	云南	重庆	四川	贵州	陕西	甘肃	宁夏	青海	新疆
2006	4276	4148	5672	4853	10612	3816	5052	2562	1119	1009	3308
2007	9218	5852	9352	6794	17213	5977	6554	3418	1640	2831	6063
2008	5607	5764	7991	7125	14716	5038	7271	3294	1611	2502	4525
2009	9019	8826	11606	11136	22469	7424	9827	5327	2363	3223	7169
2010	11943	10789	13954	14131	28024	9057	12088	6137	3018	4003	9232
2011	12986	12300	14448	15072	29521	9989	14377	7123	3541	3423	9283
2012	15091	14194	16400	17527	33785	12013	17215	8837	3793	4091	11558
2013	16862	16097	18671	21821	37564	12934	19908	10969	4365	4566	13751
2014	20125	19327	22386	26579	45639	17149	25822	14538	5230	5532	17671
2015	23618	23379	26367	31640	55347	21500	30995	17250	6167	6403	20738
2016	25537	25763	28243	33997	59426	23436	33028	19304	6592	6524	21571
2017	28326	26919	32417	36495	67588	32186	34631	21467	7145	7812	22431
2018	27232	30306	34023	39008	74843	34405	38377	22186	7773	7353	22898
年均增长率	16.68	18.03	16.10	18.97	17.68	20.11	18.41	19.71	17.53	18.00	17.49

资料来源：中国人民银行发布的《中国区域金融运行报告》（2007～2019年）。

2. 金融资产占比的省域比较

表 3-12 是西部各省（区、市）金融资产在西部总体的占比情况。2006~2018 年，西部各省（区、市）的金融资产占比排名基本保持不变。2018 年，四川在西部地区金融资产中的占比最高，达到 22.12%；重庆（11.53%）、陕西（11.34%）、贵州（10.17%）和云南（10.05%）紧随其后，均达到 10% 以上。排名靠后的两个地区分别是青海（2.17%）和宁夏（2.30%），均不足 3%。从时间趋势上看，2018 年内蒙古、云南金融资产占西部地区的比重均较 2006 年下降 1 个百分点以上；贵州、重庆和甘肃占比上升 1 个百分点以上。其中，贵州占比上升最快，为 1.95 个百分点。整体来看，西部各省（区、市）金融发展速度旗鼓相当，与 2006 年比较，各省（区、市）排名并未发生较大变化。西部各省（区、市）金融发展可划分为四个阶梯：四川金融资产总额遥遥领先于其他西部省（区、市），位居第一阶梯；云南、重庆、贵州、陕西、广西金融资产总量相当，位居第二阶梯；内蒙古、甘肃和新疆位居第三阶梯；而青海和宁夏远远落后于其他西部省（区、市），位居第四阶梯。

表 3-12　2006~2018 年西部各省（区、市）金融资产占西部总体的比例情况

单位：%

年份	内蒙古	广西	云南	重庆	四川	贵州	陕西	甘肃	宁夏	青海	新疆
2006	9.21	8.93	12.21	10.45	22.85	8.22	10.88	5.52	2.41	2.17	7.12
2007	12.30	7.81	12.48	9.07	22.97	7.98	8.75	4.56	2.19	3.78	8.09
2008	8.57	8.81	12.21	10.89	22.48	7.70	11.11	5.03	2.46	3.82	6.91
2009	9.17	8.97	11.79	11.32	22.83	7.54	9.99	5.41	2.40	3.28	7.29
2010	9.76	8.82	11.40	11.55	22.90	7.40	9.88	5.01	2.47	3.27	7.54
2011	9.83	9.31	10.94	11.41	22.35	7.56	10.89	5.39	2.68	2.59	7.03
2012	9.77	9.19	10.61	11.34	21.86	7.77	11.14	5.72	2.45	2.65	7.48
2013	9.50	9.07	10.52	12.29	21.16	7.29	11.21	6.18	2.46	2.57	7.75
2014	9.15	8.78	10.18	12.08	20.74	7.79	11.74	6.61	2.38	2.51	8.03
2015	8.97	8.88	10.01	12.01	21.01	8.16	11.77	6.55	2.34	2.43	7.87
2016	9.01	9.09	9.96	11.99	20.97	8.27	11.65	6.81	2.33	2.30	7.61
2017	8.92	8.48	10.21	11.50	21.29	10.14	10.91	6.76	2.25	2.46	7.07
2018	8.05	8.96	10.05	11.53	22.12	10.17	11.34	6.56	2.30	2.17	6.77

注：各省金融资产占比 = 各省金融资产 / 西部金融资产合计。

资料来源：中国人民银行发布的《中国区域金融运行报告》（2007~2019 年）。

（二）西部地区社会融资规模的省域比较

表3-13报告了2006~2018年西部各省（区、市）社会融资规模增量及其年均增长情况，可以看出，12年间西部各省（区、市）的社会融资规模均有较大规模的增长，但各省（区、市）之间存在较大差异。2018年，社会融资规模增量最大的三个省（区、市）分别是四川（8087亿元）、重庆（5000亿元）和广西（4172亿元），融资规模增量最小的三个省（区）分别是青海（126亿元）、宁夏（529亿元）和新疆（836亿元）。其中，融资规模增量最大的四川省是融资规模增量最小的青海省的64.18倍。从社会融资规模增速上来看，年均增长率最高的省份是贵州，社会融资规模增量从2006年的398亿元上升到2018年的4169亿元，融资规模增量增长了9.47倍，年均增长率达到21.62%；年均增长率最低的省份是青海，13年间其社会融资规模增量只提升了0.31倍，年均增长率只有2.29%。相比全国的社会融资规模增量年均增长率（13.4%），西部地区的云南（11.94%）、宁夏（10.89%）、内蒙古（7.74%）和青海（2.29%）四个省（区）均低于全国平均水平。因此，如何扩大社会融资规模使实体经济获得更多的资金支持，不仅是西部地区更是融资规模较小省份需要考虑的重要问题。

表3-13   2006~2018年西部各省（区、市）社会融资规模增量及年均增长情况

单位：亿元，%

年份	内蒙古	广西	云南	重庆	四川	贵州	陕西	甘肃	宁夏	青海	新疆
2006	665	557	887	679	1217	398	553	240	153	96	159
2007	690	753	1002	905	1605	480	768	332	219	233	401
2008	1026	986	1254	1353	2560	563	1547	516	276	220	405
2009	1936	2301	2383	2844	4947	1120	2500	1230	520	392	1033
2010	1776	1816	2262	2478	4068	1243	2209	903	510	553	1524
2011	2106	1982	1960	2617	3844	1209	2280	1496	558	522	1732
2012	2171	2037	2108	2988	4730	1795	2686	1813	514	823	2320
2013	2730	2801	4268	5031	7137	4268	4254	2617	664	1229	2854
2014	2774	3109	3092	5473	7092	3576	4850	3139	842	1412	2746
2015	1869	2737	2834	2969	5812	4090	4539	3441	503	1112	1837
2016	2138	2617	1824	3411	6651	4327	3516	2720	530	609	1685
2017	2104	3421	3151	3720	7391	4161	5926	2894	865	1208	3039

年份	内蒙古	广西	云南	重庆	四川	贵州	陕西	甘肃	宁夏	青海	新疆
2018	1627	4172	3433	5000	8087	4169	3599	2347	529	126	836
年均增长率	7.74	18.27	11.94	18.10	17.10	21.62	16.89	20.93	10.89	2.29	14.83

资料来源：中国人民银行发布的《中国区域金融运行报告》（2007～2019年）。

（三）西部地区融资结构的省域比较

表3-14是西部各省（区、市）的直接融资情况，可以发现，2006～2018年西部各省（区、市）直接融资规模均获得了长足的发展。2018年，直接融资规模最大的三个省份分别是四川、云南和陕西，其直接融资规模分别为1882亿元、1382亿元和1306亿元；直接融资规模最小的三个省（区）分别是青海、宁夏和甘肃，其直接融资规模分别为66亿元、87亿元和206亿元。从年均增长率来看，贵州的年均增长率最高，为38.69%，其直接融资规模从2006年的6亿元上升到2018年的304亿元；最慢的是甘肃，年均增速只有12.34%。由此可见，西部各省（区、市）之间的直接融资发展水平差距较为明显。

表3-14　2006～2018年西部各省（区、市）社会融资规模中直接融资额

单位：亿元，%

年份	内蒙古	广西	云南	重庆	四川	贵州	陕西	甘肃	宁夏	青海	新疆
2006	40	17	67	30	137	6	33	51	0	7	18
2007	126	47	120	46	171	38	102	41	16	81	83
2008	138	38	169	63	165	26	324	54	13	10	66
2009	95	52	121	153	308	32	241	395	5	18	73
2010	169	174	414	323	497	141	464	164	19	62	270
2011	229	319	317	420	623	86	361	337	70	113	340
2012	605	329	293	586	1126	325	655	356	33	202	619
2013	563	465	755	759	894	213	797	573	27	189	605
2014	820	752	1005	1265	1765	560	1557	597	105	216	727
2015	984	950	1324	1801	1985	906	1631	527	103	327	815
2016	669	1038	1184	1377	947	906	2028	401	177	147	1130
2017	475	689	1156	1261	1586	213	1637	322	69	147	827

年份	内蒙古	广西	云南	重庆	四川	贵州	陕西	甘肃	宁夏	青海	新疆
2018	313	782	1382	1249	1882	304	1306	206	87	66	298
年均增长率	18.70	37.58	28.69	36.44	24.40	38.69	35.87	12.34	16.64	20.56	26.35

注：宁夏年均增长率为 2007～2018 年的年均增长率。

资料来源：中国人民银行发布的《中国区域金融运行报告》（2007～2019 年）。

　　表 3-15 是 2006～2018 年西部各省（区、市）直接融资在其社会融资中的占比情况，可以发现，西部各省（区、市）的直接融资占比均出现较大幅度上升，表明这些省（区、市）融资结构明显改善。但同时也发现，各省（区、市）直接融资所占比例极不稳定，年份之间波动巨大。其主要原因在于我国股市发展始终处在较大波动之中，企业上市融资在省（区、市）之间、年度之间存在巨大非均衡性，从而导致西部各省（区、市）年度间以股权融资形式获得的直接融资额呈现极大不稳定与不均衡状况。

　　表 3-15　2006～2018 年西部各省（区、市）直接融资占其社会融资的比重

单位：%

年份	内蒙古	广西	云南	重庆	四川	贵州	陕西	甘肃	宁夏	青海	新疆
2006	6.02	3.05	7.55	4.42	11.26	1.51	5.97	20.25	0.00	7.29	11.32
2007	18.26	6.24	11.98	5.08	10.65	8.01	13.28	12.35	7.31	34.76	20.70
2008	13.45	3.85	13.48	4.66	6.45	4.57	20.94	10.47	4.71	4.55	16.30
2009	4.91	2.26	5.08	5.38	6.23	2.83	9.64	32.12	0.96	4.59	7.07
2010	9.52	9.58	18.30	13.03	12.22	11.36	21.00	18.16	3.73	11.21	17.72
2011	10.87	16.09	16.17	16.05	16.21	7.09	15.83	22.53	12.54	21.65	19.63
2012	27.86	16.15	13.90	19.61	23.81	18.09	24.39	19.64	6.42	24.54	26.68
2013	20.62	16.60	17.69	15.09	12.53	4.98	18.74	21.90	4.07	15.38	21.20
2014	29.56	24.19	32.50	23.11	24.89	15.66	32.10	19.02	12.47	15.30	26.48
2015	52.65	34.71	46.72	60.66	34.15	22.14	35.93	15.32	20.48	29.41	44.37
2016	31.29	39.66	64.91	40.37	14.24	23.13	57.68	14.74	33.40	0.00	67.06
2017	22.58	20.14	36.69	33.90	21.46	5.12	27.62	11.12	7.98	12.17	27.21
2018	16.24	18.74	40.26	24.98	23.27	22.38	36.29	10.06	16.45	52.38	35.65

资料来源：中国人民银行发布的《中国区域金融运行报告》（2007～2019 年）。

（四）西部地区金融相关率的省域比较

表 3-16 是 2006～2018 年西部各省（区、市）的金融相关率。可见，样本期间内，各省（区、市）的金融相关率均呈现波动上升趋势。在国际金融危机影响下，各省（区、市）的金融相关率在 2007 年达到小高峰后，2008 年快速回落，之后又逐渐复苏。2018 年，西部地区金融相关率最高的三个省分别是甘肃（2.69）、青海（2.57）和贵州（2.32）；金融相关率最低的三个省（区）分别是广西（1.49）、陕西（1.57）和内蒙古（1.58）。最高地区和最低地区之间相差比较大。

表 3-16 2006～2018 年西部各省（区、市）金融相关率

年份	内蒙古	广西	重庆	四川	贵州	云南	陕西	甘肃	青海	宁夏	新疆
2006	0.89	0.86	1.39	1.23	1.67	1.42	1.12	1.13	1.57	1.57	1.09
2007	1.51	0.98	1.65	1.64	2.18	1.97	1.20	1.26	3.55	1.84	1.72
2008	0.72	0.80	1.40	1.18	1.51	1.40	1.06	1.04	2.46	1.47	1.08
2009	0.93	1.14	1.71	1.59	1.90	1.88	1.20	1.57	2.98	1.75	1.68
2010	1.02	1.13	1.78	1.63	1.97	1.93	1.19	1.49	2.96	1.79	1.70
2011	0.90	1.05	1.51	1.40	1.75	1.62	1.15	1.42	2.05	1.68	1.40
2012	0.95	1.09	1.54	1.42	1.75	1.59	1.19	1.56	2.16	1.62	1.54
2013	1.00	1.12	1.72	1.43	1.62	1.59	1.24	1.75	2.17	1.70	1.64
2014	1.13	1.23	1.86	1.60	1.85	1.75	1.46	2.13	2.40	1.90	1.91
2015	1.32	1.39	2.01	1.84	2.05	1.94	1.72	2.54	2.65	2.12	2.22
2016	1.41	1.41	1.92	1.80	1.99	1.91	1.70	2.68	2.54	2.08	2.24
2017	1.76	1.45	1.88	1.83	2.38	1.98	1.58	2.88	2.98	2.07	2.06
2018	1.58	1.49	1.92	1.84	2.32	1.90	1.57	2.69	2.57	2.10	1.88

资料来源：根据中国人民银行发布的《中国区域金融运行报告》（2007～2019 年）数据计算而得。

从理论上讲，金融相关率与经济发展水平之间具有相互协调的对应关系，经济发展水平较高的省份往往同时具有较高的金融相关率。因为较高的经济发展水平不仅能提供更多的金融资源供给，同时也会产生较为旺盛的金融服务需求，从而决定了金融业的发展会伴随经济发展而同步提升。但比较分析西部地区省域间的金融相关率，发现西部地区金融相关率与其经济发展水平之间并不呈现协调的对应关系，即具有较高金融相关率的省份的经济发展水平却相对较低。出现这种现象的原因在于：我国的金融资源长期由

国家高度控制，越是经济落后地区，金融市场越不发达，国家对金融资源的控制力度就越大；而国家基于区域均衡布局原则，对经济落后地区往往给予了相对于其经济规模需求更多的金融资源，从而导致其金融相关率高于其他省域。

（五）西部地区金融业总体效率的省域比较

1. 信贷资金边际产出率的省域比较

西部各省（区、市）的信贷资金边际产出率情况见表3-17。从表中可以看出，西部各省（区、市）的信贷资金边际产出率差异十分明显。从横向对比来看，在2018年，新疆和甘肃的信贷资金边际产出率最大，而内蒙古和青海两地的信贷资金边际产出率为负值，说明这两个省（区）信贷资产的增加并未带来国民经济的上涨。从时间变化情况来看，除重庆和宁夏两市（区）之外，其余省（区）信贷资金边际产出率均呈现较大波动，且多数年份的信贷资金边际产出率都小于1。虽然重庆和宁夏两地信贷资金边际产出率的波动幅度相对小一些，但始终没有突破1。总体来说，西部各省（区、市）信贷资金投入的边际产出率均在下降。

表3-17　2006~2018年西部各省（区、市）信贷资金边际产出率

年份	内蒙古	广西	重庆	四川	贵州	云南	陕西	甘肃	青海	宁夏	新疆
2006	1.50	0.89	0.48	0.76	0.75	0.87	0.88	0.62	0.66	0.56	0.87
2007	2.34	1.55	0.73	1.32	1.01	0.90	1.54	3.30	0.98	0.95	1.33
2008	2.29	1.54	0.83	1.01	1.43	1.00	1.66	1.03	1.46	0.91	5.32
2009	1.08	0.33	0.55	0.36	0.51	0.22	0.39	0.21	0.16	0.29	0.07
2010	1.20	1.12	0.13	0.78	0.64	0.59	1.00	0.88	0.67	0.68	0.91
2011	1.42	1.29	0.96	1.36	1.00	1.08	1.52	0.79	0.79	0.85	0.83
2012	1.53	0.77	0.60	0.77	0.75	0.82	0.83	0.41	0.35	0.55	0.54
2013	0.10	0.82	0.50	0.58	0.67	0.79	0.73	0.38	0.35	0.41	0.42
2014	0.47	0.61	0.61	0.51	0.55	0.45	0.56	0.25	0.23	0.26	0.49
2015	0.12	0.55	0.63	0.40	0.47	0.32	0.16	-0.02	0.14	0.28	0.04
2016	0.27	0.57	0.72	0.53	0.43	0.43	0.47	0.16	0.26	0.44	0.19
2017	-0.91	0.24	0.75	0.53	0.21	0.36	0.71	0.14	0.04	0.53	1.47
2018	-1.09	0.54	0.37	0.51	0.57	0.94	0.68	1.09	-0.52	0.42	2.82

资料来源：根据《中国统计年鉴》（2007~2019年）的数据计算整理而得。

2. 金融业劳动生产率的省域比较

表3-18是2006~2018年西部各省（区、市）金融业劳动生产率的变化情况。从时间变化趋势看，西部各省（区、市）的金融业劳动生产率均呈现快速上升趋势，其中增长幅度最大的为云南和青海，年均增长率分别为18.58%和18.07%，增长幅度较小的为重庆、内蒙古和陕西。在2006年，金融业劳动生产率低于10万元/人的地区有四川、宁夏和新疆，但到2018年三个地区的金融业劳动生产率分别增长到43.31万元/人、67.41万元/人和35.08万元/人；另外，贵州和甘肃也实现了较大幅度的增长，分别于2011年和2013年实现人均百万元的突破。这说明西部各省（区、市）虽然存在地区差异，但整体而言，金融从业者创造的经济效益在逐年上升。

表3-18 2006~2018年西部各省（区、市）金融业劳动生产率

单位：万元/人，%

年份	内蒙古	广西	重庆	四川	贵州	云南	陕西	甘肃	青海	宁夏	新疆
2006	11.91	10.54	16.55	6.73	43.02	41.54	14.44	26.48	34.76	9.36	6.20
2007	17.44	14.31	18.62	8.92	44.44	48.19	16.76	37.52	40.34	10.81	8.46
2008	18.54	17.25	21.18	10.11	55.04	48.91	20.61	44.28	44.64	13.85	10.08
2009	20.05	20.70	26.23	16.53	67.01	59.30	27.34	52.28	48.62	17.20	11.29
2010	22.25	23.68	27.73	18.05	83.83	72.52	26.52	59.19	51.17	20.42	13.72
2011	27.77	27.02	32.78	20.81	106.66	89.50	32.59	66.07	72.53	22.34	16.57
2012	33.37	31.27	33.66	24.92	125.32	133.02	37.07	81.38	83.83	27.91	20.68
2013	42.66	38.32	37.35	32.27	133.79	159.75	48.39	109.88	133.72	46.85	23.72
2014	47.52	41.67	41.50	36.23	145.87	196.29	53.48	131.80	165.84	51.53	25.86
2015	48.60	45.65	47.20	38.70	163.97	213.45	54.55	144.32	192.66	58.12	28.49
2016	48.62	48.19	52.15	37.35	182.51	249.95	53.82	154.81	211.26	61.45	30.22
2017	53.29	53.60	56.21	40.17	197.14	314.60	53.33	154.77	240.69	64.12	32.11
2018	44.51	55.55	60.07	43.31	220.72	321.05	56.61	184.40	255.16	67.41	35.08
年均增长率	11.61	14.86	11.34	16.78	14.60	18.58	12.06	17.55	18.07	17.88	15.54

资料来源：根据《中国统计年鉴》（2007~2019年）的数据计算整理而得。

五 本章小结

本章从金融规模、金融结构和金融效率的角度，描述了2006~2018年

西部地区及其各省（区、市）金融发展的现状。可以看出，随着经济的快速发展和国家政策的大力支持，西部地区的金融发展不论是在规模还是结构方面，都取得了令人瞩目的成就。但西部金融的发展也存在低度化与非合理化的结构问题，加快提升金融资源空间整合水平、扩大金融规模、优化金融结构、提高金融运行效率，仍是未来西部地区金融发展的重中之重。

首先，西部地区金融资源总量始终处于快速的增长之中。金融资产总额从 2006 年的 46755.91 亿元增加到 2018 年的 338415.51 亿元，年均增长率达到 17.93%，高于全国平均水平 1.68 个百分点。地区社会融资规模增量也从 2006 年的 5602.7 亿元增长至 2018 年的 33458.1 亿元，增长了 5.0 倍，年均增长率为 16.06%，高于全国平均水平 2.68 个百分点。这说明，随着 1999 年西部大开发战略的提出及有序推进，西部地区的经济和金融发展得到了快速提升，西部地区与东部、中部地区的经济、金融发展差距也在不断缩小，西部地区的金融发展在全国的金融发展中起到了越来越重要的作用。

其次，从西部地区金融资源的结构特征来看，融资结构与主体结构持续优化。西部地区金融资产结构不断优化，但与全国相比，西部地区的金融资产结构仍然有很大的提升空间。西部地区融资规模在不断扩大，但间接融资占比始终远远高于直接融资占比，金融体系以银行为主导的特征依然十分明显。随着我国金融改革的不断推进，西部地区金融主体多元化的格局正在形成。其中，国有金融机构（尤其是大型国有金融机构）在整个金融体系中的数量与市场份额逐渐减少，而城市商业银行、新型农村金融机构、小型农村金融机构等地方金融机构快速发展。到 2018 年，大型商业银行、小型农村金融机构和城市商业银行的金融资产占比分别达到 35.83%、18.75% 和 15.72%，多元化的金融竞争格局逐渐形成。

再次，除信贷资金边际产出率呈现下降趋势外，西部地区金融业总体效率和金融各行业效率在研究样本期间均有所提升。虽然西部地区金融业劳动生产率与全国相比仍具有一定差距，但提升速度很快，与全国的差距越来越小。分行业的效率分析表明，西部地区银行业的资金转化能力、证券市场的发展活力以及保险业的风险保障能力均显著提高。

最后，从金融资源的省域分布特征来看，西部地区各省（区、市）呈现金融资源区域发展不平衡的鲜明特征，且伴随"集聚效应"和"规模效应"。从总量上看，四川、重庆和陕西是金融资产规模最大的三个省（市），青海、宁夏、甘肃和新疆是金融资产规模最小的省（区）。因此，通过深化改革，增强西部地区特别是金融发展落后省份金融业的可持续发展能力，对促进西部地区金融业的整体发展和均衡发展、发挥金融体系功能与提高金融效率具有重要意义。另外，从融资结构的省域比较来看，西部各省（区、市）以直接融资占社会融资额比例表示的融资结构均呈现明显改善趋势，但年份之间存在较大波动性。另外，省域之间融资结构的差异非常明显，融资结构的省域不均衡性比较严重。因此，西部各省（区、市）融资结构的持续优化依然是西部地区金融发展中需要特别关注的重要问题。西部地区内部各省（区、市）的金融效率也存在显著的空间分异特征，因此有必要加强区域统筹管理，通过进一步提高金融效率缩小区域发展差距。

第四章
西部地区金融发展的行业分析

随着国家对西部地区金融扶持力度的不断加大，其金融发展水平在近几年取得了明显的成效。现代金融业包括银行业、证券业、保险业、信托业等多个细分行业，各行业发展特点不同，对经济社会发展的支持功能存在一定差别，弄清楚西部地区金融在各行业的具体发展情况，有助于金融业整体功能的有效发挥，从而为实现西部地区经济提升和行业协调发展提供依据。

一　西部地区银行业发展分析

银行业是金融业的主体，在我国经济发展的现阶段，银行业发展水平决定了金融业发展水平。基于此，本节将从银行业金融机构概况、银行业金融资产、银行业主体结构、存贷款情况、资产质量、金融服务覆盖率以及互联网金融发展等七个方面对西部地区及其各省（区、市）的银行业发展水平进行分析。

（一）西部地区银行业总体发展及与全国的对比分析

1. 银行业金融机构数量情况

由表4-1可以直观地看到，西部地区银行业法人机构数呈现先减少后增加的态势。其中2007～2012年趋于减少，从3331家减少到1209家，其原因主要是部分信用社按照多合一的方式组建当地农商行，使得其机构数量有所减少。从2013年起，银行业法人机构数量稳步增加，从2012年的1209家增加到2018年的1425家，这种增加主要是因西部地区地方性银行获得较快发展，且新型金融组织建设取得突破。虽然法人机构数总体减少，但分支机构数呈现稳中有升的态势（见图4-1），从2006年的52278家增加到2018年的60007家，增加了14.78%。同时，银行业从业人数增加了60.94%。但银行业分支机构数占全国的比重基本稳定，保持在27%左右；银行业从业人数占全国比重略有上升，从 2006 年的 22.80% 提高到 2018 年的 23.61%。

表 4-1 2006~2018 年西部地区银行业金融机构概况及在全国占比情况

年份	法人机构 （家）	分支机构 （家）	分支机构占全国 比重（%）	从业人数 （万人）	从业人数占全国 比重（%）
2006	—	52278	27.09	59.98	22.80
2007	3331	52827	27.66	61.59	23.00
2008	2190	49054	26.23	60.06	22.00
2009	2078	51718	27.36	66.01	23.00
2010	1576	51921	26.78	73.01	23.71
2011	1458	54802	27.40	77.22	24.02
2012	1209	56021	27.73	81.41	24.10
2013	1266	56821	27.19	85.29	23.91
2014	1267	58234	26.71	88.51	23.78
2015	1303	58412	26.44	89.47	23.54
2016	1353	61357	27.87	92.75	24.43
2017	1413	60400	26.66	92.97	23.49
2018	1425	60007	26.53	96.53	23.61
2018 年较 2006 年 增长（%）	−57.22[*]	14.78	—	60.94	—

注：[*] 因 2006 年未公布银行业法人机构数据，此增长率为 2018 年较 2007 年增长。

资料来源：根据中国人民银行发布的《中国区域金融运行报告》（2007~2019 年）数据整理而得。

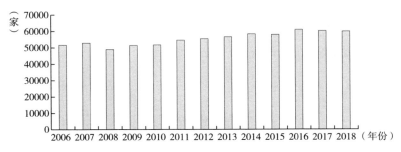

图 4-1 2006~2018 年西部地区银行业分支机构数

资料来源：根据中国人民银行发布的《中国区域金融运行报告》（2007~2019 年）数据整理而得。

2. 银行业金融资产情况

从表 4-2 及图 4-2 中可以得知，西部地区及全国银行业金融资产总额都呈现快速增长的趋势，2006~2018 年，全国银行业金融资产总额从 410000 亿元增长到 2275827 亿元，增长了 4.55 倍；而西部地区银行业金融资产总额从 2006 年的 60402 亿元增长到 2018 年的 428424 亿元，增长了 6.09 倍。而观察

表 4-2 中关于西部地区银行业金融资产总额占全国的比重，发现占比由 2006 年的 14.73% 增长到了 2018 年的 18.82%，提高了 4.09 个百分点。这表明西部地区银行业在 2006～2018 年获得了超过全国平均水平的大幅增长。

表 4-2　2006～2018 年西部地区及全国银行业金融资产总额

单位：亿元，%

年份	西部地区银行业金融资产总额	全国银行业金融资产总额	西部地区银行业金融资产总额占全国比重
2006	60402	410000	14.73
2007	72900	481506	15.14
2008	93120	571288	16.30
2009	125970	748040	16.84
2010	154195	888000	17.36
2011	189382	1058000	17.90
2012	230325	1245000	18.50
2013	267782	1402000	19.10
2014	298571	1547000	19.30
2015	333958	1742090	19.17
2016	379404	1959639	19.36
2017	415319	2158569	19.24
2018	428424	2275827	18.82
年均增长率	17.73	15.35	—

资料来源：根据西部各省（区、市）《金融运行报告》（2007～2019 年）数据整理而得。

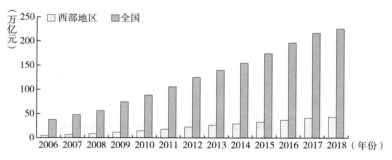

图 4-2　2006～2018 年西部地区及全国银行业金融资产总额

资料来源：根据西部各省（区、市）《金融运行报告》（2007～2019 年）数据整理而得。

3. 银行业主体结构情况

银行业主体主要包括大型商业银行、股份制商业银行、政策性银行、城市商业银行、农村金融机构等。表 4-3 是西部地区各类银行机构的资产总额

表 4-3 2006～2018 年西部地区各类银行金融机构资产总额

单位：亿元，%

年份	大型商业银行	政策性银行	股份制商业银行	城市商业银行	小型农村金融机构	邮政储蓄银行	外资银行	新型农村金融机构	合计
2006	33842.6	6457.2	6481.7	3665.9	8360.8	1680.0	107.3	0.0	60595.5
2007	39138.0	7999.1	8122.5	4814.7	10631.8	3005.4	234.1	0.0	73945.6
2008	49247.4	10300.2	10896.6	6371.4	15082.8	4330.8	323.4	67.9	96620.5
2009	62323.7	13263.0	13670.6	9503.5	19112.7	5656.2	318.0	370.4	124218.1
2010	73488.7	26241.0	17809.4	14682.3	24256.6	6918.9	477.7	280.6	164155.1
2011	83280.7	20736.6	22530.3	20996.2	30942.0	8554.3	574.7	652.1	188266.9
2012	95111.7	24353.1	29816.9	27004.4	39432.2	10610.8	696.3	1056.2	228081.6
2013	104966.1	27702.7	35366.8	32934.8	48502.6	11961.4	808.7	1623.4	263866.5
2014	110438.3	32813.6	37141.8	39221.9	58354.2	13630.3	824.0	2038.4	294462.5
2015	118356.0	40866.5	41619.5	47511.2	65735.5	14597.4	850.0	2698.7	332234.8
2016	124634.4	48340.1	41290.7	57544.5	74161.0	16512.1	916.6	4560.4	367959.8
2017	138267.5	54317.1	38929.3	66368.8	80291.7	18076.0	867.1	5191.9	402309.4
2018	146985.0	57326.9	38645.0	72081.9	81987.5	19842.4	941.3	5823.4	423633.4
2018 年较 2006 年增长	334.32	787.80	496.22	1866.28	880.62	1081.10	777.26	—	—

注：大型商业银行包括工、农、中、建、交；小型农村金融机构包括农村商业银行、农村合作银行和农村信用社；新型农村金融机构主要指村镇银行。

资料来源：根据西部各省（区、市）《金融运行报告》（2007～2019 年）数据整理而得。

及其占比情况。

由表4-3可见，2006～2018年，西部地区各类银行的资产总额均呈现大幅增长趋势。其中增幅最大的为城市商业银行，其资产总额增长了18.66倍；其次为邮政储蓄银行，资产总额增加了10.81倍；小型农村金融机构和外资银行资产总额分别增加了8.81倍和7.77倍；而大型商业银行和股份制商业银行资产的增加相对较少，仅增加了3.34倍和4.96倍。从各类银行资产的占比（见图4-3）来看，2006年西部地区资产占比最大的三类银行分别是大型商业银行（55.85%）、小型农村金融机构（13.80%）和股份制商业银行（10.70%）；而到2018年，资产总额占比最大的是大型商业银行（34.70%）、小型农村金融机构（19.35%）和城市商业银行（17.02%）。其中，大型商业银行资产总额从2006年的33842.6亿元增长到了2018年的146985.0亿元，但其所占比重却从55.85%下降到了34.70%，下降了21.15个百分点；小型农村金融机构资产总额从8360.8亿元增加到81987.5亿元，占比从13.80%提升到了19.35%，提高了5.55个百分点；城市商业银行资产总额从3665.9亿元增加到72081.9亿元，占比从6.05%提升到了17.02%，提高了10.97个百分点。可见，2006年以来，西部各省（区、市）对城市商业银行、小型农村金融机构等地方性金融机构的发展给予了更多的关注与支持，使得其与大型商业银行在资产总额上可以平分秋色。

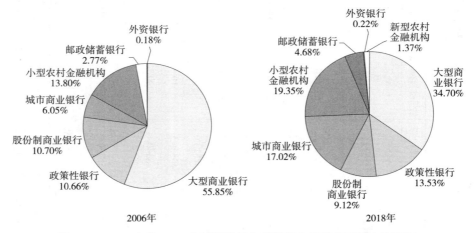

图4-3　2006年和2018年西部地区各类银行金融资产总额占比情况

资料来源：根据西部各省（区、市）《金融运行报告》（2007年和2019年）数据整理而得。

4. 存贷款业务发展情况

存贷款业务是银行最为基础的业务，也是银行获取收益的最主要来源。

由表 4-4 可知，西部地区及全国银行的本外币存贷款余额都呈现持续增长的趋势，其中西部地区本外币存款余额从 2006 年的 52938 亿元增长到了 2018 年的 318298 亿元，增长了 501.27%，年均增长率为 16.12%；本外币贷款余额由 37391 亿元增长到了 271950 亿元，增长了 627.31%，年均增长率为 17.98%。同期，全国银行本外币存款余额、贷款余额增长率分别为 443.31%、519.22%。2006~2018 年西部地区本外币存款余额、贷款余额增长率分别高出全国平均水平 57.96 个百分点、108.09 个百分点。从银行贷存比来看，2006~2018 年，西部地区银行贷存比呈现先下降后上升的趋势，由 2006 年的 70.63% 提高到 2018 年的 85.44%（见图 4-4）。而同期全国银行贷存比也在上升，先由 2006 年的 70.46% 下降到 2008 年的最低值 66.16%，随后几年一直保持稳步上升状态，到 2018 年，全国贷存比达 80.31%。可见，从 2006 年以来，西部地区银行业本外币存款、贷款增速不仅高于全国平均水平，而且在 2010 年以后西部地区将储蓄转化为投资的能力也逐渐强于全国平均水平。

表 4-4 2006~2018 年西部地区及全国银行本外币存贷款余额、贷存比

单位：亿元，%

年份	西部地区			全国		
	本外币存款余额	本外币贷款余额	贷存比	本外币存款余额	本外币贷款余额	贷存比
2006	52938	37391	70.63	325000	229000	70.46
2007	62445	43874	70.26	385000	265000	68.83
2008	78295	51863	66.24	461000	305000	66.16
2009	103010	62790	60.96	592000	408000	68.92
2010	124607	88014	70.63	709000	487000	68.69
2011	146417	104788	71.57	802000	560000	69.83
2012	173659	124297	71.58	925000	644000	69.62
2013	201099	145620	72.41	1048000	731000	69.75
2014	222634	169924	76.32	1143000	830000	72.62
2015	251292	192758	76.71	1398000	993000	71.03
2016	285479	220427	77.21	1501000	1053000	70.15
2017	309894	247294	79.80	1638000	1256000	76.68
2018	318298	271950	85.44	1765764	1418024	80.31
2018 年较 2006 年增长	501.27	627.31	—	443.31	519.22	—

资料来源：根据西部各省（区、市）《金融运行报告》（2007~2019 年）数据整理而得。

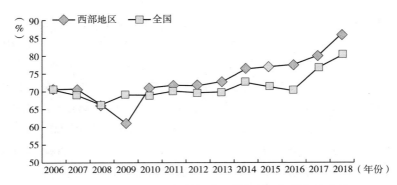

图4-4　2006~2018年西部地区与全国银行贷存比变化

资料来源：根据西部各省（区、市）《金融运行报告》（2007~2019年）数据整理而得。

5. 资产质量情况

不良贷款率是不良贷款额占贷款余额的比重，最直接地反映了银行的信贷资产质量，是商业银行经营管理最为核心的安全性指标。由表4-5可见，西部地区与全国一样，不良贷款率呈现明显的下降态势。全国银行不良贷款率由2006年的7.09%下降到2018年的1.83%，下降了5.26个百分点；同期，西部地区由9.30%下降到2.33%，下降了6.97个百分点。这表明无论是全国还是西部地区，2006年以来银行业资产质量均明显改善，这也是我国对银行资产质量监管加强及银行经营管理改善的必然结果。但从信贷资产质量来看，西部地区仍低于全国平均水平，2018年西部地区银行不良贷款率高于全国平均水平0.50个百分点。另外，由图4-5可知，从2013年起，西部地区及全国银行不良贷款率均呈现不同程度的反弹升高现象，这与我国的经济运行形势变化有关；同时也表明，如何提高银行资产质量、有效控制不良贷款率的快速反弹，依然是我国银行业发展中需要面对的重要问题。

表4-5　2006~2018年西部地区及全国银行不良贷款余额及不良贷款率

单位：亿元，%

年份	西部地区		全国	
	银行不良贷款余额	不良贷款率	银行不良贷款余额	不良贷款率
2006	3531.63	9.30	12549.1	7.09
2007	4036.11	9.08	12009.9	6.72
2008	1893.75	3.62	4821.5	2.43
2009	1412.60	1.95	4264.5	1.59
2010	1151.61	1.32	4276.3	1.14

续表

年份	西部地区		全国	
	银行不良贷款余额	不良贷款率	银行不良贷款余额	不良贷款率
2011	1057.14	1.01	4240.4	0.98
2012	964.88	0.77	4903.6	0.98
2013	995.47	0.67	5905.5	1.03
2014	1796.35	1.06	8410.7	1.29
2015	3695.94	1.88	12724.4	1.74
2016	4795.64	2.16	15075.6	1.81
2017	6387.27	2.58	23892.2	1.90
2018	6434.04	2.33	25949.8	1.83

资料来源：根据西部各省（区、市）《金融运行报告》（2007~2019年）数据整理而得。

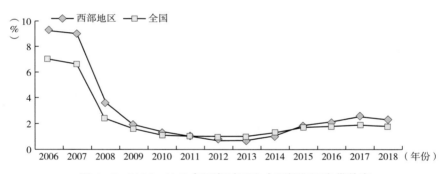

图4-5　2006~2018年西部地区和全国银行不良贷款率

资料来源：根据西部各省（区、市）《金融运行报告》（2007~2019年）数据整理而得。

6. 金融服务覆盖情况

金融服务覆盖率用银行业金融机构营业网点与地区年末总人口之比来度量，衡量的是一个地区金融服务的可得情况。表4-6是西部地区及全国银行的金融服务覆盖率情况。

结合表4-6和图4-6可以直观地看出，西部地区和全国银行金融服务覆盖率总体上呈现缓慢增长的趋势，其中西部地区由2006年的1.47个/万人增加到2018年的1.58个/万人，而全国的金融服务覆盖率则由2006年的1.47个/万人增加到2018年的1.62个/万人，2018年西部地区金融服务覆盖率仍然明显低于全国平均水平。因此，西部地区依然要加大金融服务基础设施建设力度，逐步提高其金融服务覆盖水平，提高金融服务可得性和便利性。

表 4-6　2006～2018 年西部地区及全国银行金融服务覆盖率情况

年份	西部地区			全国		
	年末总人口（万人）	营业网点数（个）	金融服务覆盖率（个／万人）	年末总人口（万人）	营业网点数（个）	金融服务覆盖率（个／万人）
2006	36017	52866	1.47	131448	193000	1.47
2007	33993	52827	1.55	132129	193152	1.46
2008	34109	49054	1.44	132802	187650	1.41
2009	36385	51718	1.42	133450	191477	1.43
2010	36069	52538	1.46	134091	195000	1.45
2011	36222	54802	1.51	134735	200740	1.49
2012	36428	56021	1.54	135404	202000	1.49
2013	36637	56821	1.55	136072	209000	1.54
2014	36839	58234	1.58	136782	218000	1.59
2015	37133	59079	1.59	137462	220905	1.61
2016	37414	61357	1.64	138271	220124	1.59
2017	37695	60400	1.60	139008	226537	1.63
2018	37956	60007	1.58	139538	226163	1.62

资料来源：营业网点数根据西部各省（区、市）《金融运行报告》（2007～2019 年）数据整理而得；人口数据来自《中国统计年鉴》（2007～2019 年）。

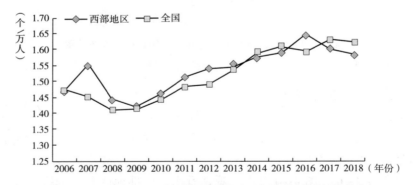

图 4-6　2006～2018 年西部地区及全国银行金融服务覆盖率

资料来源：根据表 4-6 绘制所得。

（二）西部地区银行业发展的省域比较分析

1. 银行业金融机构及从业人员数量的对比分析

表 4-7 列出了部分年份的西部省（区、市）银行业法人机构数。由

表4-7可知，2018年西部地区银行业法人机构数较2007年减少了1906家，减少了57.22%，这主要是因为2006年以后信用社改制工作加速推进，各地市州的城区信用社基本按照多合一的思路组建当地农商行，使得各地银行业法人机构数急剧减少。到2018年，西部地区银行业法人机构数最多的三个省（区）分别是云南、内蒙古和四川，其银行业法人机构数占西部地区总数的比例分别为15.09%、12.63%和12.56%。银行业法人机构数最少的三个省（区、市）依次为青海、宁夏和重庆，其银行业法人机构数分别为41家、42家和55家。2007～2018年西部地区银行业法人机构数增加的省（区、市）是贵州、云南、宁夏、重庆，其余省（区）都呈现减少态势，其中减少数量最多的是四川，银行业法人机构数共减少840家，占西部地区减少总量的44.07%；其次是甘肃，共减少了667家，占西部地区减少总数的34.99%。这表明，2007～2018年是西部地区银行业金融机构调整的大变动时期，原来经济与金融发展水平较高的地区，银行业发展开始走向机构收缩、追求规模效益的内涵发展模式，而经济金融发展较为落后的地区，依然在走增加机构数量的外延发展道路。

表4-7 西部各省（区、市）银行业法人机构数

单位：家，%

省（区、市）	2007年		2010年		2015年		2018年		2018年较2007年增减数
	数量	占比	数量	占比	数量	占比	数量	占比	
内蒙古	268	8.05	143	9.07	173	13.28	180	12.63	-88
广西	388	11.65	109	6.92	135	10.36	145	10.18	-243
重庆	42	1.26	18	1.14	48	3.68	55	3.86	13
四川	1019	30.59	563	35.72	185	14.20	179	12.56	-840
贵州	94	2.82	100	6.35	139	10.67	175	12.28	81
云南	134	4.02	146	9.26	191	14.66	215	15.09	81
陕西	342	10.27	118	7.49	133	10.21	149	10.46	-193
甘肃	787	23.63	164	10.41	112	8.60	120	8.42	-667
青海	47	1.41	35	2.22	39	2.99	41	2.88	-6
宁夏	23	0.69	86	5.46	34	2.61	42	2.95	19
新疆	187	5.61	94	5.96	114	8.75	124	8.70	-63
合计	3331	100.00	1576	100.00	1303	100.00	1425	100.00	-1906

资料来源：根据西部各省（区、市）相关年份的《金融运行报告》数据整理而得。

　　从表4-8可以看到，2018年西部地区银行业金融机构营业网点数最多的是四川，网点数量占西部地区银行网点数量的23.71%；其次是陕西，网点数量占西部地区银行网点数量的12.09%；第三位是广西，网点数量占西部地区银行网点数量的10.45%。这三个省（区）银行网点数合计占西部地区的比例达到46.25%，表明从营业网点来看，西部地区省域之间存在极不均衡的现象。从营业网点数的变化来看，2006～2018年，西部地区金融机构营业网点数量增加了7729个，其中增加数量最多的三个省（区）依次为云南、贵州和广西；唯有重庆呈现银行网点负增长的趋势，2006～2018年减少了601个。这表明西部地区银行业发展在模式上已经出现了分化现象，部分地区的银行发展还处在追求物理网点的数量扩张阶段，而重庆已经由物理网点的数量扩张向注重网点规模经济、提质增效的阶段转化。

表4-8　西部地区各省（区、市）银行业金融机构营业网点数

单位：个，%

省（区、市）	2006年		2010年		2015年		2018年		2018年较2006年增减数
	个数	占比	个数	占比	个数	占比	个数	占比	
内蒙古	5288	10.12	4624	8.91	4843	8.29	5543	9.24	255
广西	5391	10.31	5414	10.43	6174	10.57	6269	10.45	878
重庆	5004	9.57	4208	8.10	4534	7.76	4403	7.34	-601
四川	13352	25.54	12559	24.19	14015	23.99	14225	23.71	873
贵州	3899	7.46	4013	7.73	5062	8.67	5157	8.59	1258
云南	2985	5.71	5128	9.88	5660	9.69	5574	9.29	2589
陕西	6416	12.27	6375	12.28	7097	12.15	7254	12.09	838
甘肃	4528	8.66	4244	8.17	4812	8.24	4873	8.12	345
青海	984	1.88	963	1.85	1096	1.88	1144	1.91	160
宁夏	1089	2.08	1095	2.11	1463	2.50	1356	2.26	267
新疆	3342	6.39	3298	6.35	3656	6.26	4209	7.01	867
合计	52278	100.00	51921	100.00	58412	100.00	60007	100.00	7729

资料来源：根据西部各省（区、市）相关年份的《金融运行报告》数据整理而得。

　　从表4-9可以得知，伴随银行业金融机构营业网点的扩张，西部各省（区、市）银行业从业人员数在2006～2018年也呈现了快速增长的态势。其中四川、贵州和甘肃三省银行业从业人员数的增长率超过了西部平均水平，

分别达到了104.68%、72.04%和65.68%；人员数增加幅度最小的是云南，2018年仅比2006年增长了27.00%。这从另一方面表明西部地区银行业发展的模式依然是外延扩张式，发展的粗放型特征依然明显。

表4-9　西部地区各省（区、市）银行业从业人员数

单位：人，%

省 （区、市）	2006年		2010年		2015年		2018年		2018年较 2006年增长
	人数	占比	人数	占比	人数	占比	人数	占比	
内蒙古	63354	10.56	83253	11.40	95809	10.71	98501	10.20	55.48
广西	66011	11.01	76347	10.46	91431	10.22	90439	9.37	37.01
重庆	48374	8.07	53328	7.30	70787	7.91	77357	8.01	59.91
四川	128448	21.42	189327	25.93	226284	25.29	262911	27.24	104.68
贵州	41499	6.92	50995	6.98	67981	7.60	71393	7.40	72.04
云南	62124	10.36	64656	8.86	76746	8.58	78899	8.17	27.00
陕西	73441	12.24	78958	10.81	99005	11.07	106117	10.99	44.49
甘肃	41518	6.92	53137	7.28	64136	7.17	68786	7.13	65.68
青海	12241	2.04	13066	1.79	18009	2.01	18194	1.88	48.63
宁夏	16195	2.70	18690	2.56	24825	2.77	23178	2.40	43.12
新疆	46594	7.77	48353	6.62	59669	6.67	69529	7.20	49.22
合计	599799	100.00	730110	100.00	894682	100.00	965304	100.00	60.94

资料来源：根据西部各省（区、市）相关年份的《金融运行报告》数据整理而得。

2. 银行业金融机构资产及其增长的比较分析

从表4-10中可以看到，2006～2018年西部各省（区、市）银行业金融机构资产总额都呈现不同程度的增长趋势，其中增长最为迅速的省是贵州，资产总额增长了8.80倍；其次是重庆，增加了7.47倍。资产总额增长最慢的是云南，增长了4.46倍。从2018年西部各省（区、市）银行业金融机构资产的占比来看，四川、重庆和陕西三省（市）是银行业金融机构资产占比的前三位，分别占到西部地区银行业金融机构资产的22.58%、11.98%和11.96%；占比最小的是青海，占西部地区银行业金融机构资产总额的2.01%。从西部各省（区、市）银行业金融机构资产的占比变化来看（见图4-7、图4-8），2006～2018年西部地区银行业金融机构资产占比明显提升的有四川、重庆与贵州，占比明显下降的有云南和陕西，分别下降了2.85个百分点和1.51个百分点；其余地区占比基本保持稳定。这表明在银行业

资产规模方面，西部各省（区、市）之间存在较大的非均衡性。

表4-10　西部各省（区、市）银行业金融机构资产总额及占比情况

单位：亿元，%

省（区、市）	2006年		2010年		2015年		2018年		2018年较2006年增长
	资产总额	占比	资产总额	占比	资产总额	占比	资产总额	占比	
内蒙古	5052	8.36	13123	8.51	27264	8.16	35005	8.17	592.89
广西	5659	9.37	14747	9.56	30330	9.08	38527	8.99	580.81
重庆	6059	10.03	18085	11.73	39376	11.79	51305	11.98	746.76
四川	13042	21.59	35929	23.30	75920	22.73	96733	22.58	641.70
贵州	3780	6.26	8854	5.74	25048	7.50	37047	8.65	880.08
云南	7493	12.41	16323	10.59	33334	9.98	40936	9.56	446.32
陕西	8138	13.47	20707	13.43	41112	12.31	51251	11.96	529.77
甘肃	3940	6.52	8581	5.57	22340	6.69	27637	6.45	601.45
青海	1085	1.80	3322	2.15	7661	2.29	8605	2.01	693.09
宁夏	1373	2.27	3362	2.18	7679	2.30	9348	2.18	580.84
新疆	4781	7.92	11160	7.24	23893	7.15	32028	7.48	569.90
合计	60402	100.00	154194	100.00	333957	100.00	428422	100.00	609.28

资料来源：根据西部各省（区、市）《金融运行报告》（2007～2019年）数据整理而得。

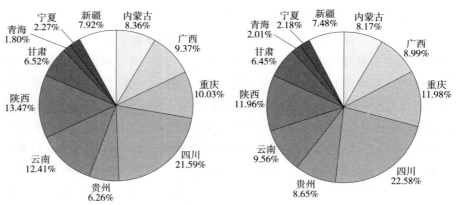

图4-7　2006年西部各省（区、市）银行
　　　业金融机构资产总额占比情况

资料来源：根据表4-10绘制。

图4-8　2018年西部各省（区、市）银行
　　　业金融机构资产总额占比情况

资料来源：根据表4-10绘制。

3. 银行存贷款规模及其增长的比较分析

结合表 4-11 和表 4-12 可以看到，西部各省（区、市）银行本外币存贷款余额 2006～2018 年均有较大幅度的增长。从本外币存款余额占比来看，2006年排在前三位的省依次为四川（22.56%）、陕西（14.08%）和云南（11.58%），这三省银行吸收存款合计占西部地区的 48.22%；到 2018 年，存款余额占比前三位的依次为四川（24.19%）、陕西（12.86%）和重庆（11.59%），存款余额合计占西部地区的 48.64%。贷款结构也是如此。可见，西部地区银行存贷款规模结构存在高度的不均衡现象，省（区、市）之间差距较大。但从存贷款余额的年均增长率来看，西部地区本外币存款余额年均增长最快的前三个省（市）依次为贵州（18.93%）、重庆（17.12%）和四川（16.80%），贷款增长最快的前三个省（区）依次为广西（21.24%）、贵州（20.27%）和甘肃（20.19%）；另外，西部各省（区、市）的本外币年均贷款增速均高于其存款增速，且经济越是落后的地区，其贷款增速越高。这表明自 2006 年以来，银行信贷对西部地区经济增长的支持力度在不断加大。

表 4-11　西部各省（区、市）银行本外币存款余额及其增长情况

单位：亿元，%

省（区、市）	2006 年		2010 年		2015 年		2018 年		2006～2018 年年均增长率
	存款余额	占比	存款余额	占比	存款余额	占比	存款余额	占比	
内蒙古	4075.3	7.70	10325.3	8.29	18172.2	7.23	23342.0	7.33	15.66
广西	5029.5	9.50	11813.9	9.48	22793.5	9.07	30000.0	9.43	16.05
重庆	5535.7	10.46	13614.0	10.93	28778.8	11.45	36887.3	11.59	17.12
四川	11943.6	22.56	30504.1	24.48	60117.7	23.92	77000.0	24.19	16.80
贵州	3316.0	6.26	7387.8	5.93	19537.1	7.77	26542.5	8.34	18.93
云南	6131.3	11.58	13411.5	10.76	25035.1	9.96	30740.8	9.66	14.38
陕西	7452.5	14.08	16590.5	13.31	32685.3	13.01	40927.6	12.86	15.25
甘肃	3341.3	6.31	7147.1	5.74	16299.5	6.49	18678.5	5.87	15.42
青海	903.7	1.71	2327.0	1.87	5228.0	2.09	5754.7	1.81	16.68
宁夏	1140.3	2.15	2586.7	2.08	4823.0	1.92	6046.1	1.90	14.91
新疆	4068.9	7.69	8898.6	7.14	17822.1	7.09	22378.7	7.03	15.26
合计	52938.1	100.00	124606.5	100.00	251292.3	100.00	318298.2	100.00	16.12

资料来源：根据西部各省（区、市）相关年份的《金融运行报告》数据整理而得。

表 4-12　西部各省（区、市）银行本外币贷款余额及其增长情况

单位：亿元，%

省（区、市）	2006 年		2010 年		2015 年		2018 年		2006～2018 年年均增长率
	贷款余额	占比	贷款余额	占比	贷款余额	占比	贷款余额	占比	
内蒙古	3240.0	8.67	7992.6	9.08	17264.3	8.96	22195.7	7.87	17.39
广西	3636.9	9.73	8979.9	10.20	18119.3	9.40	36700.0	13.02	21.24
重庆	4199.2	11.23	10999.9	12.50	22955.2	11.91	32247.8	11.44	18.52
四川	8003.1	21.40	19485.7	22.14	38704.0	20.08	55000.0	19.51	17.42
贵州	2708.5	7.24	5771.7	6.56	15121.0	7.84	24811.4	8.80	20.27
云南	4803.5	12.85	10568.8	12.01	20842.9	10.81	28485.7	10.10	15.99
陕西	4463.2	1.94	10222.2	11.61	22096.8	11.46	30742.7	10.90	17.45
甘肃	2131.3	5.70	4528.9	5.15	13728.9	7.12	19371.7	6.87	20.19
青海	729.8	1.95	1832.8	2.08	5124.1	2.66	6582.4	2.33	20.12
宁夏	993.9	2.66	2419.9	2.75	5150.0	2.67	7038.5	2.50	17.72
新疆	2481.2	6.64	5211.4	5.92	13651.0	7.08	18774.3	6.66	18.37
合计	37390.6	100.00	88013.8	100.00	192757.5	100.00	281950.2	100.00	18.34

资料来源：根据西部各省（区、市）相关年份的《金融运行报告》数据整理而得。

为了更为直观地了解西部各省（区、市）银行对资金的利用情况，我们计算了各省（区、市）银行的存贷款差额（见表 4-13）。

表 4-13　西部各省（区、市）存贷款差额情况

单位：亿元

省（区、市）	2006 年	2010 年	2015 年	2018 年	2018 年较 2006 年增长
内蒙古	835.3	2332.7	907.9	1146.3	37.23
广西	1392.6	2834.0	4674.2	-6700.0	-581.11
重庆	1336.5	2614.1	5823.6	4639.5	247.14
四川	3940.5	11018.4	21413.7	22000.0	458.30
贵州	607.5	1616.1	4416.1	1731.1	184.95
云南	1327.7	2842.7	4192.2	2255.1	69.85
陕西	2989.3	6368.3	10588.5	10184.9	240.71
甘肃	1210.0	2618.2	2570.6	-693.2	-157.29

续表

省 （区、市）	2006 年	2010 年	2015 年	2018 年	2018 年较 2006 年增长
青海	173.9	494.2	103.9	− 827.7	− 575.96
宁夏	146.5	166.8	− 327	− 992.4	− 777.41
新疆	1587.7	3687.2	4171.1	3604.4	127.02
合计	15547.5	36592.7	58534.8	36348.0	133.79

资料来源：根据西部各省（区、市）相关年份的《金融运行报告》数据计算。

存贷款差额是反映银行对资金利用情况的综合指标。如果存贷款差额过大，表明存款资金中有一部分没有实现优化配置，存在地区资金浪费或流失；但如果存贷款差额为负，则表明银行贷款额大于其存款额，存在一定的经营风险。由表 4-13 可见，总体来讲，西部地区银行业存在较大的存款资金未转化为贷款的现象，2018 年银行存贷差比 2006 年增长了 1.34 倍；西部 11 个省（区、市）中有 5 个省（区、市）都存在较大规模的存贷款差额，存贷差增幅都在 100% 以上，其中 3 个省（市）存贷款差额的增幅超过 200%，其中四川存贷款差额增长超过了 400%。这表明，西部地区银行资金闲置较为严重，资金转化利用存在问题。另外，2018 年青海、宁夏、甘肃、广西则出现贷款额大于存款额现象，这一方面表明三个省（区）经济社会发展对资金的渴望极其强烈，另一方面也表明区域性超贷风险存在，应该引起一定的重视。

4. 银行不良贷款情况的省域比较

不良贷款率是反映银行资产质量状况的重要指标，通常用不良贷款余额与银行业总资产之比来衡量。由表 4-14 可见，2006~2018 年，西部各省（区、市）不良贷款率总体而言呈现较为明显的下降趋势。2006 年西部地区不良贷款率普遍高于 6%，其中青海、新疆两省（区）的银行不良贷款率高于 15%。2008 年国际金融危机爆发，国家对银行业等金融机构的监管不断加强，使得贷款审批更加谨慎，而部分银行采取不良贷款剥离的方式更使得西部各省（区、市）不良贷款率迅速下降，到 2010 年，西部各省（区、市）不良贷款率都迅速降到 2% 以下（除青海为 2.61% 外），至 2013 年各省（区、市）不良贷款率达到最低，银行业资产质量稳步改善，经营安全性不断提升。但 2013 年以后，西部各省（区、市）不良贷款率普遍呈现不同程度的上升态势，其中内蒙古从 2013 年的 0.88% 上升到了 2015 年的 3.96%，属于西部各省（区、市）中的最高水平；其次是云南不良贷款率由 2013 年的 0.56%

快速上升到了 2015 年的 2.18%。其后，随着我国经济增长进入新常态，经济增速出现一定程度的回落，银行不良贷款率继续下降。2018 年西部地区中有 7 个省（区）的银行不良贷款率高于全国 1.83% 的平均水平，其中甘肃的银行不良贷款率达到了 5.00%，为西部各省（区、市）中的最高水平；其次为内蒙古，达到 3.75%。因此，西部地区银行业资产风险的快速加大需要引起高度关注。

表 4-14　西部各省（区、市）主要年份不良贷款余额及不良贷款率

单位：亿元，%

省 （区、市）	2006 年		2010 年		2015 年		2018 年	
	不良贷款 余额	不良贷 款率	不良贷款 余额	不良贷 款率	不良贷款 余额	不良贷 款率	不良贷款 余额	不良贷 款率
内蒙古	184.01	8.28	42.50	0.82	685.39	3.96	832.22	3.75
广西	211.35	8.12	54.40	0.91	395.00	2.18	693.90	2.60
重庆	188.22	6.00	84.40	0.91	225.26	0.98	348.28	1.08
四川	538.96	9.84	259.40	1.82	774.08	2.00	1248.90	2.27
贵州	150.93	7.92	46.40	1.25	241.94	1.60	481.34	1.94
云南	235.40	6.69	92.40	1.26	454.37	2.18	831.70	2.92
陕西	355.22	11.50	92.50	1.35	439.73	1.99	426.05	1.39
甘肃	165.10	11.84	36.80	1.57	244.60	1.80	968.59	5.00
青海	76.11	16.96	27.70	2.61	71.20	1.40	171.53	2.61
宁夏	55.60	9.05	9.10	0.66	81.37	1.58	127.12	1.81
新疆	248.04	15.52	41.00	1.37	136.51	1.00	289.12	1.54

资料来源：根据中国银监会官网公布的相关年份数据整理而得。

5. 金融服务覆盖情况的省域比较

银行金融服务覆盖率是衡量区域银行业发展状况的重要考量指标，通常用每万人拥有的银行机构网站数或每平方公里土地面积上的银行机构网点数来衡量。虽然现代互联网技术的快速发展及其与现代金融业务的相互结合，使得金融服务对银行机构网点的依赖性在降低，但对于广大西部地区来讲，银行机构网点数的多少对居民获得金融服务的广度与深度依然具有重要作用。表 4-15、图 4-9 是用每万人拥有的银行机构网点数衡量的西部各省（区、市）金融服务覆盖情况。

表 4-15 2006~2018 年西部各省（区、市）金融服务覆盖情况

单位：个 / 万人

年份	内蒙古	广西	重庆	四川	贵州	云南	陕西	甘肃	青海	宁夏	新疆
2006	2.19	1.14	1.78	1.63	1.06	0.67	1.73	1.78	1.80	1.80	1.63
2007	2.10	1.11	1.41	1.58	1.09	1.12	1.70	1.76	1.77	1.76	1.54
2008	1.79	0.94	1.48	1.48	1.10	0.93	1.70	1.64	1.73	1.73	1.20
2009	1.95	1.11	1.47	1.52	1.03	1.12	1.67	1.70	1.66	1.73	1.35
2010	1.87	1.17	1.46	1.56	1.15	1.11	1.71	1.66	1.71	1.73	1.51
2011	1.89	1.18	1.75	1.61	1.24	1.12	1.72	1.75	1.78	1.78	1.55
2012	2.10	1.21	1.76	1.64	1.26	1.13	1.73	1.72	1.80	1.81	1.47
2013	1.87	1.23	1.80	1.66	1.33	1.14	1.76	1.76	1.84	1.84	1.54
2014	1.87	1.26	1.82	1.69	1.38	1.16	1.79	1.80	1.91	1.86	1.57
2015	1.93	1.29	1.50	1.71	1.43	1.19	1.87	1.85	1.86	2.19	1.55
2016	2.33	1.37	1.35	1.72	1.48	1.18	1.84	2.23	2.05	1.97	1.50
2017	2.30	1.29	1.34	1.72	1.49	1.17	1.88	1.99	1.87	1.98	1.49
2018	2.19	1.27	1.42	1.71	1.43	1.15	1.88	1.85	1.86	1.97	1.69
2018 年较 2006 年增加	0.00	0.13	-0.36	0.08	0.37	0.48	0.15	0.07	0.06	0.17	0.06

资料来源：根据西部各省（区、市）《金融运行报告》（2007~2019 年）数据及各省（区、市）统计年鉴整理而得。

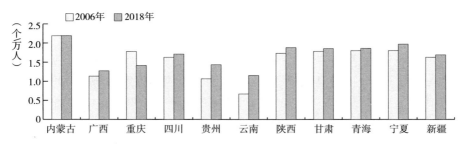

图 4-9 2006 年与 2018 年西部各省（区、市）金融服务覆盖率

资料来源：根据西部各省（区、市）《金融运行报告》（2007 年和 2019 年）数据及各省（区、市）统计年鉴整理而得。

从表 4-15 与图 4-9 可以看出，除重庆和内蒙古外，以银行网点数反映的西部各省（区、市）金融服务覆盖率 2006~2018 年均有不同程度的提升，其中提升较快的省份为云南和贵州，每万人拥有的银行机构网点数分别增加了 0.48 个和 0.37 个，与这些地区普惠金融的快速发展有着必然的联系；内

蒙古的金融服务覆盖率基本保持稳定，重庆的金融服务覆盖率出现了降低现象，主要原因是重庆的营业网点数在近几年出现不断减少的趋势。西部各省（区、市）银行金融服务覆盖率最高的是内蒙古，2018年金融服务覆盖率为2.19个/万人；其次是宁夏，为1.97个/万人；而金融服务覆盖率最低的是云南，仅为1.15个/万人。

6. 互联网金融发展水平的省域比较

互联网金融是金融发展的一种新业态，代表着未来金融业的发展方向，其发展水平通常用互联网金融发展指数来衡量。由于数据限制，表4-16仅给出了2014年1月～2016年3月西部各省（区、市）互联网金融发展指数。

表4-16　西部各省（区、市）互联网金融发展指数

时间	内蒙古	广西	重庆	四川	贵州	云南	陕西	甘肃	青海	宁夏	新疆
2014年1月	67.74	67.94	82.29	77.75	55.25	61.63	77.07	55.62	55.87	65.38	65.41
2014年2月	70.29	75.29	91.94	87.37	61.36	66.84	85.30	63.03	59.24	73.35	71.78
2014年3月	87.00	89.21	107.06	101.76	71.54	80.19	101.83	73.85	73.37	86.60	86.55
2014年4月	84.84	88.00	104.35	98.96	70.95	76.25	98.29	72.30	71.72	93.23	82.24
2014年5月	86.66	90.47	106.23	100.46	72.31	78.63	102.28	75.36	78.48	91.81	84.59
2014年6月	86.45	89.89	107.78	100.52	73.50	79.44	100.73	74.53	76.32	88.95	84.68
2014年7月	85.13	92.74	112.35	103.89	75.35	82.49	103.28	74.57	76.77	90.78	84.14
2014年8月	88.75	94.12	112.56	105.74	78.14	84.49	104.87	75.26	77.37	95.44	84.42
2014年9月	95.42	101.15	121.60	115.83	84.71	90.55	116.30	81.41	84.50	104.69	94.44
2014年10月	99.32	104.38	125.49	118.46	88.09	92.29	120.33	85.66	87.70	106.71	96.76
2014年11月	115.62	124.96	148.54	140.40	103.87	108.90	140.27	98.42	100.86	125.75	116.28
2014年12月	116.18	123.43	148.20	137.91	102.09	109.29	139.27	99.31	104.59	129.01	117.99
2015年1月	124.65	132.61	153.94	144.51	108.86	116.26	148.71	103.69	111.05	129.06	122.00
2015年2月	115.68	126.26	153.01	141.47	106.03	110.81	144.22	98.90	100.54	120.83	115.33
2015年3月	135.66	150.54	182.76	170.04	127.23	133.40	170.76	116.14	117.26	142.73	136.80
2015年4月	149.72	164.26	197.14	184.05	139.31	144.70	187.14	128.24	134.30	171.75	149.48
2015年5月	175.30	187.71	223.26	209.59	159.92	167.60	216.68	152.50	155.32	182.61	172.93
2015年6月	186.05	195.39	235.50	220.55	167.54	173.97	225.71	159.97	161.64	191.47	181.32
2015年7月	190.48	203.76	241.98	230.45	172.71	181.69	234.92	164.84	166.41	197.68	184.49
2015年8月	196.92	210.97	248.67	239.38	179.99	187.69	240.13	168.38	172.79	206.24	190.88
2015年9月	210.81	220.50	264.07	253.71	190.08	194.81	256.48	182.95	184.61	222.59	203.92
2015年10月	216.26	228.92	275.85	257.58	198.46	204.44	264.81	185.96	189.23	228.70	210.03

续表

时间	内蒙古	广西	重庆	四川	贵州	云南	陕西	甘肃	青海	宁夏	新疆
2015年11月	260.12	273.98	334.86	307.91	237.02	242.20	316.04	222.15	222.00	272.10	254.39
2015年12月	254.95	277.30	334.35	307.98	240.88	244.67	314.49	221.97	222.40	270.70	253.66
2016年1月	262.40	281.79	333.45	311.36	245.50	247.11	316.03	224.68	226.37	270.84	254.80
2016年2月	233.14	259.28	313.20	292.55	232.07	224.35	288.29	203.81	196.23	249.54	232.07
2016年3月	290.56	324.57	381.43	353.49	291.05	277.04	355.71	255.62	242.33	310.05	286.21

资料来源：根据北京大学数字金融研究中心发布的《北京大学互联网金融发展指数》整理而得。

由表4-16可知，从2014年1月到2016年3月，西部11个省（区、市）互联网金融发展指数都呈现较快的增长态势，其中重庆、陕西和四川的增长量要明显大于其他省（区）。从2016年3月西部各省（区、市）互联网金融发展指数来看（见图4-10），重庆、陕西和四川的互联网金融发展水平总体较高，互联网金融发展指数均在350以上，而青海、甘肃等互联网金融发展相对落后。显然，互联网金融的发展，与区域经济发展水平、技术发展水平、互联网的普及水平等软硬件条件紧密相关。

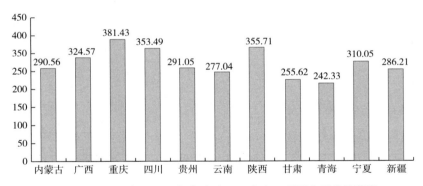

图4-10　2016年3月西部各省（区、市）互联网金融发展指数

资料来源：根据北京大学数字金融研究中心发布的《北京大学互联网金融发展指数》整理而得。

二　西部地区证券业发展分析

随着西部地区经济的不断发展，证券市场在支持当地经济发展中的作用也越来越大。因此，积极发展证券业，充分利用证券市场的资源优化配置功能对西部地区经济社会发展具有重要作用。

（一）西部地区证券业总体发展及与全国的对比分析

1.西部地区证券业机构概况

证券业金融机构一般是指证券公司、证券投资基金管理公司、期货公司以及投资咨询公司等，由于西部地区证券业总体而言发展较为缓慢，机构数量较少，此处仅以西部地区的证券公司、期货公司以及基金公司为代表对其证券业机构情况进行分析（见表4-17）。

表4-17　2006～2018年西部地区及全国证券业机构数量

单位：家

年份	法人证券公司数		法人期货公司数		法人基金公司数		合计	
	西部地区	全国	西部地区	全国	西部地区	全国	西部地区	全国
2006	20	104	21	183	3	57	44	344
2007	19	106	18	177	3	58	40	341
2008	18	107	19	171	3	60	40	338
2009	18	106	19	167	2	60	39	333
2010	18	106	18	163	2	63	38	332
2011	18	109	18	163	2	69	38	341
2012	18	114	16	161	2	77	36	352
2013	18	115	18	156	2	89	38	360
2014	18	121	17	152	2	95	37	368
2015	19	125	17	150	3	101	39	376
2016	20	129	17	149	2	109	39	387
2017	20	131	17	149	2	113	39	393
2018	20	131	17	149	2	120	39	400

资料来源：中国人民银行发布的《中国区域金融运行报告》（2007～2019年）及《2019中国证券期货统计年鉴》。

由表4-17可知，目前西部地区证券业金融机构仍以证券公司和期货公司为主，两者数量之和占到西部地区证券业金融机构数量的95%以上，法人基金公司的数量较少，12年间基本上维持在2～3家。2006～2018年，法人证券公司的数量总体上也没有发生变化，西部地区证券公司数大约为20家。而法人期货公司的数量有略微下降的趋势，从2006年的21家减少到了2018年的17家。总体而言，西部地区证券业法人机构数在这12年间基本上没有较大变化，甚至还有略微减少的趋势。但证券业营业部的数量近几年出现不同程度的上涨。如 2015～2018 年，重庆证券业营业部数量从 171 家增加到 291 家，陕西从 192 家增加到 256 家，甘肃从 95 家增加到 122 家，宁夏从 36 家增加到 45 家，新疆从 74 家增加到 105 家，这说明证券业在西部地区的覆盖范围不断扩大、普及度不断提高。

2. 上市公司数量及股票市场筹资情况

证券业发展的重要功能之一在于为公司筹集发展资金，解决公司发展中的资金瓶颈问题。因此，上市公司数量及其筹资量是反映各省（区、市）证券业发展程度的重要考量指标之一。由表 4-18 可见，截至 2018 年，西部地区上市公司数量达到 473 家，12 年间增加了 203 家，不过占全国上市公司数量的比重出现明显下降趋势（见图 4-11），从 2006 年的 18.83% 下降到 2018 年的 13.2%；从筹资额来看，虽然西部地区在 A 股市场筹资额一直保持相对稳定的增长趋势，2006～2018 年累计筹资额 13572.30 亿元，占全国 A 股市场筹资总额的比例仅为 15.85%。但值得欣慰的是，从各年的占比变化来看，各年筹资额占全国的比重出现了明显的上升趋势，从 2006 年的 4.14% 提升到 2018 年的 15.85%。这些数据表明，无论上市公司数量还是筹资额，西部地区所占比例与其在全国经济总量中的比例都极不相称，这体现出西部地区证券业发展还非常不充分，证券业对西部地区经济发展的支持还处于较为薄弱的状态。

表 4-18　2006～2018 年西部地区及全国上市公司数量及股票筹资情况

年份	上市公司数量			A 股筹资额		
	西部地区（家）	全国（家）	占比（%）	西部地区（亿元）	全国（亿元）	占比（%）
2006	270	1434	18.83	101.90	2463.70	4.14
2007	293	1463	20.03	570.30	7722.99	7.38
2008	298	1625	18.34	496.80	3457.75	14.37
2009	306	1718	17.81	599.50	5004.90	11.98
2010	340	2063	16.48	904.40	9060.31	9.98
2011	355	2342	15.16	924.90	5073.07	18.23
2012	366	2494	14.68	816.10	3127.54	26.09
2013	366	2489	14.70	1115.70	2802.76	39.81
2014	380	2613	14.54	1288.20	4834.04	26.65
2015	404	2827	14.29	1868.00	8295.14	22.52
2016	396	3046	13.00	2049.90	15202.79	13.48
2017	461	3485	13.23	1840.00	11755.00	15.65

续表

年份	上市公司数量			A 股筹资额		
	西部地区（家）	全国（家）	占比（%）	西部地区（亿元）	全国（亿元）	占比（%）
2018	473	3584	13.20	996.60	6827.00	14.60
累计	—	—	—	13572.30	85626.99	15.85

资料来源：根据西部各省（区、市）《金融运行报告》（2007～2019年）数据整理而得。

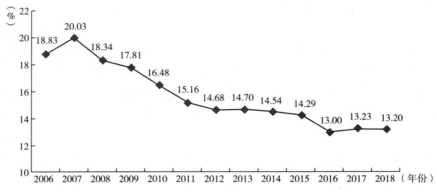

图 4-11　2006～2018 年西部地区上市公司数量占全国比重

资料来源：根据西部各省（区、市）《金融运行报告》（2007～2019年）数据整理而得。

3. 上市公司股票市值分析

上市公司股票市值是度量公司资产规模的重要指标之一。由表 4-19 可见，截至 2018 年底，西部地区上市公司股票市值为 47346 亿元，占全国上市公司股票总市值 434924 亿元的 10.89%。从西部地区上市公司股票市值的变化情况看（见图 4-12），2006～2018 年西部地区上市公司股票市值存在剧烈的波动，最高值在 2017 年，达到 60502 亿元，最低值在 2006 年，为 7922 亿元。股票市值的变化与上市公司数量有关，但更为重要的是与我国股票市场的巨大波动有关。上市公司股票市值占全国上市公司股票总市值的比重略有上升，但进入 2011 年以来，总体比较稳定，保持在 10.5%～10.9%。

表 4-19　2006～2018 年西部地区及全国上市公司股票市值情况

单位：亿元，%

年份	西部地区	全国	西部地区占全国比重
2006	7922	89404	8.86
2007	29988	327141	9.17

续表

年份	西部地区	全国	西部地区占全国比重
2008	11581	121366	9.54
2009	24553	243939	10.07
2010	30782	265423	11.60
2011	23262	214758	10.83
2012	24221	230358	10.51
2013	25655	239077	10.73
2014	40632	372547	10.91
2015	57959	531463	10.91
2016	53982	507685	10.63
2017	60502	567086	10.67
2018	47346	434924	10.89

资料来源：Wind 数据库。

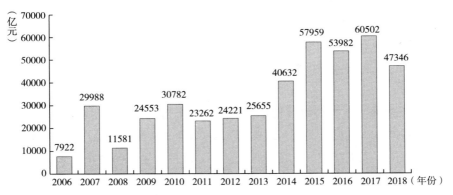

图4-12 2006~2018年西部地区上市公司股票市值

资料来源：Wind 数据库。

4. 债券市场筹资情况分析

债券市场是企业及地方政府解决资金短缺问题的另一个重要来源。从图
4-13西部地区国内债券市场的筹资情况可见，2006~2015年，西部地区债
券市场的筹资额呈现迅速增长的趋势，从2006年的303.6亿元增加到2015
年的9541.3亿元，9年增加了30.43倍。随后国家对地方债规模控制的政策
趋严，西部地区债券筹资额出现大幅下降，到2017年下降至6276.2亿元，
比2015年下降了34.22%；考虑到经济下行压力，2018年债券筹资规模又
大幅增加，比2017年增加了91.82%，达到了12039.2亿元。2006~2018年，

债券筹资额累计达到了 59022.0 亿元，是同期股票筹资额 13572.3 亿元的 4.35 倍；2018 年债券市场筹资额是股票市场筹资额的 12.09 倍。可见，债券筹资仍是西部地区筹资的主要渠道，企业上市筹资的规模非常有限。

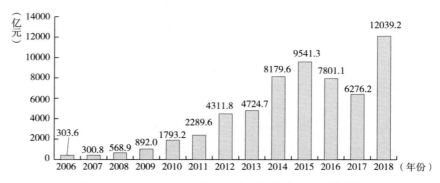

图 4-13　2006～2018 年西部地区国内债券市场筹资额

资料来源：根据中国人民银行发布的《中国区域金融运行报告》（2007～2019 年）数据整理所得。

（二）西部地区证券业发展的省域比较

根据前文分析可知，由于我国证券市场发展具有高度集中的特点，西部地区证券业机构数量在近几年并未发生较大变化，此处将主要从上市公司数量、股市筹资额、上市公司股票市值以及债券筹资额等方面做比较分析。

1. 西部地区上市公司数量及股票市场筹资情况的省域比较

由表 4-20 可见，2006～2018 年，西部各省（区、市）上市公司数量均出现不同程度的增加，尤以四川、新疆、陕西和重庆四个省（区、市）上市公司数量增加较多。同时，它们也是上市公司数量在西部地区中占比最大的四个省（区、市），2018 年在西部地区上市公司数量的占比居前四名的依次为四川（26.3%）、新疆（12.0%）、重庆（10.9%）、陕西（10.7%）；青海、宁夏由于省域经济总量小，上市公司数量也相对较少。

表 4-20　2006～2018 年西部各省（区、市）上市公司数量情况

单位：家

年份	内蒙古	广西	重庆	四川	贵州	云南	陕西	甘肃	青海	宁夏	新疆
2006	19	25	29	67	17	24	24	19	9	0	29
2007	20	25	30	68	17	26	26	20	10	11	32
2008	19	26	31	67	17	27	29	21	10	11	32
2009	19	27	31	71	17	26	30	22	10	11	34

年份	内蒙古	广西	重庆	四川	贵州	云南	陕西	甘肃	青海	宁夏	新疆
2010	20	29	34	83	19	28	37	22	10	12	37
2011	22	29	36	88	20	28	38	24	10	12	39
2012	24	30	37	90	21	28	39	24	10	12	41
2013	25	30	37	90	21	28	39	25	10	12	39
2014	25	32	40	92	21	29	42	26	10	12	40
2015	26	35	43	103	20	30	43	27	10	12	43
2016	26	36	44	111	23	32	45	30	12	12	47
2017	26	36	50	116	27	34	47	33	12	13	52
2018	26	37	50	120	29	33	49	33	12	13	55
2018 年较 2006 年增加	7	12	21	53	12	9	25	14	3	13	26

资料来源：根据西部各省（区、市）《金融运行报告》（2007~2019年）数据整理而得。

从表 4-21 和图 4-14 可以看到，2006~2018 年，西部各省（区、市）A 股筹资额基本上经历了一个从无到有的过程，各省（区、市）各年的 A 股筹资额差异较大。从累计筹资额来看，2006~2018 年，排在前三位从大到小依次为四川、新疆和陕西，分别为 3195 亿元、2473 亿元和 1880 亿元；而筹资额最小的三位依次为宁夏、青海和贵州，分别为 215 亿元、230 亿元和 426 亿元。从累计筹资额所占比例来看，四川、新疆、陕西三省（区）的 A 股累计筹资额占西部地区总量的 55.6%，西部地区 A 股股票市场筹资的不均衡性非常严重。

表 4-21　2006~2018 年西部各省（区、市）A 股筹资情况

单位：亿元

年份	内蒙古	广西	重庆	四川	贵州	云南	陕西	甘肃	青海	宁夏	新疆	合计
2006	0	3	0	36	0	19	17	15	0	0	12	102
2007	100	27	26	135	25	75	30	23	62	0	67	570
2008	57	0	0	111	11	61	166	29	0	7	54	497
2009	0	9	18	201	22	82	48	182	0	5	34	600
2010	5	66	159	217	54	56	190	5	0	9	143	904
2011	32	79	158	308	16	78	9	75	45	27	98	925
2012	123	5	30	253	21	1	64	89	3	24	204	816

续表

年份	内蒙古	广西	重庆	四川	贵州	云南	陕西	甘肃	青海	宁夏	新疆	合计
2013	150	92	109	123	5	253	52	175	0	2	156	1116
2014	122	43	181	387	65	71	237	42	0	27	114	1288
2015	383	151	127	396	30	111	252	109	67	6	236	1868
2016	171	148	197	377	92	171	377	99	53	91	274	2050
2017	85	8	57	337	20	174	377	43	0	15	724	1840
2018	0	38	35	314	67	67	61	57	0	2	357	997
累计额	1229	669	1096	3195	426	1218	1880	942	230	215	2473	13572

资料来源：根据西部各省（区、市）《金融运行报告》（2007～2019年）数据整理而得。

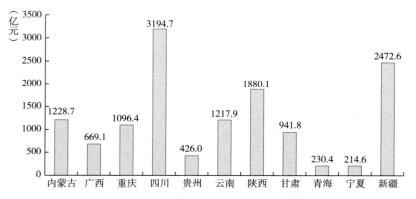

图4-14 2006～2018年西部各省（区、市）A股累计筹资额

资料来源：根据西部各省（区、市）《金融运行报告》（2007～2019年）数据整理而得。

2. 西部地区上市公司股票市值的省域比较

从表4-22和图4-15中可以看出，随着各省（区、市）上市公司数量的增加，上市公司市值均呈现大幅增长趋势。其中市值增长最大的三个省（市）依次是陕西、重庆和贵州，市值分别增长了890.50%、792.52%和746.51%。增长幅度最小的三个省（区）依次为青海、宁夏和内蒙古，市值分别仅增长了192.46%、338.86%和339.54%。但从市值规模来讲，最大的为四川，其2018年上市公司市值占西部地区上市公司市值总额的23.99%；市值最小的为宁夏，其2018年市值仅占西部地区市值总额的1.01%。

为了客观评价西部各省（区、市）证券业发展情况，我们计算了西部各省（区、市）主要年份的证券化率，即上市公司市值占GDP的比例（见表4-23、图4-16）。

表 4-22 2006~2018 年西部省各省（区、市）上市公司市值情况

单位：亿元，%

年份	内蒙古	广西	重庆	四川	贵州	云南	陕西	甘肃	青海	宁夏	新疆
2006	924.33	417.81	531.05	2267.59	1052.60	724.88	456.36	338.18	263.42	106.23	735.58
2007	5291.04	1400.85	1593.14	7425.74	2759.93	3523.86	1210.60	1069.82	1919.04	403.22	3174.31
2008	820.19	481.89	608.94	2772.70	1361.30	1123.40	839.30	449.46	1443.69	159.03	1441.47
2009	2366.90	1274.00	1900.07	5804.00	2648.30	2606.85	1096.40	1307.00	1758.62	395.17	3021.29
2010	3570.68	1521.95	2645.10	7492.84	3075.80	2791.58	1258.22	1303.00	2082.03	535.67	3703.07
2011	2747.35	1200.92	1303.00	5912.46	2911.50	1853.69	1884.70	1045.52	1087.53	535.66	2233.71
2012	2969.48	1276.90	1045.52	5929.00	3209.06	1988.50	2121.01	1214.78	991.44	381.72	2520.93
2013	3117.13	1367.25	2805.99	5579.02	2387.06	2066.09	2207.05	1568.52	823.78	356.99	2650.78
2014	4046.52	2234.19	4456.67	8449.84	4002.23	3097.55	4850.93	2698.70	966.67	489.90	4502.99
2015	5357.45	4074.52	6495.93	13787.10	5245.97	3875.95	6946.30	2846.62	963.38	817.34	6141.01
2016	5094.23	3762.86	6691.25	13600.00	4338.94	3209.11	6437.80	2767.86	796.81	676.02	5079.22
2017	5799.31	2672.72	5343.23	14253.17	10639.82	4964.37	5577.96	3379.51	1232.26	464.77	4804.02
2018	4062.84	2232.23	4739.74	11088.12	8910.38	3554.56	4520.23	2266.31	770.40	466.20	3605.44
2018 年较 2006 年增长	339.54	434.27	792.52	388.98	746.51	390.37	890.50	570.15	192.46	338.86	390.15

资料来源：根据西部各省（区、市）《金融运行报告》（2007~2019 年）及《中国金融年鉴》数据整理而得。

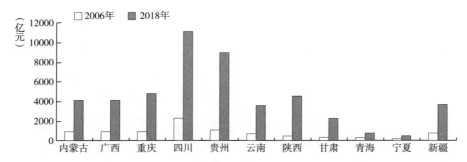

图 4-15　2006 年及 2018 年西部各省（区、市）上市公司市值情况

资料来源：根据西部各省（区、市）《金融运行报告》（2007 年和 2019 年）及《中国金融年鉴》数据整理而得。

表 4-23　西部各省（区、市）主要年份证券化率

单位：%

年份	内蒙古	广西	重庆	四川	贵州	云南	陕西	甘肃	青海	宁夏	新疆	西部地区
2006	19.67	8.80	15.23	26.25	46.42	18.17	9.62	14.87	40.62	14.63	24.37	20.04
2010	30.64	15.90	33.51	44.34	66.95	38.64	12.43	31.63	154.18	31.71	68.34	37.98
2015	29.71	24.25	42.57	45.81	49.95	28.25	38.23	41.92	39.86	28.07	65.86	39.83
2018	23.50	10.97	23.28	27.26	60.18	19.88	18.50	27.48	26.89	12.58	29.56	25.69

资料来源：根据西部各省（区、市）相关年份的《金融运行报告》及《中国金融年鉴》数据整理而得。

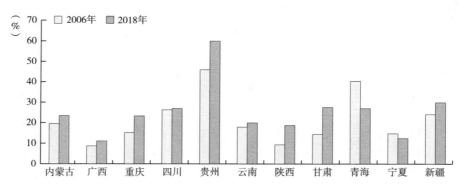

图 4-16　2006 年及 2018 年西部各省（区、市）证券化率

资料来源：根据西部各省（区、市）《金融运行报告》（2007 年和 2019 年）及《中国金融年鉴》数据整理而得。

由表 4-23 与图 4-16 可以看出，除了宁夏、青海两省（区）外，2006～2018 年西部其他省（区、市）的证券化率都有不同程度的提高，其中提高幅度最大的三个省依次是贵州、甘肃和陕西，分别提高了 13.76 个百分点、

12.61 个百分点和 8.88 个百分点；从证券化程度来看，2018 年证券化率最高
的是贵州，证券化率达到了 60.18%，比西部总体水平高出 34.49 个百分点；
其次为新疆，为 29.56%，比西部总体水平高出 3.87 个百分点。2018 年证券
化率明显高于西部总体水平的只有贵州和新疆，甘肃、四川和青海略高于西
部平均水平。另外，从表 4-23 数据可以发现，经济发展水平越低的省（区、
市），证券化率反而越高，这主要是与我国资本市场的功能定位有关。我国
资本市场长期定位于为国有企业融资服务，国有企业优先上市融资，而西部
经济比较落后的地区，往往是国有经济所占比例较大的省份，这从另外一个
方面说明了我国资本市场的缺陷所在。

3. 西部地区债券市场筹资情况的省域比较

表 4-24 和图 4-17 分别是 2006～2018 年西部各省（区、市）债券市场累
计筹资额及其占比情况。2006～2018 年，西部地区债券累计筹资额最多的是四
川，其筹资额占西部地区债券筹资总额的 23.92%；其次是陕西和重庆，其债
券筹资额占西部地区债券筹资额的比例分别为 15.71% 和 13.99%。债券筹资额
最少的为宁夏，2006～2018 年累计筹资额仅占西部地区债券筹资额的 0.86%。

表 4-24 2006～2018 年西部各省（区、市）债券筹资额

单位：亿元

年份	内蒙古	广西	重庆	四川	贵州	云南	陕西	甘肃	青海	宁夏	新疆	合计
2006	40.0	13.1	30.0	101.0	6.0	48.0	16.5	36.0	7.0	0	6.0	303.6
2007	26.0	20.5	20.0	35.4	13.4	45.0	71.5	18.0	19.0	16.0	16.0	300.8
2008	81.0	38.4	62.5	53.5	15.0	108.0	157.5	25.0	10.0	6.0	12.0	568.9
2009	95.0	42.5	135.0	107.0	10.0	39.0	193.5	213.0	18.0	0	39.0	892.0
2010	164.0	108.0	164.7	280.0	87.0	358.0	273.4	159.0	62.0	10.0	127.0	1793.1
2011	197.0	239.6	262.0	315.0	70.0	238.5	352.3	262.0	68.0	43.0	242.2	2289.6
2012	481.7	323.3	556.4	873.5	304.0	292.1	590.8	267.0	199.0	9.0	415.0	4311.8
2013	413.0	373.7	649.8	771.0	208.1	501.8	745.5	397.6	189.0	25.5	449.7	4724.7
2014	698.0	758.5	1084.3	1377.6	495.6	934.1	1319.8	555.0	216.0	77.7	663.0	8179.6
2015	600.5	799.0	1674.3	1589.0	875.6	1213.0	1379.0	474.9	260.0	97.0	579.0	9541.3
2016	497.4	890.0	1179.7	570.6	814.4	1013.0	1651.0	302.0	-59.0	86.0	856.0	7801.1
2017	390.3	681.0	1203.8	1248.4	193.2	982.0	1259.5	14.0	147.0	54.0	103.0	6276.2
2018	313.0	726.8	1234.2	6796.6	237.5	1225.1	1265.0	149.0	66.0	85.0	-59.0	12039.2
合计	3996.9	5014.4	8256.7	14118.6	3329.8	6997.6	9275.3	2872.5	1202.0	509.2	3448.9	59021.7

资料来源：根据西部各省（区、市）《金融运行报告》(2007～2019 年) 数据整理而得。

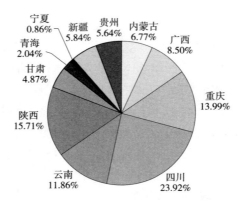

图4-17   2006~2018年西部各省（区、市）债券累计筹资额占比情况

资料来源：据表4-24测算。

三   西部地区保险业发展分析

保险业是金融发展的重要领域之一。保险业在我国虽然起步较晚，但近年来的发展速度与成效异常显著，保险业对经济社会发展的功能作用正在日益显现。本节主要从保险公司发展概况、保费收入、保险赔付以及保险深度和保险密度等方面对西部地区及其各省（区、市）保险业发展的状况予以分析。

（一）西部地区保险业总体发展及与全国的对比分析

1. 保险公司机构数量发展概况

保险公司是保险业发展的主体，保险业的发展首先体现在保险公司数量的增加。由表4-25可知，西部地区保险公司数在2006年仅为4家，到2018年已经达到19家，占全国保险公司数量的比重由2006年的4.08%上升到2018年的9.64%。这表明，虽然西部地区保险公司数量呈现较大幅度的增长趋势，占全国的比例也大幅提高，但占比依然偏小。

表4-25   2006~2018年西部地区及全国保险公司数

单位：家，%

年份	西部地区	全国	西部地区占全国比例
2006	4	98	4.08
2007	6	110	5.45
2008	6	130	4.62
2009	6	138	4.35
2010	6	146	4.11

年份	西部地区	全国	西部地区占全国比例
2011	9	140	6.43
2012	8	153	5.23
2013	10	167	5.99
2014	10	178	5.62
2015	9	182	4.95
2016	10	173	5.78
2017	16	266	6.02
2018	19	197	9.64

资料来源：根据西部各省（区、市）《金融运行报告》（2007～2019年）数据整理而得。

2. 保费收入增长情况

从表4-26可知，2006～2018年，无论是西部地区还是全国，其保费收入、财产险保费收入（即财险收入）和人身险保费收入（即寿险收入）均出现较快增长，各类保险收入年均增长率都在17%以上。其中西部地区保费收入年均增速达到了18.83%，比同期全国平均水平高出1.47个百分点；财产险保费收入年均增长17.14%，比全国平均水平低0.66个百分点；人身险保费收入年均增长率达到19.69%，比全国平均水平高出2.50个百分点。从保费总收入及各类保费收入占全国的比例来看，其占比有升有降（见图4-18）。其中2018年西部地区保费收入占全国比例较2006年提高了2.71个百分点；财产险保费收入占全国比例下降了1.47个百分点；人身险保费收入占全国比例提高了4.23个百分点。这表明2006～2018年西部地区保险业取得了快于全国平均水平的发展。但从保费收入占全国的比例来看仍然偏低，与西部地区GDP占全国的比例不相适应，西部地区保险业仍然有较大的发展空间。

表4-26 2006～2018年西部地区及全国保费收入情况

单位：亿元，%

年份	西部地区			全国			西部地区占全国比例		
	保费收入	财产险保费收入	人身险保费收入	保费收入	财产险保费收入	人身险保费收入	保费收入	财产险保费收入	人身险保费收入
2006	935.31	338.93	596.38	5567.53	1508.43	4059.10	16.80	22.47	14.69
2007	1193.38	395.46	797.92	6461.49	1997.74	4463.75	18.47	19.80	17.88
2008	1715.93	451.99	1263.94	9784.10	2336.71	6663.30	17.54	19.34	18.97

续表

年份	西部地区			全国			西部地区占全国比例		
	保费收入	财产险保费收入	人身险保费收入	保费收入	财产险保费收入	人身险保费收入	保费收入	财产险保费收入	人身险保费收入
2009	1974.85	579.43	1395.42	11000.00	2875.83	7457.44	17.95	20.15	18.71
2010	2594.55	790.29	1804.26	15026.90	3895.64	8829.64	17.27	20.29	20.43
2011	2685.46	948.25	1737.21	14338.90	4617.90	9721.00	18.73	20.53	17.87
2012	2922.76	1093.92	1828.84	15330.90	5330.90	10000.00	19.06	20.52	18.29
2013	3320.49	1294.56	2025.93	17212.30	6212.30	11000.00	19.29	20.84	18.42
2014	3830.16	1559.82	2270.34	20203.40	7203.40	13000.00	18.96	21.65	17.46
2015	4615.10	1711.00	2904.10	24423.30	8423.30	16000.00	18.90	20.31	18.15
2016	5275.37	1788.43	3586.94	30886.20	8654.10	22232.30	17.08	20.67	16.13
2017	6851.98	2093.10	4758.88	36577.80	9834.66	26743.14	18.73	21.28	17.79
2018	7416.66	2261.59	5155.07	38017.00	10770.08	27246.92	19.51	21.00	18.92
年均增长率	18.83	17.14	19.69	17.36	17.80	17.19	—	—	—

资料来源：根据西部各省（区、市）《金融运行报告》（2007～2019年）数据整理计算而得。

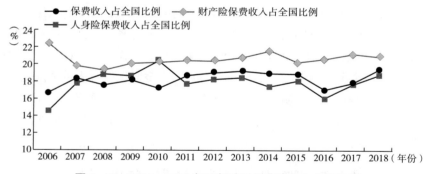

图4-18　2006～2018年西部地区保费收入占全国比例

资料来源：根据西部各省（区、市）《金融运行报告》（2007～2019年）数据整理计算而得。

3. 保险业赔付情况

赔付率在保险行业中是一个重要的衡量指标，具体包括满期赔付率、综合赔付率、日历年度赔付率、简单赔付率等。由于数据获得上的限制，本节仅用简单赔付率予以说明。所谓简单赔付率，是指同一个计算周期内的保险赔付支出额与保费收入额之比。由表4-27可见，2006～2018年，西部地区和全国保险赔付额均呈现快速增加的变动趋势，且西部地区保险赔付额增长略快于全国平均水平。从赔付率的变化来看（见图4-19），在2007~2010年，西部地区和全国的保险赔付率呈逐年下降的趋势，到2010年后触底反弹，又出现了上涨的趋势，在2013年，西部地区的保险赔付率反超全国的保险赔付率，并在随后的几年在32%~38%波动。从历年时间变化趋势来看，西部地区与全国平均水平的变化基本一致，差异并不明显。这表明西部地区保险业的发展速度与全国基本同步，保障水平与全国平均水平也无明显差异。

表4-27 2006~2018年西部地区及全国保险赔付情况

单位：亿元，%

年份	西部地区		全国	
	赔付额	赔付率	赔付额	赔付率
2006	238.4	25.94	1438.0	25.83
2007	390.8	32.74	2265.0	35.05
2008	504.1	29.09	2971.0	30.37
2009	541.3	26.91	3125.0	28.41
2010	588.9	22.69	3200.0	21.30
2011	722.5	26.90	3929.4	27.40
2012	907.5	31.05	4716.3	30.76
2013	1192.3	35.91	6213.0	36.10
2014	1423.6	37.18	7216.2	35.72
2015	1697.2	36.67	8674.1	35.52
2016	1862.2	35.33	10512.9	34.04
2017	2224.4	32.46	11180.8	30.57
2018	2496.0	33.65	12297.5	32.35
年均增长率	21.62	—	19.58	—

资料来源：根据西部各省（区、市）《金融运行报告》（2007~2019年）数据整理计算而得。

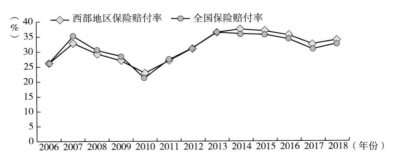

图4-19 2006~2018年西部地区及全国保险赔付率情况

资料来源：根据西部各省（区、市）《金融运行报告》（2007~2019年）数据整理计算而得。

4. 保险密度与保险深度发展情况

　　保险密度与保险深度是衡量保险业发展水平的两个重要指标，其中保险密度是指按人口计算的人均保险额，反映了居民参与保险的程度；保险深度则是当年保费收入占 GDP 的比重，反映了保险业在国民经济中的地位。由表 4-28 和图 4-20 可见，西部地区和全国的保险密度在 2006～2018 年均有较大幅度的提升，其中西部地区从 237.4 元/人增加到了 1908.3 元/人，同期全国保险密度从 431.3 元/人增加到了 2725.2 元/人，但总体而言，西部地区保险密度与全国平均水平相比仍然存在一定的差距。

表 4-28　2006～2018 年西部地区及全国保险密度及保险深度

单位：元/人，%

年份	西部地区		全国	
	保险密度	保险深度	保险密度	保险深度
2006	237.4	2.2	431.3	2.8
2007	302.3	2.3	532.4	2.9
2008	434.1	2.6	740.7	3.3
2009	513.8	2.8	834.4	3.3
2010	650.8	2.9	962.0	3.7
2011	695.4	2.5	1062.0	3.0
2012	762.7	2.4	1144.0	3.0
2013	861.1	2.5	1265.7	3.0
2014	992.2	2.6	1479.3	3.2
2015	1180.9	3.0	1766.5	3.6
2016	1476.9	3.5	2258.0	4.2
2017	1758.5	3.8	2631.7	4.4
2018	1908.3	3.8	2725.2	4.2

资料来源：根据西部各省（区、市）《金融运行报告》（2007～2019 年）数据整理而得。

　　由表 4-28 和图 4-21 可见，2006～2018 年西部地区和全国的保险深度也同样是在波动中呈上升的趋势，西部地区的保险深度由 2.2% 提升到 3.8%，提升了 1.6 个百分点；同期全国的保险深度从 2.8% 提升到了 4.2%，提升了 1.4 个百分点。在时间变化趋势上，西部地区与全国保险深度的波动态势基本一致，但西部地区的保险深度始终低于全国平均水平，2006 年西部地区低于全国平均水平 0.6 个百分点，到 2018 年低于全国平均水平 0.4 个百分点，呈现差距缩小的趋势。这表明，西部地区保险业发展的总体水平虽然落后于

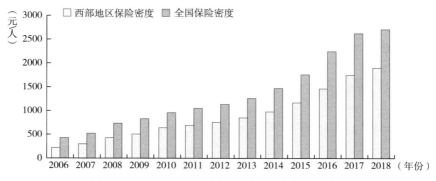

图 4-20 2006~2018 年西部地区及全国保险密度

资料来源：根据西部各省（区、市）《金融运行报告》（2007~2019 年）数据整理而得。

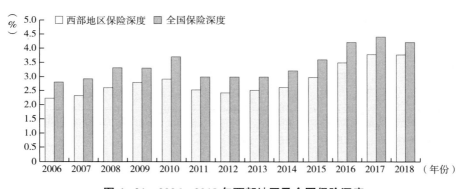

图 4-21 2006~2018 年西部地区及全国保险深度

资料来源：根据西部各省（区、市）《金融运行报告》（2007~2019 年）数据整理而得。

全国，但发展速度更快。

（二）西部地区保险业发展的省域比较

1. 保险公司数量的省域比较

由于《中国区域金融运行报告》在 2009 年以前与 2010 年以后关于保险公司机构数量的统计口径不一致，故此处仅选取 2010~2018 年西部地区各省（区、市）保险分公司机构数量做比较分析。由表 4-29 可见，2018 年，西部地区保险分公司数量最多的三个省（市）依次为四川（94 家）、陕西（62家）和重庆（52 家），最少的三个省（区）依次为青海（18 家）、宁夏（22 家）和甘肃（29 家）。从保险公司数量增加量来看，9 年间数量增加最多的是四川，增加了 40 家，其次是陕西，增加了 22 家；数量增加最少的是甘肃，仅增加了 8 家。可见，保险公司数量及其变化与省域经济发展水平紧密相关。经济发展水平越高的省（区、市），保险公司数量及其增加幅度就会越大。

表 4-29　2010～2018 年西部各省（区、市）保险分公司分布情况

单位：家

年份	内蒙古	广西	重庆	四川	贵州	云南	陕西	甘肃	青海	宁夏	新疆	合计
2010	29	27	34	54	20	27	40	21	9	13	22	296
2011	32	31	38	64	22	31	44	23	9	15	27	336
2012	36	33	41	69	23	32	48	23	12	16	28	361
2013	37	34	41	72	23	32	48	23	12	16	28	367
2014	37	34	43	73	25	33	48	24	15	17	29	378
2015	39	37	44	80	27	35	52	24	16	19	30	403
2016	39	38	51	87	29	39	55	25	16	20	31	430
2017	40	41	51	94	31	40	58	29	18	22	33	457
2018	41	41	52	94	32	41	62	29	18	22	33	465
2018 年较 2010 年增加数	12	14	18	40	12	14	22	8	9	9	11	169

资料来源：根据西部各省（区、市）《金融运行报告》（2011～2019 年）数据整理及原中国保监会西部各省（区、市）监管局网站数据整理而得。

从图 4-22 和图 4-23 的比较可以看到，2010～2018 年，四川、重庆、陕西一直是西部地区保险分公司机构数量占比最大的三个省（市）。不同的是，

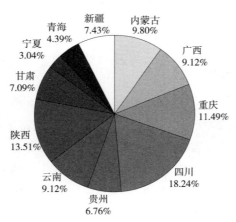

图 4-22　2010 年西部各省（区、市）保险分公司数量占比

资料来源：根据表 4-29 绘制。

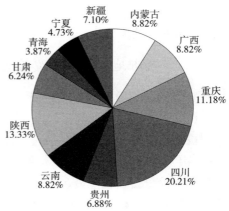

图 4-23　2018 年西部各省（区、市）保险分公司数量占比

资料来源：根据表 4-29 绘制。

四川的保险分公司数量占比上升了 1.97 个百分点，一直处在西部地区首位；重庆的占比下降了 0.31 个百分点；而陕西省保险分公司数量占比基本稳定在 13.4% 左右。这表明，西部地区保险业发展的省域格局正在发生微妙的变化。

2. 保费收入的省域比较

保费收入主要由人身险保费收入和财产险保费收入两部分构成，从 2006~2018 年西部各省（区、市）保费收入情况来看（见表4-30），西部各省（区、市）保费收入均出现了较大幅度的增长，即使是年均收入增长最小的新疆，都达到了 17.26%。且各省域间增长率差异并不大。从保费收入的绝对规模来讲，2018 年底保费收入最多的是四川（1958.1 亿元），其次是陕西和重庆，其保费收入分别为 969.4 亿元和 806.0 亿元。保费收入最少的省份为青海，2018 年保费收入仅为 88.0 亿元，保费收入规模在省域间的差距非常明显。

表4-30　2006~2018 年西部各省（区、市）保费收入情况

单位：亿元，%

省（区、市）	2006 年	2010 年	2015 年	2018 年	2006~2018 年年均增长率
内蒙古	72.0	216.0	395.5	660.0	20.28
广西	80.6	179.1	385.7	629.0	18.68
重庆	93.2	321.1	515.0	806.0	19.70
四川	240.2	765.8	1267.0	1958.1	19.11
贵州	49.0	122.6	257.8	445.9	20.20
云南	95.3	235.7	435.0	668.0	17.62
陕西	116.2	333.8	572.5	969.4	19.34
甘肃	56.9	146.3	256.9	399.0	17.62
青海	9.0	26.0	56.0	88.0	20.93
宁夏	19.2	52.8	103.0	183.0	20.67
新疆	85.4	191.0	367.0	577.3	17.26

资料来源：根据西部各省（区、市）《金融运行报告》（2007~2019 年）数据整理而得。

3. 保险赔付情况的省域比较

保险的基本功能在于保障风险，因此保险赔付率是衡量保险业对风险保障作用的重要指标。从西部各省（区、市）保险赔付率情况可见，2018 年西部各省（区、市）保险赔付率相对于 2006 年来说都有很大的提升，其中尤以重庆、贵州等省（市）增长幅度最大。2018 年底，西部地区保险赔付率较高的省是贵州（40.66%）、青海（39.77%）和云南（37.22%），而陕西、内蒙古的保险赔付率在西部地区中相对较低，其保险赔付率均在 29% 左右（见表4-31）。

保险赔付率的大幅提升，表明保险业对经济社会的保障避险功能在增强。

表 4-31　2006~2018 年西部各省（区、市）保险赔付率

单位：%

省（区、市）	2006 年	2010 年	2015 年	2018 年
内蒙古	23.89	28.70	31.48	29.24
广西	31.02	25.18	34.43	35.60
重庆	22.00	19.34	42.72	34.37
四川	23.56	19.70	35.83	32.31
贵州	30.00	25.94	41.51	40.66
云南	30.43	28.13	39.77	37.22
陕西	25.56	20.85	33.89	28.98
甘肃	24.96	21.33	36.12	34.84
青海	33.33	26.92	35.71	39.77
宁夏	23.44	22.16	33.01	32.79
新疆	27.28	25.65	37.33	35.79

资料来源：根据西部各省（区、市）《金融运行报告》（2007~2019 年）数据整理计算而得。

4. 保险密度及保险深度的省域比较

从西部各省（区、市）的保险密度及保险深度来看，保险密度与保险深度均有不同程度的提高（见表 4-32）。2018 年西部地区保险密度在 2500 元 / 人以上的有宁夏、内蒙古、重庆和陕西四个省（区、市）；保险密度最低的三个省（区）依次为贵州（1239 元 / 人）、广西（1277 元 / 人）和云南（1383元 / 人）。保险密度最高的宁夏与最低的贵州相差 1 倍以上，这表明西部地区保险业发展水平的省域非均衡性比较严重。值得注意的是，虽然贵州、青海等地的保险密度在西部地区中相对较低，但其 2006~2018 年的增长速度居西部地区前列，其中贵州增速第一，2018 年比 2006 年增长了 8.99 倍；青海增长了 8.10 倍，居西部地区增速第二位。就保险深度而言，西部各省（区、市）均实现了快速增长，其中内蒙古、甘肃和宁夏三省（区）保险深度的提升幅度最大。2018 年，西部地区保险深度在 4% 及以上的省（区、市）有 6 个，分别为甘肃、宁夏、四川、新疆、内蒙古和重庆；而保险深度最小的依次为青海（3.0%）、贵州（3.0%）和广西（3.1%）。虽然保险深度逐年提升，但与其他金融行业收入对 GDP 的贡献相比，仍相对较低。我国目前正在逐年步入老龄化社会，市场对保险的需求在不断增加，因此保险业在市场中仍存在

较大的发展空间,西部地区应加快推进保险业的发展速度,结合社会市场需求,加强保险产品创新,不断提升保险密度和保险深度。

表 4-32 2006~2018 年西部各省(区、市)保险密度及保险深度

省 (区、市)	2006 年		2010 年		2015 年		2018 年		2018 年较 2006 年增长	
	保险 密度 (元/人)	保险 深度 (%)	保险 密度 (元/人)	保险 深度 (%)	保险 密度 (元/人)	保险 深度 (%)	保险 密度 (元/人)	保险 深度 (%)	保险 密度 (倍)	保险深 度(个 百分点)
内蒙古	301.5	1.5	872.2	2.0	1575	2.2	2603	4.0	7.63	2.5
广西	163.0	1.7	389.4	1.9	804.3	2.3	1277	3.1	6.83	1.4
重庆	294.0	2.7	1123	4.1	1706	3.0	2599	4.0	7.84	1.3
四川	274.0	3.0	938.2	4.5	1397	4.0	2359	4.8	7.61	1.8
贵州	124.0	2.2	321.7	2.7	730.4	2.5	1239	3.0	8.99	0.8
云南	211.7	2.4	470.7	3	956.8	3.5	1383	3.7	5.53	1.3
陕西	297.5	2.7	795.6	3	1509.4	3.2	2509	3.8	7.43	1.1
甘肃	214.5	2.5	553.9	3.4	988.2	3.8	1513	5.0	6.05	2.5
青海	160.0	1.0	457.0	2	957	2	1456	3.0	8.10	2.0
宁夏	321.6	2.7	831.5	3.2	1455	4	2657	5.0	7.26	2.3
新疆	417.0	2.9	884.1	4	1557	4	2321	4.7	4.57	1.8

资料来源:根据西部各省(区、市)《金融运行报告》(2007~2019 年)数据整理而得。

四 西部地区信托业发展分析

信托是指委托人基于对受托人的信任,将其财产委托给受托人,由受托人按委托人的意愿以自己的名义,基于受托人的利益或特定目的,进行管理或者处分的行为。信托与银行、证券、保险并称为金融业的四大支柱,随着居民社会财富的增加,信托业在居民财富管理中的作用以及对经济发展的支持会越来越大,因此有必要对西部地区信托业的总体发展及其各省(区、市)的发展情况进行分析。

(一)西部地区信托业发展的总体分析

由于目前关于信托业的省(区、市)数据相对匮乏,基于此,本节主要从信托公司情况、信托从业人员以及信托资产三个角度对西部地区信托业总体发展以及各省(区、市)的发展情况进行简要分析(见表 4-33)。

表 4-33　2011～2018 年西部地区信托业发展的基本情况

年份	法人机构（家）	营业网点（个）	从业人数（人）	资产总额（亿元）
2011	15	15	1707	326.5
2012	15	15	2884	425.4
2013	15	15	3387	574.8
2014	15	15	3898	658.9
2015	15	15	3962	1049.3
2016	15	15	4784	1287.7
2017	15	15	5189	1430.1
2018	15	15	5623	1621.3
2018 年较 2011 年增长（%）	0	0	229.41	396.57

资料来源：根据西部各省（区、市）《金融运行报告》（2012～2019 年）数据整理而得。

由表 4-33 可以看出，2011～2018 年西部地区信托业法人机构数与营业网点数均没有发生变化，但从业人员数与资产规模却快速增长，其中从业人员从 1707 人增加到 5623 人，增长了 229.41%；信托业资产规模从 326.5 亿元增加到 1621.3 亿元，增长了 396.57%，年均增长率达 25.73%。

近年来，西部地区信托业的快速增长与急剧发展，一方面与我国居民财富增长对信托产品的需求快速增长有关，在银行利率较低、股票市场缺乏赚钱效应的背景下，信托产品相对较高的收益率对中等收入及以上阶层居民产生了极大的吸引力；另一方面与银行监管政策变化有关，出于风险防范考虑，监管机构对商业银行表内业务的监管趋严，使得商业银行对发展表外业务比较热衷，大量资金通过信托等影子银行业务流向房地产、地方政府融资平台等融资政策管控领域，催生了信托业务的快速发展。但值得注意的是，信托业的快速发展，同时也隐藏着较大的金融风险，一旦出现兑付困难，就会对区域经济发展产生严重的负面影响。因此，如何实现信托业的稳步健康发展，是一个需要引起足够重视和解决的重大问题。

（二）西部地区信托业发展的省域比较

在信托业机构数量方面，由表 4-34 可见，2018 年西部各省（区、市）中信托业法人机构数最多的是陕西省，有 3 家法人机构；内蒙古、重庆、四川、新疆分别有 2 家法人机构；其余各省（区、市）均有 1 家。因此，从法人机构数量上来讲，西部地区各省域之间的分布较为均衡。

表4-34 2018年西部各省（区、市）信托公司数量

单位：家，个

指标	内蒙古	重庆	四川	贵州	云南	陕西	甘肃	青海	新疆
机构数	2	2	2	1	1	3	1	1	2
网点数	2	2	2	1	1	3	1	1	2

注：由于广西与宁夏数据信息缺失，此表将其剔除。

资料来源：根据西部各省（区、市）《金融运行报告（2019）》数据整理而得。

在信托业从业人员数量方面，由表4-35可见，陕西和四川是从业人员数量最多的两个省，2018年从业人员分别为1601人和1317人，两省从业人员合计占西部地区信托从业人数的51.89%。从从业人数的变化来看，除重庆外，2011~2018年西部各省（区、市）信托从业人员都有不同程度的增加，其中人数增加最多的是四川和陕西，分别增加了1248人和1134人；但重庆信托从业人员数波动变化较大，总体上减少了77人。

表4-35 2011~2018年西部各省（区、市）信托从业人员情况

单位：人

年份	内蒙古	重庆	四川	贵州	云南	陕西	甘肃	青海	新疆	合计
2011	243	433	69	138	78	467	66	50	141	1685
2012	288	656	649	172	82	598	65	210	141	2861
2013	346	730	562	218	121	770	93	276	271	3387
2014	364	615	1010	232	157	952	156	303	358	4147
2015	351	374	931	322	216	1066	227	343	355	4185
2016	360	374	1317	336	212	1172	270	304	439	4784
2017	314	368	1317	375	266	1412	309	327	501	5189
2018	315	356	1317	387	320	1601	491	329	507	5623
2018年较2011年增加量	72	-77	1248	249	242	1134	425	279	366	3938

注：因广西、宁夏数据信息缺失，本表将其剔除。

资料来源：根据西部各省（区、市）《金融运行报告》（2012~2019年）数据整理而得。

在信托业资产规模方面，由表4-36可见，重庆、陕西和四川的信托资产规模居于前三位，2018年资产规模分别为382.0亿元、268.1亿元和234.0亿元，这三个省（市）信托资产之和占到西部地区信托资产总量的54.53%；从信托资产规模的增长率来看，2011~2018年增长最快的是甘肃和青海，分别增长了7.87倍和7.43倍；其次为贵州和陕西，分别增长了5.66倍和5.09

倍。可见，西部地区信托业发展主要集中于重庆、四川、陕西三个省（市），省域之间发展的不平衡性非常突出。

表4-36　2011~2018年西部各省（区、市）信托资产发展情况

单位：亿元，%

年份	内蒙古	重庆	四川	贵州	云南	陕西	甘肃	青海	新疆	合计
2011	24.0	108.0	48.0	32.0	11.1	44.0	12.4	14.0	29.0	322.5
2012	29.3	127.3	63.4	37.3	12.8	79.2	13.9	21.0	34.3	418.5
2013	43.0	164.3	92.0	60.3	16.1	97.2	16.0	45.0	40.9	574.8
2014	44.0	200.3	117.2	73.4	18.7	115.5	18.0	52.0	59.0	698.1
2015	57.4	312.0	145.4	104.5	22.0	276.1	46.0	62.0	75.0	1100.4
2016	115.0	337.0	180.3	146.6	24.0	254.8	50.0	72.0	108.0	1287.7
2017	132.0	348.0	217.3	138.0	28.0	251.8	59.0	118.0	138.0	1430.1
2018	127.0	382.0	234.0	213.2	31.0	268.1	110.0	118.0	138.0	1621.3
2018年较2011年增长率	429.17	253.70	387.50	566.25	179.28	509.32	787.10	742.86	375.86	402.73

注：①由于广西、宁夏信息数据缺失，故此表将其剔除；②青海、新疆未披露2018年信托资产数据，故此处2018年数据沿用2017年资产数。

资料来源：根据西部各省（区、市）《金融运行报告》（2012~2019年）数据整理而得。

五　西部地区小额贷款公司发展分析

进入21世纪以来，随着所有制结构的不断深化改革，民营经济不断发展壮大，在整个经济体系中发挥着越来越重要的作用，但其融资难问题一直没有得到很好解决。为缓解民营企业，特别是中小企业融资难问题，小额贷款公司在政策支持下应运而生。

（一）西部地区小额贷款公司发展的总体分析

小额贷款公司是由自然人、企业法人与其他社会组织投资设立，不吸收公众存款，经营小额贷款业务的有限责任公司或股份有限公司。与银行相比，小额贷款公司更为便捷、迅速，适合中小企业、个体工商户的资金需求；与民间借贷相比，小额贷款更加规范，贷款利息可双方协商。按照现有政策规定，小额贷款公司为非金融机构，从事类金融业务，不纳入中国银监会或中国人民银行系统监管范围，由地方政府金融办负责监督管理。

表4-37是2010~2018年西部地区小额贷款公司发展的基本情况。

2010～2018 年，西部地区小额信贷公司在机构数量、从业人数、实收资本和贷款余额等方面都有了大幅度的增长。其中，机构数量从 875 家增加到 2719 家，增长了 2.11 倍；从业人数从 8876 人增长到了 31603 人，增加了 2.56 倍；实收资本从 511.75 亿元增加到 2899.44 亿元，增长了 4.67 倍；贷款余额从 486.09 亿元增长到了 3699.6 亿元，增长了 6.61 倍。小额贷款公司的快速发展，无疑对缓解中小企业的融资难问题起到了积极作用。但需要关注的是，由小额贷款公司不能吸收存款、多数公司管理粗放以及宏观经济增速下降等原因引致的贷款环境恶化，使得小额贷款公司从 2016 年开始呈现一定的规模收缩现象，机构数量和从业人数持续减少。因此，如何实现小额贷款公司的可持续发展，需要引起社会各界的重视。

表 4-37 2010～2018 年西部地区小额贷款公司基本情况

年份	机构数量		从业人数		实收资本		贷款余额	
	数量（家）	占全国比例（%）	数量（人）	占全国比例（%）	金额（亿元）	占全国比例（%）	金额（亿元）	占全国比例（%）
2010	875	33.47	8876	31.83	511.75	28.73	486.09	24.61
2011	1245	29.08	12655	26.88	772.13	23.27	813.82	20.79
2012	1875	30.84	20384	28.98	1303.76	25.33	1385.61	23.40
2013	2530	32.27	29608	31.12	1988.81	27.88	2188.48	26.72
2014	3016	34.31	38209	34.75	2543.48	30.71	2855.81	30.32
2015	3209	36.02	42753	36.43	2744.22	32.44	3236.09	34.38
2016	3096	35.70	40846	37.51	2715.5	32.98	3326.6	35.87
2017	2895	33.86	36421	35.02	2701.48	32.66	3696.2	37.72
2018	2719	33.43	31603	34.79	2899.44	34.67	3699.6	38.74
2018 年较 2010 年增长（%）	210.74	—	256.05	—	466.57	—	661.09	—

资料来源：根据中国人民银行官网公布数据整理而得。

从西部地区小额贷款公司发展占全国的比例来看，机构数量与从业人数占全国的 1/3 左右，比例基本稳定；但实收资本、贷款余额占全国的比例明显提升，实收资本占全国的比例由 2010 年的 28.73% 提高到了 2018 年的 34.67%，贷款余额占全国的比例由 24.61% 提高到了 38.74%。这说明西部地区小额贷款公司的实力在不断增强，对小微企业融资的支持作用快速提高。

（二）西部地区小额贷款公司发展的省域比较

1. 机构数量与从业人数规模的比较

表4-38是西部各省（区、市）小额贷款公司机构数量及其变动情况。首先，从小额贷款公司机构数量来看，截至2018年末，数量在300家以上的省（区）有内蒙古、广西和甘肃，其中内蒙古最多，达到339家；数量最少的是青海，有78家。其次，从小额贷款公司机构数量变动来看，增加最多的是广西，9年间增加了262家；其次为四川、新疆和甘肃，分别增加了251家、247家和242家；数量增加最少的是内蒙古和宁夏，9年间分别增加了53家和55家。

但值得注意的是，内蒙古、四川、贵州、云南、甘肃、宁夏6省（区）小额贷款公司数量在2014年或2015年达到高峰后数量开始大幅减少，其中内蒙古2014~2018年减少了140家；四川2015~2018年减少了58家；贵州2015~2018年减少了68家；云南2014~2018年减少了154家；甘肃2015~2018年减少了43家；宁夏2015~2018年减少了50家。其余各省（区、市）小额贷款公司数量基本稳定。

表4-38　2010~2018年西部各省（区、市）小额信贷公司机构数量

单位：家

年份	内蒙古	广西	重庆	四川	贵州	云南	陕西	甘肃	青海	宁夏	新疆	合计
2010	286	46	75	42	79	127	60	65	5	61	28	874
2011	354	96	104	61	111	186	112	94	7	76	43	1244
2012	444	145	149	162	187	262	183	139	19	90	94	1874
2013	473	233	196	277	244	335	200	256	36	119	157	2526
2014	479	302	241	335	282	396	227	339	45	116	245	3007
2015	460	318	258	351	288	393	267	350	73	166	273	3197
2016	408	313	255	347	288	349	274	335	76	151	286	3082
2017	361	304	266	322	281	272	270	331	77	128	283	2895
2018	339	308	274	293	220	242	267	307	78	116	275	2719
2018年较2010年增加量	53	262	199	251	141	115	207	242	73	55	247	1845

资料来源：根据中国人民银行官网公布数据整理而得。

表4-39是西部各省（区、市）小额贷款公司从业人员数及其变动情况。

可见，2018 年西部地区小额贷款公司从业人员数最多的是四川，总人数达到 5042 人；其次是重庆，达到 4951 人；公司机构数最多的内蒙古，从业人员数仅为 2982 人。结合表 4-38 的机构数量分析计算得知，2018 年底小额贷款公司平均人数规模最大的是重庆和四川，平均每个公司有员工 18.07 人和 17.21 人；新疆每个公司平均有员工 7.75 人，其余各省（区、市）每个小额信贷公司员工数量都在 8 人和 14 人之间。可见，重庆、四川两省（市）的小额信贷公司具有一定的规模，而其他省（区）均以"小"为特征。

表 4-39 2010～2018 年西部各省（区、市）小额信贷公司从业人数

单位：人

年份	内蒙古	广西	重庆	四川	贵州	云南	陕西	甘肃	青海	宁夏	新疆	合计
2010	2808	460	1042	579	834	1128	498	568	46	692	212	8867
2011	3402	1069	1564	846	1124	1628	915	829	81	857	331	12646
2012	4292	1932	2783	2404	1882	2312	1506	1218	217	1088	741	20375
2013	4663	3146	4059	4899	2570	3132	1691	2267	429	1480	1237	29573
2014	4705	4031	5683	7183	3158	3870	2356	3228	513	1470	1921	38118
2015	4645	4800	6046	8233	3299	3848	2792	3620	843	2113	2399	42638
2016	3884	4285	6011	7169	3249	3848	3085	3595	871	1974	2744	40715
2017	3259	3909	6319	5729	2630	2944	2868	3570	878	1680	2635	36421
2018	2982	3641	4951	5042	1976	2393	2814	3263	856	1554	2131	31603
2018 年较 2010 年增加量	174	3181	3909	4463	1142	1265	2316	2695	810	862	1919	22736

资料来源：根据中国人民银行官网公布数据整理而得。

2. 小额贷款公司放贷能力的省域比较

根据我国现有政策规定，小额贷款公司不能吸收公众存款，主要以股东投入的自有资本进行放贷。因此，实收资本金的多少直接决定着其信贷规模，同时也约束着其对中小企业的服务能力。

由表 4-40 可知，2018 年西部各省（区、市）小额贷款公司实收资本总量规模最多的是重庆（1024.24 亿元）和四川（488.87 亿元），广西居西部地区第三位，实收资本规模为 272.07 亿元；最少的为青海和宁夏，实收资本分别为 48.58 亿元和 53.30 亿元。最高的重庆是最低青海的 21 倍之多，可见西部各省（区、市）间小额贷款公司的发展阶段和规模存在明显的差异性。但从 2010～2018 年实收资本量的增长来看，增长幅度最大的是青海，8 年增长了 52.38 倍，其次为广西和重庆，分别增长了 17.58 倍和 17.53 倍；增长幅度最小的为内蒙古，8 年仅增长了 5.63%。

表 4-40　2010～2018 年西部各省（区、市）小额贷款公司实收资本情况

单位：亿元，%

年份	内蒙古	广西	重庆	四川	贵州	云南	陕西	甘肃	青海	宁夏	新疆	合计
2010	231.42	14.64	55.28	51.60	18.46	42.00	40.82	13.90	0.91	26.86	15.36	511.25
2011	283.39	38.77	105.19	76.84	29.65	70.71	79.06	19.90	4.61	35.07	28.44	771.63
2012	344.50	71.36	223.82	214.76	54.59	108.12	128.41	41.61	14.44	45.39	56.26	1303.26
2013	353.95	169.79	364.39	423.76	71.74	162.81	147.65	98.56	26.56	65.66	102.14	1987.01
2014	351.00	241.46	533.15	545.61	86.67	191.39	193.44	138.52	33.29	67.18	154.77	2536.48
2015	332.09	256.64	595.79	586.45	89.19	190.00	235.61	145.13	46.87	83.71	174.65	2736.13
2016	290.60	254.30	616.90	581.60	90.10	167.90	252.70	142.00	48.60	74.80	184.70	2704.2
2017	257.71	264.83	734.9	537.45	88.52	129.13	245.81	151.35	47.99	62.28	181.51	2701.48
2018	244.44	272.07	1024.24	488.87	70.47	118.49	244.75	160.46	48.58	53.30	173.77	2899.44
2018 年较 2010 年增长量	5.63	1758.40	1752.82	847.42	281.74	182.12	499.58	1054.39	5238.46	98.44	1031.32	467.13

资料来源：根据中国人民银行官网公布数据整理而得。

单个公司的实收资本数量是小额贷款公司放贷能力的直接决定因素。由表 4-41 可见，西部各省（区、市）单个小额贷款公司的资本规模存在巨大差异，2018 年单个公司资本规模最大的是重庆，平均每个公司资本规模为 3.74 亿元；其次为四川，平均每个公司资本规模为 1.67 亿元；单个公司资本规模最小的省为贵州，仅为 0.32 亿元，其次为宁夏，为 0.46 亿元。西部各省（区、市）之间小额贷款公司资本规模的巨大差异，说明了各省（区、市）小额贷款公司在发挥其职能、缓解中小企业融资难问题上的能力存在显著差别。

表 4-41　2010～2018 年西部各省（区、市）单个小额贷款公司实收资本情况

单位：万元/家

年份	内蒙古	广西	重庆	四川	贵州	云南	陕西	甘肃	青海	宁夏	新疆	总体
2010	0.81	0.32	0.74	1.23	0.23	0.33	0.68	0.21	0.18	0.44	0.55	0.58
2011	0.80	0.40	1.01	1.26	0.27	0.38	0.71	0.21	0.66	0.46	0.66	0.62
2012	0.78	0.49	1.50	1.33	0.29	0.41	0.70	0.30	0.76	0.50	0.60	0.70

年份	内蒙古	广西	重庆	四川	贵州	云南	陕西	甘肃	青海	宁夏	新疆	总体
2013	0.75	0.73	1.86	1.53	0.29	0.49	0.74	0.39	0.74	0.55	0.65	0.79
2014	0.73	0.80	2.21	1.63	0.31	0.48	0.85	0.41	0.74	0.58	0.63	0.84
2015	0.72	0.81	2.31	1.67	0.31	0.48	0.88	0.41	0.64	0.50	0.64	0.86
2016	0.71	0.81	2.42	1.68	0.31	0.48	0.92	0.42	0.64	0.50	0.65	0.88
2017	0.71	0.87	2.76	1.67	0.32	0.47	0.91	0.46	0.62	0.49	0.64	0.93
2018	0.72	0.88	3.74	1.67	0.32	0.49	0.92	0.52	0.62	0.46	0.63	1.07

资料来源：根据表4-38、表4-40计算而得。

3. 小额贷款公司贷款业务量的省域比较

由表4-42可见，从贷款余额来看，贷款余额最大的重庆和四川2018年贷款余额分别为1582.8亿元和557.2亿元；其次为广西，贷款余额为467.6亿元；最少的为青海和宁夏，分别为48.4亿元和49.7亿元。但从贷款余额的增长来看，2010年小额贷款公司贷款余额最大的是内蒙古，其贷款余额占当年整个西部地区贷款总量的43.86%，但其后贷款规模虽有增加，但增加幅度并不大，2010~2018年贷款余额仅增加了13.2%；另外，宁夏也仅增加了91.2%。其余各省（区、市）贷款余额均出现了成倍增长，其中青海增长了59.5倍、广西增长了34.7倍、重庆增长了25.2倍、甘肃增长了11.7倍、新疆增长了10.3倍、四川增长了9.2倍、陕西增长了6.4倍、贵州增长了3.2倍、云南增长了1.9倍。由于小额贷款公司的融资对象为民营经济、中小微企业，西部地区小额贷款公司信贷规模的快速增长表明，西部地区民营经济及中小微企业对资金需求异常强烈，而正规金融体系所提供的资金供给远远难以满足它们的资金需求。因此，小额贷款公司的发展对于西部地区来讲，依然是现有金融制度框架下摆脱民营经济特别是中小微企业融资困境的有效途径。

表4-42　2010~2018年西部各省（区、市）小额贷款公司贷款余额情况

单位：亿元，%

年份	内蒙古	广西	重庆	四川	贵州	云南	陕西	甘肃	青海	宁夏	新疆
2010	212.9	13.1	60.3	54.8	16.1	40.9	33.0	10.5	0.8	26.0	17.0
2011	295.8	40.5	119.6	100.5	27.9	70.6	68.3	17.1	5.1	32.2	35.5
2012	356.4	82.3	256.5	244.9	50.7	109.3	120.4	33.9	22.0	42.7	65.8
2013	362.8	226.2	446.9	480.7	66.8	162.6	149.4	77.5	33.6	63.1	117.2
2014	358.4	322.6	688.7	619.6	83.3	198.4	195.8	109.3	35.1	64.0	176.4

续表

年份	内蒙古	广西	重庆	四川	贵州	云南	陕西	甘肃	青海	宁夏	新疆
2015	340.2	414.4	855.5	662.1	85.6	195.0	236.5	120.4	43.3	80.6	195.5
2016	296.7	479.8	955.4	641.8	83.4	169.0	249.5	117.7	50.5	67.0	209.0
2017	262.1	474.3	1467.4	606.2	81.0	127.9	241.8	129.0	47.2	56.2	203.1
2018	240.9	467.6	1582.8	557.2	67.3	116.6	244.6	133.0	48.4	49.7	191.5
2018 年较 2010 年 增长率	13.2	3469.5	2524.9	916.8	318.0	185.1	641.2	1166.7	5950.0	91.2	1026.5

资料来源：根据中国人民银行官网公布数据整理而得。

六　本章小结

本章从银行业、证券业、保险业、信托业以及小额贷款公司等五个方面对西部地区金融发展进行了细致的行业分析。从整体来看，2006～2018 年，西部地区的银行业、证券业、保险业、信托业以及小额贷款业务都取得了巨大的发展，但相对于全国平均水平来讲，发展仍显滞后，且省域之间发展的非均衡问题较为突出。

从结构特征上讲，银行业依然是西部地区金融业的主导，无论是资产规模还是从业人数，都占据了西部地区金融业的 80% 以上。虽然近年来证券业、保险业、信托业以及小额贷款业务发展迅速，但其占金融业的比例仍然偏小。

从地域上讲，西部各省（区、市）中金融发展水平较高的省（市）主要有四川、重庆、陕西，占据着西部地区金融业发展的前三位；而发展水平较低的省（区）主要是青海、甘肃和宁夏。这种金融业发展水平上的非均衡性，与经济发展水平的非均衡基本一致，这说明西部地区省域金融发展与经济发展之间存在高度的相互决定性。但从金融各行业发展的速度来看，绝对水平相对落后的青海、宁夏及甘肃等省（区），近年来金融业的发展远快于西部其他地区，体现出跨越追赶的突进性特征。因此，西部地区金融业发展水平的整体提升，不仅需要各省（区、市）金融业的独立发展，也需要省域间的协同发展与均衡发展，为促进西部地区金融功能的整体提升与效率改进奠定基础。

第五章
西部地区金融市场发展分析

金融市场是一切金融活动进行的场所，也是金融系统与实体经济联系的桥梁，其发展状况不仅对金融系统功能的发挥起着十分重要的作用，同时也关系到金融体系的稳健性和可持续发展。从理论上讲，金融市场包括银行信贷市场、票据融资市场、证券市场、保险市场、房地产市场等，但证券市场与保险市场已在第四章中进行了分析，本章仅从银行信贷市场、票据融资市场、债券市场和房地产市场四个方面对西部地区金融市场发展情况进行分析。

一　西部地区银行信贷市场发展分析

作为信贷工具的交易场所，信贷市场能够对企业单位的资金短缺和盈余进行适当调节，通过资本转移实现各部门协调发展，同时中央银行能够在信贷市场中通过调节信贷总量实现宏观经济调控。本节主要通过考察信贷总量和信贷缺口的变化来对西部地区银行信贷市场发展予以分析。

（一）西部地区银行信贷总量及其变化分析

表5-1与图5-1是2006~2018年西部地区信贷总量及其与地区GDP比值的变化情况。从中可见，2006~2018年，西部地区信贷市场规模呈平稳增长的态势，信贷总量占GDP的比重也基本在逐年提升。其中，西部地区信贷总量由37390.60亿元增长到271950.20亿元，年均增长率为17.98%，高于全国信贷总量平均增速1.8个百分点；西部地区信贷总量占地区GDP的比重从95.74%上升到了149.79%，提升了54.05个百分点，但西部地区信贷总量占地区GDP的比例略低于全国平均水平，2018年此比例低于全国平均水平1.6个百分点。这一方面反映出西部地区与全国一样，信贷投放始终处于持续增加的"信贷繁荣"状态；另一方面也反映了经济增长对信贷投放的

高度依赖，经济增长模式依然没有发生根本性转变。

表 5-1　2006~2018 年西部地区与全国信贷总量及占 GDP 的比重

单位：亿元，%

年份	西部地区			全国		
	信贷总量	地区 GDP	信贷总量 / 地区 GDP	信贷总量	GDP	信贷总量 /GDP
2006	37390.60	39054.83	95.74	225347.20	219438.50	102.69
2007	43650.44	47538.41	91.82	261690.88	270092.30	96.89
2008	51643.51	57610.79	89.64	303394.64	319244.60	95.04
2009	71309.60	63660.98	112.01	399685.00	348517.70	114.68
2010	88013.75	77014.92	114.28	479196.00	412119.30	116.28
2011	104378.70	94002.37	111.04	547947.00	487940.20	112.30
2012	123632.62	107052.25	115.49	629910.00	538580.00	116.96
2013	144543.39	119826.17	120.63	718961.00	592963.20	121.25
2014	168304.64	130880.21	128.59	816770.00	641280.60	127.37
2015	192757.45	138612.81	139.06	939540.00	685992.90	136.96
2016	217378.56	150222.77	144.70	1066040.00	740060.80	144.05
2017	243252.54	167996.30	144.80	1201321.00	820754.30	146.37
2018	271950.20	181558.81	149.79	1362967.00	900309.50	151.39
年均增长率	17.98	13.66	—	16.18	12.48	—

资料来源：《中国统计年鉴》（2007~2019 年）和中国人民银行发布的《中国区域金融运行报告》（2007~2019 年）。

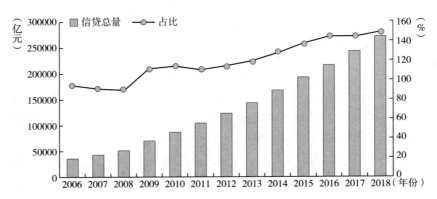

图 5-1　2006~2018 年西部地区信贷总量及其占地区 GDP 比重

资料来源：《中国统计年鉴》（2007~2019 年）和中国人民银行发布的《中国区域金融运行报告》（2007~2019 年）。

（二）西部地区银行信贷缺口及其变化分析

信贷缺口是信贷增速与 GDP 增速的差值，是金融风险预警的一个有效指标。该指标数值越大，表明信贷资金投放越多，金融风险越大。因此，信贷缺口指标对于改进金融监管、防范金融风险具有一定的参考价值和现实意义。表 5-2 是 2007~2018 年西部地区及全国的信贷缺口情况。根据国际清算银行经济学家对信贷缺口与金融危机发生概率关系的研究，将信贷缺口大于 10 个百分点作为金融危机的预警信号。由表 5-2 可见，2007~2018 年除 2009 年之外，西部地区与全国的信贷缺口均处在安全范围之内，2009 年信贷缺口的高位值是由金融危机期间信贷投放大幅增长所致，2010 年该指标就快速回落。这表明，2007~2018 年，西部地区与全国的信贷市场基本处在平稳状态。另外，2012 年之后，无论是西部地区还是全国，信贷缺口始终为正值，表明信贷增速高于 GDP 增速，信贷资金对经济增长的推动力有所下降。

表 5-2　2007~2018 年西部地区与全国信贷缺口情况

单位：%，个百分点

年份	西部地区			全国		
	信贷增速	GDP 增速	信贷缺口	信贷增速	GDP 增速	信贷缺口
2007	16.74	21.72	-4.98	16.13	23.08	-6.95
2008	18.31	21.19	-2.88	15.94	18.20	-2.26
2009	38.08	10.50	27.58	31.74	9.17	22.57
2010	23.42	20.98	2.44	19.89	18.25	1.64
2011	18.59	22.06	-3.47	14.35	18.40	-4.05
2012	18.45	13.88	4.57	14.96	10.38	4.58
2013	16.91	11.93	4.98	14.14	10.10	4.04
2014	16.44	9.23	7.21	13.60	8.15	5.45
2015	14.53	5.91	8.62	15.03	6.97	8.06
2016	12.77	8.38	4.39	13.46	7.88	5.58
2017	11.90	11.83	0.07	12.69	10.90	1.79
2018	11.80	8.07	3.73	13.46	9.69	3.77

资料来源：《中国统计年鉴》（2008~2019 年）和中国人民银行发布的《中国区域金融运行报告》（2008~2019 年）。

（三）西部地区银行信贷市场的省域比较分析

1. 西部地区信贷总量的省域比较

表 5-3 是 2006～2018 年西部各省（区、市）的信贷总量。从表中可知，西部各省（区、市）的信贷总量逐年递增，其中贵州、甘肃和青海的年均增长率在 20% 以上，最低的云南，年均增长率也接近 16%；但各省（区、市）之间的信贷总量差异明显，2018 年信贷总量规模最大的省份是四川，达到55000 亿元，信贷总量超过 30000 亿元的仅有四川、重庆和陕西三省（市），而青海和宁夏的信贷总量最少，分别为 6582 亿元和 7039 亿元。可见，省域间信贷规模差异是其经济总量差异的直接反映。

表 5-3　2006～2018 年西部各省（区、市）信贷总量

单位：亿元，%

年份	内蒙古	广西	重庆	四川	贵州	云南	陕西	甘肃	青海	宁夏	新疆
2006	3240	3637	4199	8003	2709	4804	4463	2131	730	994	2481
2007	3803	4331	5057	9416	3145	5672	5121	2260	882	1197	2767
2008	4564	5110	6253	11395	3582	6594	6057	2722	1034	1414	2918
2009	6386	7360	8857	15979	4670	8780	8277	3692	1428	1929	3952
2010	7993	8980	11000	19486	5772	10569	10222	4529	1833	2420	5211
2011	9812	10646	13195	22514	6876	12115	11797	5675	2239	2907	6603
2012	11393	12356	15594	26163	8350	13848	14138	7197	2868	3340	8386
2013	13057	14081	18006	30299	10157	15782	16538	8822	3515	3910	10377
2014	15066	16071	20631	34751	12438	17979	19174	11076	4303	4578	12238
2015	17264	18119	22955	38704	15121	20843	22097	13729	5124	5150	13651
2016	19459	20641	25524	43543	17961	23491	24224	15926	5717	5696	15196
2017	21566	23000	28418	49000	20965	25858	26925	17707	6353	6461	17000
2018	22196	26700	32248	55000	24811	28486	30743	19372	6582	7039	18774
年均增长率	17.39	18.07	18.52	17.42	20.27	15.99	17.45	20.19	20.11	17.72	18.37

资料来源：《中国统计年鉴》（2007～2019 年）和中国人民银行发布的《中国区域金融运行报告》（2007～2019 年）。

表 5-4 是 2006～2018 年西部各省（区、市）信贷总量占其 GDP 的比例。可见，西部各省（区、市）的信贷总量占其 GDP 的比例呈现逐年上升的趋势。2006 年西部各省（区、市）中，信贷总量占地区 GDP 比例超过 100% 的有 5

个省（区、市），分别为宁夏（136.91%）、青海（124.73%）、云南（120.44%）、贵州（115.80%）、重庆（107.66%）；到 2018 年所有省（区、市）该比例都超过 100%，其中最高的为青海，达到 239.54%；最低的为陕西，为 125.80%。从其变化来看，甘肃和青海两省，该比例提升幅度最大，分别提升了 141.33 个百分点和 114.81 个百分点；提升幅度最小的为陕西，仅提升了 28.68 个百分点。信贷总量占地区 GDP 比例的大幅提升表明，一是西部地区经济增长对信贷投入具有较高的依赖性；二是单位信贷投入的产出效率在下降。

表 5-4　2006~2018 年西部各省（区、市）信贷总量占其 GDP 比例

单位：%，个百分点

年份	内蒙古	广西	重庆	四川	贵州	云南	陕西	甘肃	青海	宁夏	新疆
2006	77.85	76.63	107.66	92.09	115.80	120.44	97.12	93.59	124.73	136.91	81.48
2007	73.60	74.22	105.99	89.15	109.03	118.84	90.13	83.47	122.51	130.18	78.67
2008	73.12	72.60	105.98	90.43	100.51	115.85	84.38	87.17	115.28	117.46	69.95
2009	89.88	94.55	133.16	112.92	119.34	142.30	103.49	110.61	152.00	142.52	92.82
2010	97.47	93.50	136.39	113.38	125.41	145.74	103.83	112.57	160.18	142.65	96.56
2011	103.74	90.83	131.81	107.07	120.59	136.22	96.89	115.25	163.38	137.69	99.90
2012	108.81	94.79	136.12	109.59	121.86	134.32	99.97	130.19	187.66	141.95	111.73
2013	114.61	97.45	140.31	114.80	125.60	133.38	103.98	142.60	205.14	150.95	122.90
2014	123.92	102.54	144.62	121.78	134.45	140.30	108.39	165.78	232.90	165.46	133.08
2015	133.33	107.83	146.03	128.57	143.97	151.94	122.61	207.32	254.80	175.95	147.81
2016	141.11	113.13	145.36	133.24	153.06	157.98	124.87	227.29	253.17	179.80	159.76
2017	144.76	112.77	145.73	132.50	154.83	156.42	122.95	237.37	257.72	187.63	156.22
2018	137.51	131.19	158.36	135.21	167.57	159.31	125.80	234.92	239.54	189.96	153.90
2018 年较 2006 年增加量	59.66	54.56	50.70	43.12	51.77	31.87	28.68	141.33	114.81	53.05	72.42

资料来源：根据中国人民银行发布的《中国区域金融运行报告》（2007~2019 年）数据整理计算。

2. 西部地区信贷缺口的省域比较

表 5-5 是 2007~2018 年西部各省（区、市）信贷缺口。可以看出，2007 年和 2008 年各省（区、市）的信贷缺口大多为负值，说明在金融危机的背景之下，所有地区的信贷投放均处于谨慎状态；2008 年下半年，国家为了抑制金融危机带来的经济下滑态势，信贷投放大幅增加，使得 2009 年各省（区、市）的信贷缺口均大于 20 个百分点，其中广西、青海、新疆三省（区）甚

至超过了 33 个百分点；进入 2010 年后，各省（区、市）信贷缺口快速回落；到 2018 年，只有广西的信贷缺口大于 10 个百分点，其余省（区、市）均在 10 个百分点的国际安全线内。但需要关注的是，2018 年重庆和贵州两省（市）的信贷缺口已达 9 个百分点，接近 10 个百分点的安全线，因此，这两个省（市）应该对信贷的过快增长及由此可能带来的风险予以关注。另外，青海和内蒙古的信贷缺口分别为 -7.87 个百分点和 -5.42 个百分点，表明这两个省（区）的信贷投放过于保守，适当加大信贷投放力度对其经济增长是有利的。

表 5-5   2007～2018 年西部各省（区、市）信贷缺口

单位：个百分点

年份	内蒙古	广西	重庆	四川	贵州	云南	陕西	甘肃	青海	宁夏	新疆
2007	-6.77	-3.86	-1.90	-3.88	-7.21	-1.60	-8.89	-12.84	-2.19	-6.23	-3.99
2008	-0.80	-2.64	-0.01	1.72	-9.65	-3.00	-8.06	5.10	-7.35	-12.8	-13.13
2009	26.09	33.44	28.91	27.93	20.58	24.75	25.23	28.75	33.37	23.97	33.37
2010	9.75	-1.37	2.94	0.50	5.99	2.84	0.41	2.13	6.56	0.12	5.09
2011	7.42	-3.48	-4.16	-6.81	-4.76	-8.00	-8.27	2.92	2.39	-4.33	4.24
2012	5.41	4.84	3.75	2.67	1.27	-1.62	3.69	14.55	16.57	3.44	13.46
2013	5.80	3.12	3.44	5.26	3.62	-0.80	4.50	10.67	10.44	6.98	11.24
2014	8.67	5.67	3.42	6.56	8.06	5.62	4.72	17.55	14.59	10.27	9.02
2015	8.09	5.54	1.08	5.89	8.04	8.88	13.36	24.83	10.23	6.70	11.12
2016	6.22	5.33	-0.51	3.94	7.05	4.31	1.99	10.19	-0.72	2.37	8.33
2017	2.79	-0.36	0.28	-0.63	1.34	-1.10	-1.73	4.72	1.96	4.73	-2.53
2018	-5.42	16.30	9.05	2.24	9.00	2.00	2.58	-1.14	-7.87	1.34	-1.66

资料来源：根据中国人民银行发布的《中国区域金融运行报告》（2008～2019 年）数据整理计算。

二   西部地区票据融资市场发展分析

票据融资是银行信贷额度的调节器，利用票据的融资性可以更好地落实宏观货币政策。作为商业银行的一种创新业务，票据融资市场到今天已发展成为货币市场一个体量非常庞大的子市场。本节将从票据融资总量和票据融资结构两个方面对西部地区票据融资市场进行简单分析。

（一）西部地区票据融资总量及其变化分析

表 5-6 是 2006～2018 年西部地区与全国的票据融资量及其占 GDP 的

比重。从中可以看出，2006～2018年西部地区票据融资市场快速发展，票据融资量大幅增长，从2155.69亿元增长到10346.89亿元，年均增长率为13.98%，高于同期全国票据融资量年均增长率4.24个百分点。从票据融资量占GDP的比例来看，年度之间波动较大（见图5-2）。另外，在2016年之前，西部地区的票据融资量占地区GDP的比例一直低于全国平均水平，而从2016年起该比例才与全国平均水平基本持平。这表明，无论从西部地区还是从全国来看，我国票据融资量占GDP的比例依然较低，票据融资市场发展还有较大的提升空间。另外，相对于全国来讲，虽然近年来西部地区票据融资市场发展迅速，但其发展水平与全国平均水平依然存在差距。因此，加快西部地区票据市场发展，以增强票据融资对经济增长的作用，是西部地区金融市场培育发展的重要内容。

表5-6　2006～2018年西部地区与全国票据融资量及其占GDP的比重

单位：亿元，%

年份	西部地区			全国		
	票据融资量	地区GDP	票据融资量/地区GDP	票据融资量	GDP	票据融资量/GDP
2006	2155.69	39054.83	5.52	15730.49	219438.50	7.17
2007	1691.26	47538.41	3.56	12691.77	270092.30	4.70
2008	2924.65	57610.79	5.08	20343.31	319244.60	6.37
2009	3203.47	63660.98	5.03	20579.32	348517.70	5.90
2010	2316.27	77014.92	3.01	13799.09	412119.30	3.35
2011	2083.96	94002.37	2.22	14100.11	487940.20	2.89
2012	3004.82	107052.25	2.81	18741.10	538580.00	3.48
2013	2811.11	119826.17	2.35	18344.10	592963.20	3.09
2014	3700.26	130880.21	2.83	27240.16	641280.60	4.25
2015	7350.30	138612.81	5.30	41969.80	685992.90	6.12
2016	9358.80	150222.77	6.23	45798.22	740060.80	6.19
2017	7184.90	167996.30	4.28	34456.17	820754.30	4.20
2018	10364.89	181558.81	5.71	47990.48	900309.50	5.33
年均增长率	13.98	13.66	—	9.74	12.48	—

资料来源：《中国统计年鉴》（2007～2019年）和中国人民银行发布的《中国区域金融运行报告》（2007～2019年）。

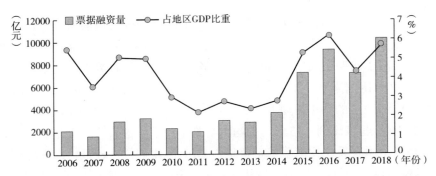

图 5-2   2006~2018 年西部地区票据融资量及其占地区 GDP 比重的变化趋势

资料来源：《中国统计年鉴》（2007~2019 年）和中国人民银行发布的《中国区域金融运行报告》（2007~2019 年）。

（二）西部地区票据融资结构分析

银行承兑汇票（银票）和商业承兑汇票（商票）是票据融资的两种主要形式，是银行信用和商业信用的直接体现。银行承兑汇票和商业承兑汇票业务量占比大小及其变化，可以反映一个地区不同的信用状态。表 5-7 是 2006~2018 年西部地区与全国票据融资结构情况。可以看出，无论是西部地区还是全国，银行承兑汇票都占据了 90% 以上的票据融资市场份额，而商业承兑汇票占比都不到 10%，说明我国的票据融资市场依然是以银行信用为主，融资结构的失衡问题比较严重，且各年间的融资结构基本稳定。另外，将西部地区与全国进行比较会发现，西部地区商业承兑汇票占比远低于全国平均水平，2018 年全国商业承兑汇票占票据融资市场份额的 7.38%，而西部地区仅为 3.80%。这说明，在票据融资市场中，西部地区融资结构的失衡问题更为严重。相较于银行承兑汇票，商业承兑汇票更有利于中小企业摆脱融资困境。而西部地区商业承兑汇票占比极低，表明西部地区票据融资市场为解决中小企业融资难问题发挥的作用十分有限，同时也表明西部地区中小企业的信用水平有待大幅提升。

表 5-7   2006~2018 年西部地区与全国票据融资结构

单位：%

年份	西部地区		全国	
	银行承兑汇票占比	商业承兑汇票占比	银行承兑汇票占比	商业承兑汇票占比
2006	96.53	3.47	90.26	9.74
2007	95.94	4.06	90.12	9.88

续表

年份	西部地区		全国	
	银行承兑汇票占比	商业承兑汇票占比	银行承兑汇票占比	商业承兑汇票占比
2008	97.11	2.89	91.18	8.82
2009	98.45	1.55	92.99	7.01
2010	97.75	2.25	91.99	8.01
2011	96.86	3.14	93.30	6.70
2012	97.64	2.36	93.41	6.59
2013	97.91	2.09	92.17	7.83
2014	97.24	2.76	91.05	8.95
2015	95.19	4.81	93.69	6.31
2016	95.68	4.32	95.31	4.69
2017	96.06	3.94	93.33	6.67
2018	96.20	3.80	92.62	7.38

资料来源：中国人民银行发布的《中国区域金融运行报告》（2007～2019年）。

（三）西部地区票据融资市场的省域比较

1. 西部地区票据融资总量的省域比较

表5-8是2006～2018年西部各省（区、市）票据融资量及其增长情况。表中，年均增长率最快的省份是青海，票据融资量从2006年的10.2亿元增加至2018年的877.0亿元，年均增长率为44.94%，远高于西部其他省（区、市）；年均增长率最慢的省份是贵州，样本期间内年均增长率仅为4.31%，其票据融资量也在西部各省（区、市）中最少，2018年仅有110.0亿元，仅为融资量最多省份陕西的5.45%，贵州、甘肃、广西、宁夏、新疆、青海、内蒙古等省（区）的票据融资量在2018年均未超过1000亿元。可见，不管从票据融资的总量还是增长率来看，省域间的差异均较为明显。

表5-8 2006～2018年西部各省（区、市）票据融资量及其增长情况

单位：亿元，%

年份	内蒙古	广西	重庆	四川	贵州	云南	陕西	甘肃	青海	宁夏	新疆
2006	148.5	92.6	479.6	580.8	66.3	175.5	282.1	121.9	10.2	39.7	158.5
2007	122.6	58.3	309.2	288.4	86.3	176.2	252.9	103.4	24.9	58.3	210.9
2008	149.0	139.1	608.7	466.2	86.7	271.3	341.3	532.4	25.9	71.4	232.7
2009	112.2	180.5	711.6	644.4	111.0	275.6	487.1	220.3	53.5	77.3	329.97

年份	内蒙古	广西	重庆	四川	贵州	云南	陕西	甘肃	青海	宁夏	新疆
2010	80.7	145.9	452.3	425.1	129.2	160.0	355.1	98.1	71.8	87.4	310.7
2011	84.1	113.9	387.8	241.7	108.1	145.6	419.6	152.0	83.6	114.4	233.2
2012	139.2	148.8	355.4	386.0	121.8	219.3	442.4	234.9	470.6	107.4	379.0
2013	192.7	103.6	335.7	400.2	93.4	351.2	437.9	142.3	147.3	120.1	486.7
2014	307.9	286.4	559.2	537.3	134.7	404.2	201.5	275.3	244.2	183.9	565.7
2015	672.9	552.6	887.9	1043.0	137.4	820.7	1195.3	458.2	402.2	305.5	874.6
2016	790.3	427.6	1185.4	1391.8	143.6	1128.9	1626.7	517.3	655.6	392.0	1099.6
2017	816.7	310.8	810.0	1076.0	102.8	1096.4	1226.0	184.0	622.7	413.0	526.5
2018	960.5	496.8	1164.5	1462.3	110.0	1632.3	2017.0	263.1	877.0	659.4	722.0
年均增长率	16.83	15.03	7.67	8.00	4.31	20.42	17.81	6.62	44.94	26.39	13.47

资料来源：根据中国人民银行发布的《中国区域金融运行报告》（2007～2019年）数据整理计算。

表 5-9 是 2006～2018 年西部各省（区、市）票据融资量占地区 GDP 的比重。可以发现，西部各省（区、市）票据融资量占地区 GDP 的比重普遍较低。截至 2018 年，西部地区票据融资量占地区 GDP 的比重只有 5.71%。其中，青海省的票据融资发展最快，融资量占地区 GDP 的比重由 2006 年的 1.74% 上升到 2018 年的 31.91%，居西部省（区、市）之首；贵州、甘肃、四川和重庆四省（区、市）2006～2018 年票据融资量占地区 GDP 的比重还出现了不同程度的下降。票据融资主要是满足企业短期流动性资金需要，对企业缓解流动性问题具有十分重要的意义。西部各省（区、市）票据融资量占地区 GDP 比重普遍较低，一方面说明票据融资市场发展水平较低，另一方面也反映出企业对票据融资方式的利用还不充分。

表 5-9   2006～2018 年西部各省（区、市）票据融资量占地区 GDP 比重

单位：%

年份	内蒙古	广西	重庆	四川	贵州	云南	陕西	甘肃	青海	宁夏	新疆
2006	3.57	1.95	12.30	6.68	2.83	4.40	6.14	5.35	1.74	5.47	5.20
2007	2.37	1.00	6.48	2.73	2.99	3.69	4.45	3.82	3.46	6.33	6.00
2008	2.39	1.98	10.32	3.70	2.43	4.77	4.75	17.05	2.88	5.93	5.58
2009	1.58	2.32	10.70	4.55	2.84	4.47	6.09	6.60	5.69	5.71	7.75
2010	0.98	1.52	5.61	2.47	2.81	2.21	3.61	2.44	6.27	5.15	5.76
2011	0.89	0.97	3.87	1.15	1.90	1.64	3.45	3.09	6.10	5.42	3.53
2012	1.33	1.14	3.10	1.62	1.78	2.13	3.13	4.25	30.79	4.56	5.05
2013	1.69	0.72	2.62	1.52	1.15	2.97	2.75	2.30	8.60	4.64	5.76

续表

年份	内蒙古	广西	重庆	四川	贵州	云南	陕西	甘肃	青海	宁夏	新疆
2014	2.53	1.83	3.92	1.88	1.46	3.15	1.14	4.12	13.22	6.65	6.15
2015	5.20	3.29	5.65	3.46	1.31	5.98	6.63	6.92	20.00	10.44	9.47
2016	5.73	2.34	6.75	4.26	1.22	7.59	8.39	7.38	29.03	12.37	11.56
2017	5.48	1.52	4.15	2.91	0.76	6.63	5.60	2.47	25.26	11.99	4.84
2018	5.95	2.44	5.72	3.59	0.74	9.13	8.25	3.19	31.91	17.80	5.92

资料来源：根据《中国统计年鉴》（2007～2019年）和中国人民银行发布的《中国区域金融运行报告》（2007～2019年）数据整理计算。

2. 西部地区票据融资结构的省域比较

表5-10是2006～2018年西部各省（区、市）的银行承兑汇票在票据融资量中的占比情况。从中可以看出，票据融资结构在西部各省（区、市）之间的差异并不大，银行承兑汇票占比均在90%以上。除了重庆、云南和青海以外，其他地区的银行承兑汇票占比在此期间均出现了不同程度的下降趋势，说明商业承兑汇票在这些地区得到了快速发展，在票据市场中的地位不断上升，但其中青海银行承兑汇票始终占据着票据市场的全部份额，表明青海的商业票据融资市场几乎处在停滞状态。

表5-10　2006～2018年西部各省（区、市）银行承兑汇票融资占比

单位：%

年份	内蒙古	广西	重庆	四川	贵州	云南	陕西	甘肃	青海	宁夏	新疆
2006	98.52	98.70	91.93	97.47	99.70	91.97	99.01	100.00	100.00	100.00	99.43
2007	98.78	98.11	93.27	97.09	98.73	91.60	92.96	98.65	100.00	100.00	99.15
2008	99.53	96.84	91.29	97.13	99.31	99.00	97.36	100.00	100.00	100.00	99.70
2009	99.47	97.84	99.58	96.29	98.92	98.91	97.76	98.73	100.00	100.00	99.86
2010	99.63	98.49	97.15	94.50	98.99	98.75	97.83	99.29	100.00	100.00	99.45
2011	99.76	98.86	97.45	87.56	97.87	99.24	98.05	99.93	100.00	100.00	94.77
2012	100.00	96.10	98.17	93.03	98.60	97.58	97.67	94.30	100.00	100.00	99.71
2013	100.00	99.13	97.14	92.34	96.04	98.69	98.31	99.51	100.00	100.00	99.77
2014	99.35	100.00	95.14	94.10	95.77	96.09	92.90	99.46	100.00	100.00	99.33
2015	100.00	99.44	93.38	93.86	96.36	93.24	95.32	86.32	100.00	99.90	94.49
2016	98.22	98.36	98.09	93.26	96.66	96.20	97.50	75.26	100.00	100.00	95.43
2017	96.41	95.33	97.04	91.73	93.68	95.59	96.78	100.00	100.00	96.73	96.49
2018	95.95	96.92	97.28	92.34	94.82	96.64	97.20	99.82	100.00	97.15	96.54

资料来源：根据中国人民银行发布的《中国区域金融运行报告》（2007～2019年）数据整理计算。

三　西部地区债券市场发展分析

债券融资是直接融资的重要形式，其作为金融市场的一个重要组成部分，不仅为资金短缺者提供融资渠道，为投资者提供低风险的投资工具，同时也是中央银行货币政策发挥传导效应的载体。债券市场分为发行市场和流通市场。本节的分析将聚焦于债券发行市场，通过对债券发行规模及债券发行结构的分析对西部地区债券市场的发展现状进行总结。

（一）西部地区债券发行规模分析

地区债券包括公司债券和地方政府债券两种主要形式。表 5-11 是根据公开数据资料整理的 2015～2018 年西部地区与全国的债券发行规模情况。从总量上来看，西部地区债券发行规模持续增加，从 2015 年的 21506 亿元增加到 2018 年的 25297 亿元，年均增长率为 5.56%，比同期全国年均增长率高出 2.48 个百分点。其中公司债券发行额年均增长率为 8.13%，高出全国年均增长率 4.82 个百分点；地方政府债券发行额年均增长率为 3.43%，高出全国年均增长率 0.64 个百分点。从西部地区债券发行额占全国的比例来看，占比呈现在波动中上升的趋势，由 2015 年的 25.48% 提升至 2018 年的 27.37%，2017 年最高达到 32.45%。这表明，由于西部地区经济相对落后，地方政府财政力量薄弱，加之企业效益整体较差，无论是政府还是企业的资金压力均较大，举债就成为地方政府与企业弥补发展资金不足的重要手段。

表 5-11　2015～2018 年西部地区与全国债券发行规模

单位：亿元，%

年份	西部地区			全国			西部地区占全国比例
	公司债券发行额	地方政府债券发行额	合计	公司债券发行额	地方政府债券发行额	合计	
2015	9523	11983	21506	46036	38351	84387	25.48
2016	7841	17648	25489	50890	60458	111348	22.89
2017	6276	14923	21199	21743	43581	65324	32.45
2018	12039	13258	25297	50766	41652	92418	27.37
年均增长率	8.13	3.43	5.56	3.31	2.79	3.08	

资料来源：中国人民银行发布的《中国区域金融运行报告》（2016～2019 年）和中国地方政府债券信息公开平台。

（二）西部地区债券发行结构分析

为更好地分析西部地区债券发行结构，表 5–12 列出了 2015～2018 年公司债券发行额与地方政府债券发行额各自在总债券发行额中的比例。由表中数据可以看出，2015～2017 年，西部地区与全国的公司债券发行额占比在逐年降低，直到 2018 年才有所提高，即便如此，西部地区公司债券占其债券发行总额的比例也不到 50%，而全国公司债券发行额已占到债券发行总额的 54.93%。这表明，我国债券市场存在极为严重的结构失衡现象，债券市场以为政府筹资服务为主，以为企业融资服务为辅，这与发达债券市场中企业债券占主体的结构格局存在较大差异。这一方面是因为我国债券市场发展的职能定位存在偏差，企业债券发行门槛较高，使得大多数企业难以满足发债条件；另一方面是因为在分税制改革中，由于地方政府的事权与财权不对称，地方政府的财政压力普遍较大，对发债筹资存在较高的依赖性。

表 5–12　2015～2018 年西部地区与全国债券发行结构

单位：%

年份	西部地区		全国	
	公司债券 发行额占比	地方政府债券 发行额占比	公司债券 发行额占比	地方政府债券 发行额占比
2015	44.28	55.72	54.55	45.45
2016	30.76	69.24	45.70	54.30
2017	29.61	70.39	33.28	66.72
2018	47.59	52.41	54.93	45.07

资料来源：根据中国人民银行发布的《中国区域金融运行报告》（2016～2019 年）和中国地方政府债券信息公开平台相关数据计算。

（三）西部地区债券市场发展的省域比较

1. 西部地区债券发行规模的省域比较

表 5–13 是西部各省（区、市）的债券发行规模，可以看出，西部各省（区、市）之间不仅债券发行规模差距较大，且年度变化趋势也不尽相同。从债券发行额的绝对数量来看，2018 年四川的债券发行额最大，达到了 8981 亿元，是发行额排在第二位云南 2892 亿元的 3.11 倍；发行额最小的是宁夏，2018 年发行额仅为 491 亿元。从各省（区、市）的年度变化来看，除青海以外，各省（区、市）债券发行规模在 2016 年均有所增长，但到 2018

年又出现大幅下降；陕西、贵州与云南的债券发行规模在 2016 年相对处于较高水平，但到了 2018 年发行额降至不足 3000 亿元。

表 5-13　2015~2018 年西部各省（区、市）债券发行规模

单位：亿元

年份	内蒙古	广西	重庆	四川	贵州	云南	陕西	甘肃	青海	宁夏	新疆
2015	2078	1721	2498	3379	3226	2780	2639	901	588	386	1272
2016	2999	2330	2750	3462	3404	3079	3682	969	410	453	1911
2017	1700	2398	2514	4057	2292	2912	2560	602	610	372	1182
2018	1457	2166	2248	8981	2383	2892	2569	753	540	491	954

　　资料来源：中国人民银行发布的《中国区域金融运行报告》（2016~2019 年）和中国地方政府债券信息公开平台。

2. 西部地区债券发行结构的省域比较

　　由于各地经济发展水平和金融市场发展不同，西部各省（区、市）的债务发行结构存在很大差别（见表 5-14）。从表中可以看出，2018 年内蒙古、贵州、甘肃、青海、宁夏和新疆的地方政府债券发行额占比相对较大，处于 70% 以上，说明这些地区的债券市场仍然是以政府债务为主体；广西、云南和陕西的公司债券发行额占比与地方政府债券发行额占比基本持平；对于川渝地区来说，其地方政府债券发行额占比相对较低，2018 年四川的地方政府债券发行额仅占 24.32%。各省（区、市）债券发行结构的差异既是地方政府财政状况的体现，也反映了其企业经营状况及融资条件的不同。

表 5-14　2015~2018 年西部各省（区、市）债券发行结构

单位：%

指标	年份	内蒙古	广西	重庆	四川	贵州	云南	陕西	甘肃	青海	宁夏	新疆
公司债券发行额占比	2015	28.92	46.43	67.01	47.03	27.15	43.63	52.25	46.39	44.22	25.13	45.52
	2016	16.57	38.20	42.91	16.49	23.91	32.90	44.84	31.17	-14.39	18.98	44.79
	2017	22.94	28.40	47.89	30.76	8.42	33.72	49.22	2.33	24.10	14.52	8.71
	2018	21.48	35.23	54.89	75.68	9.99	45.82	49.24	19.79	12.22	17.31	-6.18
地方政府债券发行额占比	2015	71.08	53.57	32.99	52.97	72.85	56.37	47.75	53.61	55.78	74.87	54.48
	2016	83.43	61.80	57.09	83.51	76.09	67.10	55.16	68.83	114.39	81.02	55.21
	2017	77.06	71.60	52.11	69.24	91.58	66.28	50.78	97.67	75.90	85.48	91.29
	2018	78.52	64.77	45.11	24.32	90.01	54.18	50.76	80.21	87.78	82.69	106.18

　　资料来源：根据中国人民银行发布的《中国区域金融运行报告》（2016~2019 年）和中国地方政府债券信息公开平台相关数据计算。

四 西部地区房地产市场发展分析

房地产业因其具有广泛的产业关联而在国民经济中具有战略性地位，又因其发展中对信贷资金的高度依赖而使其发展状况对金融系统的稳健性具有重要影响。因此，房地产市场虽然不属于金融市场的组成部分，但对金融市场发展的分析必须将房地产市场发展状况纳入其中。本节对西部地区房地产市场的分析将主要从房地产投资额、房价增长率与 GDP 增长率之比、房地产均价占城镇居民人均可支配收入的比重等方面进行。

（一）西部地区房地产投资额及其变化分析

房地产投资是社会固定资产投资的重要组成部分。区别于短期投资，房地产投资具有资金需求量大、回收周期长、流动性风险高等特点。由于房地产投资以土地及附着于其上的房产为对象，且投资标的物可以作为抵押物并获得金融机构的贷款支持，因此，区域房地产市场的发展状况在某种程度上反映着该区域金融市场的活力。本节先对西部地区房地产投资进行总体分析，然后对各省（区、市）房地产投资进行横向对比。

1. 西部地区房地产投资的总体分析

表 5－15、图 5-3 是 2006～2018 年西部地区房地产投资额及与全国的对比情况。可以看出，自 2006 年以来，西部地区房地产投资额稳步增加，投资总额从 3479.97 亿元增加到 25915.96 亿元，年均增长率达 18.21%，比同期全国年均增长率高出 1.8 个百分点。如果将房地产投资与该时期 GDP 增长率及全社会固定资产投资增长率进行对比，就会发现，2006～2018 年西部地区房地产投资年均增长率高于同期 GDP 年均增长率 4.53 个百分点，与全社会固定资产投资年均增长率 18.9% 基本持平。这表明，无论从西部地区还是全国来看，近年来房地产投资一直处于远高于其他行业投资的高景气状态。另外，从西部地区房地产投资占全国的比例来看，占比保持着稳步上升趋势，从 2006 年的 17.92% 上升到 2018 年的 21.55%，该比例与西部地区 GDP 占全国的比例基本持平。这表明，西部地区房地产投资在总体上保持着与全国平均水平基本同步的状态。

房地产投资的快速增长，一方面是地方政府为保持经济高增长而采取的重要措施，另一方面是我国城镇化发展的必然结果，因此具有一定的合理性。但必须看到的是，在房地产投资过快增长的背后，则是城市住房闲置率的不断上升，由此导致的资源闲置问题也在不断加剧。在"房住不炒"的大背景下，淡化住房的投资功能、对房地产投资进行适当控制，对提高资源利用效率、保障宏观经济运行的安全稳健具有重要作用。

表 5–15　2006～2018 年西部地区及全国房地产投资额

单位：亿元，%

年份	西部地区	全国	西部地区占全国比重
2006	3479.97	19422.92	17.92
2007	4851.53	25288.84	19.18
2008	5975.64	30579.82	19.54
2009	7182.37	36242.23	19.82
2010	9734.39	48259.15	20.17
2011	12871.68	61797.12	20.83
2012	15492.74	71804.37	21.58
2013	18987.38	86013.15	22.07
2014	21379.85	95035.86	22.50
2015	21659.42	95978.74	22.57
2016	23012.62	102581.03	22.43
2017	23836.20	109799.11	21.71
2018	25915.96	120263.84	21.55
年均增长率	18.21	16.41	—

资料来源：根据《中国统计年鉴》（2007～2019 年）数据整理计算。

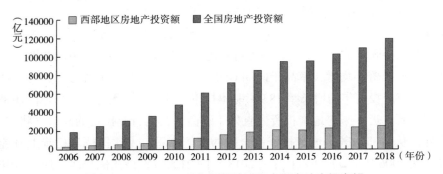

图 5–3　2006～2018 年西部地区及全国房地产投资额

资料来源：根据《中国统计年鉴》（2007～2019 年）数据整理计算。

2. 西部地区房地产投资的省域比较

房地产市场具有极强的分散性和区域性，由于每个地区的经济发展、地理环境和文化背景存在差异，房地产市场在结构、供求关系和价格水平等方面也不尽相同。表 5–16 列出了 2006～2018 年西部各省（区、市）房地产投资的增长情况。从时间变化趋势来看，各省（区、市）的房地产投资额均出现了不同程度的增长，其中增长速度排名前三的分别为贵州、甘肃和青海，其年均增长率分别为23.47%、22.51%和22.37%，增速最为缓慢的是内蒙古，年均增长率仅为8.68%。从横向对比来看，2006年房地产投资额最少的依次是青海、宁夏和甘肃，但经过12年的发展，到了2018年，甘肃的房地产投资额已经超越内蒙古和新疆，达到1116.4亿元，而房地产投资额超过3000亿元的省（区、市）有四川、重庆、陕西、云南和广西。作为西南地区经济发展状况较好的川渝地区，其房地产投资额始终保持在相对较高的水平，这也再次证实了房地产市场发展与经济增长之间的密切关联。

表5-16　2006~2018年西部各省（区、市）房地产投资总额

单位：亿元，%

年份	内蒙古	广西	重庆	四川	贵州	云南	陕西	甘肃	青海	宁夏	新疆
2006	325.0	370.0	629.6	914.5	187.1	332.2	394.9	97.7	31.2	76.9	120.9
2007	500.9	536.3	849.9	1326.8	249.7	422.9	535.3	134.1	34.2	93.1	168.3
2008	736.1	621.6	991.0	1451.7	307.8	557.6	749.2	170.7	50.4	117.4	222.1
2009	815.5	813.7	1238.9	1588.4	371.3	737.5	941.6	204.1	72.8	162.7	235.9
2010	1120.0	1206.2	1620.2	2194.6	556.7	900.4	1159.5	266.4	108.2	254.4	347.7
2011	1591.2	1517.5	2015.1	2819.2	873.4	1280.1	1410.9	366.9	144.7	336.2	516.4
2012	1291.4	1554.9	2508.4	3266.4	1467.6	1782.1	1835.9	561.0	189.7	429.2	606.1
2013	1479.0	1614.6	3012.8	3853.0	1942.5	2488.3	2240.2	724.6	247.6	558.9	825.7
2014	1370.9	1838.4	3630.2	4380.1	2187.7	2846.6	2426.5	721.5	308.3	654.8	1014.8
2015	1081.1	1909.1	3751.3	4813.0	2205.1	2669.0	2494.3	768.1	336.0	633.6	9989.0
2016	1133.5	2397.9	3725.9	5282.6	2148.9	2688.3	2736.8	850.0	396.9	728.2	923.4
2017	889.7	2683.5	3980.1	5149.9	2201.0	2786.3	3101.9	944.5	408.6	652.8	1037.9
2018	882.9	3004.1	4248.8	5697.9	2349.2	3247.2	3534.7	1116.4	351.8	449.6	1033.4
年均增长率	8.68	19.07	17.25	16.47	23.47	20.92	20.04	22.51	22.37	15.85	19.58

资料来源：《中国统计年鉴》（2007~2019年）。

（二）西部地区房地产市场价格变动分析

稳健发展的房地产业是国民经济实现有效增长的重要支撑。衡量房地产业发展是否稳健的重要指标之一就是观察房地产价格的变动与国民经济增长是否相协调。对此，我们可以采用房地产价格上涨率与GDP增长率的比值来反映。如果房地产价格飙升，而实体经济发展缓慢或停滞，说明房地产市场存在

泡沫。一般情况下，当房价上涨幅度达到 GDP 增幅的 1.3 倍时，就说明房地产市场有过热现象；当达到 2 倍以上时，则表明房价很不正常，有较大泡沫。

　　表 5-17 列出了 2006～2018 年西部地区省会／首府城市房价的上涨情况。可见，2006～2018 年的大部分年份里，各省会／首府城市房价都是处于上涨态势，2006～2018 年西部地区所有省会／首府城市房价的上涨都超过了100%，其中房价上涨幅度最大的是贵阳，2006～2018 年房价累计上涨 3.01 倍；其次为乌鲁木齐，房价上涨了 2.84 倍；上涨幅度最小的是银川和兰州，房价分别上涨了 1.45 倍和 1.47 倍。值得关注的是，西部地区部分省会／首府城市的房价从 2017 年开始出现了加速上涨趋势，其中重庆、贵阳、昆明、西安尤为典型。重庆房价在 2017 年上涨 24% 的情况下，2018 年又上涨了 19%；成都房价在 2017 年上涨 16% 的情况下，2018 年又上涨了 13%；贵阳房价在2017 年上涨 22% 的前提下，2018 年又上涨了 29%；昆明房价在 2017 年上涨 14% 之后，2018 年又上涨了 31%；西安房价在 2017 年上涨 29% 的前提下，2018 年又上涨了 19%。呼和浩特和乌鲁木齐虽然房价在 2017 年没有出现大幅上涨，但在 2018 年的上涨幅度分别达到了 28% 和 25%。近几年西部地区房价的快速上涨，一方面与我国西部地区新型城镇化的加速推进有关，另一方面也与我国近年来房价上涨潮从北京、上海、广州等一线城市向二线、三线城市，甚至四线城市蔓延有关。但无论什么原因，房价的这种快速上涨及其对金融市场、宏观经济运行可能带来的问题都需要引起政府的高度关注。

　　表 5-17　2006～2018 年西部地区省会／首府城市房价环比上涨情况

单位：倍

年份	呼和浩特	南宁	重庆	成都	贵阳	昆明	西安	兰州	西宁	银川	乌鲁木齐
2006	0.15	0.09	0.05	0.13	0.09	0.10	0.16	0.01	0.08	-0.07	-0.09
2007	0.10	0.18	0.20	0.17	0.22	0.08	0.02	0.14	0.20	0.00	0.23
2008	0.05	0.16	0.02	0.14	0.09	0.20	0.16	0.06	0.20	0.18	0.22
2009	0.42	0.15	0.24	0.01	0.19	0.02	0.00	0.15	0.00	0.24	0.06
2010	0.06	0.13	0.24	0.21	0.17	-0.04	0.14	0.17	0.15	0.08	0.31
2011	0.06	0.01	0.11	0.13	0.15	0.29	0.38	0.12	0.10	0.15	0.16
2012	0.25	0.16	0.07	0.09	-0.04	0.22	0.05	0.20	0.29	0.05	0.07
2013	-0.04	0.16	0.10	-0.01	0.04	0.01	0.01	0.03	-0.02	0.06	0.08
2014	0.05	-0.05	-0.01	-0.02	0.12	0.10	-0.04	0.10	0.24	0.11	0.04
2015	-0.05	0.00	-0.01	-0.02	0.08	0.16	0.01	0.01	0.00	0.11	0.04
2016	0.24	0.04	0.00	0.09	-0.01	-0.05	0.02	0.02	0.03	-0.03	-0.05

续表

年份	呼和浩特	南宁	重庆	成都	贵阳	昆明	西安	兰州	西宁	银川	乌鲁木齐
2017	0.01	0.13	0.24	0.16	0.22	0.14	0.29	0.16	0.12	0.08	0.06
2018	0.28	0.00	0.19	0.13	0.29	0.31	0.19	0.04	0.10	0.13	0.25
总体	2.54	1.70	2.56	1.73	3.01	2.65	2.08	1.47	2.62	1.45	2.84

资料来源：CSMAR 数据库。

虽然房价的快速上涨拉动地价上涨，缓解地方政府的财政压力，但过高的房价使得房地产市场风险不断积聚，增大宏观经济运行的脆弱性，特别是当房价上涨远超出经济增长率时，其带来的金融风险更不容忽视。表5-18 是 2006~2018 年西部地区各省会/首府城市房价上涨率与 GDP 增长率的比值。由表5-18 可知，从总体来看，2006~2018 年，西部地区各省会/首府城市房价的累计上涨率均低于其同期 GDP 增长率，最高的为昆明，2006~2018 年房价的累计上涨率仅为同期 GDP 增长率的 77%；其次为乌鲁木齐和呼和浩特，分别为同期 GDP 增长率的 76% 和 75%。从此角度看，2006~2018 年西部地区省会/首府城市的房价上涨依然处在合理区间内。但从年度动态变化来看，2009 年部分省会/首府城市的房价上涨率超过了其 GDP 增长率，如呼和浩特和乌鲁木齐房价上涨率分别是其 GDP 增长率的 3.06 倍和 3.02 倍；超过 1.3 倍预警线的还有兰州（2.22）、贵阳（1.98）、银川（1.93）、重庆（1.85）和南宁（1.44）。2018 年西部地区的重庆、昆明、呼和浩特、贵阳、银川和西安的房价上涨幅度分别是其 GDP 增长率的 4.24 倍、3.76 倍、3.38 倍、3.08 倍、1.77 倍和 1.68 倍。这表明，虽然西部地区省会/首府城市的房价总体在可控范围内，但部分省会/首府城市 2017 年以后房价涨幅远超出 GDP 增长幅度的问题，需要引起地方政府的高度重视。

表5-18　2006~2018 年西部地区省会/首府城市房价上涨率与 GDP 增长率的比值

年份	呼和浩特	南宁	重庆	成都	贵阳	昆明	西安	兰州	西宁	银川	乌鲁木齐
2006	0.83	0.47	0.36	0.74	0.57	0.67	0.80	0.05	0.45	-0.40	-0.52
2007	0.40	0.81	0.90	0.80	0.96	0.40	0.08	0.72	0.86	0.01	1.49
2008	0.25	0.78	0.10	0.70	0.36	1.02	0.59	0.39	0.81	0.58	1.16
2009	3.06	1.44	1.85	0.11	1.98	0.18	-0.04	2.22	0.00	1.93	3.02
2010	0.36	0.54	1.15	0.96	0.98	-0.22	0.63	0.82	0.68	0.30	1.17
2011	0.42	0.05	0.44	0.59	0.63	1.27	1.62	0.54	0.48	0.63	0.72

年份	呼和浩特	南宁	重庆	成都	贵阳	昆明	西安	兰州	西宁	银川	乌鲁木齐
2012	2.31	1.39	0.51	0.63	-0.22	1.37	0.48	1.63	2.55	0.40	0.54
2013	-0.44	1.47	0.80	-0.12	0.20	0.06	0.10	0.25	-0.16	0.61	0.67
2014	0.69	-0.56	-0.08	-0.28	0.81	1.22	-0.33	1.26	3.10	-1.22	0.58
2015	-0.79	0.04	-0.06	-0.41	0.55	2.24	0.30	-0.61	0.01	1.92	8.67
2016	3.66	0.42	0.00	1.07	-0.10	-0.58	0.20	0.28	0.21	-0.39	-1.78
2017	0.16	1.09	2.16	1.24	1.43	1.25	2.25	2.42	1.35	0.93	0.39
2018	3.38	-0.36	4.24	1.30	3.08	3.76	1.68	0.36	0.88	1.77	2.09
总体	0.75	0.47	0.56	0.37	0.57	0.77	0.45	0.45	0.73	0.31	0.76

资料来源：根据 CSMAR 数据库和《中国城市统计年鉴》（2007～2019 年）的数据整理计算。

（三）西部地区房价收入比分析

房价收入比是衡量房地产市场是否存在泡沫的重要指标，通常用住房价格与城镇居民家庭年收入之比来表示。一般认为，合理的房价收入比应该在 4 和 6 之间，若房价收入比超出这一范围，则认为其房价偏高，房地产可能存在泡沫，超出越多，则存在泡沫的可能性越大，泡沫也就越大。表 5-19 是西部地区省会／首府城市房价收入比 [①] 的情况。

表 5-19　2006～2018 年西部地区省会／首府城市房地产均价与城镇居民人均可支配收入比值

年份	呼和浩特	南宁	重庆	成都	贵阳	昆明	西安	兰州	西宁	银川	乌鲁木齐
2006	3.50	7.05	6.84	7.76	5.10	8.05	7.54	6.27	4.29	5.55	5.77
2007	2.96	7.08	7.34	8.11	5.13	8.36	6.80	6.43	3.85	4.30	5.11
2008	2.55	6.52	6.55	8.31	5.28	8.55	6.91	6.03	3.74	4.24	5.19
2009	3.46	6.99	7.80	7.72	6.13	8.11	5.83	6.82	5.70	4.32	6.12
2010	3.71	7.52	8.74	8.41	6.91	6.60	5.75	7.32	5.70	5.21	7.41
2011	3.59	6.97	8.29	8.61	7.10	6.61	6.90	7.48	5.70	5.48	8.42
2012	4.15	7.07	7.80	8.83	6.00	6.88	6.55	7.93	6.77	5.58	8.27
2013	4.02	7.68	8.46	8.54	6.06	5.86	6.07	7.50	6.29	6.18	7.97
2014	4.30	6.82	7.71	8.15	6.71	5.95	5.48	7.96	7.30	5.76	6.71

---

① 房价收入比＝每户住房总价／每户家庭年总收入＝人均住房面积 × 房价／人均可支配收入。

续表

年份	呼和浩特	南宁	重庆	成都	贵阳	昆明	西安	兰州	西宁	银川	乌鲁木齐
2015	3.89	6.23	6.89	8.10	6.20	6.40	5.22	6.48	6.73	6.45	6.22
2016	4.46	6.17	6.20	8.86	5.71	5.82	6.04	6.16	5.92	5.99	5.43
2017	4.09	6.68	7.45	9.75	6.95	6.28	7.22	6.97	6.28	5.91	5.47
2018	5.24	6.45	8.35	10.32	9.75	7.58	9.14	6.67	7.05	6.71	6.67

资料来源：根据 Wind 数据库和《中国城市统计年鉴》（2007～2019 年）的数据整理计算。

表 5-19 的数据显示，各城市的房价收入比均存在不同幅度的波动情况：呼和浩特、重庆、成都、贵阳及西宁均呈现较为明显的上升趋势，昆明和西安均表现出先下降后上升的"U"形变动趋势，而南宁与乌鲁木齐的变动趋势不太明显，波动较为频繁。横向对比各城市房价收入比可以看出，2006 年，房价收入比最高的城市为昆明（8.05），而其他超过房价收入比合理范围的城市还有兰州（6.27）、重庆（6.84）、南宁（7.05）、西安（7.54）和成都（7.76），呼和浩特的房价收入比最低，仅为 3.50。经过房地产行业十几年的飞速发展，到 2018 年除呼和浩特以外，西部其他所有省会/首府城市的房价收入比均超过合理范围上限，其中，成都的房价收入比已经达到 10.32；贵阳和西安紧随其后，房价收入比分别为 9.75 和 9.14。这些现状出现的原因可能有两种。一方面，我国广大中小城市正处在城镇化进程加速发展时期，城市人口的不断增加导致对住房需求的增加。像成都、贵阳和西安这些本身基础设施较好、发展潜力较大的城市，随着人口不断涌入这些城市，房地产市场面临旺盛的需求，城市房地产价格快速上升。但城市居民的人均可支配收入上涨速度远低于房价上涨速度，从而导致这些城市房价收入比不断攀升。另一方面，人口流向的分化、不同城市的去库存化速度以及土地供应程度呈现显著差异，导致不同城市之间的房价呈现巨大分化和显著差异。相比于北京、上海等一线城市的房屋价格赶超许多高收入水平国家，西部地区各省会/首府城市的房价涨幅相对较低，但也不得不防范房价快速上涨引起的房地产泡沫风险。总体来说，在"稳房价""房住不炒"等政策引导下，西部地区的房价相对较低，存在一定的房价优势。

五 本章小结

本章主要从银行信贷市场、票据融资市场、债券市场和房地产市场发展四个角度对西部地区金融市场的运行进行了分析。总体而言，在国家政策战略的指引下，西部地区金融市场均取得了长足发展，市场规模快速扩张。但同时也看到，西部地区在银行信贷市场、票据融资市场和债券市场发展方面，各省（区、市）之间的不均衡性依然较大。另外，近几年房地产市场发展中的泡沫问题也开始显现。

首先，西部地区信贷总量持续增加，信贷总量占地区 GDP 的比重也不断上升。一方面，这反映了西部地区处于"信贷繁荣"状态；另一方面，也反映了西部地区经济发展模式依然存在对投资的高度依赖特征。另外，信贷资金产出效率下降明显。因此，优化信贷结构、提高信贷资金产出效率是西部地区未来信贷市场发展需要重点关注的问题。

其次，西部地区的票据市场发展相对落后，票据市场仍然具有较大的发展和提升空间；同时，票据市场结构失衡问题较为严重，票据融资多以银行承兑汇票为主，商业承兑汇票占比较低。另外，西部各省（区、市）之间票据市场的发展也非常不均衡，差异较大。因此，西部地区需要进一步改善社会信用环境，降低票据市场风险，增强票据市场活力，以更好地发挥票据融资的低成本和高流动性优势，为企业发展特别是中小企业发展提供更大便利。

再次，西部地区债券市场发行规模体量较小，且结构失衡较为严重。一是地方政府债券发行额占比较大，公司债券发行额相对较小；二是西部各省（区、市）之间债券发行规模差距较大，不平衡性问题突出。因此，为了切实解决西部地区中小企业融资难问题，应进一步促进地方政府和市场的双向沟通，同时西部各省（区、市）应基于自身实际情况，充分发挥政府债券资金对稳投资、扩内需、补短板的重要作用。

最后，西部地区房地产市场整体呈现稳步增长趋势，且与全国基本保持同步态势。房地产价格总体上与经济增长处于协调状态，但近几年房地产价格上涨太快，超过 GDP 和人均可支配收入增长速度，房地产泡沫有所凸显。对此，各地方政府应该有所警惕。

第六章
西部地区农村金融发展分析

农村经济发展离不开资金的支持，农村金融是国家支持农村经济发展的重要力量。金融机构通过创造适应"三农"特点的金融产品，满足农村金融需求，促进农村经济发展。2006 年 12 月 20 日，中国银监会发布了《关于调整放宽农村地区银行业金融机构准入政策　更好支持社会主义新农村建设的若干意见》，经过十多年的发展，西部地区农村金融发展取得了显著成绩，为西部地区经济发展提供了重要支持。

一　西部地区农村金融发展的总量分析

金融对经济发展的有效支持，必须以一定规模的金融总量为前提。充足的农村金融总量，可以使农村地区居民、农户或者农村企业的融资需求得到有效满足，克服资金瓶颈，进而实现经济社会的快速发展。此处对西部地区农村金融总量的分析将从银行类农村金融机构数量、农村金融机构存款、农村金融机构贷款等三方面予以分析。

（一）西部地区农村金融机构数量分析

由于西部地区经济发展相对落后，农村金融机构以银行类金融机构为主，其他类型金融机构数量较少。因此，此处对西部地区农村金融机构数量的分析将以银行类金融机构为代表。

根据中国人民银行发布的《中国区域金融运行报告》，将我国农村银行类金融机构划分为小型农村金融机构和新型农村金融机构，其中小型农村金融机构包括农村商业银行、农村合作银行和农村信用社；新型农村金融机构是指 2006 年 12 月 20 日中国银监会发布《关于调整放宽农村地区银行业金融机构准入政策　更好支持社会主义新农村建设的若干意见》后，按有关规定设立的村镇银行、贷款公司和农村资金互助社等。另外，邮政储蓄银行在农村地区的分支机构也是农村金融机构的重要组成部分。受到数据可得性限制，此处仅从农村金融机构数量及从业人数两方面进行分析。

1.西部地区农村银行类金融机构数量

表6-1列出了2006~2018年西部地区不同类型银行类农村金融机构的数量。从三种银行类型总和数量来看，12年间西部地区农村金融机构数量呈上升趋势，总量从2006年的32987家增加至2018年的35589家，净增加了2602家。其中，小型农村金融机构数量增长趋势相对缓慢，2018年较2006年仅增加990家；新型农村金融机构数量增速迅猛，到2018年底已达1791家，其中2009年相较前一年就增加了559家。2010年中国银监会对不合规新型农村金融机构进行了清理，之后新型农村金融机构仅剩176家。2010年以后，西部地区新型农村金融机构数量继续呈现增长态势，2010~2018年共增加1615家。另外，邮政储蓄银行伴随两次改制，其数量经历了先减少后增加再减少的过程，其中2006~2008年西部地区邮政储蓄银行数量减少了2661家，2008~2012年又增加了4005家。2012年中国邮政储蓄银行获批进行股改，为了满足股改要求，又进行了机构清理，截至2018年西部地区邮政储蓄银行数量为9778家。

表6-1　2006~2018年西部地区农村银行类金融机构数量

单位：家

年份	小型农村金融机构数量	新型农村金融机构数量	邮政储蓄银行数量	合计
2006	23030	0	9957	32987
2007	23693	0	9423	33116
2008	22689	85	7296	30070
2009	22810	644	8744	32198
2010	23030	176	9458	32664
2011	23584	395	10620	34599
2012	23516	457	11301	35274
2013	23807	673	10792	35272
2014	23790	817	10843	35450
2015	24106	1227	9894	35227
2016	24197	2100	9918	36215
2017	24140	1836	9812	35788

续表

年份	小型农村金融机构数量	新型农村金融机构数量	邮政储蓄银行数量	合计
2018	24020	1791	9778	35589
2018 年较 2006 年变化	990	1791	−179	2602

资料来源：根据中国人民银行发布的《中国区域金融运行报告》（2007～2019 年）整理计算。

银行类农村金融机构数量的快速增加，理论上可以提高农村居民享受金融服务的便捷程度，但事实是否如此还要取决于机构增加的地点。如果增加的机构集中于县域以下的地区，则有利于提高农村居民享受金融服务的便捷程度；如果增加的机构集中于城市，则有可能提高城乡居民享受金融服务的不平等程度。

2. 西部地区农村银行类金融机构从业人数

在西部地区农村银行类金融机构数量稳步增加的同时，银行类金融机构从业人数也不断增加（见表 6-2），从 2006 年的 224150 人增加至 2018 年的 371495 人，累计增加 147345 人。其中，小型农村金融机构从业人员数量增加最多，从 2006 年的 167881 人增加至 2018 年的 256288 人，增加了 88407 人；新型农村金融机构从业人员数量增长最快，到 2018 年增加至 37476 人；邮政储蓄银行从业人员数量在 2006～2018 年波动增加，先从 2006 年的 56269 人下降到 2008 年的最低值 38195 人，后又逐渐增加至 2018 年的 77731 人。

表 6-2　2006～2018 年西部地区农村银行类金融机构从业人数

单位：人

年份	小型农村金融机构从业人数	新型农村金融机构从业人数	邮政储蓄银行从业人数	合计
2006	167881	0	56269	224150
2007	173265	0	53308	226573
2008	177516	1223	38195	216934
2009	186582	6117	50310	243009
2010	216737	2934	58470	278141
2011	221512	6933	61885	290330
2012	232888	9184	70741	312813
2013	242115	13071	64958	320144
2014	248336	16524	68691	333551
2015	249020	22601	68108	339729

年份	小型农村金融机构从业人数	新型农村金融机构从业人数	邮政储蓄银行从业人数	合计
2016	253265	28976	74791	357032
2017	252680	33336	75650	361666
2018	256288	37476	77731	371495
2018 年较 2006 年变化	88407	37476	21462	147345

资料来源：根据中国人民银行发布的《中国区域金融运行报告》（2007~2019 年）整理计算。

3. 西部地区农村金融机构数量与全国的比较分析

表 6-3 列出了 2006 年和 2018 年西部地区与全国银行类农村金融机构数量及从业人数的对比情况。首先，从农村金融机构的总体数量来看，2006~2018 年，西部地区银行类农村金融机构数量占全国的比例变化不大，仅增加了约 0.3 个百分点。但分析其内部的结构变化会发现，西部地区小型农村金融机构数量占全国的比例从 2006 年的 29.80% 提高到了 2018 年的 31.07%，提高了 1.27 个百分点；但邮政储蓄银行在西部地区却采取了收缩政策，机构数量占全国的比例由 2006 年的 27.34% 降至 2018 年的 26.28%，下降了 1.06 个百分点。其次，从农村金融机构从业人数来看，2018 年西部地区农村金融机构从业人数为全国总量的 27.87%，比 2006 年的 25.00% 增加了 2.87 个百分点，其中三类银行类金融机构的从业人数占全国的比例均有所增加，这表明西部地区农村金融机构在人员配置上不断增强。

表 6-3　2006 年和 2018 年西部地区与全国金融机构数量及从业人数比较

指标	2006 年			2018 年		
	西部地区	全国	西部地区在全国的占比（%）	西部地区	全国	西部地区在全国的占比（%）
小型农村金融机构数量（家）	23030	77284	29.80	24020	77302	31.07
新型农村金融机构数量（家）	0	0	0	1791	6970	25.70
邮政储蓄银行数量（家）	9957	36424	27.34	9778	37200	26.28
合计（家）	32987	113708	29.01	35589	121472	29.30
小型农村金融机构从业人数（人）	167881	670629	25.03	256288	915210	28.00

指标	2006 年			2018 年		
	西部地区	全国	西部地区在全国的占比（%）	西部地区	全国	西部地区在全国的占比（%）
新型农村金融机构从业人数（人）	0	0	0	37476	112675	33.26
邮政储蓄银行从业人数（人）	56269	225991	24.90	77731	305033	25.48
合计（人）	224150	896620	25.00	371495	1332918	27.87

资料来源：根据中国人民银行发布的《中国区域金融运行报告》（2007年、2019年）整理计算。

（二）西部地区农村金融机构存款分析

农户作为农村金融的服务对象，农户储蓄是农村金融机构存款的主要来源，也是农村金融机构向"三农"提供信贷服务的资金基础。由于《中国金融年鉴》自 2016 年起就停止了关于"金融机构分地区城乡储蓄人民币存款余额"的统计，此处只能以 2006~2014 年农户储蓄存款及人均储蓄存款两个指标对西部地区农村金融机构存款情况进行分析（见表 6-4）。

由表 6-4 可见，西部地区农户储蓄存款及农户人均储蓄存款均呈现快速增长趋势。其中农户储蓄存款由 2006 年的 5465.28 亿元增加至 2014 年的 28960.05 亿元，年均增长率为 23.18%，比全国农户储蓄存款年均增长率 19.03% 高出 4.15 个百分点；农户人均储蓄存款从 2006 年的 2193.13 元增加到 2014 年的 11415.98 元，年均增长率为 22.90%，比全国农户人均储蓄存款年均增长率 19.45% 高出 3.45 个百分点。伴随西部地区农户储蓄存款及农户人均储蓄存款的快速增长，其占全国的比例也在快速上升。其中，西部地区农户储蓄存款占全国的比例由 2006 年的 18.97% 提升至 2014 年的 24.94%，提高了 5.97 个百分点；农户人均储蓄存款占全国的比例由 2006 年的 60.09% 提升至 2014 年的 75.46%，提升了 15.37 个百分点。这一方面反映了样本期间西部地区农户收入水平的增长率高于全国平均水平，由此决定的农户存款增长率高于全国平均水平；另一方面也反映了西部地区农户储蓄存款额依然处在低水平，其人均储蓄存款额仅为全国平均水平的 3/4 左右。这无疑对西部地区农村金融机构的资金来源形成一定约束。

表 6-4   2006~2014 年西部地区及全国农村金融机构存款情况

年份	农户储蓄存款			农户人均储蓄存款		
	西部地区（亿元）	全国（亿元）	西部地区在全国的占比（%）	西部地区（元）	全国（元）	西部地区在全国的占比（%）
2006	5465.28	28805.12	18.97	2193.13	3649.96	60.09
2007	6530.73	33050.26	19.76	2620.68	4198.67	62.42
2008	8480.91	41878.69	20.25	2785.24	4278.33	65.10
2009	9367.70	49277.61	19.01	3735.13	5900.49	63.30
2010	11654.73	59080.36	19.73	4611.35	7202.38	64.03
2011	16529.19	70672.84	23.39	6509.09	8717.08	74.67
2012	20589.14	85335.12	24.13	8116.19	11118.58	73.00
2013	25022.60	101268.70	24.71	9863.84	13194.62	74.76
2014	28960.05	116104.20	24.94	11415.98	15127.58	75.46
年均增长率（%）	23.18	19.03	—	22.90	19.45	—

资料来源：《中国金融年鉴》（2007~2015 年）。

（三）西部地区农村金融机构贷款分析

西部地区由于受自然环境、历史文化及交通等因素的影响，农户收入水平普遍较低，经济增长速度相对缓慢。近年来，政府十分关注农村尤其是贫困地区发展问题，并出台了一系列政策文件，鼓励与引导金融机构向农村地区增加信贷投入。根据《中国金融年鉴》公布的数据，西部地区金融机构向"三农"的贷款规模快速增加（见表 6-5）。

由表 6-5 可见，2013~2018 年，西部地区农村金融机构的涉农贷款规模从 48285 亿元增加到 84200 亿元，年均增长率为 11.76%，高于全国年均增长率 2.09 个百分点；农林牧渔业贷款规模从 9715 亿元增加到 14691 亿元，年均增长率为 8.62%，高于全国年均增长率 3.23 个百分点；农村（县及县以下）贷款从 38666 亿元增加到 60533 亿元，年均增长率为 9.38%，低于全国年均增长率 0.04 个百分点；农户贷款从 13159 亿元增加到 25225 亿元，年均增长率为 13.90%，低于全国年均增长率 1.54 个百分点。由此可见，虽然西部地区金融机构的涉农贷款总规模及农林牧渔业贷款规模的增速高于全国平均水平，但对农户的信贷支持力度还需加大。

表6-5　2013～2018年西部地区及全国农村金融机构贷款情况

单位：亿元，%

年份	西部地区				全国			
	农林牧渔业贷款	农村（县及县以下）贷款	农户贷款	涉农贷款	农林牧渔业贷款	农村（县及县以下）贷款	农户贷款	涉农贷款
2013	9715	38666	13159	48285	30329	169858	45031	206018
2014	11043	45093	15920	56024	33394	194383	53587	236002
2015	12368	51259	18137	63949	35137	216055	61488	263522
2016	13800	57273	20691	71693	36627	230092	70846	282336
2017	14647	60053	21473	75144	38713	251398	81056	309547
2018	14691	60533	25225	84200	39424	266368	92322	326806
年均增长率	8.62	9.38	13.90	11.76	5.39	9.42	15.44	9.67

资料来源：《中国金融年鉴》（2014～2019年）。

二　西部地区农村金融发展的结构分析

金融结构是影响金融体系功能发挥的重要因素，也是金融发展的核心内容。金融结构可以从多个角度进行划分，如金融体系结构、金融工具结构、金融市场结构等。结合我国农村金融发展阶段及其特点，本节仅从农村金融主体结构和信贷结构两个维度对西部地区农村金融结构及其变化情况进行分析。

（一）西部地区农村金融主体结构分析

金融主体结构是指各种金融机构的设置比例和内部组成状况，具体可通过金融主体的数量结构和资产结构两方面来衡量。2006年12月20日，中国银监会发布了《关于调整放宽农村地区银行业金融机构准入政策　更好支持社会主义新农村建设的若干意见》，其后各地着手建立新型农村金融机构，并对原有金融机构进行规范。经过十余年的发展，西部地区农村金融主体数量结构和资产结构均发生了显著变化（见表6-6）。

表 6-6   2006～2018 年西部地区农村金融主体结构情况

单位：%

年份	数量结构			资产结构		
	小型农村金融机构数量占比	新型农村金融机构数量占比	邮政储蓄银行数量占比	小型农村金融机构资产占比	新型农村金融机构资产占比	邮政储蓄银行资产占比
2006	69.82	0.00	30.18	75.57	0.00	24.43
2007	71.55	0.00	28.45	76.54	0.00	23.46
2008	75.45	0.28	24.26	77.53	0.35	22.12
2009	70.84	2.00	27.16	76.15	1.45	22.41
2010	70.51	0.54	28.96	77.21	0.89	21.90
2011	68.16	1.14	30.69	77.16	1.63	21.22
2012	66.67	1.30	32.04	77.42	2.07	20.50
2013	67.50	1.91	30.60	78.62	2.58	18.80
2014	67.11	2.30	30.59	78.93	2.75	18.31
2015	68.43	3.48	28.09	79.25	3.25	17.50
2016	66.81	5.80	27.39	78.56	3.95	17.49
2017	67.45	5.13	27.42	78.52	3.81	17.68
2018	67.49	5.03	27.47	78.68	4.27	17.05

资料来源：根据中国人民银行发布的《中国区域金融运行报告》（2007～2019 年）整理计算。

由表 6-6 可见，首先，从数量结构来看，2006～2018 年新型农村金融机构从无到有，机构数量快速增加，占农村金融机构数量的比例从 0 提升到了 5.03%，虽然其间比例也有所反复，但总的增加趋势非常明显；小型农村金融机构数量所占比例基本稳定在 70% 左右；邮政储蓄银行数量所占比例略有下降，但不是很明显。数量结构的这种变化表明，西部地区农村金融正按着《关于调整放宽农村地区银行业金融机构准入政策　更好支持社会主义新农村建设的若干意见》要求向多样化方向发展，丰富了农村地区差异化金融产品供给，更好地满足了农村不同层次人群的金融需求。其次，从资产结构来看，2006～2018 年农村金融机构的资产结构变化显著。新型农村金融机构自设立以来，其资产所占比例基本稳步上升，2018 年所占比例已达到 4.27%；小型农村金融机构资产所占比例基本稳定，略有上升，2018 年比 2006 年上升了 3.11 个百分点；而邮政储蓄银行资产所占比例则出现较大幅度下降，从 2006 年的 24.43% 下降到 2018 年的 17.05%，下降了 7.38 个百分点。结合农村金融机构的数量结构与资产结构的变化可以看出，小型农村金融机构始终是农村金融服务的绝对主体；新型农村金融机构的产生与发展，并没有使其地位得以削弱，反而获得了一定程度的强化；相反，邮政储蓄银行在农村的市场份额及地位弱化明显。

（二）西部地区农村金融信贷结构分析

提供信贷是金融机构支持实体经济发展的主要形式，对于农村经济而言，因其自身积累率较低，金融机构提供的信贷支持对其发展就显得尤为重要。从信贷供给角度看，农村信贷是涉农领域各类信贷业务的总和，其结构表现为信贷资金投向不同区域、不同产业、不同行业以及不同期限上的配置比例。此处根据《中国金融年鉴》的统计口径，从涉农贷款、农林牧渔业贷款、农村（县及县以下）贷款和农户贷款四个方面对西部地区农村金融信贷结构进行分析。

表6-7是2013～2018年西部地区及全国农村金融信贷结构的变化情况。首先，从西部地区农村金融机构各类贷款的变化来看，2013～2018年涉农贷款、农林牧渔业贷款以及农村（县及县以下）贷款占比均基本稳定，分别在45%左右、8.5%左右和35%左右，年度间变化不大；唯有农户贷款占比小幅上升，从11.98%上升到13.66%，上升了1.68个百分点。其次，从西部地区与全国农村金融信贷结构的对比来看，2013～2018年西部地区农村金融机构涉农贷款占比和农村（县及县以下）贷款占比均低于全国平均水平，分别低于全国平均水平1.37个百分点和2.17个百分点；而农林牧渔业贷款占比和农户贷款占比分别高出全国平均水平2.44个百分点和1.44个百分点。农村金融信贷结构的这种特点是由西部地区产业结构中农业比例及农户贫困率高于全国平均水平的基本事实决定的。

表6-7 2013～2018年西部地区及全国农村金融信贷结构

单位：%

年份	西部地区				全国			
	农林牧渔业贷款占比	农村（县及县以下）贷款占比	农户贷款占比	涉农贷款占比	农林牧渔业贷款占比	农村（县及县以下）贷款占比	农户贷款占比	涉农贷款占比
2013	8.85	35.21	11.98	43.97	6.72	37.64	9.98	45.66
2014	8.62	35.21	12.43	43.74	6.45	37.57	10.36	45.62
2015	8.49	35.18	12.45	43.89	6.10	37.50	10.67	45.73
2016	8.44	35.04	12.66	43.86	5.91	37.12	11.43	45.55

年份	西部地区				全国			
	农林牧渔业贷款占比	农村（县及县以下）贷款占比	农户贷款占比	涉农贷款占比	农林牧渔业贷款占比	农村（县及县以下）贷款占比	农户贷款占比	涉农贷款占比
2017	8.55	35.05	12.53	43.86	5.69	36.93	11.91	45.47
2018	7.96	34.78	13.66	45.60	5.44	36.74	12.74	45.08
均值	8.49	35.08	12.62	44.15	6.05	37.25	11.18	45.52

资料来源：《中国金融年鉴》（2014～2019年）。

三　西部地区农村普惠金融发展水平分析

普惠金融（Inclusive Finance）是指"立足机会平等要求和商业可持续原则，以可负担的成本为有金融服务需求的社会各阶层和群体提供适当、有效的金融服务"。普惠金融体现了金融发展理念的变化，其发展的要义在于重视消除贫困、实现社会公平，因此被视为一种可以实现包容性社会的重要机制，以有效方式使金融服务惠及每一个人、每一个群体，尤其是一些难以获得商业性金融服务的弱势群体。2015年，国务院发布了《推进普惠金融发展规划（2016—2020）》，将普惠金融提升为国家战略，提出普惠金融的实质是促进金融资源的均衡分布，扩大金融服务受众，拓展消费者的参与深度。本节主要从普惠金融广度和普惠金融深度两个方面对西部地区农村普惠金融的发展情况进行分析。

（一）西部地区农村普惠金融广度分析

普惠金融广度指普惠金融服务的覆盖程度，是其普惠性特征的首要体现，具体可通过每万人或每万平方公里土地面积拥有的金融机构数量来反映。考虑到西部地区农村金融机构大多数为银行类金融机构，故此处我们采用每万人拥有的农村银行类金融机构数和每万平方公里覆盖的农村银行类金融机构数两个指标来衡量。

表6-8是2006～2018年西部地区农村普惠金融广度指标数据。从每万人拥有的银行类金融机构数来看，2006～2018年稳步增加，从1.42家增加到了1.99家。出现这种变化的原因，一是近年来西部地区农村金融机构的绝对数量在持续增长；二是随着中国城镇化建设的不断推进，农村外出务工人数逐年增加，导致农村人口数量逐年下降，从而使得按照农村人口数量计算

的金融机构数快速增加。但从单位县级区划面积角度来看，西部地区每万平方公里覆盖的农村银行类金融机构数呈波动下降趋势，并且相较于 2006 年，2018 年西部地区每万平方公里覆盖的金融机构数减少近 4 家，从这一数据可以看出，西部地区农村金融机构服务覆盖面和供给规模依旧不足，机构网点布局偏离农村、服务对象偏离农户且发展缓慢。

表 6-8　2006~2018 年西部地区农村普惠金融广度

单位：家

年份	每万人拥有银行类金融机构数	每万平方公里覆盖金融机构数
2006	1.42	80.24
2007	1.45	79.11
2008	1.33	70.57
2009	1.44	70.43
2010	1.52	72.23
2011	1.67	74.79
2012	1.75	75.83
2013	1.78	75.80
2014	1.82	73.84
2015	1.85	74.09
2016	1.94	76.71
2017	1.96	76.27
2018	1.99	76.28

资料来源：根据《中国统计年鉴》（2007~2019 年）、《中国区域金融运行报告》（2007~2019 年）和《中国城乡建设统计年鉴》（2006~2018 年）相关数据计算。

（二）西部地区农村普惠金融深度分析

普惠金融深度指金融机构对农村市场的参与度和渗透率，可用农村人均获得金融机构贷款额来表示。另外，随着人们保险意识的增强，农业保险近年来也获得快速发展，保险公司提供的保险服务也成为农村普惠金融的重要内容之一。因此，此处我们采用农村人均贷款额和农业参保率两个指标对西部地区农村普惠金融发展深度进行分析。其中，农村人均贷款额用"金融机构农村（县及县以下）贷款余额与农村人口之比"来表示，农业参保率用"农业保险收入与农林牧渔业总产值之比"来表示。

如表 6-9 所示，通过计算西部地区农村人均贷款额[①] 和农业参保率两个指标，判断出 2006～2018 年西部地区农村金融深度呈逐渐加深趋势。其中，农村人均贷款额从 2013 年的 19537 元增加至 2018 年的 33876 元，年均增长率为 11.64%；而农业参保率虽然不高，但增速较快，从 2006 年的 0.41% 上升到 2018 年的 5.59%。这些数据表明，西部地区农村普惠金融业务的渗透率在逐年提高，西部地区农户和中小企业的金融服务水平有所提升。

表 6-9　2006～2018 年西部地区农村普惠金融深度

单位：元，%

年份	农村人均贷款额	农业参保率
2006	—	0.41
2007	—	2.17
2008	—	3.46
2009	—	2.73
2010	—	2.53
2011	—	3.14
2012	—	3.48
2013	19537	4.29
2014	23256	4.48
2015	26930	4.75
2016	30734	4.63
2017	26419	5.11
2018	33876	5.59

资料来源：根据《中国统计年鉴》（2007～2019 年）、《中国区域金融运行报告》（2007～2019 年）和《中国保险年鉴》（2007～2019 年）相关数据计算。

四　西部地区农村金融发展的省域比较分析

为了客观了解西部各省（区、市）农村金融发展的差异性，我们将从农村金融发展总量、主体结构和普惠金融发展三个方面进行比较分析。

---

① 鉴于数据可得性，农村人均贷款额数据时间范围为 2013～2018 年。

（一）西部地区农村金融发展总量的省域比较

对西部地区农村金融发展总量的省域比较，我们将从银行类金融机构数量与银行业从业人员数两个方面进行。

1. 西部地区农村银行类金融机构数量的省域比较

表 6-10 列出了 2006～2018 年西部各省（区、市）农村银行类金融机构的总量。可以看出，无论从金融机构的绝对数量，还是机构数量的动态变化来看，省域间均存在显著的不均衡性。首先，从西部各省（区、市）银行类金融机构的绝对数量来看，2018 年金融机构数量最多的前三个省（区）是四川、陕西和广西，数量最少的三个省（区）是青海、宁夏和新疆；数量居第 1 位的四川拥有的农村金融机构数量是青海的 16.45 倍，且是数量居第 2 位的陕西农村金融机构数量的 2.17 倍，省域间金融机构的数量差距巨大。其次，从金融机构数量的动态变化来看，省域间有增有减，差异明显。除重庆、四川、内蒙古三省（区、市）金融机构数量在 2006～2018 年呈现减少态势外，其余省（区）均有所增加，其中云南、贵州和广西三省（区）数量增加最多，分别增加了 2174 家、1033 家和 379 家；而重庆农村金融机构数量减少最多，达到 1074 家，其次为四川，数量减少了 234 家。如果结合各省（区、市）的经济发达程度，就可清楚地看到，金融机构数量的这种动态变化表明，重庆、四川、内蒙古这些在西部地区中经济较为发达的省（区、市），农村金融机构的发展已经跨越了数量扩张阶段而走向追求规模效益的阶段，注重单个金融机构规模的扩大和效率提升；而金融机构数量大幅增加的云南、贵州、广西以及新疆，由于经济发展水平较低，又是国家级贫困县、贫困户的集中地区，农村金融发展还处在以追求数量扩张、提高服务覆盖率为主的阶段。

表 6-10　2006～2018 年西部各省（区、市）农村银行类金融机构总量

单位：家

年份	内蒙古	广西	重庆	四川	贵州	云南	陕西	甘肃	青海	宁夏	新疆
2006	3297	3211	3476	9481	2535	1104	4217	2868	509	561	1690
2007	3175	3126	2472	8782	2617	3188	4112	2875	508	542	1671
2008	2495	2390	2693	8222	2640	2365	4093	2573	489	544	1517
2009	2908	3215	2653	8587	2335	3252	4020	2768	468	552	1390
2010	2703	3207	2637	8638	2716	3224	4131	2646	495	560	1640

续表

年份	内蒙古	广西	重庆	四川	贵州	云南	陕西	甘肃	青海	宁夏	新疆
2011	2721	3248	3468	8870	2994	3230	4176	2878	527	583	1830
2012	3183	3363	3509	8994	3068	3275	4205	2799	536	591	1676
2013	2559	3446	3547	9088	3238	3300	4228	2874	551	600	1765
2014	2470	3535	3573	9144	3325	3317	4128	2889	560	615	1817
2015	2590	3572	2598	9199	3402	3335	4249	2974	529	808	1892
2016	3434	3956	2125	9223	3454	3293	4113	3324	653	642	1919
2017	3334	3599	2125	9249	3512	3293	4247	3306	537	646	1940
2018	3182	3590	2402	9247	3568	3278	4254	2915	562	646	1945
2018 年较 2006 年变化	-115	379	-1074	-234	1033	2174	37	47	53	85	255

资料来源：中国人民银行发布的《中国区域金融运行报告》（2007~2019 年）。

2. 西部地区农村银行类金融机构从业人数的省域比较

西部各省域间农村金融机构发展的不均衡性，同样体现在从业人员数量上（见表 6-11）。2018 年底，农村银行类金融机构从业人员数最多的前三个省（区）依次为四川、陕西和内蒙古，而从业人员数最少的三个省（区）依次为青海、宁夏和新疆，其排名顺序与按照机构数量的排名顺序基本相同；且四川农村银行类金融机构从业人数是排名第二的陕西省的 2.53 倍，是人数最少的青海省的 19.63 倍。另外，从银行类金融机构从业人员数量的动态变化来看，2006~2018 年年均增长最快的是贵州，农村银行类金融机构从业人员数年均增长率达到 6.71%；其次是甘肃，年均增长率达到 6.03%；而云南、重庆两省（市）此期间农村银行类金融机构从业人员数的年均增长率不到 3%。西部地区农村银行类金融机构从业人员数的增长在省域间差距较大。

表 6-11　2006~2018 年西部各省（区、市）农村银行类金融机构从业人数

单位：人，%

年份	内蒙古	广西	重庆	四川	贵州	云南	陕西	甘肃	青海	宁夏	新疆
2006	24195	25882	20126	54261	15175	22906	25584	13366	2979	5104	14158
2007	24637	26329	14035	56219	17557	24546	26317	13785	3240	5326	14171
2008	24408	24454	15563	52185	16418	18984	26594	15473	3297	6004	13034
2009	30518	30948	15887	54443	19682	25531	27482	16709	2988	6198	12208

年份	内蒙古	广西	重庆	四川	贵州	云南	陕西	甘肃	青海	宁夏	新疆
2010	34054	31184	18345	79076	23492	22483	27478	19606	2940	6123	13153
2011	32020	33773	19727	81866	23340	22622	31534	19733	3270	6387	15816
2012	38613	35878	21037	86948	23699	24198	31551	21892	4363	6673	17669
2013	32975	37803	22127	92484	26609	24150	34854	20319	4520	7086	16629
2014	34879	38589	22575	97211	29696	25749	34095	21106	4522	7220	17602
2015	35225	38034	23238	96816	31706	26067	33354	22429	4990	9632	17952
2016	40156	43339	22621	98506	33019	27268	35578	23259	6480	7889	18631
2017	39999	38878	22281	99429	33845	27805	37094	26905	5678	7914	21838
2018	39754	38440	28669	101242	33084	29149	40092	26973	5157	7621	21314
年均增长率	4.22	3.35	2.99	5.34	6.71	2.03	3.81	6.03	4.68	3.40	3.47

资料来源：中国人民银行发布的《中国区域金融运行报告》（2007～2019年）。

（二）西部地区农村金融发展结构的省域比较

对西部地区省域间农村金融发展结构的比较，我们从各省（区、市）农村金融的主体结构和资产结构两个维度进行分析。

1. 西部地区农村金融主体结构的省域比较

随着新型农村金融机构的设立，西部地区农村金融市场的资金供给主体更加多元化，农村金融机构产权结构逐步具备多元开放的特征。表6-12是主要年份西部11个省（区、市）的农村金融主体数量占比。由表可见，对于西部11个省（区、市）来说，虽然新型农村金融机构在农村金融市场中的占比逐年提高，但小型农村金融机构的绝对优势地位依旧。其中，2018年小型农村金融机构数量占比在70%以上的地区有内蒙古、重庆和甘肃，而占比最小的是宁夏和新疆，均不足60%。从新型农村金融机构占比的省域比较来看，重庆新型农村金融机构数量占比最高，2018年已达16.69%，高于占比排名第2位的宁夏7.09个百分点；而其他省（区）的新型金融机构数量占比均小于10%。邮政储蓄银行数量占比较高的地区依次为新疆（34.29%）、四川（33.06）、青海（31.67%）和宁夏（31.27%），而其他地区（除重庆外）邮政储蓄银行数量占比均为20%～30%。可见，不同性质银行类金融机构在省域间的不平衡性非常显著。

表 6-12　2006～2018 年西部各省（区、市）农村金融主体数量占比

单位：%

指标	年份	内蒙古	广西	重庆	四川	贵州	云南	陕西	甘肃	青海	宁夏	新疆
小型农村金融机构数量占比	2006	78.37	73.50	53.02	70.31	78.11	30.34	72.90	82.22	73.67	65.24	64.44
	2008	93.91	90.50	67.03	64.17	75.08	99.53	70.49	83.52	70.55	66.36	67.63
	2010	83.76	70.66	66.10	65.24	74.23	73.88	70.64	78.87	68.08	66.25	61.65
	2012	72.07	68.18	50.30	64.35	69.04	72.73	69.77	78.03	67.72	64.81	60.38
	2014	90.53	66.51	49.54	63.77	68.09	71.96	68.85	78.54	67.14	62.60	59.38
	2016	70.88	60.24	83.48	63.63	67.54	71.00	69.07	69.55	57.58	60.44	59.87
	2018	70.30	65.82	73.81	63.89	66.40	69.71	69.09	76.91	66.90	59.13	58.92
新型农村金融机构数量占比	2006	0.00	0.00	0.00	0.00	0.00	0.00	0.00	0.00	0.00	0.00	0.00
	2008	1.04	0.08	0.30	0.18	0.11	0.42	0.12	0.47	0.20	0.37	0.07
	2010	1.37	0.56	0.53	0.52	0.29	0.53	0.22	0.60	0.61	0.71	0.30
	2012	3.05	2.23	1.11	1.27	0.85	1.28	0.29	0.68	0.56	2.20	1.01
	2014	2.83	5.15	2.04	1.99	2.95	2.02	0.41	0.69	0.71	4.55	4.13
	2016	5.53	15.02	5.04	2.62	4.83	3.10	0.44	12.24	14.70	8.10	6.46
	2018	4.68	7.10	16.69	3.05	6.59	4.24	1.60	2.06	1.42	9.60	6.79
邮政储蓄银行数量占比	2006	21.63	26.50	46.98	29.69	21.89	69.66	27.10	17.78	26.33	34.76	35.56
	2008	5.05	9.41	32.68	35.65	24.81	0.04	29.39	16.01	29.24	33.27	32.30
	2010	14.87	28.78	33.37	34.24	25.48	25.59	29.15	20.52	31.31	33.04	38.05
	2012	24.88	29.59	48.59	34.38	30.12	25.98	29.94	21.29	31.72	32.99	38.60
	2014	6.64	28.35	48.42	34.24	28.96	26.02	30.74	20.77	32.14	32.85	36.49
	2016	23.59	24.75	11.48	33.74	27.62	25.90	30.49	18.20	27.72	31.46	33.66
	2018	25.02	27.08	9.49	33.06	27.02	26.05	29.31	21.03	31.67	31.27	34.29

资料来源：根据中国人民银行发布的《中国区域金融运行报告》（2007～2019 年）相关数据计算。

2.西部地区农村金融主体资产结构的省域比较

对于西部各省（区、市）的农村金融主体资产结构来说，其也存在一定的省域差异。从表6-13的数据可以看出，内蒙古、广西、陕西、甘肃、青海和新疆五个省（区）的农村金融主体资产结构变化趋势基本相同，各省（区）小型农村金融机构资产占比均出现了不同程度的增加，并且新型农村金融机构资产占比也在逐年提升；相应地，邮政储蓄银行的资产占比在农村金融市场中的份额越来越少。这说明新型农村金融机构的设立在一定程度上缓解了农村金融主体匮乏的问题，但也加剧了农村金融机构在市场中的相

互竞争。相较其他省（区、市），宁夏是唯一一个邮政储蓄银行资产占比不降反增的地区，说明该地区邮储银行在农村金融市场中的竞争力较强。对于重庆来说，新型农村金融机构数量的快速增长也导致其资产在市场中占比较大，2018年重庆新型农村金融机构资产占比达16.55%，居西部地区之首；而四川、贵州和云南的新型农村金融机构资产占比的增加导致另外两类农村金融机构资产占比均出现不同程度的下降。通过分析西部各省（区、市）的农村金融主体资产结构，可以发现，虽然各地区存在空间分布上的差异，但不论是哪个省（区、市），新型农村金融机构的发展势头都十分迅猛。

表6-13　2006~2018年西部各省（区、市）农村金融主体资产占比

单位：%

指标	年份	内蒙古	广西	重庆	四川	贵州	云南	陕西	甘肃	青海	宁夏	新疆
小型农村金融机构资产占比	2006	71.16	72.05	76.14	75.96	84.48	87.92	68.65	70.61	55.05	92.16	64.51
	2008	78.11	76.89	74.70	75.06	81.44	89.25	74.97	81.88	65.88	80.27	69.97
	2010	80.60	79.48	75.66	70.29	82.00	87.67	73.55	81.39	77.98	83.36	75.14
	2012	78.15	78.91	73.34	72.67	80.54	87.58	73.85	84.16	75.46	85.40	76.49
	2014	76.15	79.08	73.69	77.99	83.39	88.03	74.15	83.44	76.02	82.82	76.40
	2016	80.27	73.70	74.27	76.32	83.52	87.62	74.63	82.40	73.33	80.62	82.25
	2018	76.99	78.00	63.07	74.44	82.33	85.64	72.98	83.03	76.51	79.09	73.73
新型农村金融机构资产占比	2006	0.00	0.00	0.00	0.00	0.00	0.00	0.00	0.00	0.00	0.00	0.00
	2008	1.05	0.10	0.31	0.19	0.08	0.24	0.11	0.37	1.18	0.27	1.78
	2010	1.97	0.68	0.59	1.35	0.33	0.77	0.20	1.21	0.62	1.69	0.62
	2012	5.36	2.10	2.02	2.44	1.54	1.56	0.31	1.25	1.13	3.89	2.12
	2014	7.60	2.80	2.87	2.38	2.70	2.23	0.50	1.89	1.47	5.77	4.22
	2016	7.75	9.36	2.77	2.99	3.97	3.10	0.76	4.89	5.33	7.93	0.65
	2018	9.58	4.16	16.55	2.89	4.70	2.98	1.21	4.97	1.02	9.57	11.01
邮政储蓄银行资产占比	2006	28.84	27.95	23.86	24.04	15.52	12.08	31.35	29.39	44.95	7.84	35.49
	2008	20.84	23.02	24.99	24.75	18.48	10.51	24.92	17.75	32.94	19.46	28.25
	2010	17.43	19.84	23.75	28.36	17.67	11.55	26.25	17.39	21.40	14.95	24.24
	2012	16.49	18.99	24.64	24.89	17.92	10.86	25.83	14.59	23.41	10.71	21.39
	2014	16.25	18.12	23.45	19.63	13.91	9.74	25.35	14.67	22.51	11.41	19.38
	2016	11.98	16.94	22.96	20.69	12.52	9.28	24.62	12.71	21.34	11.44	17.10
	2018	13.43	17.84	20.38	22.67	12.97	11.38	25.81	11.99	22.47	11.34	15.26

资料来源：根据《中国区域金融运行报告》（2007~2019年）相关数据计算。

（三）西部地区农村普惠金融发展的省域比较

由于西部各省（区、市）农村经济发展状况、金融基础设施完善程度不同，西部地区普惠金融发展也呈现省际差异。本节将从农村普惠金融的广度和深度两个方面对其进行比较。

1. 西部地区农村普惠金融广度的省域比较

表6-14和表6-15分别是2006~2018年西部各省（区、市）每万人农村金融机构数量和每万平方公里土地面积上的农村金融机构数量。由表6-14可见，2018年每万人拥有的农村金融机构数量最多的前三位省（区）分别为内蒙古（3.37家）、陕西（2.63家）和四川（2.32家）；而最少的是云南和广西，每万人拥有的金融机构数量分别仅为1.30家和1.46家。从每万人金融机构数量的变化来看，除重庆外，金融机构数量均呈现增加趋势，其中，增加最多的是贵州和云南，分别增加了0.96家和0.95家；重庆却减少了0.08家。由表6-15可见，2018年每万平方公里土地面积上拥有农村金融机构数量最多的是重庆，达到613.71家；而最少的为青海和新疆，分别仅为10.48家和13.28家。从其数量变化来看，2018年与2006年相比，青海、内蒙古、重庆三省（区、市）每万平方公里土地面积上的农村金融机构数量在减少，其余省份均在增加。其中增加数量最多的三个省（区）依次为贵州、云南和广西，每万平方公里土地面积上农村金融机构数分别增加了88.17家、74.02家和36.60家。由此可见，在普惠金融发展的广度上，西部各省（区、市）间不均衡性比较严重。经济发展水平较高的省（区、市），其普惠金融广度也较高；但在发展变化上，经济发展水平相对较低的省（区、市），其普惠金融广度的提升较快，说明这些省（区、市）近年来对普惠金融发展高度重视，发展成效显著。

表6-14　2006~2018年西部各省（区、市）每万人农村金融机构数量

单位：家

年份	内蒙古	广西	重庆	四川	贵州	云南	陕西	甘肃	青海	宁夏	新疆
2006	2.68	1.04	2.32	1.77	0.93	0.35	1.85	1.60	1.53	1.63	1.33
2007	2.65	1.03	1.70	1.68	0.97	1.03	1.85	1.61	1.54	1.59	1.31
2008	2.14	0.80	1.90	1.61	0.98	0.78	1.88	1.44	1.49	1.60	1.18
2009	2.58	1.09	1.92	1.71	0.88	1.08	1.89	1.56	1.45	1.64	1.07
2010	2.45	1.13	1.96	1.78	1.10	1.08	2.01	1.56	1.57	1.70	1.29
2011	2.53	1.20	2.64	1.89	1.33	1.10	2.12	1.79	1.73	1.82	1.47

续表

年份	内蒙古	广西	重庆	四川	贵州	云南	陕西	甘肃	青海	宁夏	新疆
2012	3.03	1.27	2.77	1.97	1.38	1.16	2.24	1.77	1.78	1.85	1.34
2013	2.48	1.32	2.87	2.03	1.49	1.18	2.31	1.86	1.85	1.91	1.40
2014	2.44	1.38	2.96	2.09	1.58	1.21	2.30	1.91	1.91	2.00	1.47
2015	2.60	1.41	2.21	2.14	1.66	1.24	2.43	2.01	1.81	2.70	1.52
2016	3.51	1.57	1.86	2.20	1.74	1.26	2.42	2.30	2.28	2.18	1.55
2017	3.47	1.45	1.92	2.26	1.82	1.29	2.56	2.35	1.91	2.25	1.57
2018	3.37	1.46	2.24	2.32	1.89	1.30	2.63	2.11	2.04	2.28	1.59
2018 年较 2006 年变化	0.69	0.42	-0.08	0.55	0.96	0.95	0.78	0.51	0.51	0.65	0.26

资料来源：根据《中国统计年鉴》（2007～2019 年）和《中国区域金融运行报告》（2007～2019 年）相关数据计算。

表 6-15　2006～2018 年西部各省（区、市）单位面积农村金融机构数量

单位：家／万平方公里

年份	内蒙古	广西	重庆	四川	贵州	云南	陕西	甘肃	青海	宁夏	新疆
2006	38.98	178.97	621.06	217.40	164.98	34.65	251.27	77.60	22.57	148.90	12.84
2007	36.99	173.52	438.48	201.43	170.29	97.38	242.39	78.34	22.52	140.55	12.22
2008	28.64	132.12	474.24	188.64	171.75	70.34	238.71	70.61	21.68	137.89	10.69
2009	27.69	177.77	467.18	197.05	151.91	95.87	229.88	76.03	14.92	139.92	9.55
2010	25.73	177.32	464.36	198.20	176.72	96.48	221.29	72.07	19.70	145.16	11.25
2011	25.90	179.95	610.69	203.87	197.25	96.72	231.58	76.20	13.36	151.12	12.92
2012	30.30	186.32	659.50	207.03	202.13	98.09	240.19	75.97	13.59	153.20	11.47
2013	24.36	190.92	671.71	210.50	213.31	98.82	241.48	77.29	14.12	154.15	12.04
2014	23.51	196.67	706.85	211.68	219.04	100.79	235.95	77.69	10.18	159.86	12.43
2015	24.65	205.04	542.57	222.29	225.60	106.98	245.90	79.97	9.63	204.55	12.94
2016	32.69	231.57	542.94	224.98	235.40	108.29	248.46	89.39	11.89	162.63	13.11
2017	31.74	213.85	542.94	226.13	246.58	108.42	271.25	89.29	9.78	164.95	13.25
2018	30.29	215.57	613.71	227.62	253.15	108.67	278.80	78.92	10.48	168.25	13.28
2018 年较 2006 年变化	-8.69	36.60	-7.35	10.22	88.17	74.02	27.53	1.32	-12.09	19.35	0.44

资料来源：根据《中国城乡建设统计年鉴》（2006～2018 年）和《中国区域金融运行报告》（2007～2019 年）相关数据计算。

2. 西部地区农村普惠金融深度的省域比较

普惠金融政策的贯彻落实，使得西部地区普惠金融深度也快速拓展，但各省（区、市）之间普惠金融发展深度存在较大差异。表6-16中列出了2013~2018年西部各省（区、市）的农村人均贷款额。可以看出，西部各省（区、市）农村人均贷款额逐年增加，除青海和新疆外，其他省（区、市）的年均增长率均在10%以上，增长最快的是贵州，其年均增长率为26.87%，而甘肃和宁夏的农村人均贷款额增速也相对较高，分别从2013年的18246元和29880元上涨到2018年的39630元和62615元。另外，通过横向对比西部各省（区、市）农村人均贷款额可知，2018年，排名较为靠前的地区依次为内蒙古、宁夏、青海和新疆，其农村人均贷款额均超过5万元；而广西的农村人均贷款额最低，不足3万元。

表6-16 2013~2018年西部各省（区、市）农村人均贷款额

单位：元，%

年份	内蒙古	广西	重庆	四川	贵州	云南	陕西	甘肃	青海	宁夏	新疆
2013	38121	11826	19219	19623	14841	15962	19573	18246	40023	29880	34143
2014	44497	13736	23970	23082	19824	18151	22055	23448	46689	34625	40218
2015	51886	15644	26239	25952	25237	21388	26018	30081	48253	39666	43277
2016	60508	18025	29361	28655	32023	24537	28301	35767	52886	44010	47328
2017	69724	20956	32199	31004	39394	27397	31823	38267	53671	61683	55950
2018	71376	23083	34822	33300	48782	30301	33653	39630	58764	62615	52236
年均增长率	13.36	14.31	12.62	11.16	26.87	13.68	11.45	16.78	7.98	15.95	8.88

资料来源：根据《中国统计年鉴》（2014~2019年）和《中国金融年鉴》（2014~2019年）相关数据计算。

从农业参保率指标来看，西部各省（区、市）农业参保率相对较低，但基本呈逐年递增趋势（见表6-17）。2018年西部各省（区、市）的农业参保率在1%以上的地区有新疆、四川和宁夏，农业参保率分别为8.42%、1.84%和1.72%；内蒙古的农业参保率最低，仅为0.03%，并且历年增长趋势不太明显。这一方面表明了西部各地区之间普惠金融发展水平存在的巨大差异；另一方面也表明了普惠金融的进一步发展在政策上不仅需要考虑不同的发展水平，也需要考虑地域特征，从而增强普惠金融发展路径选择的针对性和发展的有效性。

表6-17 2006～2018年西部各省（区、市）农业参保率

单位：%

年份	内蒙古	广西	重庆	四川	贵州	云南	陕西	甘肃	青海	宁夏	新疆
2006	0.00	0.01	0.01	0.00	0.00	0.09	0.00	0.00	0.00	0.02	1.91
2007	0.01	0.02	0.00	1.02	0.02	0.24	0.05	0.04	0.01	0.05	4.15
2008	0.02	0.08	0.03	1.17	0.02	0.24	0.07	0.04	0.02	0.14	5.93
2009	0.02	0.08	0.04	0.08	0.01	0.36	0.01	0.03	0.01	0.32	5.86
2010	0.02	0.04	0.02	1.25	0.00	0.34	0.03	0.03	0.01	0.25	4.52
2011	0.02	0.04	0.05	1.46	0.00	0.52	0.07	0.08	0.07	0.29	4.28
2012	0.02	0.05	0.05	1.75	0.01	0.50	0.11	0.16	0.08	0.59	4.98
2013	0.03	0.10	0.07	1.93	0.03	0.62	0.17	0.22	0.10	0.79	6.09
2014	0.03	0.18	0.06	1.86	0.07	0.52	0.17	0.25	0.11	0.94	7.10
2015	0.03	0.23	0.07	1.83	0.08	0.44	0.16	0.27	0.15	1.03	7.23
2016	0.03	0.14	0.07	1.69	0.09	0.38	0.17	0.28	0.19	1.17	7.28
2017	0.03	0.45	0.09	1.86	0.12	0.34	0.19	0.30	0.21	1.47	7.72
2018	0.03	0.57	0.13	1.84	0.17	0.33	0.27	0.36	0.31	1.72	8.42

资料来源：根据《中国统计年鉴》（2007～2019年）和《中国保险年鉴》（2007～2019年）相关数据计算。

五 本章小结

基于2006～2018年的相关数据，本章对西部地区农村金融发展总量、农村金融发展结构和农村普惠金融发展水平进行了详细的分析，并考察了各省（区、市）之间存在的地区差异，认为西部地区农村金融发展具有以下特点。

第一，西部地区农村银行类金融机构数量和从业人数均不断增加，占全国农村金融机构的份额也有所提高；存款规模和贷款规模也呈逐年扩大趋势，并且年均增长率高于全国平均水平，但仍具有较大的上升空间。

第二，西部地区农村金融主体数量结构和资产结构与全国基本一致，即小型农村金融机构的数量和资产规模在农村银行类金融机构中的绝对优势地位并未发生根本性改变；邮政储蓄银行是农村金融市场的重要补充；而新型农村金融机构从无到有，已成为农村金融市场中一股新的金融力量。从西部地区信贷结构来看，西部地区农林牧渔业贷款占比和农户贷款占比要比全国水平高一些，而另外两类贷款占比相对较低。

　　第三，从西部地区农村普惠金融广度来看，西部地区农村每万人拥有的金融机构数呈增加趋势，但西部地区每万平方公里覆盖的金融机构数有所减少。这说明西部地区农村金融机构服务覆盖率和供给仍需进一步提高。从西部地区农村普惠金融深度来看，农村人均贷款额和农业参保率均逐年提高，但农业参保率占比相对较低。总的来说，西部地区农村普惠金融发展取得了一定的成效，但依旧未能完全满足广大农户的金融服务需求。

　　第四，西部各省（区、市）的农村金融发展总量和结构以及普惠金融发展水平存在区域差异。首先，西部地区农村金融机构总量省际发展不平衡，其中农村金融机构数量和从业人数最多的都是四川，青海、宁夏两省（区）则排在最末位。其次，西部各省（区、市）农村金融结构差异显著，2018年，重庆的新型农村金融机构数量占比和资产占比最高，甘肃的小型农村金融机构数量占比和资产占比最高；对于邮政储蓄银行来说，其数量占比最高的地区是新疆，但资产占比最高的是陕西。最后，西部地区普惠金融发展状况也存在地域差异，从普惠金融广度来看，内蒙古每万人拥有的金融机构数最多，云南最少；重庆每万平方公里拥有的金融机构数最多，青海最少。而从普惠金融深度来看，内蒙古的农村人均贷款规模最大，广西最小；农业参保率最高的是新疆，而内蒙古的农业参保率最低。

第七章
西部地区金融发展的生态环境分析

◇

金融业内生的脆弱性使得金融体系功能的发挥必须以其自身的稳健及可持续发展为前提。而金融体系的稳健与可持续发展又严重依赖于所处的金融运行环境，即金融生态环境，主要包括经济环境、市场环境、产权保护与法治环境、技术环境以及开放环境等。本章将对西部地区金融生态环境各构成部分的现状进行分析，从而为探求西部地区金融运行的轨迹特征提供现实依据。

一　经济环境分析

经济发展是金融发展的前提与基础，经济发展的水平与结构在很大程度上决定了金融发展的规模、结构及效率。本节重点从经济发展水平、经济结构、政府财政状况和可持续发展能力等方面对西部地区金融发展的经济环境进行分析。

（一）西部地区经济发展水平分析

经济发展水平可以从多方面衡量，此处仅从经济规模及增长、人均 GDP 及增长、居民人均可支配收入及增长、社会消费品零售总额及增长四个方面予以反映。

1.西部地区经济规模及增长情况

西部大开发战略实施以来，西部地区经济快速增长，经济发展水平持续提升。由表 7-1 可见，2006～2018 年西部地区 GDP 不断增加，年均增长率为 13.50%，同期全国 GDP 年均增长率为 12.48%。相比之下，西部地区 GDP 增速高于全国 1.02 个百分点，同期经济总量占全国经济总量的比例也不断上升。分省（区、市）看，四川是西部地区经济规模总量最大的省份，但其经济增长速度却慢于贵州、重庆、陕西、宁夏等省（区、市）；青海是西部地区经济总量最小的省份，其 GDP 不足四川的 1/10；贵州是西部地区经济增速最快的省份，年均增速比西部地区平均水平高出 3.12 个百分点；内蒙古是西部地区经济增速最慢的地区，其 GDP 年均增速比西部地区平均水平低 2.50 个百分点。

表 7-1   2006～2018 年西部各省（区、市）及全国 GDP

单位：亿元，%

年份	内蒙古	广西	重庆	四川	贵州	云南	陕西	甘肃	青海	宁夏	新疆	西部地区	全国
2006	4944	4746	3907	8690	2339	3988	4744	2277	649	726	3045	40346	219439
2007	6423	5823	4676	10562	2884	4773	5757	2704	797	919	3523	49184	270092
2008	8496	7021	5794	12601	3562	5692	7315	3167	1019	1204	4183	60448	319245
2009	9740	7759	6530	14151	3913	6170	8170	3388	1081	1353	4277	66973	348518
2010	11672	9570	7926	17185	4602	7224	10123	4121	1350	1690	5437	81408	412119
2011	14360	11721	10011	21027	5702	8893	12512	5020	1670	2102	6610	100235	487940
2012	15881	13035	11410	23873	6852	10309	14454	5650	1894	2341	7505	113905	538580
2013	16917	14450	12783	26392	8087	11832	16205	6331	2122	2578	8444	126956	592963
2014	17778	15673	14263	28537	9266	12815	17690	6837	2303	2752	9273	138100	641281
2015	17832	16803	15717	30053	10503	13619	18022	6790	2417	2912	9325	145019	685993
2016	18128	18318	17741	32935	11777	14788	19400	7200	2572	3169	9650	156828	740061
2017	16096	18523	19425	36980	13541	16376	21899	7460	2625	3444	10882	168562	820754
2018	17289	20353	20363	40678	14806	17881	24438	8246	2865	3705	12199	184302	900310
年均增长率	11.00	12.90	14.75	13.73	16.62	13.32	14.64	11.32	13.17	14.55	12.26	13.50	12.48

资料来源：《中国统计年鉴》（2007～2019 年）。

2. 西部地区人均 GDP 及增长情况

由表 7-2 可见，2006～2018 年西部地区人均 GDP 水平不断上升，由 2006 年的人均 11202 元增长到 2018 年的人均 48557 元，年均增长率达到了 13.00%；同期全国人均 GDP 由 16738 元增加到 64644 元，年均增长率为 11.92%，西部地区人均 GDP 增长率高于同期全国平均水平 1.08 个百分点。但从人均 GDP 水平来看，西部地区与全国的差距依然明显，2018 年西部地区人均 GDP 仅为全国水平的 75.11%。分省（区、市）看，2018 年西部地区人均 GDP 水平最高的三个省（区、市）依次为内蒙古、重庆和陕西，其人均 GDP 分别为 68302 元、65933 元和 63477 元；而 2018 年人均 GDP 水平最低的三个省依次为甘肃、云南和贵州，其人均 GDP 分别为 31336 元、37136 元和 41244

元；甘肃的人均 GDP 仅为内蒙古人均 GDP 的 45.88%。另外，从人均 GDP 的增长速度来看，2006～2018 年西部地区人均 GDP 增速最高的是贵州，年均增长率达到了 17.84%；其次是陕西，人均 GDP 年均增速达到了 15.08%。人均 GDP 增速最慢的是新疆，年均增长率仅为 10.54%，其次为内蒙古，年均增长率为 10.76%。如果将西部各省（区、市）人均 GDP 与全国平均水平进行比较就会发现，2018 年只有内蒙古和重庆高于全国平均水平，其余省（区）均低于全国平均水平。但从 2006～2018 年人均 GDP 年均增长速度来看，西部各省（区、市）中只有新疆、内蒙古和甘肃低于全国平均水平，其余省（区、市）均高于全国平均水平，其中贵州的人均 GDP 增速比全国平均水平高出 5.92 个百分点，陕西比全国高出 3.16 个百分点，重庆比全国高出 2.99 个百分点。

表 7-2　2006～2018 年西部各省（区、市）及全国人均 GDP

单位：元，%

年份	内蒙古	广西	重庆	四川	贵州	云南	陕西	甘肃	青海	宁夏	新疆	西部地区	全国
2006	20047	10240	12437	10546	5750	8961	11762	8749	11753	11784	14871	11202	16738
2007	26521	12277	16629	12963	7878	10609	15546	10614	14507	15142	16999	13629	20494
2008	34869	14652	20490	15495	9855	12570	19700	12421	18421	19609	19797	16680	24100
2009	39735	16045	22920	17339	10971	13539	21947	13269	19454	21777	19942	18407	26180
2010	47347	20219	27596	21182	13119	15752	27133	16113	24115	26860	25034	22570	30808
2011	57974	25326	34500	26133	16413	19265	33464	19595	29522	33043	30087	27672	36302
2012	63886	27952	38914	29608	19710	22195	38564	21978	33181	36394	33796	31269	39874
2013	67836	30741	43223	32617	23151	25322	43117	24539	36875	39613	37553	34652	43684
2014	71046	33090	47850	35128	26437	27264	46929	26433	39671	41834	40648	37487	47005
2015	71101	35190	52321	36775	29847	28806	47626	26165	41252	43805	40036	39054	50028
2016	72064	38027	58502	40003	33246	31093	51015	27643	43531	47194	40564	41917	53680
2017	63764	38102	63442	44651	37956	34221	57266	28497	44047	50765	44941	44717	59201
2018	68302	41489	65933	48883	41244	37136	63477	31336	47689	54094	49475	48557	64644
年均增长率	10.76	12.37	14.91	13.63	17.84	12.58	15.08	11.22	12.38	13.54	10.54	13.00	11.92

资料来源：《中国统计年鉴》（2007～2019 年）。

3. 西部地区居民人均可支配收入及增长情况

居民人均可支配收入既是一个地区经济发展水平的直观表现，也是金融体系可以动员的潜在资源，是增加储蓄并转化投资的重要来源。由表 7-3

可见，2006～2018 年西部地区居民人均可支配收入持续增加，从 2006 年的 5083 元增加到 2018 年的 21936 元，年均增长率达到 12.96%；同期全国居民人均可支配收入从 6756 元增加到 28376 元，年均增长率为 12.70%。西部地区居民人均可支配收入年均增长率高于全国平均水平 0.26 个百分点。但从绝对量来看，西部地区居民人均可支配收入水平与全国水平依然存在较大差距，2018 年仅为全国平均水平的 77.30%。

表 7-3　2006～2018 年西部各省（区、市）及全国居民人均可支配收入

单位：元，%

年份	内蒙古	广西	重庆	四川	贵州	云南	陕西	甘肃	青海	宁夏	新疆	西部地区	全国
2006	6756	5240	6934	5180	3943	4635	3805	5001	4244	4964	5522	5083	6756
2007	8178	6477	7895	6235	4720	5434	4578	5942	4808	5723	6561	6071	8178
2008	9712	7681	9245	7305	5406	6451	5215	7228	5491	6561	7842	7144	9712
2009	10764	8478	10293	8092	5951	7128	5764	8088	6101	7265	8645	7916	10764
2010	12283	9552	11774	9255	7079	8155	6596	9408	6953	8335	9782	9066	12283
2011	14434	10927	14056	11052	8464	9819	7476	11278	8026	9690	11475	10698	14434
2012	16585	12639	16263	12793	9832	11570	8517	13250	9409	11157	13101	12388	16585
2013	18693	14082	16569	14231	11083	12578	9740	14372	10954	12948	14566	13668	18693
2014	20559	15557	18352	15749	12371	13772	10730	15837	12185	14374	15907	15376	20559
2015	22310	16873	20110	17221	13697	15223	12254	17395	13467	15813	17329	16868	22310
2016	24127	18305	22034	18808	15121	16720	13639	18874	14670	17302	18832	18407	24127
2017	26212	19905	24153	20580	16704	18348	20635	16011	19001	20562	19975	20130	26212
2018	28376	21485	26386	22461	18430	20084	22528	17488	20757	22400	21500	21936	28376
年均增长率	12.70	12.48	11.78	13.00	13.71	13.00	15.98	11.00	14.14	13.38	11.99	12.96	12.70

注：由于统计口径的差异，2012 年以前的数据根据（城镇人口 × 城镇人均收入 + 农村人口 × 农村人均收入）/（城镇人口 + 农村人口）进行计算。

资料来源：国家统计局网站。

从西部各省域间的比较来看，省域间居民人均可支配收入水平存在显著差异。2018 年居民人均收入水平较高的前三位省（区、市）依次为内蒙古、重庆和陕西，分别达到 28376 元、26386 元和 22528 元；而居民人均收入水平较低的三个省依次为甘肃、贵州和云南，分别为 17488 元、18430 元和 20084 元。最低水平的甘肃的居民人均可支配收入仅为最高水平的内蒙古的 61.63%。从居民人均可支配收入的增长来看，2006～2018 年增长速度最

快的是陕西，年均增长率达到 15.98%；其次为青海，达到 14.14%；增长最
慢的则是甘肃，年均增长率仅为 11.00%。

4. 西部地区社会消费品零售总额及增长情况

消费是拉动经济增长的三驾马车之一。社会消费品零售总额是反映最终
消费的重要指标，对于省域经济发展起着至关重要的作用。由表 7-4 可见，
2006~2018 年，西部地区社会消费品零售总额持续上升，从 2006 年的 13458
亿元增加到 2018 年的 69956 亿元，年均增长率为 14.72%；同期全国社会消
费品零售总额从 2006 年的 79145 亿元增加到 2018 年的 380987 亿元，年均增
长率为 13.99%。西部地区社会消费品零售总额增速高于全国 0.73 个百分点。

表 7-4　2006~2018 年西部各省（区、市）及全国社会消费品零售总额

单位：亿元，%

年份	内蒙古	广西	重庆	四川	贵州	云南	陕西	甘肃	青海	宁夏	新疆	西部地区	全国
2006	1629	1620	1432	3473	710	1205	1542	730	183	203	733	13458	79145
2007	1964	1933	1711	4106	858	1423	1837	854	213	240	858	15995	93572
2008	2463	2396	2147	4945	1075	1765	2317	1024	260	295	1042	19728	114830
2009	2855	2791	2479	5759	1247	2051	2700	1183	301	339	1178	22882	133048
2010	3384	3312	3051	6885	1532	2556	3258	1436	351	419	1386	27568	158008
2011	3992	3908	3782	8291	1900	3106	3901	1773	413	516	1662	33244	187206
2012	4573	4517	4403	9622	2266	3598	4582	2064	480	591	1916	38611	214433
2013	5114	5133	5056	11001	2601	4113	5245	2369	550	669	2180	44029	242843
2014	5658	5773	5711	12393	2937	4633	5919	2668	621	737	2437	49485	271896
2015	6108	6348	6424	13878	3283	5103	6578	2907	691	790	2606	54716	300931
2016	6701	7027	7271	15602	3709	5723	7368	3184	767	850	2826	61029	332316
2017	7160	7813	8068	17481	4154	6423	8236	3427	839	930	3045	67576	366262
2018	7311	8292	7977	18255	3971	6826	8938	3428	836	936	3187	69956	380987
年均增长率	13.33	14.58	15.39	14.83	15.43	15.55	15.77	13.76	13.50	13.58	13.03	14.72	13.99

资料来源：《中国统计年鉴》（2007~2019 年）。

从西部各省域间社会消费品零售总额的比较来看，由于社会消费品零售
总额与经济规模紧密相关，四川就自然处在西部各省（区、市）的首位。但
从增长情况来看，2006~2018 年陕西、云南与重庆的社会消费品零售总额年
均增长率较高，处于西部地区前三位；而新疆、内蒙古和青海的年均增长率

较低，处在西部地区的后三位。

（二）西部地区经济结构分析

经济结构可以从多方面反映，本节仅从产业结构、城乡经济结构和所有制结构三方面予以描述。其中，产业结构用第二产业增加值占 GDP 的比重来反映，城乡经济结构用城乡居民收入差距来反映，所有制结构用民营经济所占比重来反映。

1. 西部地区产业结构及其变化分析

根据产业结构理论，随着一国人均收入水平的提高，三次产业产值及就业所占比重的变化遵循着由第一、第二、第三产业到第二、第一、第三产业，再到第三、第二、第一产业演变的规律，不同的产业结构与经济发展的阶段性相适应，并据此对经济发展的阶段性进行划分，如当第二产业产值及就业所占比重逐步提高并占主要地位时，则可将此时的经济发展阶段归为工业化初期或中期阶段；当第二产业产值及就业所占比重逐步下降、第三产业产值及就业比重逐步上升并占主要地位时，表明经济发展进入了后工业化阶段。在不同经济发展阶段，经济运行的方式及特征具有差异性。

从表 7-5 可以看出，西部地区第二产业增加值比重的变化与全国略有不同，全国表现为持续下降，从 2006 年的 47.56% 下降到 2018 年的 40.65%；而西部地区第二产业增加值比重表现出先上升后下降的过程，从 2006 年的 43.51% 上升到 2014 年的 46.76%，随后逐步下降到 2018 年的 40.42%。如果将西部地区第二产业增加值占比与第三产业增加值占比的变化进行比较（见图 7-1），可以看出，从 2016 年开始，西部地区第三产业增加值占 GDP 的比重高于第二产业增加值所占比重，西部地区产业结构由此进入第三、第二、第一产业的结构形态。若单纯从产值结构来看，似乎西部地区从 2016 年开始已经进入以第三产业为主体的后工业化阶段，但结合西部地区就业结构中第三产业就业比例依然较低的现实特征，西部地区的工业化进程远没有完成，将其界定为处于工业化后期也许更为准确。

表 7-5　2006～2018 年西部各省（区、市）及全国第二产业增加值占 GDP 的比重

单位：%

年份	内蒙古	广西	重庆	四川	贵州	云南	陕西	甘肃	青海	宁夏	新疆	西部地区	全国
2006	48.04	39.58	47.90	43.44	41.37	42.77	51.70	45.81	51.18	48.43	47.92	43.51	47.56
2007	49.72	41.65	50.65	44.01	39.00	42.71	51.87	47.31	52.55	49.51	46.76	43.84	46.89

年份	内蒙古	广西	重庆	四川	贵州	云南	陕西	甘肃	青海	宁夏	新疆	西部地区	全国
2008	51.51	43.27	52.78	46.21	38.47	43.09	52.79	46.43	54.69	50.67	49.50	44.37	46.97
2009	52.50	43.58	52.81	47.43	37.74	41.86	51.86	45.08	53.21	48.94	45.12	44.03	45.96
2010	54.56	47.15	55.00	50.46	39.11	44.62	53.80	48.17	55.14	49.00	47.67	45.66	46.50
2011	55.97	48.42	55.37	52.45	38.49	42.51	55.43	47.36	58.38	50.24	48.80	46.45	46.53
2012	55.42	47.93	52.37	51.66	39.08	42.87	55.86	46.02	57.69	49.52	46.39	45.04	45.42
2013	53.82	46.58	45.47	51.05	40.51	41.74	55.00	43.37	54.25	48.87	42.34	45.00	44.18
2014	51.32	46.74	45.78	48.93	41.63	41.22	54.14	42.80	53.59	48.74	42.58	46.76	43.28
2015	50.48	45.93	44.98	44.08	39.49	39.77	50.40	36.74	49.95	47.38	38.57	44.26	41.11
2016	47.18	45.17	44.53	40.84	39.65	38.48	48.92	34.94	48.59	46.98	37.79	42.55	40.07
2017	39.76	40.22	44.19	38.75	40.09	37.89	49.70	34.34	44.29	45.90	39.80	41.80	40.54
2018	39.37	39.67	40.90	37.67	38.87	38.91	49.75	33.89	43.52	44.54	40.36	40.42	40.65

资料来源:《中国统计年鉴》(2007~2019年)。

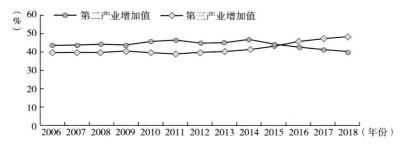

图7-1　2006~2018年西部地区第二、第三产业增加值占GDP比重变化趋势

资料来源:《中国统计年鉴》(2007~2019年)。

2.西部地区城乡经济结构及其变化分析

城乡居民收入比是衡量城乡经济结构的一个重要指标。城乡居民收入差距过大会减弱收入流动性,促使阶级固化,加深社会矛盾,增大投资风险和交易成本,不利于经济增长。

由表7-6可以看出,2006~2018年西部地区城乡居民收入差距逐渐缩小。2006年西部地区城镇居民收入与农村居民收入之比是3.78:1,到2018年这一比例下降至2.91:1,城乡居民收入差距缩小了23.02%;就全国而言,2006~2018年城乡居民收入比也在不断降低,2006年全国城乡居民收入比是3.28:1,到2018年这一比例下降至2.78:1,城乡居民收入差距缩小了15.24%。相比之下,尽管西部地区城乡居民收入差距缩小的成效要大于全国,但城乡居民收入的绝对差距依然远大于全国水平。

表 7-6   2006~2018 年西部各省（区、市）及全国城乡居民收入比

年份	内蒙古	广西	重庆	四川	贵州	云南	陕西	甘肃	青海	宁夏	新疆	西部地区	全国
2006	3.10	3.57	4.03	3.11	4.59	4.48	4.10	4.18	3.82	3.33	3.24	3.78	3.28
2007	3.13	3.78	3.59	3.13	4.50	4.36	4.07	4.30	3.83	3.41	3.24	3.76	3.33
2008	3.10	3.83	3.48	3.07	4.20	4.27	4.10	4.03	3.80	3.51	3.26	3.70	3.32
2009	3.21	3.88	3.52	3.10	4.28	4.28	4.11	4.00	3.79	3.46	3.16	3.71	3.33
2010	3.20	3.76	3.32	3.04	4.07	4.07	3.82	3.85	3.59	3.28	2.94	3.54	3.23
2011	3.07	3.60	3.13	2.92	3.98	3.93	3.63	3.83	3.39	3.25	2.85	3.42	3.13
2012	3.04	3.54	3.11	2.90	3.93	3.89	3.60	3.81	3.28	3.21	2.80	3.37	3.10
2013	2.84	2.99	2.97	2.67	3.50	3.46	3.22	3.39	3.02	2.87	2.53	3.04	2.81
2014	2.84	2.84	2.65	2.59	3.38	3.25	3.07	3.47	3.06	2.77	2.66	2.96	2.75
2015	2.84	2.79	2.59	2.56	3.33	3.20	3.04	3.43	3.09	2.76	2.73	2.94	2.73
2016	2.84	2.73	2.56	2.53	3.31	3.17	3.03	3.45	3.09	2.76	2.80	2.93	2.72
2017	2.83	2.69	2.55	2.51	3.28	3.14	2.97	3.44	3.08	2.74	2.75	2.93	2.71
2018	2.61	2.53	2.49	2.49	3.11	2.95	2.97	3.40	3.03	2.72	2.90	2.91	2.78

注：在城乡居民收入比值计算中，假定农村居民可支配收入为 1。
资料来源：《中国统计年鉴》（2007~2019 年）。

从西部各省（区、市）的比较来看，虽然各省（区、市）城乡居民收入差距都在缩小，但省域间城乡居民收入差距仍然比较明显。2006 年西部各省（区、市）中，城乡居民收入比最大的三个省依次为贵州、云南和甘肃，分别达到了 4.59、4.48 和 4.18；到 2018 年城乡居民收入比最大的三个省依次为甘肃、贵州和青海，分别为 3.40、3.11 和 3.03。这表明，自 2006 年以来，西部地区虽然在缩小城乡居民收入差距方面取得了巨大成效，但差距过大的问题依然严重，城乡经济的均衡发展依然任重道远。

3. 西部地区所有制结构及其变化分析

在各类所有制经济主体中，民营经济是最具活力的经济力量。改革开放以来的实践表明，民营经济的发展程度与经济发展水平存在显著的正相关关系，民营经济越活跃的地区，经济增长的活力越强。因此，民营经济占国民经济总量的比例是衡量一个地区经济活力的重要指标。基于指标的可获得性及可比性，此处借用王小鲁等撰写的《中国分省份市场化指数报告（2018）》

中对"非国有经济发展"的评价①，对西部地区所有制结构及其变动情况进行分析。从西部地区非国有经济发展的评价得分可见，2008～2016 年西部地区非国有经济获得了快速发展，对其发展的评价得分由 2008 年的 3.68 分提高到 2016 年的 6.07 分，提高了 2.39 分；同期全国非国有经济发展的评价得分由 5.40 分提高到了 7.83 分，提高了 2.43 分。可见，从非国有经济发展的程度来讲，西部地区落后于全国，2016 年的评价得分低于全国 1.76 分；而且从发展速度来讲，西部地区也低于全国平均水平（见表 7-7）。

表 7-7　2008～2016 年西部各省（区、市）及全国非国有经济发展评价得分

单位：分

年份	内蒙古	广西	重庆	四川	贵州	云南	陕西	甘肃	青海	宁夏	新疆	西部地区	全国
2008	4.96	5.48	6.45	5.96	2.44	4.02	2.18	0.94	2.92	4.36	1.95	3.68	5.40
2010	5.50	5.68	6.53	6.06	2.76	4.26	2.10	1.19	3.32	5.17	2.38	3.94	5.77
2012	6.27	6.63	7.58	6.62	3.91	5.49	3.51	2.01	3.59	5.88	2.94	4.75	6.54
2014	6.90	7.41	8.50	7.31	4.58	5.52	5.00	3.28	4.59	6.45	3.59	5.53	7.33
2016	6.65	8.16	9.71	8.14	6.39	5.00	5.59	3.37	4.68	7.58	4.35	6.07	7.83
2016 年较 2008 年变化	1.69	2.68	3.26	2.18	3.95	0.98	3.41	2.43	1.76	3.22	2.40	2.39	2.43

资料来源：王小鲁、樊纲、胡李鹏《中国分省份市场化指数报告（2018）》，社会科学文献出版社，2019。

从西部各省（区、市）的比较来看，省域之间非国有经济发展程度存在显著差异。截至 2016 年，非国有经济发展最好的当属重庆、广西和四川，其得分依次为 9.71 分、8.16 分和 8.14 分，这三个省（区、市）的评价得分远高于西部地区平均得分，同时也高于全国平均水平。而非国有经济发展水平较低的则是甘肃、新疆和青海，2016 年的发展评价得分依次为 3.37 分、4.35 分和 4.68 分，分别低于西部地区平均得分 2.70 分、1.72 分和 1.39 分。由于非国有经济是国民经济活动单元中最具活力的主体，因此省域间非国有经济发展水平的这种巨大差异，成为省域间经济发展水平出现差异的重要原因。另外，从西部各省（区、市）2008～2016 年非国有经济发展的动态变化

---

① 《中国分省份市场化指数报告（2018）》中对"非国有经济发展"评价的内容包括三个方面：一是非国有经济在工业企业主营业务收入中所占比例；二是非国有经济在全社会固定资产投资中所占比例；三是非国有经济就业人数占城镇总就业人数的比例。

来看，发展最快的则是贵州和陕西，2016年与2008年相比，评价得分分别提高了3.95分和3.41分，是西部各省（区、市）中得分提高幅度最大的两个省。这表明，贵州和陕西虽然不是西部地区中非国有经济发展水平最高的省，但却是非国有经济占国民经济比例提高最快，即发展速度最快的省。

（三）西部地区政府财政状况分析

政府财政状况的好坏，对地区社会发展具有举足轻重的作用，而科学的财政制度是优化资源配置、维护市场统一、促进社会公平以及实现经济稳定发展的重要保障。在市场经济体制中，资源配置的主体是市场，但政府财政政策作为国家经济政策的组成部分，可以通过财政支出与税收等手段调节总需求，同时由于财政资金具有导向和杠杆作用，政府财政状况也是影响金融发展的重要环境因素之一。因此有必要对西部地区政府财政状况进行分析，本节选取财政收入、财政支出及财政收支缺口三个指标来反映。

1. 西部地区政府财政收入

表7-8列出了西部地区及全国的政府财政收入情况，从中可以看出，2006~2018年西部地区政府财政收入稳步增长，年均增长率达到16.38%；同期，全国财政收入年均增长率为13.83%；西部地区财政收入增速高于全国2.55个百分点，财政收入占全国财政收入的比例也有所上升。从省域来看，西部各省（区、市）财政收入均实现了年均14%以上的增速，都高于全国平均增速。2018年财政收入规模最大的三个省（市）依次为四川、重庆和陕西；但从增长情况来看，2006~2018年财政收入增速最快的则是贵州、宁夏和重庆，年均增速分别为18.42%、17.99%和17.78%；财政收入增速最慢的是广西和云南，分别为14.16%和14.81%，比西部平均增速分别落后2.22个百分点和1.57个百分点。

表7-8　2006~2018年西部各省（区、市）及全国政府财政收入

单位：亿元，%

年份	内蒙古	广西	重庆	四川	贵州	云南	陕西	甘肃	青海	宁夏	新疆	西部地区	全国
2006	343	343	318	608	227	380	362	141	42	61	219	3045	38760
2007	492	419	443	851	285	487	475	191	57	80	286	4065	51322
2008	651	518	578	1042	348	614	591	265	72	95	361	5134	61330
2009	851	621	655	1175	416	698	735	287	88	112	389	6026	68518
2010	1070	772	952	1562	534	871	958	354	110	154	501	7837	83102
2011	1357	948	1488	2045	773	1111	1500	450	152	220	720	10764	103874

年份	内蒙古	广西	重庆	四川	贵州	云南	陕西	甘肃	青海	宁夏	新疆	西部地区	全国
2012	1553	1166	1703	2421	1014	1338	1601	520	186	264	909	12676	117254
2013	1721	1318	1693	2784	1206	1611	1748	607	224	308	1128	14350	129210
2014	1844	1422	1922	3061	1367	1698	1890	673	252	340	1282	15751	140370
2015	1964	1515	2155	3355	1503	1808	2060	744	267	373	1331	17077	152269
2016	2016	1556	2228	3389	1561	1812	1834	787	239	388	1299	17109	159605
2017	1703	1615	2252	3578	1614	1886	2007	816	246	418	1467	17601	172593
2018	1858	1681	2266	3911	1727	1994	2243	871	273	444	1531	18799	183352
年均增长率	15.12	14.16	17.78	16.78	18.42	14.81	16.42	16.39	16.88	17.99	17.59	16.38	13.83

资料来源：《中国统计年鉴》（2007～2019年）。

2. 西部地区政府财政支出

从财政支出角度看，2006～2018年西部地区财政支出也在稳定增长，年均增长率为17.72%（见表7-9）。同期，全国财政支出年均增长率为15.20%，西部地区财政支出增速高于全国2.52个百分点。从省域来看，2006～2018年财政支出增长最快的三个省（市）依次为贵州、青海和重庆，年均增长率分别为19.18%、18.49%和18.47%；而财政支出增长较慢的省（区）则是内蒙古和陕西，年均增速分别为15.97%和16.78%。2018年财政支出规模最大的三个省（区）依次为四川、云南和广西；支出规模最小的省（区）则是宁夏和青海。财政收入及支出规模的差异，既是省域经济发展实力的体现，也是决定其经济社会发展潜力大小及增长快慢的重要因素。

表7-9 2006～2018年西部各省（区、市）及全国政府财政支出

单位：亿元，%

年份	内蒙古	广西	重庆	四川	贵州	云南	陕西	甘肃	青海	宁夏	新疆	西部地区	全国
2006	812	730	594	1347	611	894	824	529	215	193	678	7427	40423
2007	1082	986	768	1759	795	1135	1054	675	282	242	795	9575	49781
2008	1455	1297	1016	2949	1054	1470	1429	968	364	325	1059	13385	62593
2009	1927	1622	1292	3591	1372	1952	1842	1246	487	432	1347	17110	76300
2010	2274	2008	1709	4258	1631	2286	2219	1469	743	558	1699	20853	89874
2011	2989	2545	2570	4675	2249	2930	2931	1791	967	706	2284	26639	109248

续表

年份	内蒙古	广西	重庆	四川	贵州	云南	陕西	甘肃	青海	宁夏	新疆	西部地区	全国
2012	3426	2985	3046	5451	2756	3573	3324	2060	1159	864	2720	31364	125953
2013	3687	3209	3062	6221	3083	4097	3665	2310	1228	922	3067	34550	140212
2014	3880	3480	3304	6797	3543	4438	3963	2541	1347	1000	3318	37611	151786
2015	4253	4066	3792	7498	3940	4713	4376	2958	1515	1138	3805	42053	175878
2016	4513	4442	4002	8009	4262	5019	4389	3150	1525	1255	4138	44703	187755
2017	4530	4909	4336	8695	4613	5713	4833	3304	1530	1373	4637	48473	203085
2018	4806	5311	4541	9718	5017	6075	5302	3774	1647	1431	4986	52608	220906
年均增长率	15.97	17.98	18.47	17.90	19.18	17.31	16.78	17.79	18.49	18.17	18.09	17.72	15.20

资料来源：《中国统计年鉴》（2007～2019年）。

3. 西部地区政府财政收支缺口

由表7-10可见，2006～2018年，西部地区政府财政收支缺口率持续提高，从2006年的143.91%提高到了2018年的179.84%，提高了35.93个百分点；同期全国财政收支缺口率从4.29%提高到20.48%，提高了16.19个百分点。2018年西部地区财政收支缺口率高出全国平均水平159.36个百分点。这充分说明，西部地区政府财政支出仅靠自身财政收入很难满足，财政入不敷出问题非常严重。

表7-10　2006～2018年西部各省（区、市）及全国政府财政收支缺口率

单位：%，个百分点

年份	内蒙古	广西	重庆	四川	贵州	云南	陕西	甘肃	青海	宁夏	新疆	西部地区	全国
2006	136.73	112.83	87.11	121.71	169.16	135.26	127.62	274.47	409.52	216.39	209.59	143.91	4.29
2007	119.92	135.32	73.59	106.70	178.95	133.26	121.89	253.40	394.74	202.50	177.97	135.55	-3.00
2008	123.50	150.39	75.78	183.01	202.87	139.41	141.62	265.28	404.56	242.11	193.35	160.72	2.06
2009	126.44	161.19	97.25	205.62	229.81	179.66	150.48	334.49	453.41	286.61	246.27	183.94	11.36
2010	112.52	160.10	79.52	172.60	205.62	142.46	131.63	314.97	575.45	262.34	239.12	166.08	8.15
2011	120.34	168.57	72.72	128.61	190.94	163.64	95.40	298.00	536.84	220.91	217.22	147.47	5.17
2012	120.61	156.00	78.86	125.15	171.79	167.04	107.62	295.96	523.12	227.27	199.23	147.43	8.37
2013	114.24	143.47	80.86	123.46	155.56	154.25	109.67	280.40	448.21	199.35	171.90	140.77	8.51
2014	110.41	144.73	71.90	122.05	159.18	161.37	109.63	277.71	434.92	194.41	158.73	138.78	8.13
2015	116.50	168.32	75.96	123.46	162.08	160.67	112.43	297.58	464.42	205.09	185.88	146.26	15.50

续表

年份	内蒙古	广西	重庆	四川	贵州	云南	陕西	甘肃	青海	宁夏	新疆	西部地区	全国
2016	123.81	185.41	79.62	136.32	173.03	176.99	139.24	300.25	538.08	223.45	218.55	161.28	17.64
2017	166.00	203.90	92.54	143.01	185.81	202.92	140.86	305.02	521.95	228.47	216.16	175.40	17.67
2018	158.72	215.88	100.44	148.48	190.56	204.66	136.38	333.30	503.66	222.07	225.60	179.84	20.48
2018年较2006年变化	21.99	103.05	13.33	26.77	21.40	69.40	8.76	58.83	94.14	5.68	16.01	35.93	16.19

资料来源：《中国统计年鉴》(2007~2019年)。

从西部各省域比较来看（见图7-2），政府财政收支缺口率最高的是青海，2018年达到503.66%，即财政收支缺口是当年地方财政收入的5.04倍；政府财政收支状况最好的则是重庆，2018年财政收支缺口率为100.44%。这表明西部地区地方财政力量非常弱小，经济运行对中央财政的转移支付有着高度的依赖性。即使是财政状况最好的重庆，财政收支缺口也与当年地方财政收入基本持平。薄弱的地方财政实力无疑是地方经济发展的重要约束因素。

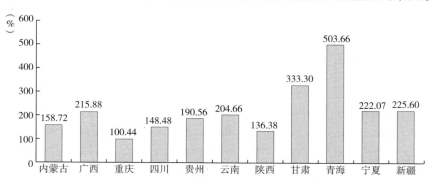

图7-2　2018年西部各省（区、市）政府财政收支缺口率

资料来源：《中国统计年鉴2019》。

（四）西部地区可持续发展能力分析

随着资源环境约束的日益强化，实现经济可持续发展变得尤为重要。所谓经济可持续发展就是"当发展能够保持当代人的福利增加时，也不会使后代的福利减少"的发展。对经济可持续发展能力的衡量可以有多个指标，此处我们选取固定资产投资、科技发展水平和能源利用效率三个指标作为代表。其中，固定资产投资规模代表目前的经济增长动力，用固定资产投资占

GDP 的比重反映；科技发展水平代表经济增长潜力，用研发支出强度（R&D 支出占 GDP 的比重）反映；能源利用效率代表对资源的利用及节约程度，用万元工业总产值能耗来反映。

1. 西部地区固定资产投资及其变动分析

持续的固定资产投资有利于经济的稳定增长，但对固定资产投资的过度依赖，也会导致经济增长的低效率，甚至无效增长。表 7-11 是 2006～2018 年西部地区及全国全社会固定资产投资额及增长情况。

表 7-11　2006～2018 年西部各省（区、市）及全国全社会固定资产投资额及增长情况

单位：亿元，%

年份	内蒙古	广西	重庆	四川	贵州	云南	陕西	甘肃	青海	宁夏	新疆	西部地区	全国
2006	3406	1996	2452	4522	1198	2220	2610	1025	420	515	1567	21931	109998
2007	4405	2627	3162	5855	1489	2799	3642	1310	487	622	1851	28249	137324
2008	5605	3348	4045	7602	1864	3265	4851	1736	583	859	2260	36018	172828
2009	7535	5159	5318	12017	2451	4336	6553	2480	801	1119	2827	50977	224599
2010	8972	7162	6935	13582	3186	5529	8561	3378	1069	1465	3540	63378	278122
2011	10900	9280	7686	15124	4234	6185	10024	4180	1434	1654	4713	75415	311022
2012	13112	11482	9380	18039	5718	7831	12840	6013	1920	2110	6258	94704	374676
2013	15521	10755	11205	21049	7374	9968	15934	6407	2404	2681	8148	111446	446294
2014	12074	12607	13224	23577	9026	11499	18709	7760	2909	3201	9745	124330	512761
2015	13825	14848	15480	25974	10946	13069	20178	8627	3267	3533	10729	140475	562000
2016	15470	17653	17361	29126	13204	15662	20825	9534	3533	3835	9984	156188	606466
2017	14405	21285	17441	32097	15500	18475	23819	5696	3897	3813	11796	168224	641238
2018	10328	23584	18661	35371	17949	20618	26297	5474	4182	3119	8823	174407	645675
年均增长率	9.69	22.85	18.43	18.70	25.30	20.41	21.23	14.98	21.11	16.19	15.49	18.86	15.89

资料来源：《中国统计年鉴》（2007～2019 年）。

由表 7-11 可见，2006～2018 年西部地区全社会固定资产投资持续高速增长，年均增长率达到 18.86%，比同期全国全社会固定资产投资增速 15.89% 高出 2.97 个百分点。这种固定资产投资的高增长成为推动西部地区经济高增长的主要原因。[①] 从西部各省（区、市）的比较来看，贵州、广

---

① 2006～2018 年西部地区 GDP 年均增长率为 13.50%，同期全国 GDP 年均增长率为 12.48%，西部地区比全国高出 1.02 个百分点。

西、陕西、青海和云南五省（区）是固定资产投资增长最快的省（区），年均增长率均在 20% 以上；固定资产投资增长低于全国平均水平的只有内蒙古、甘肃和新疆三省（区）。但需要引起关注的是，2018 年西部地区中的内蒙古、新疆和宁夏三个自治区的全社会固定资产投资与上年相比，增量出现了断崖式的下降，其中内蒙古下降了 28.3%，新疆下降了 25.2%，宁夏下降了 18.2%，是全国全社会固定资产投资负增长的八个省（区、市）中下降幅度最大的。在经济增长高度依赖投资增长的增长模式下，固定资产投资的这种断崖式下降无疑会对地区经济增长产生严重影响。

为了客观评价固定资产投资对 GDP 增长的推动作用，我们有必要对全社会固定资产投资占 GDP 的比重进行分析（见表 7-12）。

表 7-12 2006～2018 年西部各省（区、市）及全国全社会固定资产投资占 GDP 比重

单位：%

年份	内蒙古	广西	重庆	四川	贵州	云南	陕西	甘肃	青海	宁夏	新疆	西部地区	全国
2006	68.02	46.33	61.61	50.78	51.20	55.38	52.30	44.90	63.00	68.71	51.46	54.34	50.13
2007	68.08	50.48	66.89	53.40	51.62	57.81	59.32	48.23	60.56	65.26	52.53	57.29	50.84
2008	64.45	53.50	68.69	56.56	52.35	60.36	63.09	54.09	57.26	68.85	54.03	59.35	54.14
2009	75.32	67.50	79.85	80.36	61.65	73.36	76.46	69.76	73.82	79.50	63.72	74.11	64.44
2010	76.48	73.75	84.40	76.32	67.47	76.53	78.67	76.65	75.30	85.47	62.96	75.93	61.07
2011	72.18	68.18	74.65	67.64	74.29	69.62	75.37	79.00	85.94	78.24	70.08	71.85	63.84
2012	74.78	75.25	76.57	71.38	83.45	75.96	83.33	91.06	99.46	89.56	82.06	78.04	69.57
2013	84.04	82.41	81.63	77.02	91.18	84.25	91.85	103.12	111.26	102.85	91.57	85.92	75.27
2014	99.00	88.33	86.14	81.71	97.40	89.73	97.19	115.32	124.22	115.32	101.88	93.40	79.84
2015	76.84	96.58	91.32	84.94	104.22	99.13	103.11	128.92	132.83	120.39	115.96	96.62	81.93
2016	83.19	99.56	90.46	87.48	112.12	109.00	107.35	134.22	137.15	119.75	106.61	99.95	81.95
2017	87.06	110.67	90.28	86.27	114.50	115.63	108.77	78.12	147.95	108.27	111.09	100.29	78.13
2018	59.70	115.88	91.64	86.95	121.22	116.78	107.60	66.38	145.94	84.18	72.33	95.96	71.72

资料来源：根据《中国统计年鉴》（2007～2019 年）相关数据计算。

由表 7-12 可以看出，虽然 2006～2018 年西部地区全社会固定资产投资高速增长，但投资效率低下的情况日益严重。从西部地区整体上来讲，全社会固定资产投资占 GDP 的比例从 2006 年的 54.34% 提高到了 2018 年的 95.96%，这意味着每 1 元固定资产投资产生的 GDP 从 2006 年的 1.84 元下降到了 2018 年的 1.04 元，投资效率下降了 43.48%；同期全国每 1 元固定资

产投资产生的 GDP 从 1.99 元下降到 1.39 元，投资效率下降了 30.15%。若从西部各省（区、市）的比较来看，投资效率普遍出现了下降现象，其中以青海、贵州、云南、广西与陕西尤为严重，2018 年其全社会固定资产投资占 GDP 的比例均超过了 100%。2018 年西部各省（区、市）中固定资产投资的 GDP 产出效率高于全国的仅有内蒙古和甘肃，其中内蒙古每 1 元固定资产投资产生的 GDP 为 1.68 元，甘肃每 1 元固定资产投资产生的 GDP 为 1.51 元。

综合以上两方面分析可以看出，2006～2018 年，西部地区一方面表现为固定资产投资的快速增长，并成为 GDP 快速增长的重要支撑；另一方面表现为固定资产投资的 GDP 产出效率快速下滑，投资边际效应递减。这表明，西部地区过去依赖投资来支撑经济快速增长的模式在未来是难以持续的，加快经济结构转型升级及培育经济增长的新动能迫在眉睫。

2. 西部地区科技发展水平及其变动分析

科技是第一生产力，科技发展对经济增长的巨大作用早已被世界经济发展的实践所证实。科技能力的培养及科技发展水平的提高需要巨大的投入作为支撑，因此，科技投资规模及其占 GDP 的比例就成为衡量一个国家或地区科技发展水平的重要指标，也是衡量其未来经济增长动力强弱的前瞻性指标。此处我们用研发经费支出（R&D）占 GDP 的比例，即研发强度来反映。

从 2006～2018 年西部地区及全国研发强度的变动情况可以看出，2006～2018 年西部地区的研发强度虽然大幅度提高，从 0.89% 提高到 1.35%，但始终低于全国平均水平，且与全国平均水平的差距在不断拉大（见表 7-13、图 7-3）。2006 年西部地区研发强度低于全国平均水平 0.53 个百分点，到 2018 年则低于全国平均水平 0.84 个百分点。这表明整个西部地区的科技创新力度虽然在加大，但与全国相比仍存在巨大差距，这无疑会影响到西部地区未来的经济增长。

表 7-13 2006～2018 年西部各省（区、市）及全国研发强度

单位：%，个百分点

年份	内蒙古	广西	重庆	四川	贵州	云南	陕西	甘肃	青海	宁夏	新疆	西部地区	全国
2006	0.34	0.38	1.06	1.25	0.64	0.52	2.24	1.05	0.52	0.70	0.28	0.89	1.42
2007	0.40	0.37	1.14	1.32	0.50	0.55	2.23	0.95	0.49	0.84	0.28	0.90	1.49
2008	0.44	0.46	1.18	1.28	0.57	0.54	2.09	1.00	0.41	0.69	0.38	0.89	1.54
2009	0.50	0.56	1.23	1.41	0.61	0.58	2.12	1.01	0.58	0.69	0.44	0.98	1.70
2010	0.55	0.66	1.27	1.54	0.65	0.61	2.15	1.02	0.74	0.68	0.49	1.07	1.76
2011	0.59	0.69	1.28	1.40	0.64	0.63	1.99	0.97	0.75	0.73	0.50	1.41	1.84

续表

年份	内蒙古	广西	重庆	四川	贵州	云南	陕西	甘肃	青海	宁夏	新疆	西部地区	全国
2012	0.64	0.75	1.40	1.47	0.61	0.67	1.99	1.07	0.69	0.78	0.53	1.09	1.98
2013	0.70	0.75	1.39	1.52	0.59	0.68	2.14	1.07	0.65	0.81	0.54	1.13	2.08
2014	0.69	0.71	1.42	1.57	0.60	0.67	2.07	1.12	0.62	0.87	0.53	1.13	2.05
2015	0.76	0.63	1.57	1.67	0.59	0.80	2.18	1.22	0.48	0.88	0.56	1.19	2.07
2016	0.79	0.65	1.72	1.72	0.63	0.89	2.19	1.22	0.54	0.95	0.59	1.24	2.08
2017	0.82	0.77	1.88	1.72	0.71	0.96	2.10	1.19	0.68	1.13	0.52	1.28	2.12
2018	0.75	0.71	2.01	1.81	0.82	1.05	2.18	1.18	0.60	1.23	0.53	1.35	2.19
2018年较2006年变化	0.41	0.33	0.95	0.56	0.18	0.53	-0.06	0.13	0.08	0.53	0.25	0.46	0.77

资料来源:《中国统计年鉴》(2007~2019年)。

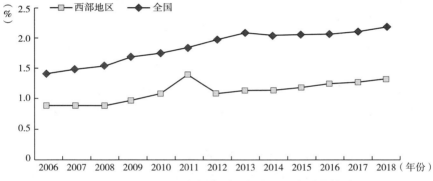

图7-3 2006~2018年西部地区与全国研发强度的对比

资料来源:《中国统计年鉴》(2007~2019年)。

另外,从西部各省(区、市)的比较来看,研发强度差距较大(见图7-4)。研发强度最高的是陕西,在2006~2018年的大部分年份中研发强度均高于全国平均水平;西部其他省(区、市)的研发强度均低于全国平均水平。其中最低的是新疆,2018年研发强度仅为0.53%;其次为青海,2018年研发强度为0.60%。但从西部各省(区、市)研发强度的动态变化来看,2006~2018年只有陕西的研发强度有所下降,从2.24%下降到2.18%,降低了0.06个百分点;其余省(区、市)的研发强度均呈现上升趋势。其中上升幅度最大的是重庆,2006~2018年研发强度提升了0.95个百分点;其次为四川,研发强度提升了0.56个百分点。这说明,自2006年以来,西部各省(区、市)对科技创新与发展非常重视,研发投入力度持续加大,这将为未来的经济增长起到积极的推动作用。

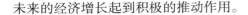
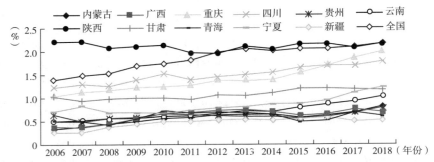

图7-4　2006～2018年西部各省（区、市）及全国研发强度的变化趋势

资料来源：《中国统计年鉴》（2007～2019年）。

3. 西部地区能源利用效率及其变动分析

能源利用效率是对一个地区在经济发展中资源利用状况的综合反映，因此是衡量一个地区经济可持续发展水平的重要指标。能源利用效率通常用万元GDP能源消耗来反映。从西部各省（区、市）万元GDP能源消耗变动情况可以看出，2006～2018年，西部各省（区、市）与全国每万元GDP能耗均在持续下降，且除新疆、宁夏下降幅度小于全国降幅与内蒙古下降幅度与全国持平外，其余各省（区、市）的下降幅度均大于全国48.96%的下降幅度（见表7-14）。万元GDP能耗下降幅度最大的是贵州，万元GDP能耗由2006年的3.19吨标准煤下降到2018年的1.11吨标准煤，下降幅度达65.20%；其次为重庆和四川，万元GDP能耗下降幅度分别达61.31%和61.29%；新疆万元GDP能耗下降幅度最小，仅为23.92%。但从西部各省（区、市）万元GDP能耗水平来看，省域之间差距较大。2018年，万元GDP能耗最高的是宁夏，达到2.11吨标准煤；其次为新疆，为1.59吨标准煤；万元GDP能耗最低的是广西和重庆，分别为0.52吨标准煤和0.53吨标准煤。宁夏的万元GDP能耗是广西的4.06倍。

表7-14　2006～2018年西部各省（区、市）及全国能源利用效率

单位：吨标准煤/万元，%

年份	内蒙古	广西	重庆	四川	贵州	云南	陕西	甘肃	青海	宁夏	新疆	西部地区	全国
2006	2.41	1.06	1.37	1.55	3.19	1.71	1.43	2.20	3.12	4.10	2.09	1.20	2.41
2007	2.30	0.96	1.33	1.48	3.06	1.64	1.36	2.11	3.06	3.95	2.03	1.16	2.30
2008	2.16	0.86	1.27	1.42	2.88	1.56	1.28	2.01	2.94	3.69	1.96	1.16	2.16
2009	2.01	0.85	1.18	1.34	2.35	1.50	1.17	1.86	2.69	3.45	1.93	1.08	2.01

年份	内蒙古	广西	重庆	四川	贵州	云南	陕西	甘肃	青海	宁夏	新疆	西部地区	全国
2010	1.92	0.77	1.13	1.28	2.25	1.44	1.13	1.80	2.55	3.31	1.80	0.81	1.92
2011	1.41	0.68	0.95	0.89	1.71	1.16	0.85	1.40	2.08	2.28	1.93	0.79	1.41
2012	1.33	0.65	0.89	0.83	1.64	1.01	0.82	1.34	1.83	2.12	1.91	0.77	1.33
2013	1.27	0.63	0.69	0.79	1.58	0.96	0.79	1.28	1.82	2.05	1.84	0.74	1.27
2014	1.22	0.61	0.66	0.75	1.49	0.92	0.76	1.21	1.77	1.96	1.83	0.71	1.22
2015	1.17	0.58	0.62	0.70	1.38	0.84	0.73	1.12	1.69	1.99	1.73	0.66	1.17
2016	1.12	0.55	0.58	0.66	1.28	0.80	0.71	1.02	1.56	1.90	1.67	0.63	1.12
2017	1.11	0.54	0.55	0.63	1.19	0.76	0.68	1.01	1.48	2.05	1.66	0.61	1.11
2018	1.23	0.52	0.53	0.60	1.11	0.72	0.64	0.99	1.44	2.11	1.59	0.59	1.23
2018年较2006年下降率	48.96	50.94	61.31	61.29	65.20	57.89	55.24	55.00	53.85	48.54	23.92	50.83	48.96

资料来源：Wind 数据库。

可见，自 2006 年以来，西部地区在节能降耗、提高能源效率、寻求绿色发展等方面确实取得了显著成效，万元 GDP 能耗降低率远大于全国，但能耗水平与全国平均水平相比还有很大差距。因此，对于西部地区来讲，要进一步降低能源消耗、实现经济的快速且绿色发展依然面临着巨大压力。

二 市场环境分析

市场环境主要包括政府与市场的关系、产品市场发育程度、要素市场发育程度、市场中介组织发育程度等方面内容，它直接影响着金融发展的广度与深度，并可以有效弱化因市场信息不对称而带来的"道德风险"与"逆向选择"，降低交易成本，提高交易效率。

（一）西部地区政府与市场关系分析

市场环境首先取决于政府对市场的态度以及政府与市场的边界划分。从这方面讲，良好的市场环境体现为政府与市场的边界比较清晰，经济资源主要由市场进行配置，政府对企业干预较少，政府将自身定位于服务型政府且高效务实。

党的十八大报告明确指出"处理好政府与市场的关系，必须更加重视市场规律，更好发挥政府作用"。对于政府与市场的关系，我们通常用"政府财政支出占 GDP 的比重"来衡量，该比重越高，表明政府在经济运行及资源配置过程中的主导性越大，对经济的干预力度越大，市场化程度越低。从西部地区及全国政府财政支出占 GDP 的比重情况来看，2006～2018 年西部地区财政支出占 GDP 的比重从 18.54% 上升到 28.78%，同期全国财政支出占 GDP 的比重从 18.42% 上升到 24.54%，西部地区财政支出占 GDP 比重明显高于全国平均水平，且呈现上升趋势（见表 7-15）。这表明 2006～2018 年西部地区政府对资源配置的控制权在强化，政府对经济的干预力度在加大。

表 7-15　2006～2018 年西部各省（区、市）及全国财政支出占 GDP 比重

单位：%

年份	内蒙古	广西	重庆	四川	贵州	云南	陕西	甘肃	青海	宁夏	新疆	西部地区	全国
2006	16.42	15.38	15.20	15.50	26.12	22.42	17.37	23.23	33.15	26.59	22.26	18.54	18.42
2007	16.85	16.93	16.42	16.65	27.57	23.78	18.31	24.96	35.37	26.33	22.56	19.60	18.43
2008	17.13	18.47	17.54	23.40	29.59	25.83	19.54	30.57	35.75	26.99	25.32	22.29	19.61
2009	19.78	20.90	19.79	25.38	35.07	31.64	22.55	36.78	45.04	31.92	31.49	25.72	21.89
2010	19.48	20.98	21.56	24.78	35.44	31.64	21.92	35.65	55.02	33.03	31.25	25.78	21.81
2011	20.82	21.71	25.67	22.23	39.44	32.95	23 43	35.67	57.89	33.58	34.55	26.74	22.39
2012	21.57	22.90	26.70	22.83	40.22	34.66	23.00	36.46	61.21	36.90	36.24	27.71	23.38
2013	21.80	22.21	23.95	23.57	38.12	34.63	22.62	36.49	57.87	35.77	36.32	27.39	23.65
2014	21.83	22.20	23.16	23.82	38.24	34.63	22.40	37.17	58.48	36.34	35.78	27.42	23.67
2015	23.85	24.20	24.13	24.95	37.52	34.61	2..28	43.56	62.68	39.08	40.81	29.21	25.64
2016	24.90	24.25	22.56	24.32	36.19	33.94	22.62	43.75	59.28	39.61	42.88	28.72	25.37
2017	28.14	26.50	22.32	23.51	34.07	34.89	22.07	44.29	58.29	39.87	42.61	28.98	24.74
2018	27.80	26.10	22.30	23.89	33.88	33.97	21.70	45.77	57.48	38.62	40.87	28.78	24.54

资料来源：根据《中国统计年鉴》（2007～2019 年）相关数据计算。

从西部各省（区、市）的比较来看，不同省（区、市）政府对经济的干预程度存在较大差异。青海一直是政府对经济干预程度最大的地区，2006 年政府财政支出占 GDP 的比重为 33.15%，比当年西部及全国平均水平分别高出 14.61 个百分点和 14.73 个百分点，居西部地区首位；随后快速提升，到 2012 年时高达 61.21%，其后虽有下降。但到 2018 年时仍高达 57.48%，比西部及全国平均水平分别高出 28.70 个百分点和 32.94 个百分点。政府对经济干预力度最小的是陕西、重庆和四川，2018 年这三个省（市）财政支出占 GDP 的比例分别为 21.70%、22.30% 和 23.89%，均比全国平均水平低。由此

可见，政府对市场的干预程度与其经济规模有直接关系，经济规模较大的省份，政府对经济的干预程度较低，经济比较有活力；同时又进一步推动了经济快速发展，形成良性循环。

（二）西部地区产品市场发育程度分析

为了保护本地企业、促进地方经济的发展，地方政府常常会"父爱泛滥"，在某些重要领域对外地企业进入本地市场设置壁垒，以减轻本地企业的竞争压力，提升企业经济效益，但其做法却会延缓产品市场化进程，影响资源配置效率的提升。为此，我们借用王小鲁等编写的《中国分省份市场化指数报告（2018）》中对"减少商品市场上的地方保护"的评价得分数据，对西部地区产品市场化程度进行分析。如表 7-16 所示，从西部地区"减少商品市场上的地方保护"评价得分及其变动情况可见，2008~2016 年西部地区产品市场化程度有所提升，从 2008 年的 7.50 分提高到 2016 年的 7.93 分，提高了 0.43 分；同期，全国的市场化程度评价得分由 2008 年的 7.90 分提高到 2016 年的 8.28 分，提高了 0.38 分。可见西部地区市场化推进进程比全国略快，但从市场化程度来讲，西部仍然低于全国平均水平。这表明西部地区的产品市场化程度还有待进一步提升。

表 7-16　2008~2016 年西部各省（区、市）及全国"减少商品市场上的地方保护"得分

单位：分

年份	内蒙古	广西	重庆	四川	贵州	云南	陕西	甘肃	青海	宁夏	新疆	西部地区	全国
2008	9.18	9.34	7.97	9.03	6.87	7.59	8.08	8.27	7.95	8.27	7.45	7.50	7.90
2010	9.18	9.34	7.97	9.03	6.87	7.59	8.08	8.27	7.95	8.27	7.45	7.50	7.90
2012	9.18	9.34	7.97	9.03	6.87	7.59	8.08	8.27	7.95	8.27	7.45	7.50	7.90
2014	8.62	10.35	8.40	9.04	9.32	9.55	8.86	8.46	2.92	9.14	7.12	7.93	8.26
2016	8.62	10.35	8.40	9.04	9.32	9.55	8.86	8.46	6.70	9.14	7.12	7.93	8.28
2016 年较 2008 年变化	-0.56	1.01	0.43	0.01	2.45	1.96	0.78	0.19	-1.25	0.87	-0.33	0.43	0.38

资料来源：王小鲁、樊纲、胡李鹏《中国分省份市场化指数报告（2018）》，社会科学文献出版社，2019。

比较西部各省（区、市）的产品市场化程度可以看出，各省（区、市）之间存在明显的差异性。具体而言，广西在"减少商品市场上的地方保护"方面

表现突出，产品市场化程度在西部甚至全国都排在前列，其2016年在"减少商品市场上的地方保护"评价得分为10.35分，远高于西部地区及全国总体水平；云南和贵州的产品市场化程度改善明显，2016年其市场化程度分别位列西部地区的第二位、第三位；市场化程度最低的是青海，2016年市场化程度评价得分仅为6.70分，远低于西部地区及全国平均水平，表明青海地方政府对本地产品市场的保护较强，使得产品市场的竞争性及公平性不足。另外，从动态变化来看，2008～2016年西部地区"减少商品市场上的地方保护"评价得分降低的省（区）有青海、内蒙古和新疆，表明这三个省（区）在2008～2016年政府对商品市场的保护不仅没有减弱，反而在强化；在减弱政府对商品市场的地方保护方面，改进程度最大的是贵州，评价得分提升了2.45分；其次为云南，得分提升了1.96分，表明这两个省在商品市场化方面成效最为显著。

（三）西部地区要素市场发育程度分析

现代经济增长理论的不断创新与发展，使得经济增长要素的内容不断丰富，除了土地、资本、劳动等传统的生产要素之外，企业家才能、人力资本、技术、信息、制度等因其对经济增长的重要作用而被纳入生产要素的范畴。在此，我们借用王小鲁等人的研究，发现西部地区要素市场发育程度评价得分从2008年的2.83分提升到2016年的4.34分，提高了1.51分；同期全国要素市场发育程度评价得分从3.83分提高到了5.94分，提高了2.11分；西部地区要素市场发育程度明显低于全国平均水平，且提升幅度也小于全国（见表7-17）。

表7-17   2008～2016年西部各省（区、市）及全国要素市场发育程度评价得分

单位：分

年份	内蒙古	广西	重庆	四川	贵州	云南	陕西	甘肃	青海	宁夏	新疆	西部地区	全国
2008	2.22	4.14	4.98	3.83	3.63	3.00	3.77	3.25	1.66	2.27	1.15	2.83	3.83
2010	1.10	3.27	4.35	3.53	2.69	4.18	3.24	1.28	0.53	2.69	0.07	2.14	3.68
2012	4.68	4.85	6.52	4.36	3.42	3.52	5.66	1.52	1.23	2.68	0.50	3.14	4.79
2014	4.23	5.17	7.76	5.17	3.98	4.20	7.77	2.13	2.00	3.95	1.79	3.96	5.60
2016	3.60	4.51	7.49	6.13	2.99	4.07	7.53	3.72	4.59	3.46	3.88	4.34	5.94
2016年较2008年变化	1.38	0.37	2.51	2.30	-0.64	1.07	3.76	0.47	2.93	1.19	2.73	1.51	2.11

资料来源：王小鲁、樊纲、胡李鹏《中国分省份市场化指数报告（2018）》，社会科学文献出版社，2019。

从西部地区各省域的比较来看，各省域要素市场发育程度差异明显。2016 年要素市场发育程度最高的三个省（市）依次为陕西、重庆和四川，其评价得分分别高出西部地区平均得分 3.19 分、3.15 分和 1.79 分，也分别高于全国平均水平 1.59 分、1.55 分和 0.19 分；2016 年要素市场发育程度最低的三个省（区）依次为贵州、宁夏和内蒙古，评价得分分别低于西部地区平均得分 1.35 分、0.88 分和 0.74 分。这表明贵州、宁夏和内蒙古在金融市场发展、人力资源供应以及技术成果市场化等方面发育程度比较落后，有待进一步加快发展。

（四）西部地区市场中介组织发育程度分析

市场中介组织是指为市场主体提供信息咨询、培训、经纪、法律等各种服务，并且在各类市场主体之间从事协调、评价、评估、检验、仲裁等活动的机构或组织。它们在市场经济活动中充当了润滑剂、助推器和桥梁的角色，为市场经济的正常运行提供了服务、疏通了渠道、消除了障碍、打破了限制，使通过市场机制配置有限资源的过程更为协调、有效。因此，市场的健康快速发展离不开各类市场中介组织。根据王小鲁等人的研究，西部地区市场中介组织发育程度评价得分由 2008 年的 3.02 分下降到 2016 年的 2.87 分，下降了 0.15 分；同期全国该指标的评价得分由 4.12 分提高到了 5.51 分，提高了 1.39 分（见表 7-18）。这表明 2008~2016 年全国的市场中介组织获得了一定程度的发展，但西部地区却出现了一定程度的倒退。

表 7-18　2008~2016 年西部各省（区、市）及全国市场中介组织发育程度评价得分

单位：分

年份	内蒙古	广西	重庆	四川	贵州	云南	陕西	甘肃	青海	宁夏	新疆	西部地区	全国
2008	2.76	2.38	4.80	3.84	2.88	3.88	4.23	3.45	1.46	3.09	3.48	3.02	4.12
2010	6.18	2.52	4.09	2.86	0.89	3.37	2.90	4.39	2.37	-0.04	2.77	2.65	4.33
2012	4.99	4.85	5.83	4.36	2.51	2.15	4.80	3.20	3.04	2.49	3.43	3.54	4.80
2014	0.26	3.76	6.80	5.51	0.71	1.61	7.41	2.50	2.05	4.36	5.04	3.39	5.44
2016	-0.27	3.33	6.99	6.35	-0.38	0.81	6.89	2.24	1.99	3.17	4.81	2.87	5.51
2016 年较 2008 年变化	-3.03	0.95	2.19	2.51	-3.26	-3.07	2.66	-1.21	0.53	0.08	1.33	-0.15	1.39

资料来源：王小鲁、樊纲、胡李鹏《中国分省份市场化指数报告（2018）》，社会科学文献出版社，2019。

　　从西部各省（区、市）的比较来看，市场中介组织发育程度较高的三个省（市）依次为重庆、陕西和四川，其2016年评价得分分别比西部地区平均水平高出4.12分、4.02分和3.48分，比全国平均水平分别高出1.48分、1.38分和0.84分；最低的三个省（区）是贵州、内蒙古和云南，特别是贵州与内蒙古，其评价得分均小于0，这表明这些省（区）的市场中介组织非常弱小。

三　产权保护与法治环境分析

　　清晰的产权制度安排是金融市场参与者公平交易的重要保障，良好的法治环境是金融发展的重要因素。健全以公平为核心原则的产权保护制度，推进产权保护法治化，依法平等保护市场主体合法权益，对于促进经济持续健康发展十分重要。因此，本节对西部地区产权保护程度和法治环境进行深入分析。

（一）西部地区产权保护程度分析

　　市场经济的重要特点是市场参与各方在各自的约束下公平竞争。只有清晰的产权界定及制度保障，才可以使金融交易参与者各方在地位、机会及信息等条件上实现对等，并基于利益原则对其行为承担后果，从而保障金融交易的顺利进行。

　　表7-19列出了2008～2016年西部各省（区、市）知识产权保护程度的评价得分情况，从中可以看出，西部地区对知识产权保护力度明显加大，西部地区总的评价得分从2008年的0.42分提高到2016年的3.50分，提高了3.08分；同期全国的评价得分从1.86分提高到8.01分，提高了6.15分。因此，无论是从对知识产权的保护程度还是提升的速度来讲，西部地区与全国平均水平相比还有很大差距。

表7-19　2008～2016年西部各省（区、市）及全国市场知识产权保护程度评价得分

单位：分

年份	内蒙古	广西	重庆	四川	贵州	云南	陕西	甘肃	青海	宁夏	新疆	西部地区	全国
2008	0.10	0.13	1.47	1.56	0.17	0.13	0.68	0.04	0.03	0.47	0.22	0.42	1.86
2010	0.33	0.41	4.13	4.26	0.55	0.48	1.91	0.28	0.07	1.11	0.60	1.18	4.30
2012	0.58	0.90	6.94	5.51	1.28	0.81	2.83	0.75	0.43	0.81	0.77	1.81	6.45
2014	0.88	1.58	7.76	6.00	2.13	1.22	4.36	1.11	0.46	1.50	1.28	2.36	6.85
2016	1.21	2.49	12.07	7.23	1.83	1.75	8.41	1.66	1.14	2.52	1.58	3.50	8.01

年份	内蒙古	广西	重庆	四川	贵州	云南	陕西	甘肃	青海	宁夏	新疆	西部地区	全国
2016年较2008年变化	1.11	2.36	10.60	5.67	1.66	1.62	7.73	1.62	1.11	2.49	1.36	3.08	6.15

资料来源：王小鲁、樊纲、胡李鹏《中国分省份市场化指数报告（2018）》，社会科学文献出版社，2019。

从西部各省（区、市）的比较来看，西部各省（区、市）之间均存在显著差异。对于保护程度而言，重庆、陕西是保护知识产权程度较高的两个省（市），其2016年保护程度评价得分均高于全国平均水平；另外，在知识产权保护方面的提升速度也高于全国水平，重庆2008~2016年对知识产权保护力度的评价得分提升了10.60分，比全国评价得分增加量6.15分高出4.45分；同期陕西提升了7.73分，高于全国评价得分增加量1.58分。西部地区中，对知识产权保护力度最小的是青海和内蒙古，2016年评价得分分别为1.14分和1.21分，而且这两个省（区）从2008年以来在知识产权保护方面做的工作非常不够，2016年比2008年均提高了1.11分。这一切表明，西部地区在知识产权保护的制度建设方面虽有一定进步，但相比全国仍显缓慢。

（二）西部地区法治环境分析

金融立法、执法和司法环境的改善不仅为金融活动与业务的开展、金融主体权益的保护提供保障，而且会扩大各种金融组织、活动的发展空间，激励金融创新。因此，法治环境是金融生态环境的重要内容。由表7-20可见，2008~2016年，西部地区法治环境获得一定程度的改善，其评价得分从3.88分提高到4.98分，提高了1.10分；同期，全国法治环境评价得分从4.75分提高到6.00分，提高了1.25分。这表明西部地区公检法机关在执法公正及效率方面要低于全国水平，且2008~2016年的改进幅度也落后于全国。继续改善西部地区法治环境依然是金融生态环境优化的一个重要内容。

表7-20　2008~2016年西部各省（区、市）及全国"维护市场的法治环境"评价得分

单位：分

年份	内蒙古	广西	重庆	四川	贵州	云南	陕西	甘肃	青海	宁夏	新疆	西部地区	全国
2008	3.73	4.84	4.99	5.86	6.15	5.49	4.45	1.32	2.75	2.98	3.94	3.88	4.75

年份	内蒙古	广西	重庆	四川	贵州	云南	陕西	甘肃	青海	宁夏	新疆	西部地区	全国
2010	0.59	1.50	8.18	4.74	0.63	6.25	1.74	1.54	-0.12	-1.67	-0.24	1.79	2.86
2012	1.97	6.91	7.93	6.00	4.39	4.37	5.45	1.53	1.19	0.44	1.59	3.52	4.71
2014	4.38	7.08	8.33	6.17	4.63	3.58	6.99	4.18	2.85	4.24	1.73	4.79	6.11
2016	4.84	6.20	6.35	6.57	4.35	2.35	7.49	7.92	2.28	4.90	1.88	4.98	6.00
2016年较2008年变化	1.11	1.36	1.36	0.71	-1.80	-3.14	3.04	6.60	-0.53	1.92	-2.06	1.10	1.25

资料来源：王小鲁、樊纲、胡李鹏《中国分省份市场化指数报告（2018）》，社会科学文献出版社，2019。

从西部各省（区、市）的比较来看，2016年法治环境评价得分最高的是甘肃，达到7.92分，与2008年的1.32分相比，提高了6.60分，是西部地区各省（区、市）中法治环境改善最为显著的省；其次是陕西，2016年评价得分是7.49分，比2008年提高了3.04分，法治环境水平及改善幅度均处于西部地区第2位。法治环境得分最低的是新疆，2016年评价得分仅为1.88分，比西部地区平均得分低3.10分；其次为青海，2016年评价得分为2.28分，比西部地区平均得分低2.70分。2016年西部地区法治环境评价得分高于全国平均水平的有甘肃、陕西、四川、重庆和广西；其余各省（区）法治环境评价得分均落后于全国平均水平。显然，西部地区法治环境还有待进一步改善。

四　技术环境分析

随着大数据、云计算、区块链等一系列技术创新的出现，以及其在支付清算、融资借贷、投资管理和保险等诸多金融领域的广泛应用，近年来互联网金融快速发展。本节从居民互联网使用情况和新生金融业态发展状况两方面对西部地区金融发展的技术环境进行分析。

（一）西部地区居民互联网使用情况分析

网络普及率能够充分反映一个地区居民的互联网使用情况。从2006～2018年西部地区居民网络普及率及其变动情况可见，西部地区网络普及率总体上呈现不断上升的趋势。2006年西部地区网络普及率仅为7%，2018年达到51%，提高了44个百分点；同期，全国网络普及率从16%提高到了

58%，提高了42个百分点（见表7-21）。可见，从总体上看，西部地区网络普及率低于全国平均水平，但其上升速度快于全国，与全国平均水平的差距在缩小。

表7-21 2006~2018年西部各省（区、市）及全国网络普及率

单位：%，个百分点

年份	内蒙古	广西	重庆	四川	贵州	云南	陕西	甘肃	青海	宁夏	新疆	西部地区	全国
2006	8	8	8	4	6	11	11	6	7	7	8	7	16
2007	13	12	13	10	6	7	14	9	11	10	17	11	11
2008	16	15	21	14	12	12	21	13	24	17	29	16	23
2009	23	21	28	20	16	18	27	21	28	23	29	22	29
2010	30	25	35	24	20	22	35	26	33	28	38	28	34
2011	34	29	37	28	24	25	38	27	37	32	40	30	38
2012	39	34	41	32	29	29	41	31	42	40	43	34	42
2013	44	38	44	35	33	33	45	35	47	43	48	38	46
2014	46	39	46	37	35	35	46	37	67	45	50	40	48
2015	50	43	48	40	38	37	50	39	54	49	54	43	50
2016	52	46	52	44	43	40	52	42	54	50	54	46	53
2017	52	48	53	45	45	41	53	44	54	51	55	49	56
2018	54	50	55	48	49	43	55	46	54	52	55	51	58
2018年较2006年变化	46	42	47	42	43	32	44	40	47	45	47	44	42

资料来源：《中国互联网络发展状况统计报告》。

从西部各省（区、市）的比较来看，2018年网络普及率最高的省（区、市）为重庆、陕西和新疆，网络普及率均达到55%，比全国平均水平仅低3个百分点；网络普及率最低的省依次为云南、甘肃和四川，其网络普及率分别为43%、46%和48%。西部地区网络普及率的快速提高，一方面，为以互联网为基础的"四新经济"的发展提供了支撑条件；另一方面，也为移动支付等新型金融业务的发展与普及奠定了技术基础。

（二）西部地区新生金融业态发展状况分析

互联网企业利用自身技术优势，重新组合各种金融要素，提供差异化金

融服务，取得了积极进展，主要业态包括第三方支付、P2P 网络借贷、众筹融资以及大数据征信等。我国中小企业融资需求与银行信贷可得性不匹配，部分企业迫于无奈寻求民间融资，网络借贷由此迅猛发展。从根据有关资料整理的 2013～2018 年西部地区网贷运营平台数量变动情况可知，西部地区网贷运营平台数量呈现先上升后下降的趋势。2013 年西部地区网贷运营平台有 64 家，到 2015 年时上升至 306 家，其后数量逐步减少，到 2018 年下降至108 家，这一变化趋势与全国基本相同。2013 年全国网贷运营平台有 800 家，2015 年上升至 2595 家，2018 年下降至 1021 家（见表 7-22）。西部地区网贷运营平台数占全国总数的比例由 2013 年的 8.00% 上升到 2018 年的 10.58%。

表 7-22　2013～2018 年西部各省（区、市）及全国网贷运营平台数量

单位：家

年份	内蒙古	广西	重庆	四川	贵州	云南	陕西	甘肃	青海	宁夏	新疆	西部地区	全国
2013	0	8	8	24	8	8	8	0	0	0	0	64	800
2014	4	17	33	72	12	14	18	2	0	5	3	180	1575
2015	11	23	59	84	29	25	41	5	0	15	14	306	2595
2016	10	24	54	49	28	27	19	6	1	8	19	245	2448
2017	8	18	45	37	15	20	10	4	2	7	19	185	1931
2018	4	16	9	22	16	7	12	3	1	3	15	108	1021

资料来源：根据《中国统计年鉴》（2014～2019 年）相关数据计算。

从西部各省（区、市）的比较来看，2013～2018 年，西部各省（区、市）网贷运营平台数量的变化也呈现先增加后减少的趋势，其中内蒙古、甘肃、青海、宁夏、新疆都经历了从无到有的发展过程，特别是新疆从 2013 年的0 家快速增加到 2018 年的 15 家。从数量分布来看，四川、广西、贵州是西部地区中网贷运营平台数量较多的三个省（区），2018 年其网贷平台数量之和占西部地区总数的 50%。

值得指出的是，网贷平台从无到有的快速增加，是民间金融发展活力充足的表现，同时也表明中小微企业、个人融资难问题异常突出；另外，从2015 年开始的网贷平台爆雷且日益加剧现象，表明基于互联网技术而发展的民间金融由于监管不到位而存在极大的风险，成为当前金融风险聚集的一个重要源头。这对于经济金融比较脆弱的西部地区来讲，需要引起地方政府及监管部门的高度关注。

五　开放环境分析

历经 40 余年的改革开放，我国已全面参与到国际分工格局之中。经济全球化和生产要素的全球配置在推动经济高速增长的同时，既为金融业拓展了发展空间，同时也为金融业开放与稳健发展带来了挑战。因此，对外开放环境及其变化是金融业发展必须特别关注的因素之一。

（一）西部地区经济开放环境分析

2018 年是改革开放的第 41 个年头，西部各省（区、市）的对外开放程度已经显著提升，特别是"一带一路"倡议的提出，全面建立了西部地区对外开放的全新格局。

1. 西部地区进出口贸易状况分析

表 7-23 列出了 2006~2018 年西部地区及全国出口贸易情况，从中可以看出，2006~2018 年西部地区出口贸易额由 341 亿美元增加到 2117 亿美元，增长了 5.21 倍；而同期全国出口贸易额仅增长了 1.57 倍，西部地区出口贸易额增长倍数高出全国 3.64 倍。2018 年西部地区出口贸易额占全国的比例为 8.51%，这与西部地区在全国经济总量中的比例极不相称。从西部各省（区、市）的比较来看，出口贸易额与其经济规模成正相关，经济大省也就是出口大省。重庆、四川及广西是西部地区三个出口较多的省（区、市），而出口最少的是青海，2018 年出口贸易额仅为 5 亿美元，还不到重庆出口额的 1%。从出口贸易增长速度来讲，重庆是出口贸易增长最快的地区，2006~2018 年出口贸易增长 14.12 倍，是全国出口平均增速的 9 倍；经济发展比较落后的青海、甘肃的出口贸易增速则最慢，从 2006 年到 2018 年的 12 年间，出口贸易额几乎没有增加。

表 7-23　2006~2018 年西部各省（区、市）及全国出口贸易情况

单位：亿美元，倍

年份	内蒙古	广西	重庆	四川	贵州	云南	陕西	甘肃	青海	宁夏	新疆	西部地区	全国
2006	21	36	34	66	10	34	36	15	5	9	71	341	9690
2007	29	51	45	86	15	48	47	17	4	11	115	470	12201
2008	36	73	57	131	19	50	54	16	4	13	193	653	14307
2009	23	84	43	142	14	45	40	7	3	7	109	520	12016
2010	33	96	75	188	19	76	62	16	5	12	130	720	15778

年份	内蒙古	广西	重庆	四川	贵州	云南	陕西	甘肃	青海	宁夏	新疆	西部地区	全国
2011	47	125	198	290	30	95	70	22	7	16	168	1079	18984
2012	40	155	386	385	50	100	87	36	7	16	193	1487	20487
2013	41	187	468	419	69	157	102	47	8	26	223	1779	22090
2014	64	243	634	448	94	188	139	53	11	43	235	2174	23423
2015	57	279	552	331	99	166	148	58	16	30	175	1917	22735
2016	44	229	407	279	47	115	158	41	14	25	156	1520	20976
2017	49	281	426	376	58	115	245	17	4	37	176	1788	22634
2018	58	328	514	504	51	128	316	22	22	27	164	2117	24874
增长倍数	1.76	8.11	14.12	6.64	4.10	2.76	7.78	0.47	0.00	2.00	1.31	5.21	1.57

资料来源：《中国统计年鉴》（2007～2019 年）。

从表 7-24 来看，2006～2018 年西部地区进口贸易额呈现上升趋势，从 236 亿美元增加到 1568 亿美元，增长 5.64 倍；同期全国进口贸易额增长 1.70 倍，西部地区进口贸易额增长倍数高出全国平均水平 3.94 倍。2018 年西部地区进口额占全国进口总额的比例为 7.34%，与西部地区在全国经济总量中的比例极也不相称。分省（区、市）看，四川、广西、重庆、陕西等地是西部地区进口贸易额最大也是增长较快的省（区、市）。青海、宁夏等是进口规模最小的省（区），同时其进口增长速度也较慢。

表 7-24　2006～2018 年西部各省（区、市）及全国进口贸易情况

单位：亿美元，倍

年份	内蒙古	广西	重庆	四川	贵州	云南	陕西	甘肃	青海	宁夏	新疆	西部地区	全国
2006	38	31	21	44	6	28	17	23	1	5	20	236	7915
2007	48	41	29	58	8	40	22	39	2	5	22	316	9561
2008	53	59	38	90	15	46	29	45	3	6	29	414	11326
2009	45	59	34	100	9	35	44	31	3	6	30	396	10059
2010	54	81	49	139	12	58	59	58	3	8	42	564	13962
2011	72	109	94	187	19	66	76	66	3	7	60	760	17435
2012	73	140	146	207	17	110	61	53	4	6	58	877	18184
2013	79	141	219	226	14	96	99	56	6	7	53	996	19500

续表

年份	内蒙古	广西	重庆	四川	贵州	云南	陕西	甘肃	青海	宁夏	新疆	西部地区	全国
2014	82	162	320	254	14	108	134	33	6	11	42	1168	19592
2015	71	232	193	181	23	79	157	21	3	8	22	992	16796
2016	72	247	221	214	10	84	141	28	2	8	21	1049	15879
2017	90	298	240	306	24	120	157	31	2	14	29	1315	18438
2018	99	295	277	395	25	171	217	38	2	10	36	1568	21356
增长倍数	1.61	8.52	12.19	7.98	3.17	5.11	11.76	0.65	1.00	1.00	0.80	5.64	1.70

资料来源:《中国统计年鉴》(2007~2019年)。

　　另外，表7-25列出了2006~2018年西部地区贸易依存度的详细数据，本节主要利用进出口总额与GDP的比值来代表贸易依存度。同时为方便观察，绘制西部地区与全国范围内贸易依存度的时间变化趋势图，从图7-5能够看出，西部地区贸易依存度（进出口总额与GDP之比）呈现在波动中缓慢上升的趋势，从2006年的11.40%提升至2018年的15.28%，提高了3.88个百分点；而全国的贸易依存度在波动中呈现下降趋势，由2006年的63.95%下降至2018年的33.19%，下降了30.76个百分点。分省域看，由于贸易依存度的大小既与经济规模及经济结构有关，还与地理环境有关，因此，重庆、四川、广西、陕西的外贸依存度呈现上升趋势；而其余各省（区）均表现出一定程度的下降，其中新疆的外贸依存度下降幅度最大，从2006年的23.83%下降到2018年的10.56%，下降了13.27个百分点。另外，宁夏、甘肃的外贸依存度也从2006年时居西部地区的第2位、第3位下滑到2018年的第7位和第9位。

表7-25　2006~2018年西部各省（区、市）及全国贸易依存度

单位：%，个百分点

年份	内蒙古	广西	重庆	四川	贵州	云南	陕西	甘肃	青海	宁夏	新疆	西部地区	全国
2006	9.61	11.19	11.16	10.11	5.51	12.44	9.01	13.39	8.01	15.78	23.83	11.40	63.95
2007	8.79	11.61	11.62	9.94	5.75	13.46	8.74	14.92	5.61	12.57	28.43	11.67	58.86
2008	7.17	12.89	11.23	11.99	6.46	11.52	7.78	13.16	4.62	10.66	36.29	12.06	54.88
2009	4.75	12.54	8.06	11.66	4.02	8.91	7.03	7.79	3.71	6.06	22.27	9.35	43.25
2010	4.95	12.28	10.38	12.59	4.53	12.31	7.92	11.89	3.87	7.68	20.86	10.45	47.79

续表

年份	内蒙古	广西	重庆	四川	贵州	云南	陕西	甘肃	青海	宁夏	新疆	西部地区	全国
2011	5.25	12.56	18.38	14.30	5.40	11.35	7.38	10.96	3.48	6.85	21.75	11.56	47.03
2012	4.46	14.22	29.31	15.57	6.08	12.81	6.44	9.90	3.84	5.95	21.07	13.05	45.13
2013	4.32	13.85	32.76	14.92	6.25	13.03	7.57	9.86	4.03	7.61	19.90	13.33	42.76
2014	5.01	15.83	40.94	15.05	7.11	14.13	9.46	7.73	4.56	12.08	18.26	14.81	41.04
2015	4.66	19.74	30.77	11.06	7.56	11.67	10.99	7.60	5.19	8.34	13.69	13.03	37.42
2016	4.45	18.04	24.54	10.38	3.35	9.34	10.71	6.58	4.12	7.12	12.67	11.36	34.56
2017	5.82	21.09	23.15	12.44	4.07	9.67	12.39	4.37	1.68	9.88	12.76	12.43	33.79
2018	5.84	19.72	24.98	14.23	3.06	10.77	14.04	4.68	1.57	6.60	10.56	15.28	33.19
2018年较2006年变化	-3.77	8.53	13.82	4.12	-2.45	-1.67	5.03	-8.71	-6.44	-9.18	-13.27	3.88	-30.76

资料来源：根据《中国统计年鉴》（2007～2019年）相关数据计算。

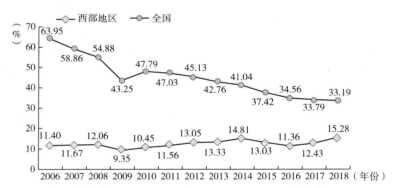

图7-5   2006～2018年西部地区及全国贸易依存度变化趋势

资料来源：根据《中国统计年鉴》（2007～2019年）相关数据计算。

综合西部各省（区、市）出口额、进口额以及外贸依存度的变化可知，西部地区进出口总额虽然都有了一定程度的增加，但各省（区、市）的外贸依存度却存在显著的变化差异，重庆、四川、陕西等省（市）出现了提升，而新疆、甘肃、青海等省（区）却出现了较大幅度的下降。这从侧面反映了西部各省（区、市）在对外开放程度方面存在明显差异。

2. 西部地区外商直接投资情况分析

外商直接投资是反映区域经济开放程度的重要衡量指标之一。从2006～2018年西部各省（区、市）外商投资实际使用金额的变动情况来看，西部地区吸引外商直接投资实际使用金额从 60.50 亿美元增长到 306.70 亿美元，年均增长率为 14.48%；同期全国外商直接投资实际使用金额从 630.21 亿美元增长到 1349.70 亿美元，年均增长率为 6.55%（见表 7—26）。西部地区外商直接投资额年均增长率高于全国年均增长率 7.93 个百分点，表明西部地区对外商直接投资的吸引力在持续增强，外商直接投资流入额的增长远超过全国平均水平。

表 7—26　2006～2018 年西部各省（区、市）及全国外商投资实际使用金额

单位：亿美元，%

年份	内蒙古	广西	重庆	四川	贵州	云南	陕西	甘肃	青海	宁夏	新疆	西部地区	全国
2006	17.41	4.47	6.96	12.08	1.84	3.02	9.25	0.30	2.75	1.38	1.04	60.50	630.21
2007	21.49	6.84	10.29	14.93	1.53	3.95	11.95	1.18	3.10	1.70	1.25	78.21	747.68
2008	26.51	9.71	24.52	30.88	1.74	7.77	13.70	1.28	2.20	1.21	1.90	121.42	923.95
2009	29.84	10.35	33.76	35.90	1.80	9.10	15.11	1.34	2.15	1.42	2.16	142.93	900.33
2010	33.85	9.12	30.43	60.25	3.40	13.29	18.20	1.35	2.19	0.81	2.37	175.26	1057.35
2011	38.38	10.14	58.26	94.81	7.17	17.38	23.55	0.70	1.69	2.02	3.35	257.45	1160.11
2012	39.43	7.49	35.24	98.01	10.98	21.89	29.36	0.61	2.06	2.18	4.08	251.33	1117.16
2013	46.45	7.00	41.44	102.84	15.74	25.15	36.78	0.71	0.94	1.48	4.81	283.34	1175.86
2014	39.80	10.01	42.33	102.90	20.65	27.06	41.76	1.00	0.50	0.92	4.17	291.10	1195.62
2015	33.70	17.22	37.72	100.70	25.78	29.90	46.21	1.10	0.55	1.86	4.53	299.27	1262.67
2016	39.70	8.88	26.26	90.46	32.16	8.67	50.12	1.15	0.15	2.54	4.01	264.10	1260.01
2017	31.50	8.27	22.60	93.68	38.91	9.63	58.94	0.44	0.18	3.11	1.96	269.21	1310.35
2018	31.60	5.06	32.50	108.64	44.86	10.56	68.48	0.50	0.31	2.14	2.05	306.70	1349.70
年均增长率	5.09	1.04	13.70	20.09	30.49	11.00	18.15	4.35	−16.63	3.72	5.82	14.48	6.55

资料来源：西部各省（区、市）《国民经济和社会发展统计公报》（2007～2019 年）。

从西部各省域的比较来看，省域间吸引的外商直接投资额存在巨大差异。其中，四川是外商直接投资大省，2018 年吸引的外商直接投资额占整个西部地区外商直接投资总额的 35.42%；其次是陕西，2018 年吸引的外商直接投资额占西部地区外商直接投资总额的 22.33%。吸引外商直接投资最少的则是青海、甘肃两省，2018 年吸引的外商直接投资还不足 1 亿美元。另外，从外商直接投资额的增长来看，2006～2018 年外商直接投资增长最快的是贵州，其年均增长率高达 30.49%；其次是四川和陕西，外商直接投资的

年均增长率分别是 20.09% 和 18.15%。青海则是外商直接投资严重下滑的省，2006～2018 年吸引外商直接投资不仅没有增加，反而是减少的，年均增长率为 -16.63%。外商直接投资流入增长迅速的地区，表明其市场基础较好，营商环境较好，经济增长潜力巨大。

（二）西部地区金融开放环境分析

西部地区金融业对外开放程度逐渐加深，但与其他地区相比仍处于落后水平。本节从资本账户开放和外资银行类金融机构发展状况两个角度对其进行分析。

1. 资本账户开放分析

资本账户开放主要指资金的跨境自由转移，最早于 2009 年 7 月在上海、广州等地进行跨境人民币结算试点，只限于贸易项下。2010 年，内蒙古、广西、重庆、四川、云南、西藏、新疆被纳入试点范围。2011 年，跨境贸易人民币结算扩大至全国范围，包含货物贸易、服务贸易和其他经常项目，人民币跨境结算业务额快速增加。从西部地区来讲，重庆、四川始终处于跨境人民币业务发展前列。截至 2018 年末，重庆市跨境人民币累计结算量达到 8645 亿元，增长了近 119 倍，年均增速达 81.9%；陕西省跨境人民币结算金额累计达 2433.85 亿元；云南省截至 2018 年 9 月末的跨境人民币累计结算额为 4459.77 亿元，较试点前翻两番多。

人民币跨境结算的实行，是我国人民币国际化战略的重要步骤，也是加强金融领域国际化合作的重要举措，对提高人民币国际竞争力、营造开放的营商环境、方便企业进行国际结算、降低企业汇率风险等都具有重要意义。

2. 外资银行类金融机构发展状况分析

度量西部地区外资银行类金融机构发展状况的指标无外乎外资银行类金融机构的数量与资产总额。表 7-27、表 7-28 分别是 2006～2018 年西部地区外资银行类金融机构数量及资产总额变动情况。

从外资银行类金融机构的数量看（见表 7-27），西部地区外资银行类金融机构数量从 2006 年的 15 家增加至 2018 年的 75 家，数量增加了 60 家；同期全国外资银行类金融机构数量从 2006 年的 224 家增加至 2018 年的 1143 家。西部地区外资银行类金融机构数量占全国比例在 2006 年为 6.70%，在 2018 年为 6.56%，略有下降。从外资银行的入驻来看，重庆、四川和陕西是西部地区外资银行入驻数量最多的省（市），截至 2018 年这三个省（市）入驻的外资银行数量占到西部地区总数的 80%。另外，甘肃、青海、宁夏三个省（区）截至 2018 年还没有一家外资银行入驻。这表明，西部地区外资银行入驻的省域分布高度集中。

表 7-27　2006～2018 年西部各省（区、市）及全国外资银行类金融机构数量

单位：家

年份	内蒙古	广西	重庆	四川	贵州	云南	陕西	甘肃	青海	宁夏	新疆	西部地区	全国
2006	0	0	4	7	0	1	3	0	0	0	0	15	224
2007	0	0	9	13	0	1	4	0	0	0	0	27	274
2008	0	1	12	17	0	2	6	0	0	0	1	38	311
2009	0	2	16	18	0	2	8	0	0	0	1	45	338
2010	1	2	20	20	1	2	9	0	0	0	1	53	360
2011	1	2	24	22	1	3	10	0	0	0	2	62	796
2012	1	2	28	24	1	4	11	0	0	0	2	70	839
2013	1	3	28	26	1	4	11	0	0	0	2	72	928
2014	1	3	29	29	1	6	12	0	0	0	2	79	1008
2015	1	4	31	29	1	6	12	0	0	0	3	82	1006
2016	1	4	28	28	1	6	13	0	0	0	3	79	1031
2017	1	4	27	26	1	7	12	0	0	0	2	80	1013
2018	1	4	24	23	1	7	13	0	0	0	2	75	1143

资料来源：中国人民银行发布的《中国区域金融运行报告》（2007～2019 年），《中国金融年鉴》（2007～2019 年）。

从外资银行类金融机构的资产总额看（见表 7-28），西部地区外资银行类金融机构资产总额从 2006 年的 107 亿元增加至 2018 年的 943 亿元，年均增长率为 19.88%；同期全国外资银行类金融机构资产总额从 2006 年的 9279 亿元增加至 2018 年的 33500 亿元，年均增长率为 11.29%。西部地区外资银行类金融机构资产总额占全国的比例由 2006 年的 1.15% 提高到了 2018 年的 2.81%。

表 7-28　2006～2018 年西部各省（区、市）及全国外资银行类金融机构资产总额

单位：亿元

年份	内蒙古	广西	重庆	四川	贵州	云南	陕西	甘肃	青海	宁夏	新疆	西部地区	全国
2006	—	—	22	25		5	55	0	0	0	—	107	9279
2007	—	—	65	76		3	90	0	0	0	—	234	12525
2008		1	81	122	—	3	92	0	0	0	24	323	13448

续表

年份	内蒙古	广西	重庆	四川	贵州	云南	陕西	甘肃	青海	宁夏	新疆	西部地区	全国
2009	—	7	76	131	—	3	81	0	0	0	20	318	13492
2010	2	19	106	226	2	14	92	0	0	0	17	478	17423
2011	8	12	127	265	3	26	109	0	0	0	25	575	21000
2012	8.9	25	170	312	2	34	110	0	0	0	35	696	24000
2013	12	34	202	334	3	46	140	0	0	0	37	809	25000
2014	6	40	217	321	3	57	154	0	0	0	27	824	27500
2015	3.7	40	245	294	3	79	168	0	0	0	18	850	27000
2016	4	47	226	344	3	52	166	0	0	0	14	850	29250
2017	3	52	203	367	3	62	161	0	0	0	16	867	32400
2018	3	56	222	372	5	76	191	0	0	0	18	943	33500

资料来源：中国人民银行发布的《中国区域金融运行报告》（2007～2019年）。

外资银行进入西部地区的机构数量及资产总额的快速增加，以及占全国比例的快速提升，一方面表明西部地区金融开放力度在持续加大，对外资金融机构的吸引力在不断增强；另一方面也表明外资金融机构对西部地区经济发展具有更好的前景预期。但外资金融机构进入西部地区的省域不均衡现象，表明西部地区省域之间金融开放在经济基础、开放条件与程度等方面还存在显著差异，外资金融机构全面进入西部地区的时机还远未到来。

六　本章小结

金融生态环境是金融业赖以生存和发展的基础，也是影响金融发展的重要因素。本章基于前述对金融生态环境的内涵界定及其与金融发展关系的分析，对西部地区金融环境状况进行了全面分析。

首先，就西部整体而言，随着经济发展水平的日益提升、市场经济改革的不断深化、地区法治环境的渐渐改善、技术变革的日新月异以及开放程度的不断加深，西部地区金融生态环境在整体上获得了显著改善。

其次，西部地区金融生态环境存在省域间的极大差异性。经济发展规模及其增长潜力是金融生态环境的主体构成内容，这就使重庆、四川、陕西等少数省（市）具有较为良好的金融生态环境，为其金融业的快速发展提供了有利条件；而经济发展水平较为落后的甘肃、青海、宁夏省（区）的金融生态环境较差，对其金融业发展形成了明显的约束。

　　最后，在金融生态环境构成的具体内容上，与全国相比，西部地区经济实力较弱、民营经济发展不足、政府对市场干预较多、法治环境亟待改善，在这些方面与全国差距明显，处在绝对劣势地位，是西部地区金融生态环境的短板；而在技术条件、对外开放等方面，虽然在绝对水平上与全国相比仍有差距，但在相对水平上具有一定的比较优势。特别是在国家西部大开发战略的持续推进与深入、"一带一路"倡议的提出及实施以及加快沿边开放等重大战略与政策的推动下，西部地区的开放环境在持续优化，这为西部地区金融业加速发展提供了机遇。

第三篇 | 质量评价

▶ 本篇基于第二章构建的金融发展质量评价指标体系与评价方法，从省域层面及西部整体区域层面，对西部地区金融发展质量进行测度评价，并对影响金融发展质量的主要因素进行实证分析，为谋求金融发展质量的进一步提升提供依据。

第八章
西部各省（区、市）金融发展质量评价（I）

本章依据前述第二章构建的金融发展质量评价指标体系及方法，主要对西南地区的四川、重庆、贵州、广西、云南以及内蒙古等6个省（区、市）的金融发展质量，从金融规模、金融结构、金融效率、金融功能、金融稳健性五个维度与总体发展层面进行评价。

一　四川省金融发展质量评价

（一）四川省金融发展质量分维度评价

1. 四川省金融发展规模评价

表8-1是四川省2006~2018年的金融发展质量规模维度下各三级指标的变化情况。

表8-1　2006~2018年四川省金融发展质量规模维度下各三级指标的变化情况

单位：亿元，%

年份	银行贷款余额	保费收入	股市市值	债券筹资额	社会融资规模	金融相关率	社会融资比例
2006	8003.10	240.20	2267.59	101.00	1216.70	122.85	14.09
2007	9416.16	335.80	7425.74	35.40	1604.70	163.85	15.28
2008	11395.40	494.30	2772.70	53.50	2559.90	117.67	20.47
2009	15979.40	579.00	5804.00	107.00	4946.90	158.78	34.96
2010	19485.70	765.80	7492.84	280.00	4068.30	165.84	24.07
2011	22514.20	779.00	5912.46	315.00	3843.80	140.40	18.28
2012	26163.30	819.50	5929.00	873.50	4730.40	141.66	19.83
2013	30298.85	914.68	5579.02	771.00	7137.00	143.04	27.18

续表

年份	银行贷款余额	保费收入	股市市值	债券筹资额	社会融资规模	金融相关率	社会融资比例
2014	34751.00	1060.63	8449.84	1377.58	7092.00	159.93	24.85
2015	38704.00	1267.00	13787.10	1589.00	5812.00	183.86	19.31
2016	43543.00	1712.10	13600.00	570.60	6651.46	181.84	20.35
2017	49000.00	1939.39	15391.17	1248.40	7390.80	182.77	19.99
2018	55000.00	1958.08	10759.36	6796.60	8086.50	183.99	19.88

　　2006~2018 年，四川省银行贷款余额和保费收入呈现稳步上升趋势，其中银行贷款余额从 8003.10 亿元增长到 55000.00 亿元，年均增长率为 17.42%；保费收入从 240.20 亿元增长到 1958.08 亿元，年均增长率为 19.11%。股市市值、债券筹资额、社会融资规模、金融相关率以及社会融资比例均呈现波动上升的态势。其中股市市值从 2006 年的 2267.59 亿元增加到 2018 年的 10759.36 亿元，其中 2007 年、2010 年以及 2017 年是此阶段的三个波峰；债券筹资额在波动中增长，从 2006 年的 101.00 亿元增长到 2018 年的 6796.60 亿元；社会融资规模从 2006 年的 1216.70 亿元波动增长到 2018 年的 8086.50 亿元；金融相关率从 2006 年的 122.85% 提升到 2018 年的 183.99%，上升了 61.14 个百分点；社会融资比例由 2006 年的 14.09% 提升到 2018 年的 19.88%，提升了 5.79 个百分点。

　　采用熵值法对金融发展规模三级指标数据进行测算，得到四川省 2006~ 2018 年金融发展质量规模指数（见图 8-1）。

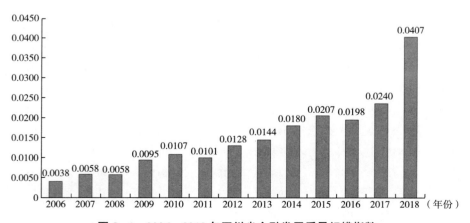

图 8-1　2006~2018 年四川省金融发展质量规模指数

可以看出，2006～2018 年，四川省金融发展质量规模指数大幅提升，从 2006 年的 0.0038 上升到 2018 年的 0.0407，特别是 2018 年与 2017 年相比出现了跳跃式增加。这表明，从金融发展规模维度看，四川省金融发展质量显著提高。从表 8-1 相关指标的变化来看，四川省金融发展质量规模指数的稳步提升与其金融业发展主要指标的稳步增加有关；同时也发现在 2011 年以及 2016 年金融发展质量规模指数出现了小幅下降，这缘于债券筹资额、保费收入以及股市市值在这几个年份出现了一定幅度的下降。

2. 四川省金融发展结构评价

表 8-2 是四川省 2006～2018 年的金融发展质量结构维度下各三级指标的变化情况。

表 8-2　2006～2018 年四川省金融发展质量结构维度下各三级指标的变化情况

单位：%

年份	融资结构	金融行业结构
2006	11.26	31.08
2007	10.64	33.57
2008	6.43	35.37
2009	6.23	34.43
2010	12.21	35.69
2011	16.21	35.09
2012	23.80	37.91
2013	12.52	35.38
2014	24.88	37.55
2015	34.15	40.05
2016	14.24	36.53
2017	21.46	27.50
2018	23.27	26.51

2006～2018 年，以直接融资占比表示的四川省融资结构呈现波动上升趋势，从 2006 年的 11.26% 上升到 2018 年的 23.27%，提升了 12.01 个百分点，但是在 2012 年与 2015 年出现了两个峰值，分别为 23.80% 与 34.15%，均高于 2018 年的 23.27%，这表明四川省融资结构总体上趋于改善，但还不稳定；以非银行业金融资产占金融业总资产比例反映的金融行业结构指标，总体上呈现先上升后下降的趋势，从 2006 年的 31.08% 缓慢波动上升到 2015 年的

40.05% 后，又迅速下降到 2018 年的 26.51%，2018 年与 2006 年相比，金融行业结构降低了 4.57 个百分点。这表明四川省非银行业金融业在此期间发展相对缓慢，金融发展的行业结构失衡问题有所加剧。

采用熵值法对金融发展结构三级指标数据进行测算，得到四川省 2006～2018 年的金融发展质量结构指数（见图 8-2）。

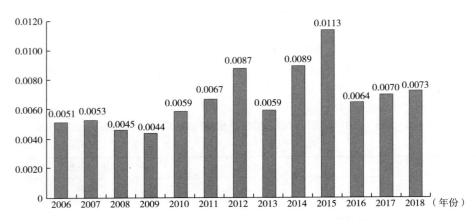

图 8-2　2006～2018 年四川省金融发展质量结构指数

可以看出，四川省金融发展质量结构指数总体提升不甚显著，且呈现较大波动，从 2006 年的 0.0051 上升到 2018 年的 0.0073，其中 2015 年的金融发展质量结构指数为 0.0113，为样本期间内最高水平，而最低年份出现在 2009 年，仅为 0.0044。这表明四川省金融发展结构存在较大的不稳定性。持续优化融资结构与金融行业结构，是四川省进一步提升金融发展质量需要努力的方向之一。

3. 四川省金融发展效率评价

表 8-3 是四川省 2006～2018 年的金融发展质量效率维度下各三级指标的变化情况。

表 8-3　2006～2018 年四川省金融发展质量效率维度下各三级指标的变化情况

单位：万元/人，%

年份	信贷资金边际产出率	劳动生产率	投资转化率	储蓄率	贷存率	居民股市参与率	证券化率	保险赔付率
2006	76.35	18.04	48.10	20.62	67.01	4.79	23.38	23.73
2007	132.16	20.97	49.40	15.97	66.83	6.30	23.86	27.35
2008	101.10	24.57	53.10	36.77	60.65	6.63	22.34	24.98

年份	信贷资金边际产出率	劳动生产率	投资转化率	储蓄率	贷存率	居民股市参与率	证券化率	保险赔付率
2009	35.89	24.16	54.40	28.28	63.59	7.27	26.77	22.55
2010	78.35	28.46	53.60	30.53	63.88	7.99	26.19	19.71
2011	136.31	36.51	52.64	27.96	64.38	8.53	26.07	24.54
2012	77.36	51.75	52.30	31.35	62.93	8.72	27.09	28.42
2013	58.30	60.57	51.40	26.06	62.96	8.86	24.93	34.40
2014	51.12	64.32	50.60	19.84	64.43	9.21	27.67	35.26
2015	39.63	73.23	49.30	20.67	64.38	13.80	31.30	35.84
2016	53.26	72.88	49.10	22.37	65.09	12.34	33.92	32.38
2017	52.68	94.32	48.73	13.75	67.12	12.58	24.74	30.08
2018	50.97	95.31	48.01	16.05	71.43	13.10	27.26	32.31

从金融业总体效率角度来看，2006～2018 年四川省信贷资金边际产出率呈现波动下降的趋势，从 76.35% 下降到 50.97%，即每增加百元信贷资金投入的 GDP 产出减少了 25.38 元；劳动生产率稳步提升，从 18.04 万元/人提升到 95.31 万元/人，提高了 77.27 万元/人；投资转化率基本稳定，从 2006 年的 48.10% 缓慢上升到 2009 年的 54.40%，其后下降到了 2018 年的 48.01%，2018 年相较 2006 年下降了 0.09 个百分点。从银行业效率角度来看，2006～2018 年，储蓄率与贷存率呈现波动态势，其中储蓄率出现小幅下降，2018 年相比 2006 年降低了 4.57 个百分点；贷存率出现小幅上升，2018 年相比 2006 年上升了 4.42 个百分点。从证券市场效率角度来看，居民股市参与率稳步提升，从 2006 年的 4.79% 上升到 2018 年的 13.10%，增长了 8.31 个百分点；证券化率在波动中提升，从 2006 年的 23.38% 小幅上升到 2018 年的 27.26%，上升了 3.88 个百分点。从保险业效率角度来看，保险赔付率波动上升，从 2006 年的 23.73% 上升到 2018 年的 32.31%，上升了 8.58 个百分点。

采用熵值法对金融发展效率三级指标数据进行测算，得到四川省 2006～2018 年的金融发展质量效率指数（见图 8-3）。

可以看出，2006～2018 年四川省金融发展质量效率指数总体呈现稳步提升态势，效率指数由 2006 年的 0.0033 上升到 2018 年的 0.0082。虽然年度间有所波动，但幅度很小。这表明，四川省金融发展效率一直保持着稳步提高的趋势。结合表 8-3 中各三级指标的变化来看，四川省除了信贷资金边际

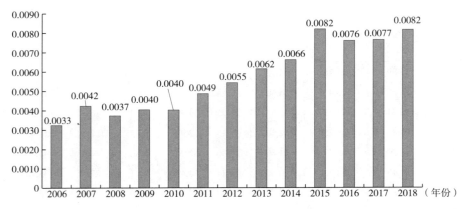

图 8-3　2006～2018 年四川省金融发展质量效率指数

产出率及储蓄率有所下降外，其余各项经济指标都基本向着好的方向发展，由此决定了四川省金融发展效率持续提升。

4. 四川省金融发展功能评价

表 8-4 是四川省 2006～2018 年的金融发展质量功能维度下各三级指标的变化情况。

金融服务覆盖率呈现先下降后上升的趋势，从 2006 年的 1.63 个 / 万人下降到 2008 年的 1.48 个 / 万人，然后缓慢上升到 2017 年的 1.72 个 / 万人，最后略微下降到 2018 年的 1.71 个 / 万人。金融服务使用率呈现小幅波动上升的态势，从 2006 年的 92.09% 上升到 2018 年的 135.21%，上升了 43.12 个百分点。保险密度呈现逐年上升的趋势，从 2006 年的 294.01 元 / 人上升到 2018 年的 2347.54 元 / 人，年均增长率为 18.90%。

债务投资率与非国有单位固定资产投资率均呈现不断波动的态势，债务投资率从 2006 年的 55.80% 下降到 2018 年的 45.42%，降低了 10.38 个百分点；非国有单位固定资产投资率从 2006 年的 64.35% 上升到 2018 年的 68.54%，上升了 4.19 个百分点。

金融经济增长弹性与金融居民收入增长弹性呈现先波动下降后上升的趋势，2018 年较 2006 年得到大幅度提升。工业企业成长金融支持率呈现不断下降的趋势，从 2006 年的 30.16 下降到 2018 年的 13.07，降低了 56.66%。第二、第三产业金融支持率以及产业合理化金融支持率、研发费用金融支持率与 GDP 能耗降低金融支持率均呈现先波动下降后上升的趋势，而且 2018 年较 2006 年得到大幅度提升。产业高级化金融支持率与高新技术产业金融支持率呈现不断上升的趋势。城镇居民恩格尔系数与农村居民恩格尔系数呈

表 8-4 2006～2018 年四川省金融发展质量功能维度下各级三级指标的变化情况

年份	基础性功能			资源配置功能					扩展功能								
	金融服务覆盖率（个/万人）	金融服务使用率（%）	保险密度（元/人）	债务投资率（%）	非国有单位固定资产投资率（%）	金融经济增长弹性	金融居民收入增长弹性	工业企业成长金融支持率	第二、第三产业金融支持率	产业高级化金融支持率	产业合理化金融支持率	研发费用金融支持率	高新技术产业金融支持率	GDP能耗降低金融支持率	城镇居民恩格尔系数（%）	农村居民恩格尔系数（%）
2006	1.63	92.09	294.01	55.80	64.35	1.2446	0.6098	30.16	190.25	-0.0127	0.0078	2.4358	0.0330	0.4651	37.72	50.80
2007	1.58	89.15	413.19	61.95	67.79	1.0824	1.0235	32.55	142.92	-0.0065	0.0060	1.6761	0.0432	0.4996	41.20	52.30
2008	1.48	90.43	607.37	66.40	66.20	1.3323	0.6150	33.94	196.37	-0.0073	0.0083	1.2606	0.0466	0.7378	44.00	52.03
2009	1.52	112.92	707.43	70.69	61.67	0.4456	0.7567	34.29	104.95	-0.0038	0.0046	1.8897	0.0442	0.1461	40.50	42.00
2010	1.56	113.38	951.86	63.51	61.89	0.8648	0.5804	31.60	113.04	-0.0035	0.0048	2.0317	0.0441	0.3927	39.50	48.30
2011	1.61	107.07	967.33	59.96	67.50	0.6856	0.5955	29.60	84.53	-0.0023	0.0036	1.3778	0.0490	0.3076	40.68	46.24
2012	1.64	109.59	1014.77	61.14	68.53	0.2699	0.3141	22.96	47.26	-0.0010	0.0021	0.8058	0.0606	0.1593	40.40	46.85
2013	1.66	114.80	1128.26	67.75	67.76	0.4949	0.6617	21.96	82.57	-0.0016	0.0036	1.4462	0.0829	0.7287	39.60	42.20
2014	1.69	121.78	1302.99	65.26	67.32	0.3205	0.7214	19.79	62.36	-0.0010	0.0028	1.1205	0.0794	0.1698	34.94	39.75
2015	1.71	128.57	1544.74	64.46	65.60	0.8326	0.4866	17.71	202.14	-0.0024	0.0093	3.8540	0.0681	1.9266	35.19	39.12
2016	1.72	133.24	2072.23	66.03	70.34	0.3721	0.4005	16.93	59.19	-0.0006	0.0027	1.1355	0.0571	0.2445	35.44	38.49
2017	1.72	132.50	2336.06	63.88	63.86	0.4859	0.3480	13.50	46.49	-0.0004	0.0021	0.9037	0.0749	0.0608	33.30	37.20
2018	1.71	135.21	2347.54	45.42	68.54	4.8770	4.4576	13.07	535.24	-0.0004	0.0261	10.8707	0.0928	6.4680	31.80	35.20

现先上升后下降的趋势，其中城镇居民恩格尔系数从 2006 年的 37.72% 下降到 2018 年的 31.80%，降低了 5.92 个百分点；农村居民恩格尔系数从 2006 年的 50.80% 下降到 2018 年的 35.20%，降低了 15.60 个百分点。

采用熵值法对金融发展功能三级指标数据进行测算，得到四川省 2006～2018 年的金融发展质量功能指数（见图 8-4）。

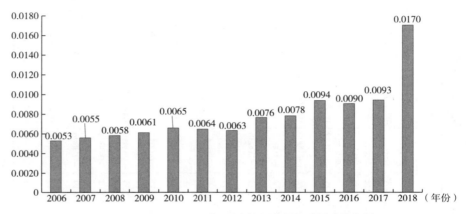

图 8-4　2006～2018 年四川省金融发展质量功能指数

可见，四川省金融发展质量功能指数呈波动上升趋势，从 2006 年的 0.0053 上升到 2018 年的 0.0170，而且 2018 年相较 2017 年得到大幅度提升，这表明 2006～2018 年四川省金融业对经济社会发展的支持功能在持续增强。从金融功能各个评价指标的变化来看，除了衡量资源配置功能的债务投资率、非国有单位固定资产投资率以及衡量金融扩展功能的工业企业成长金融支持率之外，其余所有衡量指标在 2006～2018 年均获得大幅提升。

5. 四川省金融发展稳健性评价

表 8-5 是四川省 2006～2018 年的金融发展质量稳健性维度下各三级指标的变化情况。

表 8-5　2006～2018 年四川省金融发展质量稳健性维度下各三级指标的变化情况

年份	政府负债率（%）	财政赤字率（%）	银行业不良贷款率（%）	房地产相对泡沫程度	房地产绝对泡沫程度
2006	8.51	121.77	9.84	0.7407	0.2851
2007	8.62	106.96	9.52	0.8021	0.2880
2008	15.27	184.68	7.27	0.7039	0.2867
2009	17.08	205.72	3.13	0.1138	0.2639

续表

年份	政府负债率 （%）	财政赤字率 （%）	银行业不良贷款率 （%）	房地产相对泡沫 程度	房地产绝对泡沫 程度
2010	15.69	172.66	1.82	0.9584	0.2850
2011	12.51	128.63	1.30	0.5878	0.2807
2012	12.69	125.13	1.02	0.6280	0.2680
2013	13.02	123.44	0.79	−0.1183	0.2402
2014	13.05	121.77	1.26	−0.2821	0.2153
2015	13.89	125.64	2.00	−0.4067	0.2054
2016	14.14	136.33	2.33	1.0686	0.2090
2017	13.81	142.64	2.61	1.2448	0.2244
2018	14.28	148.49	2.27	1.2986	0.2342

由表8-5可见，政府负债率在波动中上升，从2006年的8.51%上升到2018年的14.28%，上升了5.77个百分点。财政赤字率从2006年的121.77%上升到2018年的148.49%，上升了26.72个百分点。银行业不良贷款率从2006年的9.84%下降到2013年的最低值0.79%，其后上升到2018年的2.27%，2018年相较2006年降低了7.57个百分点。房地产相对泡沫与绝对泡沫程度均呈现先下降后上升的趋势，房地产相对泡沫程度从2006年的0.7407下降到2015年的−0.4067，其后上升到2018年的1.2986；房地产绝对泡沫程度从2006年的0.2851下降到2015年的0.2054，其后上升到2018年的0.2342。

采用熵值法对金融发展稳健性三级指标数据进行测算，得到四川省2006～2018年金融发展质量稳健性指数（见图8-5）。

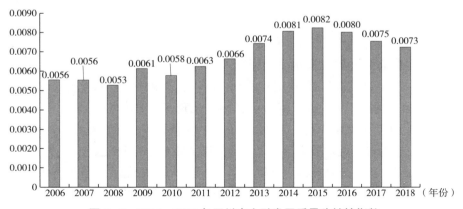

图8-5　2006～2018年四川省金融发展质量稳健性指数

由图 8-5 可见，四川省金融发展质量稳健性指数总体上呈现上升趋势，稳健性指数从 2006 年的 0.0056 上升到 2018 年的 0.0073，金融稳健性明显增强；但从 2016 年开始，金融稳健性指数逐年下降，2018 年比 2015 年下降了0.0009。分析金融稳健性各个指标的变化情况，不难发现，导致这种下降的主要原因在于 2015 年后房地产价格的上涨远超过 GDP 增长，使得房地产相对泡沫程度快速提高。因此，四川省金融发展稳健性的提升，需要对房地产泡沫程度予以有效控制。

（二）四川省金融发展质量综合评价

依据前文对四川省金融规模、金融结构、金融效率、金融功能、金融稳健性五个维度发展质量的评价，运用熵值法计算出 2006~2018 年四川省金融发展质量综合指数（见图 8-6）。

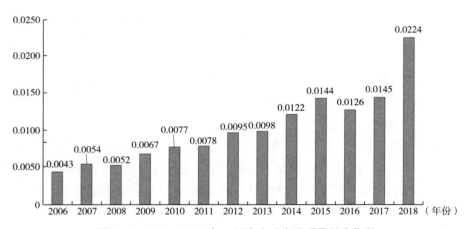

图 8-6　2006~2018 年四川省金融发展质量综合指数

由图 8-6 可以看出，2006~2018 年，四川省金融发展质量总体表现出稳定提升的态势。发展质量综合指数由 2006 年的 0.0043 提升到 2018 年的0.0224，提升效果明显；但同时也看到，四川省金融发展质量提升过程中存在一定的波动性，其中 2016 年相比 2015 年出现了较为明显的下降，但 2018年相较 2017 年又大幅提升。另外，结合金融发展质量五个维度指数的变化，可以发现四川省金融发展质量综合指数的持续提升是五个维度质量指数共同提升的结果，其中金融规模、金融效率、金融功能与金融稳健性四个维度的持续提升贡献最大，金融结构则是其金融发展质量的短板。因此，四川省金融发展质量的进一步提升，除了在金融规模、金融效率、金融功能与金融稳健性方面继续发展之外，需要重点考虑金融结构的优化。

二 重庆市金融发展质量评价

（一）重庆市金融发展质量分维度评价

1. 重庆市金融发展规模评价

表8-6是重庆市2006～2018年的金融发展质量规模维度下各三级指标的变化情况。

表8-6 2006～2018年重庆市金融发展质量规模维度下各三级指标的变化情况

单位：亿元，%

年份	银行贷款余额	保费收入	股市市值	债券筹资额	社会融资规模	金融相关率	社会融资比例
2006	4199.20	93.24	531.05	30.00	759.53	151.78	19.47
2007	5056.60	124.68	1593.14	20.00	1049.68	153.97	22.00
2008	6252.50	200.55	608.94	62.50	1565.20	152.98	26.53
2009	8856.60	244.70	1900.07	135.00	2896.96	171.23	43.56
2010	10999.90	321.08	2645.10	164.70	2531.29	178.69	31.39
2011	13195.20	311.81	2027.97	262.00	2616.87	171.35	26.14
2012	15594.20	331.03	2185.45	556.40	2986.72	179.38	26.07
2013	18005.70	359.23	2805.99	649.80	5101.08	189.39	39.75
2014	20630.70	407.26	4456.67	1084.30	5473.00	198.19	38.37
2015	22955.20	514.58	6495.93	1674.30	2969.00	206.24	18.89
2016	25524.20	601.61	6691.25	1179.70	3410.51	202.82	19.42
2017	28417.50	744.75	6129.00	1203.80	3733.96	187.88	19.15
2018	32247.80	806.24	4700.00	1214.20	5000.00	191.56	24.55

2006～2018年，重庆市银行贷款余额和保费收入稳步增长，其中银行贷款余额从4199.20亿元增长到32247.80亿元，年均增长率为18.52%；保费收入从93.24亿元增长到806.24亿元，年均增长率为19.69%。股市市值、债券筹资额、社会融资规模、金融相关率以及社会融资比例均呈现波动上升的态势。其中股市市值从2006年的531.05亿元增长到2018年的4700.00亿元，其中2007年、2010年以及2016年出现了三个波峰；债券筹资额波动较大，从2006年的30.00亿元波动增加到2018年的1214.20亿元，其间筹资额最低值仅为20.00亿元（2007年），最大筹资额达到1674.30亿元（2015

年）；社会融资规模在波动中增加，从 2006 年的 759.53 亿元增长到 2018 年的 5000.00 亿元，其间最高值达到 5473.00 亿元（2014 年）；金融相关率从 2006 年的 151.78% 增加到 2018 年的 191.56%，上升了 39.78 个百分点；社会融资比例由 2006 年的 19.47% 提升到 2018 年的 24.55%，提升了 5.08 个百分点。

采用熵值法对金融发展规模三级指标数据进行测算，得到重庆市 2006～2018 年金融发展质量规模指数（见图 8-7）。

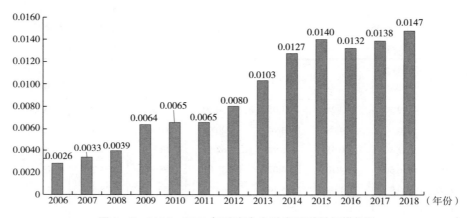

图 8-7　2006～2018 年重庆市金融发展质量规模指数

从图 8-7 中可见，2006～2018 年，重庆市金融发展质量规模指数呈现稳步上升趋势，从 2006 年的 0.0026 上升到 2018 年的 0.0147。结合表 8-6 中各相关指标的变化可知，重庆市金融发展质量规模指数的稳步提升是各项指标持续提高的结果。

2. 重庆市金融发展结构评价

表 8-7 给出了重庆市 2006～2018 年的金融发展质量结构维度下各三级指标的变化情况。

表 8-7　2006～2018 年重庆市金融发展质量结构维度下各三级指标的变化情况

单位：%

年份	融资结构	金融行业结构
2006	4.42	26.01
2007	5.13	25.20
2008	4.62	24.76
2009	5.37	26.22

年份	融资结构	金融行业结构
2010	13.05	28.24
2011	16.05	30.00
2012	19.63	31.81
2013	15.09	33.13
2014	23.12	37.04
2015	60.67	41.24
2016	40.36	39.52
2017	33.90	22.13
2018	24.98	17.33

2006～2018 年，重庆市融资结构指标呈现先波动上升后下降的趋势，直接融资占比从 2006 年的 4.42% 上升到 2015 年的最高值 60.67%，随后开始下降，到 2018 年达到 24.98%，2018 年相较 2006 年上升了 20.56 个百分点，但相较 2015 年的最高值下降了 35.69 个百分点。金融行业结构指标总体上呈现波动下降的趋势，非银行业金融资产占比从 2006 年的 26.01% 下降到 2018 年的 17.33%，降低了 8.68 个百分点，其间最高值为 41.24%（2015 年）。

采用熵值法对金融发展结构三级指标数据进行测算，得到重庆市 2006～2018 年的金融发展质量结构指数（见图 8−8）。

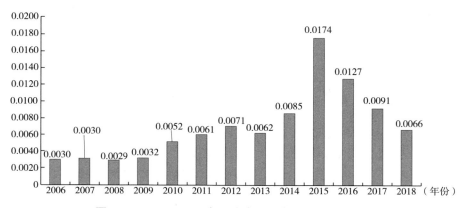

图 8−8　2006～2018 年重庆市金融发展质量结构指数

由图 8−8 可见，2006～2018 年重庆市金融发展质量结构指数表现出以 2015 年为分水岭的先上升后下降趋势，金融发展质量结构指数从 2006 年的

0.0030 上升到 2015 年的最高值 0.0174 后，逐年下降到 2018 年的 0.0066，且与 2015 年相比下降了 0.0108。这表明，重庆市金融发展的结构质量存在极大的不稳定性，且 2015 年后下降趋势明显。结合金融发展结构的衡量指标可以看出，重庆市金融发展结构的失衡问题比较严重，直接融资比例总体较低且年度间波动较大，直到 2018 年直接融资占比还不到 1/4；相对于银行业来说，非银行金融业发展比较缓慢，资产占比较小，即使是非银行业金融资产占比最大的 2015 年，其占比也仅仅为 41.24%，这说明金融业发展的结构失衡问题严重。更值得关注的是，金融发展的行业结构失衡问题自 2015 年以来还在继续加剧。

3. 重庆市金融发展效率评价

表 8-8 是重庆市 2006～2018 年的金融发展质量效率维度下各三级指标的变化情况。

表 8-8　2006～2018 年重庆市金融发展质量效率维度下各三级指标的变化情况

单位：万元/人，%

年份	信贷资金边际产出率	劳动生产率	投资转化率	储蓄率	贷存率	居民股市参与率	证券化率	保险赔付率
2006	48.00	15.44	61.90	21.67	75.86	4.96	26.57	22.00
2007	72.96	15.26	62.30	13.19	76.41	6.45	25.60	28.27
2008	82.57	22.15	59.80	27.98	77.17	6.73	23.14	22.71
2009	54.89	40.04	58.50	30.29	79.90	7.49	30.17	23.14
2010	12.51	45.77	57.70	26.09	80.80	8.07	32.36	19.34
2011	96.43	57.10	57.51	26.36	81.81	8.57	36.32	23.73
2012	60.35	64.99	55.60	27.33	80.28	8.76	36.65	27.73
2013	49.67	74.35	54.60	23.58	79.01	8.91	37.73	34.69
2014	61.28	81.58	54.40	19.25	82.00	9.27	39.29	37.18
2015	62.56	92.84	53.70	15.41	79.76	9.01	40.77	42.76
2016	71.59	90.87	53.80	15.38	79.37	10.50	43.01	41.55
2017	74.69	99.66	53.44	12.51	81.53	10.43	41.24	34.50
2018	37.36	99.66	53.99	17.98	87.42	11.10	23.28	34.37

从金融业总体效率角度来看，2006～2018 年重庆市信贷资金边际产出率呈现在波动中下降的趋势，从 2006 年的 48.00% 下降到 2018 年的 37.36%，降低了 10.64 个百分点；劳动生产率持续上升，从 2006 年的 15.44 万元/人

提升到 2018 年的 99.66 万元 / 人；投资转化率总体上呈现缓慢下降的趋势，从 2006 年的 61.90% 下降到 2018 年的 53.99%，下降了 7.91 个百分点。从银行业效率角度来看，2006 ~ 2018 年，储蓄率与贷存率呈现不断波动的趋势，其中储蓄率出现小幅度下降，2018 年相比 2006 年降低了 3.69 个百分点；贷存率小幅上升，2018 年相比 2006 年上升了 11.56 个百分点。从证券市场效率角度来看，居民股市参与率呈现不断上升的趋势，从 2006 年的 4.96% 上升到 2018 年的 11.10%，上升了 6.14 个百分点；证券化率不断波动且小幅下降，从 2006 年的 26.57% 下降到 2018 年的 23.28%，下降了 3.29 个百分点。从保险业效率角度来看，保险赔付率呈现波动上升态势，从 2006 年的 22.00% 上升到 2018 年的 34.37%，上升了 12.37 个百分点。

采用熵值法对金融发展效率三级指标数据进行测算，得到重庆市 2006 ~ 2018 年的金融发展质量效率指数（见图 8-9）。

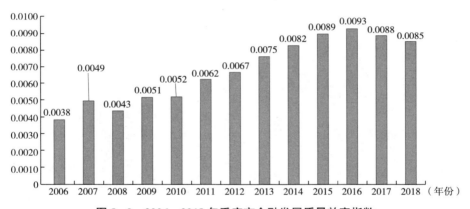

图 8-9　2006 ~ 2018 年重庆市金融发展质量效率指数

2006 ~ 2018 年，重庆市金融发展质量效率指数总体呈现上升趋势，效率指数由 0.0038 上升至 0.0085，金融效率改进明显；但 2016 年之后，金融效率出现了小幅下降，2018 年与 2016 年相比，效率指数下降了 0.0008。从表 8-8 中各种效率指标的变化可知，2016 年之后，重庆市金融效率指标中除了金融业劳动生产率、贷存率、居民股市参与率以及投资转化率之外，其余指标均出现了明显的下降，这是 2016 年后金融效率呈现下降趋势的主要原因。

4. 重庆市金融发展功能评价

表 8-9 是重庆市 2006 ~ 2018 年的金融发展质量功能维度下各三级指标的变化情况。

表8-9　2006～2018年重庆市金融发展质量功能维度下各三级指标的变化情况

年份	基础性功能			资源配置功能						扩展功能						
	金融服务覆盖率(个/万人)	金融服务使用率(%)	保险密度(元/人)	债务投资率(%)	非国有单位固定资产投资率(%)	金融经济增长弹性	金融居民收入增长弹性	工业企业成长金融支持率	第二、第三产业金融支持率	产业高级化金融支持率	产业合理化金融支持率	研发费用金融支持率	高新技术产业金融支持率	GDP能耗降低金融支持率	城镇居民恩格尔系数(%)	农村居民恩格尔系数(%)
2006	1.06	107.66	332.05	57.97	70.09	0.8663	0.3878	34.22	121.35	-0.0123	0.0133	0.1902	0.0182	0.1629	36.34	52.20
2007	1.41	105.99	442.76	62.28	71.94	2.2232	0.9274	36.01	195.38	-0.0151	0.0200	0.3556	0.0207	0.5259	37.20	54.50
2008	1.48	105.98	706.41	64.06	70.12	0.7347	0.2652	27.58	68.76	-0.0044	0.0072	0.0492	0.0199	0.4837	39.60	53.30
2009	1.47	133.16	855.89	57.99	66.70	0.4665	0.1208	16.51	70.69	-0.0078	0.0093	0.9483	0.0191	0.1253	37.70	49.10
2010	1.46	136.39	1113.08	62.11	63.60	0.5995	0.5268	15.86	52.23	-0.0047	0.0066	0.7233	0.0188	0.1831	37.60	48.30
2011	1.75	131.81	1068.21	57.11	64.95	0.5674	0.4624	13.12	40.01	-0.0027	0.0051	0.5602	0.0220	0.2562	39.10	46.80
2012	1.76	136.12	1124.04	58.08	65.09	0.6954	0.5244	11.88	65.94	-0.0030	0.0082	1.0065	0.0396	0.3644	41.50	44.20
2013	1.80	140.31	1209.53	59.10	68.58	0.7799	0.2679	12.30	82.57	-0.0027	0.0098	1.2520	0.0840	0.3080	40.70	43.80
2014	1.82	144.62	1361.62	60.90	69.83	0.7710	0.7339	11.89	85.22	-0.0021	0.0109	1.3030	0.0977	0.3166	34.50	40.50
2015	1.50	146.03	1705.60	62.85	68.56	0.6755	0.6622	12.06	78.79	-0.0016	0.0096	1.3360	0.1023	0.3206	33.60	40.00
2016	1.35	145.36	1973.79	65.01	73.50	0.7098	1.1213	12.57	70.00	-0.0012	0.0079	1.2442	0.1071	0.4983	32.70	38.70
2017	1.34	145.73	2421.95	58.88	71.85	1.0613	0.9230	10.89	106.46	-0.0016	0.0116	2.1421	0.1216	0.7707	32.10	36.51
2018	1.42	158.36	2599.10	55.77	73.93	0.6241	1.3039	9.87	147.63	-0.0024	0.0177	3.1827	0.1360	0.2231	31.50	34.90

金融服务覆盖率呈现先上升后下降的趋势，万人拥有银行金融机构数从 2006 年的 1.06 个上升到 2014 年的 1.82 个，然后缓慢下降到 2018 年的 1.42 个；金融服务使用率呈现小幅波动上升的态势，从 2006 年的 107.66% 上升到 2018 年的 158.36%，上升了 50.70 个百分点；保险密度呈现逐年上升的趋势，从 2006 年的 332.05 元 / 人上升到 2018 年的 2599.10 元 / 人。

债务投资率与非国有单位固定资产投资率均呈现不断波动的态势，其中债务投资率从 2006 年的 57.97% 下降到 2018 年的 55.77%，降低了 2.20 个百分点；非国有单位固定资产投资率从 2006 年的 70.09% 上升到 2018 年的 73.93%，上升了 3.84 个百分点。

金融经济增长弹性与金融居民收入增长弹性呈现不断波动的趋势，金融经济增长弹性在 2018 年较 2006 年略有降低，而金融居民收入增长弹性在 2018 年较 2006 年得到大幅度提升。工业企业成长金融支持率呈现不断下降的趋势，从 2006 年的 34.22 下降到 2018 年的 9.87；第二、第三产业金融支持率以及产业合理化金融支持率与 GDP 能耗降低金融支持率均呈现先波动下降后上升的趋势，而且 2018 年较 2006 年均略有提升。产业高级化金融支持率、研发费用金融支持率与高新技术产业金融支持率均呈现不断上升的趋势。城镇居民恩格尔系数与农村居民恩格尔系数均呈现先上升后下降的趋势，其中城镇居民恩格尔系数从 2006 年的 36.34% 上升到 2012 年的 41.50%，后逐步下降到 2018 年的 31.50%，2018 年相比 2006 年降低了 4.84 个百分点；农村居民恩格尔系数从 2006 年的 52.20% 上升到 2007 年的 54.50%，后逐步下降到 2018 年的 34.90%，2018 年相比 2006 年降低了 17.30 个百分点。

采用熵值法对金融发展功能三级指标数据进行测算，得到重庆市 2006～2018 年的金融发展质量功能指数（见图 8-10）。

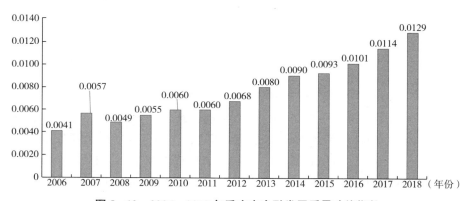

图 8-10　2006～2018 年重庆市金融发展质量功能指数

　　由图8-10可见，重庆市金融发展质量功能指数呈现稳步上升趋势，功能指数从2006年的0.0041上升到2018年的0.0129。这表明2006～2018年重庆市金融体系的各项功能均得到了明显改善。结合表8-9各指标的变化可以看出，不论是基础性功能中的金融服务使用率与保险密度，还是扩展功能中的产业高级化金融支持率、研发费用金融支持率、高新技术产业金融支持率、城镇与农村居民恩格尔系数等，在2006～2018年都获得了大幅度提升，正是这些指标的全面提升使重庆市金融体系的各项功能得到了高效率的发挥。

5. 重庆市金融发展稳健性评价

　　表8-10是重庆市2006～2018年的金融发展质量稳健性维度下各三级指标的变化情况。

表8-10　2006～2018年重庆市金融发展质量稳健性维度下各三级指标的变化情况

年份	政府负债率 （%）	财政赤字率 （%）	银行业不良贷款率 （%）	房地产相对泡沫程度	房地产绝对泡沫程度
2006	7.09	87.04	6.00	0.3592	0.1961
2007	6.83	73.57	4.65	0.8965	0.2163
2008	7.43	75.91	1.57	0.0962	0.1938
2009	9.97	101.18	0.90	1.8514	0.2186
2010	10.13	85.82	0.91	1.1465	0.2442
2011	10.81	72.69	0.63	0.4386	0.2338
2012	11.71	78.66	0.46	0.5064	0.2212
2013	10.67	80.89	0.35	0.8008	0.2415
2014	9.69	71.90	0.46	−0.0804	0.2195
2015	10.42	76.04	0.99	−0.0587	0.2014
2016	10.10	79.62	1.28	−0.0016	0.1852
2017	10.69	92.52	1.16	2.1550	0.2110
2018	11.17	100.44	1.08	4.2421	0.2312

　　2006～2018年，重庆市政府负债率小幅上升，从2006年的7.09%上升到2018年的11.17%，上升了4.08个百分点；财政赤字率在波动中上升，从2006年的87.04%上升到2018年的100.44%，上升了13.40个百分点，其间最高值为101.18%（2009年）；银行业不良贷款率下降明显，从2006年的6.00%下降到2018年的1.08%，降低了4.92个百分点，信贷资产质量最好的年份出现在2013年，不良贷款率为0.35%，其后不良贷款率有所反弹；

房地产相对泡沫程度呈现先下降后上升的趋势，从 2006 年的 0.3592 下降到 2014 年的 −0.0804 后，快速上升到 2018 年的 4.2421；房地产绝对泡沫程度呈现波动上升趋势，从 2006 年的 0.1961 上升到 2018 年的 0.2312。

采用熵值法对金融发展稳健性三级指标数据进行测算，得到重庆市 2006～2018 年金融发展质量稳健性指数（见图 8–11）。

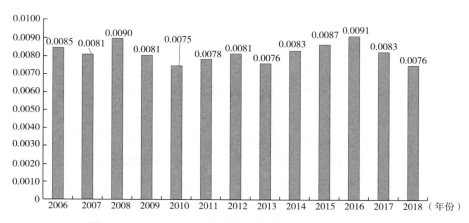

图 8–11　2006～2018 年重庆市金融发展质量稳健性指数

由图 8–11 可知，重庆市金融发展质量稳健性指数呈现不断波动且略有下降的趋势，稳健性指数从 2006 年的 0.0085 下降到 2018 年的 0.0076，其中最高值出现在 2016 年，金融发展质量稳健性指数为 0.0091，最低值在 2010 年，稳健性指数为 0.0075。结合表 8–10 中各指标的变化可知，除了不良贷款率下降之外，重庆市的政府负债率、财政赤字率、房地产相对泡沫程度与绝对泡沫程度均呈现较大波动，且均有所上升，这些指标的较大波动与恶化对重庆市金融发展稳健性产生了一定的负面影响。

（二）重庆市金融发展质量综合评价

依据前文对重庆市金融规模、金融结构、金融效率、金融功能、金融稳健性五个维度发展质量的评价，运用熵值法计算出 2006～2018 年重庆市金融发展质量综合指数（见图 8–12）。

由图 8–12 可以看出，2006～2018 年重庆市金融发展质量综合指数呈现显著提升态势，从 2006 年的 0.0033 提升到 2018 年的 0.0110，金融发展质量提升显著。但 2015～2018 年，金融发展质量有所降低，综合指数从 2015 年的 0.0132 下降到了 2018 年的 0.0110。结合金融发展质量五个维度指数的变

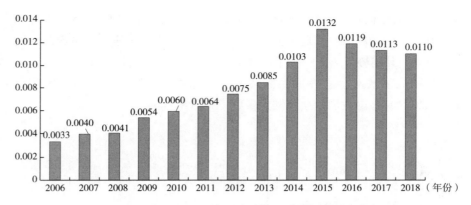

图 8-12   2006～2018 年重庆市金融发展质量综合指数

化可知，重庆市在 2015 年之后，除了金融发展规模指数与金融发展功能指数稳定增长之外，金融发展结构指数、金融发展效率指数、金融发展稳健性指数均出现了快速下降，特别是金融发展结构指数下降幅度最大，成为影响重庆市金融发展质量的重要因素。因此，优化金融结构、提升金融效率、增强金融稳健性，是重庆市进一步提升金融发展质量的重点。

三　贵州省金融发展质量评价

（一）贵州省金融发展质量分维度评价

1.贵州省金融发展规模评价

表 8-11 是贵州省 2006～2018 年的金融发展质量规模维度下各三级指标的变化情况。

表 8-11   2006～2018 年贵州省金融发展质量规模维度下各三级指标的变化情况

单位：亿元，%

年份	银行贷款余额	保费收入	股市市值	债券筹资额	社会融资规模	金融相关率	社会融资比例
2006	2708.50	49.19	1052.60	6.00	410.46	149.36	17.55
2007	3145.00	59.03	2759.93	13.40	510.34	145.76	17.69
2008	3581.50	79.95	1361.30	15.00	601.72	140.38	16.89
2009	4670.20	95.23	2648.30	10.00	1126.09	157.18	28.78
2010	5771.70	122.60	3075.84	87.00	1244.91	167.63	27.05
2011	6875.70	131.80	2911.47	70.00	1209.31	162.11	21.21
2012	8350.20	150.22	3209.06	304.00	1808.50	169.09	26.39

续表

年份	银行贷款余额	保费收入	股市市值	债券筹资额	社会融资规模	金融相关率	社会融资比例
2013	10157.00	181.62	2387.06	208.10	4310.68	172.34	53.30
2014	12438.00	213.06	4002.23	495.60	3576.00	184.20	38.66
2015	15120.99	257.80	5245.97	875.60	4089.98	203.43	38.94
2016	17961.00	321.28	6839.13	814.40	4327.42	222.68	36.88
2017	20965.30	387.70	11306.70	193.20	4161.10	237.70	30.73
2018	24811.40	445.90	9391.48	237.50	4168.50	232.37	28.15

2006～2018 年，贵州省银行贷款余额和保费收入呈现稳步上升趋势，其中银行贷款余额从 2708.50 亿元增长到 24811.40 亿元，年均增长率为 20.27%；保费收入从 49.19 亿元增长到 445.90 亿元，年均增长率为 20.17%。股市市值、债券筹资额、社会融资规模、金融相关率以及社会融资比例均呈现波动上升态势。其中股市市值从 2006 年的 1052.60 亿元增长到 2018 年的 9391.48 亿元，其中 2007 年、2010 年以及 2017 年出现了三个波峰；债券筹资额从 2006 年的 6.00 亿元波动上升到 2015 年的 875.60 亿元，其后下降到 2018 年的 237.50 亿元；社会融资规模从 2006 年的 410.46 亿元增长到 2013 年的 4310.68 亿元，后有所下降，到 2018 年为 4168.50 亿元；金融相关率从 2006 年的 149.36% 提升到 2018 年的 232.37%，上升了 83.01 个百分点；社会融资比例由 2006 年的 17.55% 提升到 2018 年的 28.15%，提升了 10.60 个百分点。

采用熵值法对金融发展规模三级指标数据进行测算，得到贵州省 2006～2018 年金融发展质量规模指数（见图 8-13）。

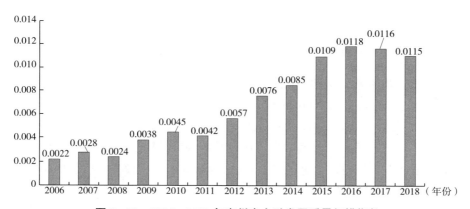

图 8-13　2006～2018 年贵州省金融发展质量规模指数

从图 8-13 可以看出，2006～2018 年，贵州省金融发展质量规模指数总体上呈现上升趋势，从 2006 年的 0.0022 上升到 2016 年的 0.0118，其后基本稳定并略有下降，到 2018 年时金融发展质量规模指数为 0.0115。这表明，从金融发展规模的维度看，2006～2018 年贵州省金融发展质量获得了显著提高。2016 年之后金融发展规模略有下降的原因在于债券筹资额、社会融资规模以及社会融资比例出现下降。

2.贵州省金融发展结构评价

表 8-12 是贵州省 2006～2018 年的金融发展质量结构维度下各三级指标的变化情况。

表 8-12　2006～2018 年贵州省金融发展质量结构维度下各三级指标的变化情况

单位：%

年份	融资结构	金融行业结构
2006	1.51	25.04
2007	8.01	25.61
2008	4.57	30.66
2009	2.83	31.04
2010	11.36	33.42
2011	7.09	34.43
2012	18.09	37.75
2013	4.98	35.86
2014	15.66	37.00
2015	22.14	41.29
2016	20.95	45.48
2017	5.13	34.86
2018	22.38	27.88

2006～2018 年，贵州省融资结构总体呈现上升趋势，但年度间波动较大。直接融资占比从 2006 年的 1.51% 上升到 2018 年的 22.38%，上升了 20.87 个百分点，其间最高值与最低值相差 20.87 个百分点。这表明贵州省的融资结构明显改善，但直接融资占比过低的融资结构不合理问题依然突出。金融行业结构指标总体上呈现先上升后下降的趋势，从 2006 年的 25.04% 逐渐上升到 2016 年的 45.48%，然后迅速下降到 2018 年的 27.88%，2018 年与 2006 年相比，非银行业金融资产占比仅上升了 2.84 个百分点，这表明贵州

省金融发展的行业结构依然不平衡，非银行业金融发展虽然在加速，但总体
地位依然较低。

采用熵值法对金融发展结构三级指标数据进行测算，得到贵州省
2006～2018 年的金融发展质量结构指数（见图 8−14）。

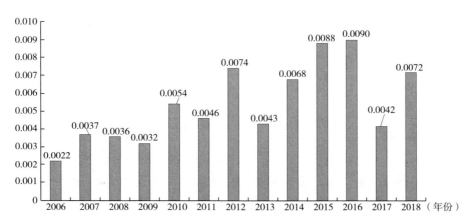

图 8−14　2006～2018 年贵州省金融发展质量结构指数

由图 8−14 可知，贵州省金融发展质量结构指数整体上呈现上升态势，
但波动较大，金融结构指数从 2006 年的 0.0022 上升到 2018 年的 0.0072，其
中 2016 年为样本期间内最高水平，指数达到 0.0090，2017 年又快速下降至
0.0042。结合表 8−12 的指标变化可知，贵州省金融发展质量结构指数的这
种大幅波动是其融资结构的巨大波动所致。

3. 贵州省金融发展效率评价

表 8−13 是贵州省 2006～2018 年的金融发展质量效率维度下各三级指
标的变化情况。

表 8−13　2006～2018 年贵州省金融发展质量效率维度下各三级指标的变化情况

单位：万元／人，%

年份	信贷资金边际产出率	劳动生产率	投资转化率	储蓄率	贷存率	居民股市参与率	证券化率	保险赔付率
2006	74.55	16.68	51.70	17.01	81.68	0.97	19.39	30.00
2007	101.47	20.66	50.01	12.41	81.93	1.61	20.82	35.53
2008	142.75	23.10	50.04	24.05	75.40	1.84	21.97	44.08
2009	51.45	32.73	53.70	22.07	78.99	2.24	26.54	32.56
2010	63.60	40.90	56.00	28.41	78.12	2.63	28.85	25.95

年份	信贷资金边际产出率	劳动生产率	投资转化率	储蓄率	贷存率	居民股市参与率	证券化率	保险赔付率
2011	100.34	44.11	56.60	24.52	78.39	2.92	30.98	29.98
2012	74.63	52.87	60.90	25.42	79.02	3.06	32.49	36.84
2013	66.67	59.14	65.20	27.87	76.38	3.10	31.45	39.89
2014	54.55	64.10	66.10	14.92	81.25	3.23	33.15	42.08
2015	46.65	78.03	67.80	4.18	77.40	2.48	37.75	41.49
2016	43.37	83.23	69.60	15.35	75.37	1.74	52.22	40.93
2017	20.64	97.32	69.10	11.27	80.04	2.40	56.27	39.67
2018	57.03	99.27	67.56	6.41	93.48	2.86	60.18	40.66

从金融业总体效率角度来看，2006～2018年贵州省信贷资金边际产出率呈现波动下降的趋势，从2006年的74.55%下降到2018年的57.03%，降低了17.52个百分点，这表明信贷资金的使用效率在下降；金融业劳动生产率稳步上升，从2006年的16.68万元/人提升到2018年的99.27万元/人，增加了82.59万元/人；投资转化率整体上缓慢上升，从2006年的51.70%上升到2018年的67.56%，上升了15.86个百分点。从银行业效率角度来看，储蓄率呈现先上升后下降的趋势，从2006年的17.01%上升到2010年的28.41%，其后下降到2018年的6.41%，2018年相比2006年降低了10.60个百分点；贷存率呈现先降后升趋势，从2006年的81.68%下降到2008年的75.40%，其后波动上升到2018年的93.48%，2018年相比2006年上升了11.80个百分点。从证券市场效率角度来看，居民股市参与率波动上升，从2006年的0.97%上升到2018年的2.86%，上升了1.89个百分点；证券化率不断上升，从2006年的19.39%上升到2018年的60.18%，上升了40.79个百分点。从保险业效率角度来看，保险赔付率呈现波动上升态势，从2006年的30.00%上升到2018年的40.66%，上升了10.66个百分点。

采用熵值法对金融发展效率三级指标数据进行测算，得到贵州省2006～2018年的金融发展质量效率指数（见图8-15）。

由图8-15可见，2006～2018年贵州省金融发展质量效率指数总体呈现稳步上升态势，效率指数由2006年的0.0031上升到2018年的0.0089；虽然在2009年与2010年出现了下降，但随后又快速进入上升通道。从表8-13中的相关指标变化可知，贵州省金融发展质量效率指数的不断提升，得益于除了信贷资金边际产出率与储蓄率两项指标外的其余金融发展指标的稳步提

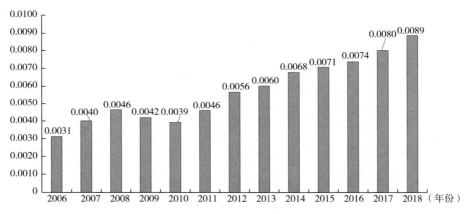

图 8-15　2006～2018 年贵州省金融发展质量效率指数

升。这表明 2006～2018 年贵州省金融效率获得了显著提高。

4. 贵州省金融发展功能评价

表 8-14 是贵州省 2006～2018 年的金融发展质量功能维度下各三级指标的变化情况。

2006～2018 年，贵州省金融服务覆盖率呈现先上升后下降的趋势，每万人拥有的银行机构数从 2006 年的 1.06 个上升到 2015 年的 1.60 个后，随后缓慢下降，到 2018 年为 1.44 个；金融服务使用率波动上升，从 2006 年的 115.80% 上升到 2018 年的 167.57%，上升了 51.77 个百分点；保险密度逐年上升，从 2006 年的 133.32 元/人上升到 2018 年的 1238.61 元/人。

债务投资率不断上升，从 2006 年的 44.12% 上升到 2018 年的 70.68%，上升了 26.56 个百分点。非国有单位固定资产投资率基本保持稳定，没有明显变化。

金融经济增长弹性基本处于稳定状态；金融居民收入增长弹性从 2006 年的 0.6716 上升到 2018 年的 1.0342；工业企业成长金融支持率则呈现不断下降趋势，从 2006 年的 36.21 下降到 2018 年的 17.39，降低了 51.97%；第二、第三产业金融支持率以及产业合理化金融支持率与 GDP 能耗降低金融支持率均呈现先波动下降后上升的趋势；产业高级化金融支持率、研发费用金融支持率与高新技术产业金融支持率均不断上升。城镇居民恩格尔系数与农村居民恩格尔系数均呈现先上升后下降的趋势，其中城镇居民恩格尔系数从 2006 年的 38.70% 上升到 2008 年的 43.09%，后不断下降，到 2018 年时达到 27.00%，2018 年相比 2006 年降低了 11.70 个百分点；农村居民恩格尔系数从 2006 年的 51.53% 上升到 2007 年的 52.20%，后不断下降，到 2018

表8-14　2006～2018年贵州省金融发展质量功能维度下各三级指标的变化情况

年份	基础性功能			资源配置功能					扩展功能							
	金融服务覆盖率(个/万人)	金融服务使用率(%)	保险密度(元/人)	债务投资率(%)	非国有单位固定资产投资率(%)	金融经济增长弹性	金融居民收入增长弹性	工业企业成长金融支持率	第二、第三产业金融支持率	产业高级化金融支持率	产业合理化金融支持率	研发费用金融支持率	高新技术产业金融支持率	GDP能耗降低金融支持率	城镇居民恩格尔系数(%)	农村居民恩格尔系数(%)
2006	1.06	115.80	133.32	44.12	55.00	0.9737	0.6716	36.21	159.47	-0.1683	0.0318	0.3060	0.0251	0.3626	38.70	51.53
2007	1.09	109.03	162.53	47.14	58.48	0.4972	0.6176	32.09	61.86	-0.0449	0.0122	0.1397	0.0303	0.2273	40.30	52.20
2008	1.10	100.51	222.33	51.84	56.28	0.9816	0.7435	34.80	101.63	-0.0526	0.0194	0.0791	0.0303	0.6536	43.09	51.70
2009	1.03	119.34	269.24	51.54	54.74	0.3471	0.2095	26.06	78.41	-0.0372	0.0185	0.6159	0.0273	0.0971	41.51	45.17
2010	1.15	125.41	352.40	50.28	56.49	0.9234	0.9941	24.26	107.29	-0.0395	0.0246	0.8084	0.0255	0.4259	39.90	46.30
2011	1.24	120.59	379.94	57.96	59.09	0.8412	0.6878	22.91	75.66	-0.0208	0.0173	0.5521	0.0240	0.3688	40.20	47.70
2012	1.26	121.86	431.17	63.61	61.09	0.8743	0.7007	21.95	86.88	-0.0182	0.0191	0.6083	0.0233	0.9119	39.70	44.60
2013	1.33	125.60	518.62	71.14	58.95	0.8381	0.8883	22.38	89.59	-0.0142	0.0180	0.6059	0.0239	0.3921	35.90	43.00
2014	1.38	134.45	607.36	67.87	54.14	1.3581	1.0278	22.46	169.20	-0.0216	0.0318	1.1755	0.0263	0.8233	34.90	41.70
2015	1.60	143.97	730.30	66.74	50.19	0.5761	0.5185	19.93	76.75	-0.0073	0.0132	0.5398	0.0293	0.4148	34.00	39.80
2016	1.48	153.06	903.75	68.86	54.41	0.8688	0.7701	21.66	120.73	-0.0091	0.0183	0.8408	0.0304	0.5921	33.24	38.70
2017	1.49	154.83	1082.96	72.25	52.58	1.0735	0.7301	19.33	116.47	-0.0070	0.0165	0.9730	0.0326	0.7795	30.68	30.19
2018	1.44	167.57	1238.61	70.68	54.85	0.9355	1.0342	17.39	160.66	-0.0075	0.0223	1.5423	0.0348	1.2451	27.00	28.28

年时为 28.28%，2018 年相比 2006 年降低了 23.25 个百分点。

采用熵值法对金融发展功能三级指标数据进行测算，得到贵州省 2006~2018 年的金融发展质量功能指数（见图 8-16）。

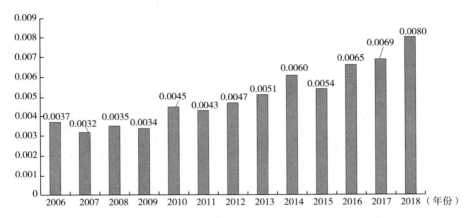

图 8-16　2006~2018 年贵州省金融发展质量功能指数

由图 8-16 可见，2006~2018 年，贵州省金融发展质量功能指数呈现不断上升趋势，功能指数从 0.0037 上升到 0.0080。这表明，贵州省金融体系的各项功能得到了充分发挥，对经济社会发展与环境改善的支持力度持续增大。结合表 8-14 中各项指标的变化可以看出，除了金融对工业企业成长的支持率下降，金融对经济增长的支持率及对产业合理化、高级化的支持率基本稳定之外，其余所有反映金融发展功能的指标都呈现持续向好趋势，这为贵州省金融发展功能的稳步提升提供了重要保障。

5. 贵州省金融发展稳健性评价

表 8-15 是贵州省 2006~2018 年的金融发展质量稳健性维度下各三级指标的变化情况。

表 8-15　2006~2018 年贵州省金融发展质量稳健性维度下各三级指标的变化情况

年份	政府负债率（%）	财政赤字率（%）	银行业不良贷款率（%）	房地产相对泡沫程度	房地产绝对泡沫程度
2006	16.41	169.22	7.92	0.5655	0.2115
2007	17.69	178.95	7.51	0.9556	0.2271
2008	19.81	201.92	2.92	0.3618	0.2279
2009	24.42	229.48	1.93	1.9818	0.2501
2010	24.04	207.21	1.25	0.9785	0.2657

续表

年份	政府负债率（%）	财政赤字率（%）	银行业不良贷款率（%）	房地产相对泡沫程度	房地产绝对泡沫程度
2011	25.89	190.92	0.95	0.6263	0.2611
2012	25.42	171.75	0.78	−0.2190	0.2151
2013	23.20	155.52	0.69	0.2050	0.2150
2014	23.52	159.30	0.97	0.8059	0.2247
2015	23.11	161.42	1.60	0.5549	0.2213
2016	23.02	172.99	2.02	−0.1018	0.2019
2017	22.09	185.35	5.40	1.4307	0.2258
2018	22.22	190.56	1.94	3.0791	0.2666

2006~2018年，贵州省政府负债率从2006年的16.41%上升到2011年的最高值25.89%，后逐步下降到2018年的22.22%，2018年相较2006年上升了5.81个百分点；财政赤字率波动较大，从2006年的169.22%上升到2018年的190.56%，上升了21.34个百分点，其间最高值出现在2009年，达到229.48%；银行业不良贷款率下降明显，从2006年的7.92%下降到2018年的1.94%，降低了5.98个百分点，其间最低值出现在2013年，不良贷款率仅为0.69%。房地产泡沫程度呈现波动上升的趋势，其中相对泡沫程度从2006年的0.5655上升到2018年的3.0791；绝对泡沫程度从2006年的0.2115上升到2018年的0.2666。

采用熵值法对金融发展稳健性三级指标数据进行测算，得到贵州省2006~2018年的金融发展质量稳健性指数（见图8-17）。

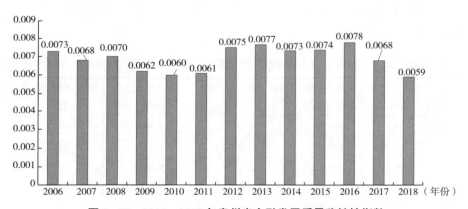

图8-17　2006~2018年贵州省金融发展质量稳健性指数

由图 8-17 可见，贵州省金融发展质量稳健性指数呈现波动中小幅下降的趋势，稳健性指数从 2006 年的 0.0073 下降到 2018 年的 0.0059，其中最高水平出现在 2016 年，金融发展质量稳健性指数为 0.0078，最低水平在 2018 年，为 0.0059。根据表 8-15 中各指标变化可知，除了银行业不良贷款率下降之外，近年来贵州省的政府负债率、财政赤字率、房地产相对泡沫程度与绝对泡沫程度均呈现上升趋势，这一切指标的恶化对其金融发展的稳健性产生了显著冲击。

（二）贵州省金融发展质量综合评价

依据前文对贵州省金融规模、金融结构、金融效率、金融功能、金融稳健性五个维度发展质量的评价，运用熵值法计算出 2006~2018 年贵州省金融发展质量综合指数（见图 8-18）。

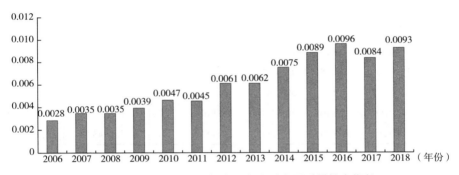

图 8-18　2006~2018 年贵州省金融发展质量综合指数

由图 8-18 可以看出，2006~2018 年贵州省金融发展质量综合指数基本上呈现稳步提升趋势，综合指数从 2006 年的 0.0028 提升到 2018 年的 0.0093，金融业发展质量提升效果显著；但在 2017 年，综合指数略有下降。结合金融发展质量五个维度指数的变化可知，贵州省金融发展总体质量的提升主要得益于其金融规模、金融效率及金融功能的持续提升，而金融结构失衡与金融稳健性较差对其质量提升产生了一定的抑制作用。因此，贵州省金融发展质量的提升，重在优化金融结构与增强金融稳健性。

四　广西壮族自治区金融发展质量评价

（一）广西壮族自治区金融发展质量分维度评价

1. 广西壮族自治区金融发展规模评价

表 8-16 是广西壮族自治区 2006~2018 年的金融发展质量规模维度下

各三级指标的变化情况。

表 8–16   2006~2018 年广西壮族自治区金融发展质量规模维度下各三级指标的变化情况

单位：亿元，%

年份	银行贷款余额	保费收入	股市市值	债券筹资额	社会融资规模	金融相关率	社会融资比例
2006	3636.90	80.58	417.81	13.10	557.00	90.67	11.74
2007	4331.03	100.01	1400.85	20.50	754.54	89.04	12.93
2008	5110.06	133.53	481.89	38.40	988.31	86.58	14.04
2009	7360.43	148.62	1274.00	42.50	2309.06	109.12	29.66
2010	8979.87	179.05	1521.95	108.00	1822.38	109.08	18.98
2011	10646.43	212.66	1200.92	239.60	1981.81	109.27	16.91
2012	12355.52	238.26	1276.90	323.30	2037.00	113.16	15.63
2013	14081.01	275.47	1367.25	373.70	2801.00	116.29	19.38
2014	16070.95	313.23	2234.19	708.50	3109.00	124.02	19.84
2015	18119.30	385.75	4074.52	799.00	2737.00	132.03	16.29
2016	20640.50	469.17	3762.86	890.00	2616.86	137.98	14.34
2017	23000.00	565.10	3058.73	681.00	3767.36	145.32	18.47
2018	26700.00	629.03	2381.48	744.80	4172.30	148.91	20.50

2006~2018 年，广西壮族自治区银行贷款余额和保费收入稳步增加，其中银行贷款余额从 3636.90 亿元增长到 26700.00 亿元，年均增长率为 18.07%；保费收入从 80.58 亿元增长到 629.03 亿元，年均增长率为 18.68%。股市市值、债券筹资额、社会融资规模、金融相关率以及社会融资比例等均呈现波动上升的态势，其中股市市值从 2006 年的 417.81 亿元增长到 2018 年的 2381.48 亿元，其间最大值为 4074.52 亿元（2015 年）；债券筹资额从 2006 年的 13.10 亿元波动上升到 2018 年的 744.80 亿元，其间最大值为 890.00 亿元（2016 年）；社会融资规模从 2006 年的 557.00 亿元增长到 2018 年的 4172.30 亿元；金融相关率从 2006 年的 90.67% 提升到 2018 年的 148.91%，上升了 58.24 个百分点；社会融资比例由 2006 年的 11.74% 提升到 2018 年的 20.50%，提升了 8.76 个百分点。

采用熵值法对金融发展规模三级指标数据进行测算，得到广西壮族自治区 2006~2018 年金融发展质量规模指数（见图 8–19）。

2006~2018 年，广西壮族自治区金融发展质量规模指数呈现稳步上升趋势，规模指数从 2006 年的 0.0014 上升到 2018 年的 0.0105，这表明广西壮

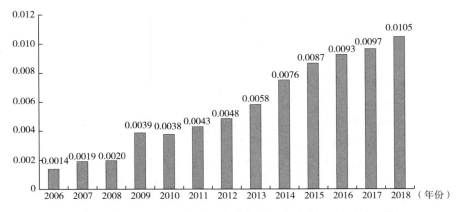

图 8-19 2006～2018 年广西壮族自治区金融发展质量规模指数

族自治区金融规模稳步扩张。结合规模指标的变化可以看出，广西壮族自治区金融发展质量规模指数的持续稳步上升是其金融发展绝对规模及相对规模同步扩张的结果。

2. 广西壮族自治区金融发展结构评价

表 8-17 是广西壮族自治区 2006～2018 年的金融发展质量结构维度下各三级指标的变化情况。

表 8-17 2006～2018 年广西壮族自治区金融发展质量结构维度下各三级指标的变化情况

单位：%

年份	融资结构	金融行业结构
2006	3.05	18.33
2007	6.25	19.72
2008	3.90	18.96
2009	2.24	15.03
2010	9.60	16.25
2011	16.08	20.30
2012	16.13	19.39
2013	16.61	19.34
2014	24.18	20.95
2015	34.71	22.44
2016	39.67	21.97
2017	20.14	14.56
2018	18.74	11.90

2006～2018 年，广西壮族自治区融资结构与金融行业结构均处于不断波动状态，其中直接融资占比从 2006 年的 3.05% 上升到 2018 年的 18.74%，上升了 15.69 个百分点；非银行业金融资产占比从 2006 年的 18.33% 下降到 2018 年的 11.90%，下降了 6.43 个百分点。这表明，广西壮族自治区金融结构的失衡问题比较突出，虽然 2018 年与 2006 年相比，直接融资占比有了较大提升，但直接融资占比依然偏低，且在 2017 年下降明显；非银行业金融不仅发展远落后于银行业，且 2016 年以来的发展情况更不乐观。

采用熵值法对金融发展结构三级指标数据进行测算，得到广西壮族自治区 2006～2018 年金融发展质量结构指数（见图 8–20）。

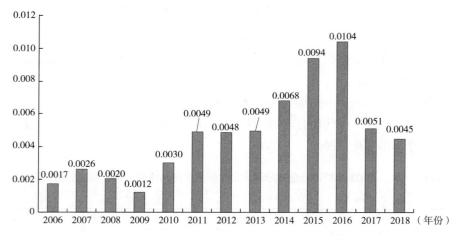

图 8–20　2006～2018 年广西壮族自治区金融发展质量结构指数

由图 8–20 可见，2006～2018 年广西壮族自治区金融发展质量结构指数整体上呈现上升态势，金融结构指数从 2006 年的 0.0017 上升到 2018 年的 0.0045，但结构指数的波动较大，其间最大值为 0.0104（2016 年），最小值为 0.0012（2009 年）；特别需要关注的是，金融结构指数在 2016 年达到最高值后，连续两年下降，2018 年与 2016 年相比，指数下降了 0.0059，下降幅度达 56.73%。其原因在于 2017 年后广西壮族自治区的融资结构及金融行业结构的失衡问题进一步加剧。

3. 广西壮族自治区金融发展效率评价

表 8–18 是广西壮族自治区 2006～2018 年的金融发展质量效率维度下各三级指标的变化情况。

表 8-18 2006~2018 年广西壮族自治区金融发展质量效率维度下各三级指标的变化情况

单位：万元/人，%

年份	信贷资金边际产出率	劳动生产率	投资转化率	储蓄率	贷存率	居民股市参与率	证券化率	保险赔付率
2006	89.32	11.80	46.80	14.92	72.31	2.19	16.32	31.03
2007	155.19	17.61	51.00	7.37	74.66	3.32	15.40	36.34
2008	153.73	20.63	52.50	17.19	72.23	3.50	13.33	31.70
2009	32.80	24.44	74.70	19.32	76.36	4.35	13.38	29.90
2010	111.81	27.16	82.40	20.59	76.01	5.39	13.52	25.21
2011	129.07	30.59	85.22	17.15	78.70	5.78	16.78	27.65
2012	76.90	38.20	84.90	18.86	77.38	5.97	15.60	31.23
2013	81.99	47.44	70.50	16.93	76.53	6.06	15.88	33.01
2014	61.46	59.22	68.80	10.61	79.17	6.30	16.48	34.85
2015	55.17	68.55	68.20	9.92	79.49	5.76	19.05	34.42
2016	57.19	75.48	67.50	11.48	81.01	6.39	20.05	33.88
2017	24.06	86.86	50.56	10.82	82.14	6.59	19.04	32.21
2018	54.00	94.81	65.11	12.46	89.00	7.59	10.97	35.60

从金融业总体效率指标来看，广西壮族自治区信贷资金边际产出率呈现不断波动且下降的趋势，从 2006 年的 89.32% 下降到 2018 年的 54.00%，降低了 35.32 个百分点；劳动生产率稳步提升，从 2006 年的 11.80 万元/人提升到 2018 年的 94.81 万元/人；投资转化率呈现先上升后下降的趋势，从 2006 年的 46.80% 上升到 2011 年的 85.22%，其后下降到 2018 年的 65.11%，2018 年相较 2006 年上升了 18.31 个百分点。从银行业效率指标来看，储蓄率呈现波动下降趋势，从 2006 年的 14.92% 下降到 2018 年的 12.46%，降低了 2.46 个百分点；贷存率波动上升，从 2006 年的 72.31% 上升到 2018 年的 89.00%，上升了 16.69 个百分点。从证券市场效率指标来看，居民股市参与率波动上升，从 2006 年的 2.19% 上升到 2018 年的 7.59%，上升了 5.40 个百分点；证券化率从 2006 年的 16.32% 下降到 2018 年的 10.97%，降低了 5.35 个百分点。从保险业效率指标来看，保险赔付率从 2006 年的 31.03% 上升到 2018 年的 35.60%，上升了 4.57 个百分点。

采用熵值法对金融发展效率三级指标数据进行测算，得到广西壮族自治区 2006~2018 年的金融发展质量效率指数（见图 8-21）。

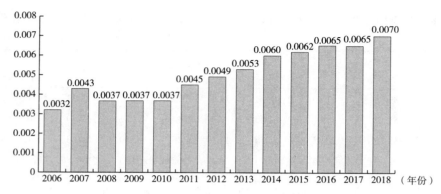

图 8-21　2006～2018 年广西壮族自治区金融发展质量效率指数

2006～2018 年，广西壮族自治区金融发展质量效率指数总体呈现上升态势，效率指数由 0.0032 上升到 0.0070，表明广西壮族自治区金融发展效率获得了显著提升。结合表 8-18 中各效率指标的变化可知，广西壮族自治区金融发展效率指数的不断提升是除信贷资金边际产出率与证券化率之外的其他效率指标共同提升的结果。

4. 广西壮族自治区金融发展功能评价

表 8-19 是广西壮族自治区 2006～2018 年的金融发展质量功能维度下各三级指标的变化情况。

广西壮族自治区金融服务覆盖率在波动中上升，每万人银行业金融机构拥有量从 2006 年的 1.14 个增加到 2018 年的 1.28 个；金融服务使用率整体上升，从 2006 年的 76.63% 上升到 2018 年的 131.19%，上升了 54.56 个百分点；保险密度逐年上升，从 2006 年的 170.75 元/人上升到 2018 年的 1276.96 元/人。

债务投资率整体上呈现先上升后下降的趋势，从 2006 年的 61.55% 上升到 2012 年的 99.66%，其后下降到 2018 年的 82.11%，2018 年相较 2006 年上升了 20.56 个百分点。非国有单位固定资产投资率呈现波动上升的趋势，从 2006 年的 69.29% 上升到 2018 年的 78.30%，上升了 9.01 个百分点。

金融经济增长弹性从 2006 年的 0.8969 下降到 2018 年的 -0.0210。金融居民收入增长弹性从 2006 年的 0.5022 上升到 2018 年的 0.7788。工业企业成长金融支持率不断下降，从 2006 年的 31.86 下降到 2018 年的 12.23，降低了 61.61%。第二、第三产业金融支持率以及产业合理化金融支持率与GDP 能耗降低金融支持率均呈现下降的趋势。产业高级化金融支持率、研发费用金融支持率与高新技术产业金融支持率均呈现波动上升的趋势。城

表8-19 2006～2018年广西壮族自治区金融发展质量功能维度下各三级指标的变化情况

年份	基础性功能			资源配置功能						扩展功能						
	金融服务覆盖率(个/万人)	金融服务使用率(%)	保险密度(元/人)	债务投资率(%)	非国有单位固定资产投资率(%)	金融经济增长弹性	金融居民收入增长弹性	工业企业成长金融支持率	第二、第三产业金融支持率	产业高级化金融支持率	产业合理化金融支持率	研发费用金融支持率	高新技术产业金融支持率	GDP能耗降低金融支持率	城镇居民恩格尔系数(%)	农村居民恩格尔系数(%)
2006	1.14	76.63	170.75	61.55	69.29	0.8969	0.5022	31.86	192.63	-0.0444	0.0170	0.3497	0.0149	0.3311	42.10	49.50
2007	1.11	74.22	209.74	68.25	70.06	0.6299	0.6482	31.67	115.04	-0.0179	0.0102	0.2259	0.0167	0.2609	41.70	50.20
2008	0.94	72.60	277.26	73.48	70.95	1.0013	0.9018	32.99	181.20	-0.0252	0.0167	0.1031	0.0162	0.4948	42.40	53.40
2009	1.11	94.55	306.05	77.09	68.54	0.1236	0.1210	20.31	40.65	-0.0036	0.0036	0.3046	0.0165	0.0180	39.90	48.70
2010	1.17	93.50	388.40	86.48	69.33	1.6496	0.8949	21.05	166.06	-0.0146	0.0140	1.3224	0.0159	0.6544	38.10	48.50
2011	1.18	90.83	457.83	93.33	73.46	1.3931	0.9092	22.81	159.00	-0.0116	0.0136	1.3317	0.0214	0.7018	39.50	43.80
2012	1.21	94.79	508.89	99.66	75.97	0.3911	0.5472	19.76	85.08	-0.0057	0.0080	0.7609	0.0250	0.1461	39.00	42.80
2013	1.23	97.45	583.75	82.38	76.68	0.3041	0.6194	18.48	59.13	-0.0034	0.0056	0.5291	0.0464	0.1055	37.90	40.00
2014	1.26	102.54	658.88	79.19	77.00	0.6640	0.4524	15.88	133.76	-0.0068	0.0128	1.1289	0.0517	0.2824	35.20	36.90
2015	1.29	107.83	804.31	82.75	75.63	0.5034	0.5423	14.43	113.37	-0.0055	0.0104	0.9247	0.0590	0.3017	35.20	35.40
2016	1.37	113.13	969.77	81.99	78.91	0.6461	0.8508	14.08	116.12	-0.0053	0.0100	0.9004	0.0650	-0.7094	34.40	34.50
2017	1.29	112.77	1156.80	86.56	76.84	0.9705	0.7194	13.77	124.88	-0.0028	0.0091	1.1385	0.0562	0.8155	33.27	32.24
2018	1.28	131.19	1276.96	82.11	78.30	-0.0210	0.7788	12.23	133.55	-0.0027	0.0108	1.1134	0.0475	-0.3642	30.66	30.09

镇居民恩格尔系数与农村居民恩格尔系数均呈现先上升后下降的趋势，其中城镇居民恩格尔系数从 2006 年的 42.10% 上升到 2008 年的 42.40%，其后不断下降到 2018 年的 30.66%，2018 年相比 2006 年降低了 11.44 个百分点；农村居民恩格尔系数从 2006 年的 49.50% 上升到 2008 年的 53.40%，其后不断下降到 2018 年的 30.09%，2018 年相比 2006 年降低了 19.41 个百分点。

　　采用熵值法对金融发展功能三级指标数据进行测算，得到广西壮族自治区 2006~2018 年金融发展质量功能指数（见图 8-22）。

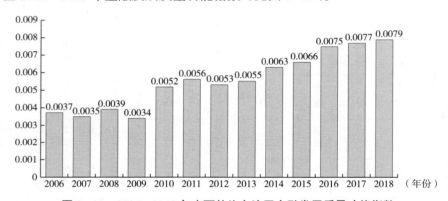

图 8-22　2006~2018 年广西壮族自治区金融发展质量功能指数

　　由图 8-22 可见，2006~2018 年广西壮族自治区金融发展质量功能指数呈不断上升趋势，指数从 0.0037 上升到 0.0079，其间虽有波动，但总体趋势稳步向上。从表 8-19 各项功能效率指标的变化来看，广西壮族自治区金融发展功能的稳步提升，主要是其基础性功能和资源配置功能的充分发挥，以及金融发展对居民收入增长、科技创新、城乡居民生活水平提高以及第二、第三产业发展等方面的贡献持续增大的结果。

5. 广西壮族自治区金融发展稳健性评价

　　表 8-20 是广西壮族自治区 2006~2018 年的金融发展质量稳健性维度下各三级指标的变化情况。

表 8-20　2006~2018 年广西壮族自治区金融发展质量稳健性维度下各三级指标的变化情况

年份	政府负债率（%）	财政赤字率（%）	银行业不良贷款率（%）	房地产相对泡沫程度	房地产绝对泡沫程度
2006	8.15	112.94	8.12	0.4657	0.2819
2007	9.72	135.31	8.75	0.8054	0.2866

年份	政府负债率（%）	财政赤字率（%）	银行业不良贷款率（%）	房地产相对泡沫程度	房地产绝对泡沫程度
2008	11.06	150.07	2.60	0.7805	0.2636
2009	12.86	161.16	1.43	1.4443	0.2710
2010	12.86	159.95	0.91	0.5428	0.2848
2011	13.63	168.58	0.77	0.0539	0.2597
2012	13.96	156.01	0.59	1.3852	0.2661
2013	13.09	143.52	0.69	1.4673	0.2804
2014	12.97	142.97	1.13	−0.5636	0.2448
2015	15.24	169.05	2.18	0.0398	0.2283
2016	15.81	185.41	1.91	0.4226	0.2241
2017	16.17	204.20	1.70	1.0948	0.2341
2018	17.83	215.85	2.60	0.3598	0.2206

广西壮族自治区政府负债率在波动中上升，从 2006 年的 8.15% 上升到 2018 年的 17.83%，上升了 9.68 个百分点。财政赤字率持续上升，从 2006 年的 112.94% 上升到 2018 年的 215.85 %，上升了 102.91 个百分点。银行业不良贷款率下降明显，从 2006 年的 8.12% 下降到 2018 年的 2.60%，降低了 5.52 个百分点，但是不良贷款率在 2013 年以后有反弹升高迹象。房地产相对泡沫程度与绝对泡沫程度均呈现波动下降的趋势，其中房地产相对泡沫程度从 2006 年的 0.4657 下降到 2018 年的 0.3598，房地产绝对泡沫程度从 2006 年的 0.2819 下降到 2018 年的 0.2206。

采用熵值法对金融发展稳健性三级指标数据进行测算，得到广西壮族自治区 2006～2018 年的金融发展质量稳健性指数（见图 8-23）。

由图 8-23 可见，2006～2018 年广西壮族自治区金融发展质量稳健性指数呈现小幅波动且略有上升的趋势，稳健性指数从 2006 年的 0.0058 上升到 2018 年的 0.0073。虽然金融稳健性有所增强，但改进效果并不明显，稳健性指数在 12 年间仅提升了 25.86%。由表 8-20 中各指标的变化可知，除了银行业不良贷款率明显下降和房地产相对泡沫程度基本稳定之外，其余衡量金融稳健性的指标都出现不同程度的恶化，尤其是政府负债率及财政赤字率大幅增加。这表明，地方政府债务率过高是目前威胁广西壮族自治区金融稳健性的主要因素。

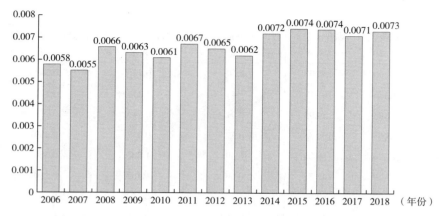

图 8-23　2006~2018 年广西壮族自治区金融发展质量稳健性指数

（二）广西壮族自治区金融发展质量综合评价

依据前文对广西壮族自治区金融规模、金融结构、金融效率、金融功能、金融稳健性五个维度发展质量的评价，运用熵值法计算出 2006~2018 年广西壮族自治区金融发展质量综合指数（见图 8-24）。

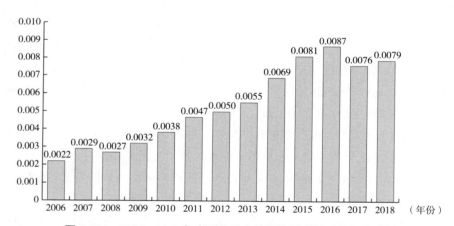

图 8-24　2006~2018 年广西壮族自治区金融发展质量综合指数

由图 8-24 可见，2006~2018 年广西壮族自治区金融发展质量综合指数整体呈现上升趋势，从 0.0022 提升到 0.0079，提升了 2.59 倍，金融发展质量提升显著。但是，广西壮族自治区金融发展质量综合指数在 2017 年出现了小幅下降，2018 年与 2016 年相比，质量指数下降了 9.20%，虽然下降幅度不大，但这种变化趋势值得关注。结合金融发展质量五个维度指数的变化，可以看出广西壮族自治区金融发展质量的提升主要是金融规模、金融效率与金融功能稳定提升的结果，而金融结构与金融稳健性则起着一定的抑制作用。因此，广西壮族自治区金融发展质量的进一步提升，需要在优化金融结构与提高金融稳健性方面做出努力。

五 云南省金融发展质量评价

（一）云南省金融发展质量分维度评价

1. 云南省金融发展规模评价

表 8-21 是云南省 2006~2018 年的金融发展质量规模维度下各三级指标的变化情况。

表 8-21 2006~2018 年云南省金融发展质量规模维度下各三级指标的变化情况

单位：亿元，%

年份	银行贷款余额	保费收入	股市市值	债券筹资额	社会融资规模	金融相关率	社会融资比例
2006	4803.51	95.29	720.58	48.00	886.80	146.94	22.24
2007	5671.66	111.86	3523.86	45.00	1001.70	149.86	20.99
2008	6594.33	165.39	1123.40	108.00	1254.10	147.66	22.03
2009	8779.63	180.08	2606.85	39.00	2382.60	177.58	38.62
2010	10568.78	235.68	2791.60	358.00	2270.59	187.91	31.31
2011	12114.59	241.10	1853.69	238.50	1960.30	174.20	22.04
2012	13848.10	271.30	1988.50	292.10	2107.71	173.35	20.44
2013	15782.46	320.77	2066.09	501.80	4268.00	176.63	36.07
2014	17978.74	375.99	3097.55	934.10	3092.00	187.79	24.13
2015	20842.86	434.60	3875.95	1213.00	2834.00	202.54	20.66
2016	23491.40	529.37	3928.65	1013.00	1823.57	206.48	12.26
2017	25857.60	613.28	5125.98	982.00	3180.42	197.95	19.24
2018	28485.70	667.99	3554.55	1315.10	3433.10	190.28	19.20

2006~2018 年，云南省银行贷款余额和保费收入稳步增长，其中银行贷款余额从 4803.51 亿元增长到 28485.70 亿元，年均增长率为 15.99%；保费收入从 95.29 亿元增长到 667.99 亿元，年均增长率为 17.62%。股市市值、债券筹资额、社会融资规模、金融相关率等均呈现波动上升的态势，其中股

市市值从 2006 年的 720.58 亿元增长到 2018 年的 3554.55 亿元，增长了 3.93
倍，其间最大值为 5125.98 亿元（2017 年）；债券筹资额从 2006 年的 48.00
亿元增长到 2018 年的 1315.10 亿元，增加了 26.40 倍；社会融资规模从 2006
年的 886.80 亿元增长到 2018 年的 3433.10 亿元，增长了 2.87 倍；金融相关
率从 2006 年的 146.94% 最终提升到 2018 年的 190.28%，上升了 43.34 个百
分点。社会融资比例在波动中下降，由 2006 年的 22.24% 下降到 2018 年的
19.20%，下降了 3.04 个百分点。

　　采用熵值法对金融发展规模三级指标数据进行测算，得到云南省 2006～
2018 年的金融发展质量规模指数（见图 8－25）。

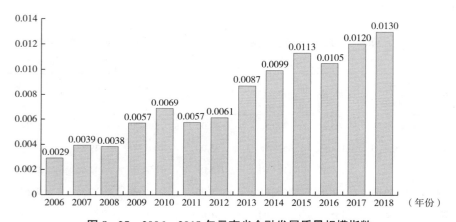

图 8－25　2006～2018 年云南省金融发展质量规模指数

　　从图 8－25 中可以看出，2006～2018 年云南省金融发展质量规模指数总
体上呈现不断上升的趋势，从 0.0029 上升到 0.0130，表明此期间云南省金融
业在规模扩张方面成效显著。虽然在 2011 年和 2012 年金融规模指数出现了
较为明显的下降趋势，但在 2013 年又快速得到恢复。结合表 8－21 各项指
标的变化可以看出，除了社会融资比例在 2006～2018 年有小幅下降外，其
余反映金融规模的指标都出现了持续向好的发展，共同支撑了云南省金融发
展规模指数的快速提升。

2. 云南省金融发展结构评价

　　表 8－22 是云南省 2006～2018 年金融发展质量结构维度下各三级指标
的变化情况。

表 8 – 22   2006 ~ 2018 年云南省金融发展质量结构维度下各三级指标的变化情况

单位：%

年份	融资结构	金融行业结构
2006	7.56	22.00
2007	11.96	26.10
2008	13.48	27.45
2009	5.06	24.79
2010	18.30	28.45
2011	16.16	27.88
2012	13.89	29.05
2013	17.69	32.42
2014	32.49	33.85
2015	46.72	33.30
2016	64.93	30.70
2017	36.69	20.24
2018	40.26	16.28

2006 ~ 2018 年，云南省融资结构优化成效显著，直接融资占比从 2006 年的 7.56% 上升到 2018 年的 40.26%，上升了 32.70 个百分点；但融资结构波动性大，稳定性较差，其间直接融资占比最高达到 64.93%（2016 年），而最小值仅为 5.06%（2009 年）。金融行业结构的失衡问题有所加剧，非银行业金融资产占金融资产总额的比例从 2006 年的 22.00% 下降到 2018 年的 16.28%，下降了 5.72 个百分点，反映出云南省金融业依然以银行业为绝对主体，非银行金融的发展远落后于银行业。

采用熵值法对金融发展结构三级指标数据进行测算，得到云南省 2006 ~ 2018 年的金融发展质量结构指数（见图 8 – 26）。

2006 ~ 2018 年云南省金融发展质量结构指数呈现以 2016 年为分界的先上升后下降态势，金融结构指数从 2006 年的 0.0032 上升到 2016 年的 0.0171，然后下降到 2018 年的 0.0099，2018 年较 2006 年上升了 0.0067，但与 2016 年的最高值相比下降了 0.0072。这表明，云南省虽然在 2006 ~ 2018 年金融结构总体有所优化，但成效并不显著，特别是金融结构的稳定性较差，且在 2016 年后还存在结构失衡加剧的迹象。

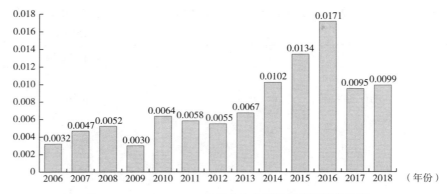

图 8-26 2006～2018 年云南省金融发展质量结构指数

3. 云南省金融发展效率评价

表 8-23 是云南省 2006～2018 年金融发展质量效率维度下各三级指标的变化情况。

表 8-23 2006～2018 年云南省金融发展质量效率维度下各三级指标的变化情况

单位：万元／人，%

年份	信贷资金边际产出率	劳动生产率	投资转化率	储蓄率	贷存率	居民股市参与率	证券化率	保险赔付率
2006	86.76	19.98	50.80	21.49	78.34	1.34	18.99	30.33
2007	90.35	24.36	44.30	7.74	79.09	2.25	22.68	42.69
2008	99.67	28.36	53.00	23.87	78.33	2.60	21.39	38.33
2009	21.86	43.80	60.90	26.15	78.96	3.11	25.50	36.16
2010	58.93	46.25	77.20	27.05	78.80	3.57	25.10	28.14
2011	107.97	55.17	80.30	20.79	78.89	3.86	26.21	33.14
2012	81.70	63.44	83.20	21.29	77.08	4.01	26.46	36.90
2013	78.73	80.69	84.10	21.51	76.27	4.06	27.08	38.05
2014	44.72	98.17	91.10	10.91	80.49	4.24	27.36	40.13
2015	31.54	111.96	92.60	10.44	83.25	6.13	29.11	39.82
2016	43.50	99.68	93.90	14.21	84.13	8.00	29.19	38.98
2017	36.08	115.03	94.57	13.09	85.73	7.43	30.60	35.55
2018	93.69	116.45	91.25	12.52	92.66	8.15	19.88	37.22

从反映金融业总体效率的三项指标来看，云南省信贷资金边际产出率呈现大幅波动的趋势，每百元信贷资金投入的 GDP 产出从 2006 年的 86.76 元增

加到 2018 年的 93.69 元,增加了 6.93 元,其间最大值曾达到 107.97 元(2011 年),最小值仅为 21.86 元(2009 年);劳动生产率稳步提升,从 2006 年的 19.98 万元 / 人提升到 2018 年的 116.45 万元 / 人,提高了 4.83 倍;投资转化率提升明显,从 2006 年的 50.80% 上升到 2018 年的 91.25%,上升了 40.45 个百分点。从反映银行业效率的两项指标来看,储蓄率呈现在波动中下降趋势,从 2006 年的 21.49% 下降到 2018 年的 12.52%,降低了 8.97 个百分点;贷存率稳步提升,从 2006 年的 78.34% 上升到 2018 年的 92.66%,上升了 14.32 个百分点。从证券市场效率角度来看,居民股市参与率呈现波动上升的趋势,从 2006 年的 1.34% 上升到 2018 年的 8.15%,提升了 6.81 个百分点;证券化率从 2006 年的 18.99% 上升到 2017 年的 30.60%,后迅速下降到 2018 年的 19.88%,2018 年相较 2006 年仅上升了 0.89 个百分点。从保险业效率角度来看,保险赔付率从 2006 年的 30.33% 上升到 2018 年的 37.22%,上升了 6.89 个百分点,表明云南省保险业的保障功能在提升。

采用熵值法对金融发展效率三级指标数据进行测算,得到云南省 2006 ~ 2018 年的金融发展质量效率指数(见图 8 – 27)。

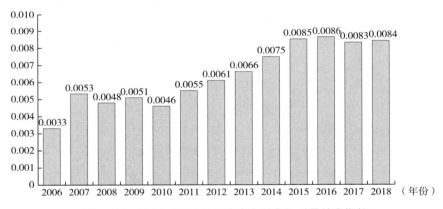

图 8 – 27 2006 ~ 2018 年云南省金融发展质量效率指数

由图 8 – 27 可见,云南省金融发展质量效率指数总体呈现上升的态势,效率指数由 2006 年的 0.0033 上升到 2018 年的 0.0084,其间最高水平为 2016 年的 0.0086。结合表 8 – 23 中的指标变化可知,云南省金融发展效率指数的不断提升,得益于除储蓄率之外其他效率指标的持续提升。

4. 云南省金融发展功能评价

表 8 – 24 是云南省 2006 ~ 2018 年金融发展质量功能维度下各三级指标的变化情况。

表 8-24　2006~2018 年云南省金融发展质量功能维度下各三级指标的变化情况

年份	基础性功能			资源配置功能									扩展功能				
	金融服务覆盖率（个/万人）	金融服务使用率（%）	保险密度（元/人）	债务投资率（%）	非国有单位固定资产投资率（%）	金融经济增长弹性	金融居民收入增长弹性	工业企业成长金融支持率	第二、第三产业金融支持率	产业高级化金融支持率	产业合理化金融支持率	研发费用金融支持率	高新技术产业金融支持率	GDP能耗降低金融支持率	城镇居民恩格尔系数（%）	农村居民恩格尔系数（%）
2006	1.12	120.44	212.55	45.77	51.46	1.6150	0.6406	32.26	262.07	-0.1207	0.0320	1.1600	0.0082	0.4870	42.04	48.80
2007	1.12	118.84	247.80	48.96	54.28	1.1223	0.9837	34.47	155.69	-0.0550	0.0183	0.6936	0.0084	0.5691	45.00	46.50
2008	0.93	115.85	364.06	52.62	57.57	0.6722	0.6528	32.99	96.30	-0.0268	0.0114	0.2698	0.0089	0.4085	47.10	49.60
2009	1.12	142.30	393.96	51.33	53.94	0.1364	0.1705	21.82	38.09	-0.0087	0.0045	0.2779	0.0082	0.0218	43.70	48.20
2010	1.11	145.74	512.13	50.60	53.70	2.6433	2.1717	24.01	263.04	-0.0514	0.0290	1.8996	0.0080	1.2239	41.50	47.21
2011	1.12	136.22	520.62	48.03	61.61	1.0460	0.9437	23.54	92.20	-0.0130	0.0101	0.6911	0.0084	0.4766	39.21	47.10
2012	1.13	134.32	582.31	53.42	63.34	0.8554	0.9579	22.99	101.88	-0.0115	0.0107	0.8094	0.0082	0.3040	39.40	45.61
2013	1.14	133.38	684.38	59.09	62.37	0.4327	0.4660	22.11	53.70	-0.0050	0.0055	0.4363	0.0109	0.4655	37.90	44.20
2014	1.16	140.30	797.60	58.55	60.21	0.4461	0.4413	19.28	80.13	-0.0067	0.0082	0.6361	0.0105	0.2234	36.40	42.79
2015	1.19	151.94	916.49	59.26	55.21	0.5021	0.7936	18.43	96.36	-0.0070	0.0096	0.9113	0.0105	0.5316	34.90	41.37
2016	1.18	157.98	1109.56	63.92	55.11	0.7445	0.8718	18.81	114.34	-0.0071	0.0105	1.2056	0.0105	0.4505	33.40	39.96
2017	1.17	156.42	1277.40	68.83	57.28	1.1960	1.0423	16.92	138.83	-0.0071	0.0122	1.5548	0.0157	0.6826	28.96	32.55
2018	1.15	159.31	1383.00	69.19	58.94	3.4825	4.0355	16.82	549.17	-0.0288	0.0498	6.7030	0.0209	1.4455	27.00	29.47

2006～2018 年，反映云南省金融业基础性功能的指标中，除了金融服务覆盖率基本保持在稳定状态外，其余两个指标均呈现稳步提升的态势，其中金融服务使用率从 2006 年的 120.44% 上升到 2018 年的 159.31%，上升了 38.87 个百分点；保险密度从 2006 年的 212.55 元/人上升到 2018 年的 1383.00 元/人。

反映云南省金融业资源配置功能的债务投资率从 2006 年的 45.77% 上升到 2018 年的 69.19%，上升了 23.42 个百分点；非国有单位固定资产投资率在基本稳定中略有上升，从 2006 年的 51.46% 上升到 2018 年的 58.94%，上升了 7.48 个百分点。

反映云南省金融业扩展功能的金融经济增长弹性及金融居民收入增长弹性波动较大，其中金融经济增长弹性从 2006 年的 1.6150 上升到 2018 年的 3.4825，其间最低值为 0.1364（2009 年）；金融居民收入增长弹性从 2006 年的 0.6406 上升到 2018 年的 4.0355，其间最低值为 0.1705（2009 年）。工业企业成长金融支持率呈现不断下降的趋势，从 2006 年的 32.26 下降到 2018 年的 16.82。第二、第三产业金融支持率以及产业合理化金融支持率、高新技术产业金融支持率、研发费用金融支持率与 GDP 能耗降低金融支持率均呈现先下降后上升的趋势，而且 2018 年相较 2016 年有所提升。产业高级化金融支持率呈现先上升后下降的趋势，2018 年相较 2016 年有所提升。城镇居民恩格尔系数与农村居民恩格尔系数均呈现先上升后下降的趋势，城镇居民恩格尔系数从 2006 年的 42.04% 上升到 2008 年的 47.10%，其后不断下降到 2018 年的 27.00%，2018 年相比 2006 年降低了 15.04 个百分点；农村居民恩格尔系数从 2006 年的 48.80% 上升到 2008 年的 49.60%，其后不断下降到 2018 年的 29.47%，2018 年相比 2006 年降低了 19.33 个百分点。

采用熵值法对金融发展功能三级指标数据进行测算，得到云南省 2006～2018 年的金融发展质量功能指数（见图 8-28）。

云南省金融发展质量功能指数在 2014 年之前呈现缓慢提升态势，从 2006 年的 0.0041 提升到 2014 年的 0.0049，8 年时间仅提升了 0.0008；但从 2015 年开始加速提升，到 2018 年时金融功能指数达到了 0.0124，比 2014 年提升了 0.0075。结合表 8-24 中各指标的变化可知，2015 年之后云南省金融功能指数的快速提升，是该时期所有金融功能指标快速提升的综合结果。这表明云南省在 2015 年之后在发挥金融业功能方面取得了显著成效。

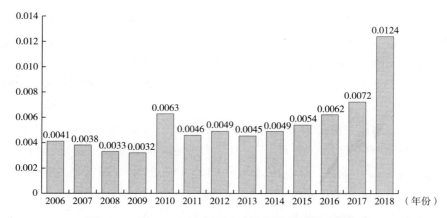

图 8-28　2006～2018 年云南省金融发展质量功能指数

5. 云南省金融发展稳健性评价

表 8-25 是云南省 2006～2018 年金融发展质量稳健性维度下各三级指标的变化情况。

表 8-25　2006～2018 年云南省金融发展质量稳健性维度下各三级指标的变化情况

年份	政府负债率 （%）	财政赤字率 （%）	银行业不良贷款率 （%）	房地产相对泡沫 程度	房地产绝对泡沫 程度
2006	12.88	135.16	6.69	0.6690	0.2701
2007	13.58	133.10	6.66	0.3969	0.2595
2008	15.05	139.51	2.15	1.0181	0.2592
2009	20.33	179.58	1.51	0.1811	0.2429
2010	19.51	162.36	1.26	−0.2201	0.1939
2011	20.45	163.65	1.14	1.2737	0.2146
2012	10.09	136.16	0.69	1.3716	0.2235
2013	21.00	154.24	0.56	0.0589	0.2044
2014	21.38	161.37	0.94	1.2243	0.2040
2015	21.18	160.65	2.18	2.2422	0.2177
2016	21.56	176.93	3.07	−0.5846	0.1913
2017	23.15	202.91	3.47	1.2477	0.2013
2018	22.82	204.61	2.92	3.7644	0.2436

2006～2018 年云南省政府负债率、财政赤字率以及房地产相对泡沫程度均出现了大幅提高，其中政府负债率从 2006 年的 12.88% 上升到 2018 年的 22.82%，上升了 9.94 个百分点；财政赤字率从 2006 年的 135.16% 上升到 2018 年的 204.61%，上升了 69.45 个百分点；房地产相对泡沫程度从 2006 年的 0.6690 上升到 2018 年的 3.7644。银行业不良贷款率快速下降，从 2006 年的 6.69% 下降到 2018 年的 2.92%，降低了 3.77 个百分点，但从 2013 年后不良贷款率有所回升，2018 年与 2013 年相比，不良贷款率提升了 2.36 个百分点；房地产绝对泡沫程度有所下降，从 2006 年的 0.2701 下降到 2018 年的 0.2436。

采用熵值法对金融发展稳健性三级指标数据进行测算，得到云南省 2006～2018 年的金融发展质量稳健性指数（见图 8-29）。

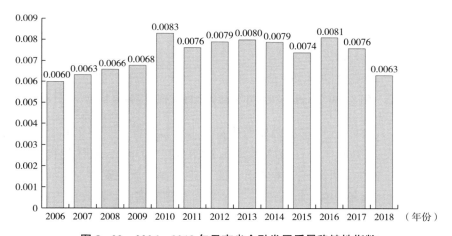

图 8-29　2006～2018 年云南省金融发展质量稳健性指数

2006～2018 年云南省金融发展质量稳健性指数整体呈现先上升后下降的趋势，指数从 2006 年的 0.0060 上升到 2018 年的 0.0063，仅提升了 0.0003；这表明 2006～2018 年云南省金融发展的稳健性虽然有所提高，但成效并不显著。需要注意的是，云南省金融发展质量稳健性指数最高值出现在 2010 年，为 0.0083，其后经过几年的基本稳定之后，从 2016 年开始呈现明显的下降趋势。结合表 8-25 中各指标的变化分析可知，云南省金融稳健性的这种变化与其所有指标的恶化有关，政府负债率高企、财政赤字快速扩大、房地产泡沫比较严重，以及银行业不良贷款率的快速反弹。因此，云南省为了增强金融发展稳健性，应该加强对所有金融市场指标的控制，尤其是对房地产泡沫程度以及政府债务规模的控制。

（二）云南省金融发展质量综合评价

依据前文对云南省金融规模、金融结构、金融效率、金融功能、金融稳健性五个维度发展质量的评价，运用熵值法计算出 2006～2018 年云南省金融发展质量综合指数（见图 8-30）。

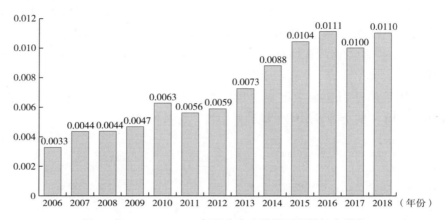

图 8-30　2006～2018 年云南省金融发展质量综合指数

2006～2018 年云南省金融发展质量综合指数整体上呈现上升趋势，质量综合指数从 2006 年的 0.0033 提升到 2018 年的 0.0110，总体质量提升显著。结合金融发展质量五个维度指数的变化来看，金融发展规模、金融发展效率与金融发展功能的持续改进是云南省金融发展质量提升的重要支撑，而金融结构不合理与金融稳健性较差则对金融发展质量形成了制约。因此，云南省金融发展质量的进一步提升，除了保持金融发展规模、金融发展效率、金融发展功能的稳定提升外，需要重点优化金融结构与增强金融市场稳健性。

六　内蒙古自治区金融发展质量评价

（一）内蒙古自治区金融发展质量分维度评价

1. 内蒙古自治区金融发展规模评价

表 8-26 是内蒙古自治区 2006～2018 年金融发展质量规模维度下各三级指标的变化情况。

表 8 - 26 2006～2018 年内蒙古自治区金融发展质量规模维度下各三级指标的变化情况

单位：亿元，%

年份	银行贷款余额	保费收入	股市市值	债券筹资额	社会融资规模	金融相关率	社会融资比例
2006	3240.00	71.95	924.33	40.00	588.67	93.36	14.14
2007	3803.10	97.75	5291.04	26.00	592.34	89.88	11.46
2008	4564.20	141.35	820.19	81.00	824.76	85.11	13.21
2009	6385.50	171.31	2366.90	95.00	1414.08	89.58	19.90
2010	7992.60	198.84	3570.70	164.00	1249.57	91.53	15.24
2011	9811.70	230.00	2747.35	197.00	1397.99	91.07	14.78
2012	11392.50	247.74	2969.48	481.70	1363.80	93.25	13.03
2013	13056.70	274.69	3117.13	413.00	1847.70	106.05	16.22
2014	15066.00	314.00	4046.52	698.00	1898.02	118.81	15.61
2015	17264.30	395.48	5357.45	600.50	1342.09	139.47	10.36
2016	19458.50	486.87	5094.23	497.50	1582.36	155.27	11.48
2017	21566.30	569.91	6586.59	390.30	1947.57	175.98	13.07
2018	22195.70	659.50	4397.99	313.00	1518.92	157.51	9.41

2006～2018 年，内蒙古自治区银行贷款余额和保费收入呈现稳步上升趋势，其中银行贷款余额从 3240.00 亿元增长到 22195.70 亿元，年均增长率为 17.39%；保费收入从 71.95 亿元增长到 659.50 亿元，年均增长率为 20.28%。2006～2018 年股市市值、社会融资规模与金融相关率均呈现波动上升的态势，其中股市市值从 924.33 亿元增长到 4397.99 亿元；社会融资规模从 588.67 亿元增长到 1518.92 亿元；金融相关率从 2006 年的 93.36% 提升到 2018 年的 157.51%，上升了 64.15 个百分点。债券筹资额呈现先上升后下降的趋势，从 2006 年的 40.00 亿元上升到 2014 年的 698.00 亿元，其后下降到 2018 年的 313.00 亿元。社会融资比例呈现波动下降的趋势，从 2006 年的 14.14% 下降到 2018 年的 9.41%，下降了 4.73 个百分点。

采用熵值法对金融发展规模三级指标数据进行测算，得到内蒙古自治区 2006～2018 年金融发展质量规模指数（见图 8-31）。

从图 8-31 中可以看出，2006～2018 年，内蒙古自治区金融发展质量规模指数总体上呈现持续提升态势，金融发展质量规模指数从 2006 年的 0.0017 上升到 2018 年的 0.0080，2017 年最高，达到 0.0091。这表明此期间内蒙古自治区的金融发展规模处于稳步增加态势。结合表 8-26 各指标数值变化看，

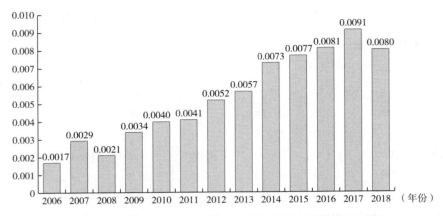

图 8-31   2006～2018 年内蒙古自治区金融发展质量规模指数

2006～2018 年内蒙古金融规模扩大不仅体现在银行贷款余额、保费收入、股市市值、债券筹资额、社会融资规模等绝对规模的扩张上，也体现在金融相关率这一相对规模的提升上。但 2018 年由除银行贷款余额与保费收入两项指标外的各指标数值的下降引起的金融规模指数相比 2017 年出现下降的现象应该引起关注。

2. 内蒙古自治区金融发展结构评价

表 8-27 是内蒙古自治区 2006～2018 年金融发展质量结构维度下各三级指标的变化情况。

表 8-27   2006～2018 年内蒙古自治区金融发展质量结构维度下各三级指标的变化情况

单位：%

年份	融资结构	金融行业结构
2006	6.02	35.43
2007	18.29	42.25
2008	13.48	44.74
2009	4.91	36.44
2010	9.52	33.47
2011	10.88	32.23
2012	27.87	36.43
2013	20.62	36.72
2014	29.56	40.13
2015	52.64	45.68

年份	融资结构	金融行业结构
2016	31.27	48.68
2017	22.56	23.86
2018	16.24	18.49

2006~2018 年，内蒙古自治区融资结构与金融行业结构均呈现较大波动及不稳定状态。其中，直接融资占比从 2006 年的 6.02% 上升到 2018 年的 16.24%，上升了 10.22 个百分点，其间最高值达到 52.64%（2015 年），而最低值仅为 4.91%（2009 年），波动幅度非常大。非银业金融资产占比从 2006 年的 35.43% 下降到 2018 年的 18.49%，下降了 16.94 个百分点，其间最高值为 48.68%（2016 年），最低值为 18.49%（2018 年），这表明内蒙古自治区金融发展的行业结构失衡存在加剧现象。

采用熵值法对金融发展结构三级指标数据进行测算，得到内蒙古自治区 2006~2018 年的金融发展质量结构指数（见图 8-32）。

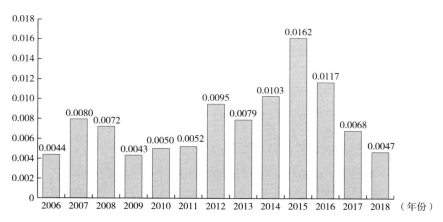

图 8-32　2006~2018 年内蒙古自治区金融发展质量结构指数

2006~2018 年内蒙古自治区金融发展质量结构指数处于大幅波动状态，金融结构指数从 2006 年的 0.0044 上升到 2018 年的 0.0047，仅上升了 0.0003。其间，最高值为 0.0162（2015 年），最低值为 0.0043（2009 年）。结合表 8-27 的指标变化可知，内蒙古自治区金融发展质量结构指数的大幅波动是其融资结构和行业结构均不稳定的综合结果。另外，2015 年之后，内蒙古自治区金融发展质量结构指数呈现持续性下降趋势，表明其金融结构的失衡问题更加严重。

3. 内蒙古自治区金融发展效率评价

表 8-28 是内蒙古自治区 2006～2018 年金融发展质量效率维度下各三级指标的变化情况。

表 8-28   2006～2018 年内蒙古自治区金融发展质量效率维度下各三级指标的变化情况

单位：万元/人，%

年份	信贷资金边际产出率	劳动生产率	投资转化率	储蓄率	贷存率	居民股市参与率	证券化率	保险赔付率
2006	149.83	45.50	70.10	17.27	79.50	2.13	18.48	23.89
2007	234.20	69.95	70.00	12.72	76.27	3.35	19.74	32.94
2008	229.01	81.00	67.30	26.94	71.53	4.20	18.04	30.78
2009	107.84	134.15	77.00	25.26	75.89	5.00	17.68	33.29
2010	120.04	151.95	77.30	21.99	77.41	5.78	15.62	28.56
2011	142.44	186.44	76.70	21.56	80.87	6.45	14.86	30.97
2012	153.20	193.08	84.60	27.64	83.32	6.76	15.73	34.46
2013	9.88	213.26	71.20	17.94	85.54	6.89	17.74	36.57
2014	46.64	313.49	77.40	14.81	92.48	7.12	18.12	35.18
2015	11.98	351.36	78.70	17.24	95.00	7.35	23.39	31.49
2016	27.34	368.16	67.20	15.26	91.59	7.57	28.60	28.30
2017	-90.95	109.00	63.98	11.11	93.39	7.82	25.71	32.73
2018	-109.02	77.00	71.69	16.87	95.09	8.20	23.50	29.24

2006～2018 年，内蒙古自治区衡量金融业总体效率指标的信贷资金边际产出率呈现波动下降的趋势，2006 年每百元信贷资金投放产生的 GDP 为 149.83 元，而到 2018 年时为 -109.02 元，其间最高值在 2007 年达到 234.20 元。这表明内蒙古自治区信贷投放的边际产出进入 2008 年后就开始下降，在 2017 年进入负产出区间。劳动生产率呈现先上升后下降的趋势，从 2006 年的 45.50 万元/人提升到 2016 年的 368.16 万元/人，其后迅速下降到 2018 年的 77.00 万元/人；投资转化率基本保持在稳定状态，从 2006 年的 70.10% 上升到 2018 年的 71.69%。衡量银行业效率指标的储蓄率虽然存在一定波动，但整体上处于持平的状态，从 2006 年的 17.27% 仅下降到 2018 年的 16.87%；贷存率上升较为明显，从 2006 年的 79.50% 上升到 2018 年的 95.09%，上升了 15.59 个百分点。衡量证券市场效率的两个指标均呈现上升趋势，其中居民股市参与率从 2006 年的 2.13% 上升到 2018 年的 8.20%，提升了 6.07 个百分点；证券化率从 2006 年的 18.48% 上升到 2018 年的 23.50%，上升了 5.02 个百分点。衡量保险业效率的保险赔付

率从 2006 年的 23.89% 上升到 2018 年的 29.24%，上升了 5.35 个百分点。

采用熵值法对金融发展效率三级指标数据进行测算，得到内蒙古自治区 2006 ~ 2018 年的金融发展质量效率指数（见图 8 – 33）。

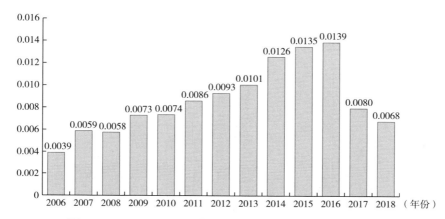

图 8 – 33　2006 ~ 2018 年内蒙古自治区金融发展质量效率指数

由图 8 – 33 可见，内蒙古自治区金融发展质量效率指数在 2006 ~ 2016 年稳步提升，从 0.0039 提升到了 0.0139，但从 2017 年开始则快速下降，到 2018 年时效率指数下降到了 0.0068，与 2016 年相比下降了 51.08%。从表 8 – 28 中各指标变化可知，在 2016 年之前内蒙古自治区金融发展效率指数的不断提升得益于劳动生产率、贷存率、居民股市参与率、证券化率与保险赔付率的持续提升，而 2016 年之后金融发展效率指数的大幅度下降原因在于信贷资金边际产出率、劳动生产率与证券化率出现了大幅度下降。

4. 内蒙古自治区金融发展功能评价

表 8 – 29 是内蒙古自治区 2006 ~ 2018 年金融发展质量功能维度下各三级指标的变化情况。

内蒙古自治区金融服务覆盖率基本保持稳定；金融服务使用率整体上呈现波动上升的态势，从 2006 年的 77.85% 上升到 2018 年的 137.51%，上升了 59.66 个百分点。保险密度逐年上升，从 2006 年的 297.93 元 / 人上升到 2018 年的 2602.60 元 / 人，年均增长率为 19.80%。

债务投资率整体上呈现上升的趋势，从 2006 年的 69.87 % 上升到 2013 年的 115.23%，其后下降到 2018 年的 46.52%，2018 年较 2006 年下降了 23.35 个百分点。非国有单位固定资产投资率呈现波动上升的趋势，从 2006 年的 62.45% 上升到 2012 年的 67.44%，其后下降到 2018 年的 58.76%，2018

表 8-29　2006~2018 年内蒙古自治区金融发展质量功能维度下各三级指标的变化情况

年份	基础性功能				资源配置功能										扩展功能	
	金融服务覆盖率（个/万人）	金融服务使用率（%）	保险密度（元/人）	债务投资率（%）	非国有单位固定资产投资率（%）	金融经济增长弹性	金融居民收入增长弹性	工业企业成长金融支持率	第二、第三产业金融支持率	产业高级化金融支持率	产业合理化金融支持率	研发费用金融支持率	高新技术产业金融支持率	GDP能耗降低金融支持率	城镇居民恩格尔系数（%）	农村居民恩格尔系数（%）
2006	2.19	77.85	297.93	69.87	62.45	0.6132	0.5089	61.94	139.22	-0.0573	0.0387	0.1563	0.0204	-0.0248	30.31	39.00
2007	2.10	73.60	402.42	77.39	61.02	0.7542	0.3701	54.51	124.53	-0.0452	0.0358	0.1405	0.0225	0.2414	30.40	39.30
2008	1.79	73.12	578.36	81.17	63.28	0.7305	0.8898	60.47	129.29	-0.0492	0.0426	0.0588	0.0203	0.2679	32.82	41.01
2009	1.95	89.88	696.95	113.21	61.41	0.4185	0.1456	40.02	101.30	-0.0397	0.0402	0.5987	0.0168	0.1946	30.50	39.80
2010	1.87	97.47	804.37	74.00	62.52	0.9907	0.7421	41.42	186.65	-0.0714	0.0769	1.1245	0.0176	0.4096	30.10	38.80
2011	1.89	103.74	926.67	102.44	66.73	0.5567	0.6010	39.16	105.55	-0.0414	0.0476	0.6886	0.0138	0.1052	31.30	37.53
2012	2.10	108.81	994.94	98.95	67.44	0.6661	1.2203	41.42	157.12	-0.0530	0.0680	1.1044	0.0166	0.3478	30.84	37.30
2013	1.87	114.61	1099.64	115.23	66.55	0.7455	1.1878	41.10	199.42	-0.0519	0.0731	1.5341	0.0162	2.2413	31.80	35.50
2014	1.87	123.92	1253.49	76.59	63.28	0.5612	0.3560	35.56	188.47	-0.0418	0.0644	1.4260	0.0147	0.2482	28.70	30.60
2015	1.93	133.33	1574.99	77.39	61.46	0.4460	0.5987	34.23	147.38	-0.0276	0.0451	1.2368	0.0145	0.2014	28.64	25.70
2016	2.33	141.11	1932.04	76.59	57.44	0.3980	1.6475	34.01	122.55	-0.0186	0.0329	1.1146	0.0137	0.2125	28.60	20.80
2017	2.30	144.76	2253.50	65.60	56.29	0.7407	0.7930	27.83	168.70	-0.0101	0.0320	1.5413	0.0143	0.4849	27.37	27.78
2018	2.19	137.51	2602.60	46.52	58.76	1.7932	1.7747	36.16	385.22	-0.0166	0.0760	3.2153	0.0148	-1.4863	26.90	27.45

年较 2006 年下降了 3.69 个百分点。

金融经济增长弹性从 2006 年的 0.6132 上升到 2018 年的 1.7932。金融居民收入增长弹性从 2006 年的 0.5089 上升到 2018 年的 1.7747。工业企业成长金融支持率不断下降，从 2006 年的 61.94 下降到 2018 年的 36.16。第二、第三产业金融支持率以及产业高级化金融支持率、产业合理化金融支持率与研发费用金融支持率均呈现上升趋势。高新技术产业金融支持率与 GDP 能耗降低金融支持率均呈现下降的趋势。城镇居民恩格尔系数与农村居民恩格尔系数均呈现先上升后下降的趋势。城镇居民恩格尔系数从 2006 年的 30.31% 下降到 2018 年的 26.90%，降低了 3.41 个百分点。农村居民恩格尔系数从 2006 年的 39.00% 下降到 2018 年的 27.45%，降低了 11.55 个百分点。

采用熵值法对金融发展功能三级指标数据进行测算，得到内蒙古自治区 2006~2018 年的金融发展质量功能指数（见图 8-34）。

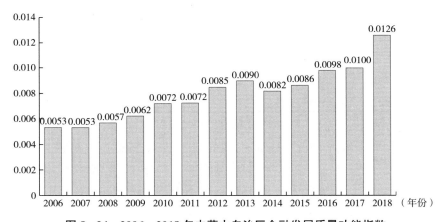

图 8-34　2006~2018 年内蒙古自治区金融发展质量功能指数

2006~2018 年内蒙古自治区金融发展质量功能指数总体上呈现稳步上升趋势，功能指数从 2006 年的 0.0053 上升到 2018 年的 0.0126，提高了 1.38 倍。结合表 8-29 的指标变化可以看出，内蒙古自治区金融发展功能的这种不断上升趋势主要是因为基础性功能与扩展功能得到了充分发挥。但同时也能看出，内蒙古自治区金融发展功能中的资源配置功能以及扩展功能中的部分功能被削弱。因此，内蒙古自治区在提升金融发展功能时，应该着重考虑资源配置功能，并且要重点提高金融业对高新技术产业发展与节能降耗的贡献。

5. 内蒙古自治区金融发展稳健性评价

表 8-30 是内蒙古自治区 2006～2018 年金融发展质量稳健性维度下各三级指标的变化情况。

表 8-30   2006～2018 年内蒙古自治区金融发展质量稳健性维度下各三级指标的变化情况

年份	政府负债率（%）	财政赤字率（%）	银行业不良贷款率（%）	房地产相对泡沫程度	房地产绝对泡沫程度
2006	11.26	136.50	8.28	0.8350	0.1685
2007	11.45	120.15	7.94	0.3986	0.1534
2008	13.05	125.18	2.51	0.2517	0.1348
2009	15.15	126.45	1.16	3.0623	0.1736
2010	14.68	112.48	0.82	0.3637	0.1631
2011	17.24	119.97	0.57	0.4159	0.1512
2012	17.89	120.64	0.66	2.3070	0.1668
2013	17.25	114.21	0.88	-0.4420	0.1469
2014	16.76	110.58	2.16	0.6851	0.1576
2015	18.45	121.65	3.97	-0.7893	0.1390
2016	18.10	123.80	3.57	3.6560	0.1597
2017	18.93	165.53	3.50	0.1645	0.1496
2018	18.27	158.68	3.70	3.3810	0.1792

2006～2018 年内蒙古自治区政府负债率从 11.26% 上升到 18.27%，上升了 7.01 个百分点。财政赤字率从 2006 年的 136.50% 先下降到 2014 年的 110.58%，其后上升到 2018 年的 158.68%，2018 年相较 2006 年上升了 22.18 个百分点。银行业不良贷款率从 2006 年的 8.28% 先下降到 2011 年的 0.57%，其后上升到 2018 年的 3.70%，2018 年相较 2006 年降低了 4.58 个百分点。房地产相对泡沫程度与绝对泡沫程度均有所上升，相对泡沫程度从 2006 年的 0.8350 上升到 2018 年的 3.3810，绝对泡沫程度从 2006 年的 0.1685 上升到 2018 年的 0.1792。

采用熵值法对金融发展稳健性三级指标数据进行测算，得到内蒙古自治区 2006～2018 年的金融发展质量稳健性指数（见图 8-35）。

2006～2018 年内蒙古自治区金融发展质量稳健性指数基本保持在稳定状态，稳健性指数从 2006 年的 0.0087 仅下降到 2018 年的 0.0083。结合表 8-30 的指标变化可知，内蒙古自治区金融发展质量稳健性指数基本保持稳

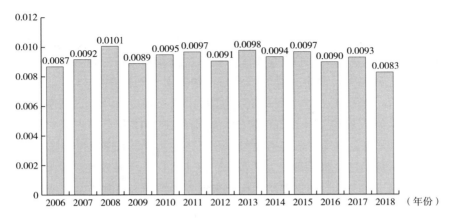

图 8-35　2006～2018 年内蒙古自治区金融发展质量稳健性指数

定的原因在于，相关指标有提升有下降，但变化幅度均不是很明显。但需要关注的是，从 2011 年开始，内蒙古自治区银行业不良贷款率出现了快速反弹。另外，房地产市场泡沫在 2015 年之后加剧，这些指标的变化无疑会对内蒙古自治区的金融稳健发展产生一定冲击。

（二）内蒙古自治区金融发展质量综合评价

依据前文对内蒙古自治区金融规模、金融结构、金融效率、金融功能、金融稳健性五个维度发展质量的评价，运用熵值法计算出 2006～2018 年内蒙古自治区金融发展质量综合指数（见图 8-36）。

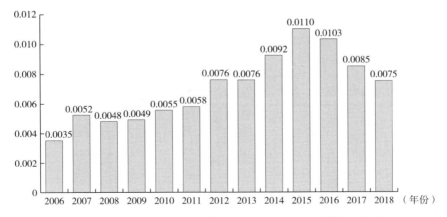

图 8-36　2006～2018 年内蒙古自治区金融发展质量综合指数

2006～2018 年内蒙古自治区金融发展质量综合指数总体上呈现上升趋

势，从 2006 年的 0.0035 上升到 2018 年的 0.0075。但其综合指数最高的年份出现在 2015 年，达到 0.0110，其后则一直下降，2018 年比 2015 年下降了 0.0035。从金融发展质量的五个维度来看，金融发展规模与金融发展功能整体上呈现上升趋势，而金融发展结构与金融发展稳健性在 2015 年之后出现大幅度下降，金融发展效率在 2016 年之后出现大幅度下降。这表明，内蒙古自治区金融发展质量存在不稳定性，特别是在 2015 年后呈现明显的下降趋势。其中尤以金融发展结构指数与金融发展效率指数下降最为明显。因此，未来内蒙古自治区金融发展质量的提升，除了要保持金融发展规模与金融发展功能的稳定提升外，还需要努力优化金融发展结构、提升金融发展效率。

七　本章小结

本章通过对四川、重庆、贵州、广西、云南以及内蒙古六个省（区、市）金融发展质量进行评价，其结果可以归纳为表 8-31。可以看出，从总体上看，2006~2018 年六个省（区、市）金融发展质量都得到提升，但 2018 年各省（区、市）间的金融发展质量存在明显差异，最好的为四川，发展质量指数为 0.0224；最低的为内蒙古，发展质量指数为 0.0075。从五个维度来看，六省（区、市）在金融发展规模、金融发展结构、金融发展效率以及金融发展功能四个维度的质量指数均得到提升，但在金融发展稳健性方面，六省（区、市）间存在明显差异，其中四川、广西、云南 2006~2018 年得到提升，而重庆、贵州和内蒙古则有所降低。另外，从各维度质量指数的比较来看，金融稳健性指数与金融结构指数也是五个维度指数中最低的。因此，这六个省（区、市）金融发展质量的提升，除了各自需要努力的领域之外，还需要在金融结构优化与增强金融发展稳定性两个方面做出共同努力。

表 8-31　四川、重庆、贵州、广西、云南以及内蒙古金融发展质量综合指数

省（区、市）		金融发展质量	金融发展规模	金融发展结构	金融发展效率	金融发展功能	金融发展稳健性
四川	指数（2018年）	0.0224	0.0407	0.0073	0.0082	0.0170	0.0073
	较2006年变化	提升	提升	提升	提升	提升	提升
重庆	指数（2018年）	0.0110	0.0147	0.0066	0.0085	0.0129	0.0076
	较2006年变化	提升	提升	提升	提升	提升	降低
贵州	指数（2018年）	0.0093	0.0115	0.0072	0.0089	0.0080	0.0059
	较2006年变化	提升	提升	提升	提升	提升	降低

省（区、市）		金融发展质量	金融发展规模	金融发展结构	金融发展效率	金融发展功能	金融发展稳健性
广西	指数（2018年）	0.0079	0.0105	0.0045	0.0070	0.0079	0.0073
	较2006年变化	提升	提升	提升	提升	提升	提升
云南	指数（2018年）	0.0110	0.0130	0.0099	0.0084	0.0124	0.0063
	较2006年变化	提升	提升	提升	提升	提升	提升
内蒙古	指数（2018年）	0.0075	0.0080	0.0047	0.0068	0.0126	0.0083
	较2006年变化	提升	提升	提升	提升	提升	降低

第九章
西部各省（区）金融发展质量评价（Ⅱ）

本章依据前述第二章构建的金融发展质量评价指标体系及方法，主要对西北地区的陕西、甘肃、宁夏、青海、新疆5个省（区）的金融发展质量，从金融规模、金融结构、金融效率、金融功能、金融稳健性五个维度与总体发展层面进行评价。

一 陕西省金融发展质量评价

（一）陕西省金融发展质量分维度评价

1. 陕西省金融发展规模评价

表9-1是陕西省2006～2018年金融发展质量规模维度下各三级指标的变化情况。

表9-1 2006～2018年陕西省金融发展质量规模维度下各三级指标的变化情况

单位：亿元，%

年份	银行贷款余额	保费收入	股市市值	债券筹资额	社会融资规模	金融相关率	社会融资比例
2006	4463.21	116.18	456.36	16.50	535.56	117.73	11.65
2007	5121.16	150.50	1210.60	71.50	757.43	115.17	13.33
2008	6056.82	217.78	898.50	157.50	1518.07	115.23	21.15
2009	8276.64	259.60	2059.44	193.50	2447.28	136.29	30.60
2010	10222.20	333.81	3100.30	273.40	2148.57	136.04	21.82
2011	11796.58	343.70	2698.90	352.30	2218.74	127.71	18.22
2012	14138.20	365.33	2118.74	590.80	2627.96	132.82	18.58
2013	16537.69	417.45	2207.05	745.50	4175.22	136.31	26.25

续表

年份	银行贷款余额	保费收入	股市市值	债券筹资额	社会融资规模	金融相关率	社会融资比例
2014	19174.05	476.80	4845.87	1319.80	4850.00	148.83	27.42
2015	22096.80	572.45	6946.27	1379.80	4501.52	169.11	24.98
2016	24224.40	714.74	6437.80	1651.00	3558.67	179.03	18.34
2017	26924.50	868.69	6298.59	1259.50	5926.00	158.14	27.06
2018	30742.70	969.39	4869.17	1245.00	3599.10	157.04	14.73

2006～2018 年，陕西省银行贷款余额和保费收入稳步增加，其中银行贷款余额从 4463.21 亿元增长到 30742.70 亿元，年均增长率为 17.45%；保费收入从 116.18 亿元增长到 969.39 亿元，年均增长率为 19.34%。股市市值、债券筹资额、社会融资规模、金融相关率以及社会融资比例均呈现波动上升的态势，其中股市市值从 456.36 亿元增长到 4869.17 亿元；债券筹资额从 2006 年的 16.50 亿元上升到 2016 年的 1651.00 亿元，后有所下降，到 2018 年时达到 1245.00 亿元；社会融资规模从 535.56 亿元增长到 3599.10 亿元；金融相关率从 117.73% 提升到 157.04%，提升了 39.31 个百分点；社会融资比例从 11.65% 提升到 14.73%，提升了 3.08 个百分点。

采用熵值法对金融发展规模三级指标数据进行测算，得到陕西省 2006～2018 年金融发展质量规模指数（见图 9-1）。

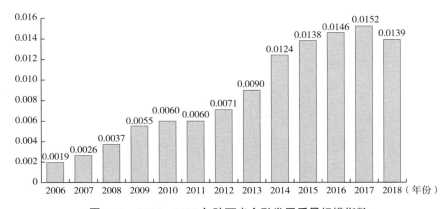

图 9-1　2006～2018 年陕西省金融发展质量规模指数

从图 9-1 中可以看出，2006～2018 年，陕西省金融发展质量规模指数总体上呈现快速提升态势，从 2006 年的 0.0019 上升到 2017 年的最高值

0.0152，2018 年稍有回落至 0.0139。这表明，从金融发展规模维度来看，2006～2018 年陕西省金融发展规模稳定扩大，发展质量获得了显著提升。从表 9-1 中相关指标的变化可知，2018 年金融发展质量规模指数的回落是由股市市值、债券筹资额、社会融资规模以及社会融资比例的下降导致的。

2. 陕西省金融发展结构评价

表 9-2 是陕西省 2006～2018 年金融发展质量结构维度下各三级指标的变化情况。

表 9-2　2006～2018 年陕西省金融发展质量结构维度下各三级指标的变化情况

单位：%

年份	融资结构	金融行业结构
2006	6.02	25.13
2007	13.25	29.48
2008	20.94	39.16
2009	9.65	34.53
2010	20.99	34.73
2011	15.83	35.46
2012	24.38	35.78
2013	18.74	33.58
2014	32.10	37.31
2015	35.93	39.08
2016	57.69	41.64
2017	27.62	22.25
2018	36.29	19.89

2006～2018 年，以直接融资占比表示的陕西省融资结构呈现波动上升趋势，从 2006 年的 6.02% 上升到 2018 年的 36.29%，提升了 30.27 个百分点，其间 2016 年最高，达到 57.69%。以非银行业金融资产占金融业总资产比例反映的金融行业结构指标，整体上呈现先上升后下降的趋势，从 2006 年的 25.13% 下降到 2018 年的 19.89%，降低了 5.24 个百分点，其间最高值为 2016 年的 41.64%。可见，2006～2018 年陕西省金融发展结构呈现非稳定性特点，其中融资结构有一定程度的改善，但非银行业金融发展缓慢，金融发展的行业结构失衡问题进一步加剧。

采用熵值法对金融发展结构三级指标数据进行测算，得到 2006～2018

年陕西省金融发展质量结构指数（见图9-2）。

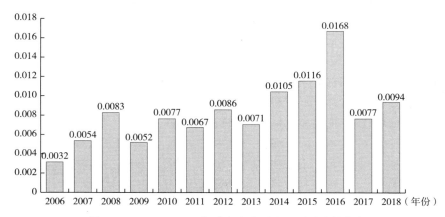

图 9-2　2006～2018 年陕西省金融发展质量结构指数

由图9-2可以看出，陕西省金融发展质量结构指数虽然总体上有所上升，从2006年的0.0032上升到2018年的0.0094，但其间指数的波动较大。2016年金融发展质量结构指数为0.0168，为样本期间内的最高水平。这表明，从金融发展结构维度来看，2006～2018年陕西省金融发展质量虽有所提升，但幅度并不大。结合表9-2中相关指标的变化可知，融资结构与金融行业结构均在2016年为样本期间内的最高水平，其后两个指标均出现大幅度下降。因此，进一步提升直接融资比例以优化融资结构，加快非银行业金融发展以改善金融发展的行业结构是陕西省提升金融发展质量的重要方面。

3. 陕西省金融发展效率评价

表9-3是陕西省2006～2018年金融发展质量效率维度下各三级指标的变化情况。

表 9-3　2006～2018 年陕西省金融发展质量效率维度下各三级指标的变化情况

单位：万元/人，%

年份	信贷资金边际产出率	劳动生产率	投资转化率	储蓄率	贷存率	居民股市参与率	证券化率	保险赔付率
2006	87.64	11.35	61.90	28.62	59.89	4.61	16.13	25.56
2007	154.07	17.38	60.90	8.86	60.24	6.38	17.18	31.42
2008	166.44	19.52	64.30	44.44	56.13	6.78	21.79	27.05
2009	38.53	25.90	66.70	40.76	58.94	7.50	19.84	23.48
2010	100.42	26.83	67.50	33.89	61.61	8.05	20.03	20.85

年份	信贷资金边际产出率	劳动生产率	投资转化率	储蓄率	贷存率	居民股市参与率	证券化率	保险赔付率
2011	151.73	30.22	67.83	28.11	61.61	8.64	20.23	25.17
2012	82.91	36.99	68.60	32.01	61.89	8.92	19.93	28.58
2013	73.01	43.26	68.80	25.78	64.26	9.06	19.56	35.38
2014	56.31	57.51	67.70	18.28	67.78	9.53	20.47	37.70
2015	16.49	58.82	66.00	33.76	67.60	8.81	25.32	33.88
2016	46.70	55.69	66.50	20.93	67.84	10.49	27.43	33.36
2017	170.54	56.53	65.82	17.84	70.57	9.28	18.69	29.93
2018	67.78	56.79	66.96	20.81	75.11	10.29	18.50	28.98

从金融业总体效率角度来看，陕西省信贷资金边际产出率呈现下降趋势且波动巨大，从 2006 年的 87.64% 下降到 2018 年的 67.78%，即每增加百元信贷资金投入的 GDP 产出减少了 19.86 元，其间最小值仅为 16.49 元（2015年）。劳动生产率呈现逐年上升的态势，从 2006 年的 11.35 万元 / 人提升到 2018 年的 56.79 万元 / 人，年均提高 14.36%；投资转化率整体上呈现先上升后下降的趋势，从 2006 年的 61.90% 缓慢上升到 2013 年的 68.80%，其后逐渐下降到 2018 年的 66.96%，2018 年相较 2006 年，投资转化率提高了 5.06个百分点。从银行业效率角度来看，储蓄率呈现不断波动的趋势，从 2006年的 28.62% 下降到 2018 年的 20.81%，降低了 7.81 个百分点；贷存率整体上呈现上升的趋势，从 2006 年的 59.89% 上升到 2018 年的 75.11%，上升了15.22 个百分点。从证券市场效率角度来看，居民股市参与率不断上升，从2006 年的 4.61% 上升到 2018 年的 10.29%，上升了 5.68 个百分点；证券化率呈现波动上升态势，从 2006 年的 16.13% 小幅上升到 2018 年的 18.50%，上升了 2.37 个百分点。从保险业效率角度来看，保险赔付比率呈现不断波动的态势，从 2006 年的 25.56% 上升到 2018 年的 28.98%，上升了 3.42 个百分点。

采用熵值法对金融发展效率三级指标数据进行测算，得到 2006 ~ 2018年陕西省金融发展质量效率指数（见图 9-3）。

由图 9-3 可见，2006 ~ 2018 年陕西省金融发展质量效率指数总体呈现波动上升态势，效率指数由 2006 年的 0.0029 上升到 2018 年的 0.0063，其间 2016 年为最高水平，达到 0.0074。这表明，从金融发展效率维度来看，2006 ~ 2018 年陕西省金融发展质量获得了显著提高，虽然年度间存在波动，

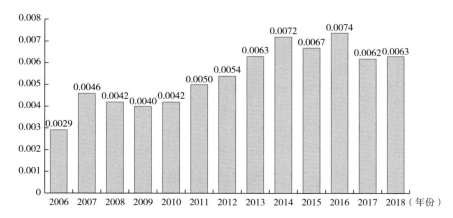

图 9-3   2006~2018 年陕西省金融发展质量效率指数

但总体提高的趋势并没有改变。结合表 9-3 中相关指标的变化可知，陕西省金融发展效率指数的大幅波动缘于主要效率衡量指标的大幅波动。其中，2016~2018 年金融发展效率指数的回落主要是由居民股市参与率、证券化率及保险赔付率三个指标的下降导致的。

4. 陕西省金融发展功能评价

表 9-4 是陕西省 2006~2018 年金融发展质量功能维度下各三级指标的变化情况。

金融服务覆盖率呈现先下降后上升的趋势，从 2006 年的 1.73 个/万人下降到 2009 年的 1.67 个/万人，然后缓慢上升到 2018 年的 1.88 个/万人。金融服务使用率呈现波动上升的态势，从 2006 年的 97.12% 上升到 2018 年的 125.80%，上升了 28.68 个百分点。保险密度呈现逐年上升的趋势，从 2006 年的 314.09 元/人上升到 2018 年的 2508.51 元/人，年均增长率为 18.90%。

债务投资率与非国有单位固定资产投资率均呈现不断波动的态势，其中债务投资率从 2006 年的 58.27% 上升到 2018 年的 82.06%，上升了 23.79 个百分点；非国有单位固定资产投资率从 2006 年的 52.18% 上升到 2018 年的 61.84%，上升了 9.66 个百分点。

金融经济增长弹性与金融居民收入增长弹性呈现不断波动的趋势。其中，金融经济增长弹性从 2006 年的 1.0069 上升到 2018 年的 1.2588；金融居民收入增长弹性从 2006 年的 0.5481 上升到 2018 年的 0.9958。工业企业成长金融支持率呈现下降趋势，从 2006 年的 52.12 下降到 2018 年的 22.84。第二、第三产业金融支持率以及产业高级化金融支持率、产业合理化金融支持率、研发费用金融支持率、高新技术产业金融支持率与 GDP 能耗降低金融支持率均

表 9-4　2006~2018 年陕西省金融发展质量功能维度下各三级指标的变化情况

年份	基础性功能			资源配置功能						扩展功能						
	金融服务覆盖率（个/万人）	金融服务使用率（%）	保险密度（元/人）	债务投资率（%）	非国有单位固定资产投资率（%）	金融经济增长弹性	金融居民收入增长弹性	工业企业成长金融支持率	第二、第三产业金融支持率	产业高级化金融支持率	产业合理化金融支持率	研发费用金融支持率	高新技术产业金融支持率	GDP能耗降低金融支持率	城镇居民恩格尔系数（%）	农村居民恩格尔系数（%）
2006	1.73	97.12	314.09	58.27	52.18	1.0069	0.5481	52.12	157.43	-0.0349	0.0148	2.7081	0.0451	0.4256	34.30	39.00
2007	1.70	90.13	405.89	70.14	54.16	0.4467	0.3546	42.70	61.94	-0.0095	0.0055	1.1281	0.0482	0.2002	36.40	36.80
2008	1.70	84.38	585.73	78.07	56.41	1.0427	1.1398	43.88	107.02	-0.0127	0.0096	1.3924	0.0418	0.5283	36.70	37.45
2009	1.67	103.49	696.54	73.75	53.11	0.6813	0.1948	36.05	145.51	-0.0127	0.0161	3.7365	0.0361	0.1590	37.30	35.10
2010	1.71	103.83	893.73	73.78	54.30	1.3990	1.1308	36.15	155.64	-0.0100	0.0157	3.7058	0.0322	0.9875	37.10	34.25
2011	1.72	96.89	918.25	82.51	58.63	1.7969	1.6155	39.26	207.11	-0.0103	0.0211	4.5737	0.0346	0.8456	36.60	30.00
2012	1.73	99.97	973.43	87.18	58.56	0.5662	0.6342	36.00	98.40	-0.0086	0.0171	2.1600	0.0334	0.2201	36.20	29.72
2013	1.76	103.98	1109.06	92.19	60.74	0.3560	0.5609	33.25	70.15	-0.0047	0.0114	1.6561	0.0411	0.1383	36.40	31.80
2014	1.79	108.39	1263.05	91.29	61.27	0.5625	0.2728	25.18	102.18	-0.0056	0.0156	2.3241	0.0451	0.2458	27.91	33.88
2015	1.87	122.61	1509.23	85.95	59.92	0.1334	0.7202	23.93	123.08	-0.0060	0.0172	2.9464	0.0463	-0.1946	27.86	35.96
2016	1.84	124.87	1874.47	80.48	62.45	0.8782	0.9767	24.19	187.92	-0.0082	0.0241	4.4531	0.0477	0.4519	27.66	38.04
2017	1.88	122.95	2265.16	84.51	58.59	1.2273	0.8888	25.08	163.20	-0.0064	0.0199	3.7234	0.0609	0.8079	28.44	25.98
2018	1.88	125.80	2508.51	82.06	61.84	1.2588	0.9958	22.84	188.76	-0.0059	0.0211	4.4482	0.0742	0.8553	27.00	25.29

呈现波动上升态势，2018 年的指数值较 2006 年均得到不同程度的提升。城镇居民恩格尔系数与农村居民恩格尔系数在波动中下降，其中城镇居民恩格尔系数从 2006 年的 34.30% 下降到 2018 年的 27.00%，降低了 7.30 个百分点；农村居民恩格尔系数从 2006 年的 39.00% 下降到 2018 年的 25.29%，降低了 13.71 个百分点。

采用熵值法对金融发展功能三级指标数据进行测算，得到 2006~2018 年陕西省金融发展质量功能指数（见图 9-4）。

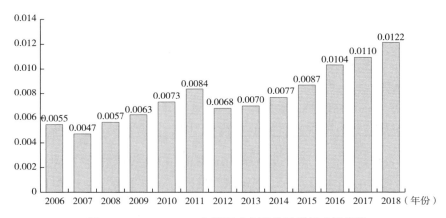

图 9-4　2006~2018 年陕西省金融发展质量功能指数

由图 9-4 可见，陕西省金融发展质量功能指数基本上呈现稳定上升趋势，功能指数从 2006 年的 0.0055 上升到 2018 年的 0.0122，其间个别年份虽有回落，但幅度并不大。这表明，2006~2018 年陕西省金融发展对经济、社会及环境改善等方面的推动作用不断增强，其基础性功能、资源配置功能以及扩展功能均得到有效提升。从金融发展功能维度来看，陕西省金融发展质量得到了稳步提高。

5. 陕西省金融发展稳健性评价

表 9-5 是陕西省 2006~2018 年金融发展质量稳健性维度下各三级指标的变化情况。

表 9-5　2006~2018 年陕西省金融发展质量稳健性维度下各三级指标的变化情况

年份	政府负债率（%）	财政赤字率（%）	银行业不良贷款率（%）	房地产相对泡沫程度	房地产绝对泡沫程度
2006	10.05	127.60	11.50	0.8014	0.3042
2007	10.19	121.78	10.91	0.0791	0.2669

年份	政府负债率（%）	财政赤字率（%）	银行业不良贷款率（%）	房地产相对泡沫程度	房地产绝对泡沫程度
2008	11.76	142.72	3.18	0.5923	0.2569
2009	13.83	150.47	2.23	−0.0359	0.2051
2010	12.80	131.56	1.35	0.6266	0.2002
2011	11.75	95.36	1.10	1.6160	0.2369
2012	12.18	107.65	0.77	0.4805	0.2213
2013	12.05	109.63	0.68	0.0992	0.2029
2014	11.71	109.58	1.08	−0.3331	0.1791
2015	12.85	112.41	1.99	0.2968	0.1667
2016	13.17	139.33	2.23	0.2032	0.1853
2017	12.91	140.85	1.66	2.2468	0.2209
2018	12.52	136.38	1.39	1.6795	0.2626

陕西省政府负债率从 2006 年的 10.05% 上升到 2009 年的 13.83%，其后波动下降到 2018 年的 12.52%，2018 年相较 2006 年上升了 2.47 个百分点。财政赤字率从 2006 年的 127.60% 上升到 2018 年的 136.38%，上升了 8.78 个百分点，其间 2009 年最高，达到 150.47%，最低值在 2011 年，为 95.36%。银行业不良贷款率从 2006 年的 11.50% 下降到 2013 年的 0.68%，其后上升到 2016 年的 2.23%，最后缓慢下降到 2018 年的 1.39%，2018 年相较 2006 年降低了 10.11 个百分点。房地产相对泡沫程度呈现波动趋势，从 2006 年的 0.8014 上升到 2018 年的 1.6795。房地产绝对泡沫程度整体上呈现先下降后上升的趋势，从 2006 年的 0.3042 下降到 2015 年的 0.1667，其后上升到 2018 年的 0.2626。

采用熵值法对金融发展稳健性三级指标数据进行测算，得到 2006～2018 年陕西省金融发展质量稳健性指数（见图 9-5）。

由图 9-5 可见，2006～2018 年陕西省金融发展质量稳健性指数呈现先上升后下降的趋势，稳健性指数从 2006 年的 0.0048 上升到 2015 年的最大值 0.0093，后下降到 2018 年的 0.0066。这表明，从金融发展稳健性维度看，虽然 2006～2018 年陕西省金融发展质量有一定提高，但 2015 年以后金融稳健性质量出现了明显下降。结合表 9-5 中相关指标的变化可知，2015 年之后尽管政府负债率以及银行业不良贷款率基本保持不变，但是财政赤字率、房地产相对泡沫程度与绝对泡沫程度等指标均快速提高，这些指标的恶化对金

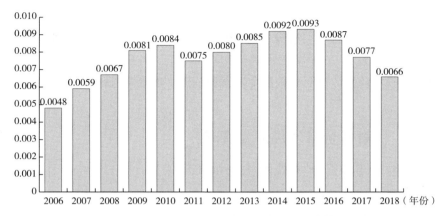

图 9-5　2006～2018 年陕西省金融发展质量稳健性指数

融稳定性产生了一定冲击。因此，陕西省金融发展稳健性的实现需要在控制政府债务规模和房地产泡沫程度等方面做出努力。

（二）陕西省金融发展质量综合评价

依据前文对陕西省金融规模、金融结构、金融效率、金融功能、金融稳健性五个维度发展质量的评价，运用熵值法计算出 2006～2018 年陕西省金融发展质量综合指数（见图 9-6）。

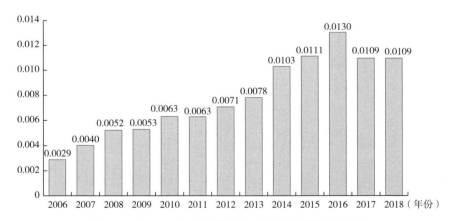

图 9-6　2006～2018 年陕西省金融发展质量综合指数

由图 9-6 可以看出，2006～2018 年，陕西省金融发展质量总体表现出上升态势，质量综合指数由 2006 年的 0.0029 提升到 2018 年的 0.0109，发展质量提升明显。但同时还发现，陕西省金融发展质量在 2017 年出现了一定程度的下降，质量综合指数由 2016 年的 0.0130 下降至 2017 年的 0.0109。下降的原因在于，金融发展结构与金融发展效率在 2016 年出现了大幅度下降，金融发展稳健性在 2015 年之后呈现下降的趋势。这表明，陕西省为了稳步提升金融发展质量，更需要关注金融发展结构、金融发展效率与金融发展稳健性。

二　甘肃省金融发展质量评价

（一）甘肃省金融发展质量分维度评价

1. 甘肃省金融发展规模评价

表 9-6 是甘肃省 2006～2018 年金融发展质量规模维度下各三级指标的变化情况。

表 9-6　2006～2018 年甘肃省金融发展质量规模维度下各三级指标的变化情况

单位：亿元，%

年份	银行贷款余额	保费收入	股市市值	债券筹资额	社会融资规模	金融相关率	社会融资比例
2006	2131.30	56.86	338.18	36.00	240.55	111.46	10.56
2007	2260.00	70.36	1069.82	18.00	333.41	100.39	12.31
2008	2722.40	97.45	449.46	25.00	507.79	102.66	16.26
2009	3692.10	114.38	1307.00	213.00	1213.79	136.88	36.36
2010	4528.90	146.34	1303.00	159.00	881.60	134.32	21.91
2011	5674.70	140.93	1045.52	262.00	1467.11	149.08	29.80
2012	7196.60	158.77	1214.78	267.00	1773.86	166.10	32.09
2013	8822.20	180.15	1568.52	397.00	2583.07	182.97	41.75
2014	11075.80	208.44	2698.70	555.00	3068.11	204.65	45.92
2015	13728.90	256.89	2846.62	418.00	3355.70	245.99	50.68
2016	15926.40	307.66	2767.86	302.00	2665.19	265.15	38.04
2017	17707.24	366.38	3408.70	14.00	2894.30	287.76	38.80
2018	19371.70	398.98	1794.40	149.00	1881.10	269.05	22.81

2006～2018 年，甘肃省银行贷款余额和保费收入稳步上升，其中银行贷款余额从 2006 年的 2131.30 亿元增长到 2018 年的 19371.70 亿元，年均增长率为 20.19%；保费收入从 2006 年的 56.86 亿元增长到 2018 年的 398.98 亿元，

年均增长率为 17.63%。股市市值、债券筹资额、社会融资规模、金融相关率以及社会融资比例等波动较大，其中股市市值从 2006 年的 338.18 亿元增长到 2018 年的 1794.40 亿元，其间最高值为 3408.70 亿元（2017 年）；债券筹资额从 2006 年的 36.00 亿元上升到 2018 年的 149.00 亿元，其间最小值为 14.00 亿元（2017 年），最大值为 555.00 亿元（2014 年）；社会融资规模从 2006 年的 240.55 亿元增长到 2018 年的 1881.10 亿元，其间最小值为 240.55 亿元（2006 年），最大值为 3355.70 亿元（2015 年）；金融相关率从 2006 年的 111.46% 提升到 2018 年的 269.05%，上升了 157.59 个百分点；社会融资比例由 2006 年的 10.56% 提升到 2018 年的 22.81%，提升了 12.25 个百分点。

采用熵值法对金融发展规模三级指标数据进行测算，得到 2006～2018 年甘肃省金融发展质量规模指数（见图 9–7）。

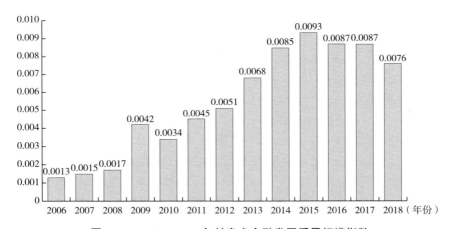

图 9–7　2006～2018 年甘肃省金融发展质量规模指数

从图 9–7 可以看出，2006～2018 年，甘肃省金融发展质量规模指数总体上呈现上升趋势，从 2006 年的 0.0013 上升到 2018 年的 0.0076；但同时也可看到，甘肃省金融发展质量规模指数在 2015 年达到最高值后出现了下降趋势，2018 年与 2015 年相比指数下降了 0.0017。这表明，从金融发展规模维度来看，虽然 2015 年之后甘肃省金融发展质量有一定下降，但 2018 年与 2006 年相比，甘肃省金融发展质量依然获得了显著提高。结合表 9–6 中相关指标的变化情况可知，甘肃省金融发展质量规模指数在 2015 年之后的这种下降主要缘于 2014 年之后债券筹资额的大幅度下降以及 2015 年之后社会融资规模与社会融资比例的大幅下降。因此，甘肃省要提升金融发展质量规模指数就要保持债券筹资额及社会融资规模的基本稳定。

2. 甘肃省金融发展结构评价

表 9-7 是甘肃省 2006~2018 年金融发展质量结构维度下各三级指标的变化情况。

表 9-7   2006~2018 年甘肃省金融发展质量结构维度下各三级指标的变化情况

单位：%

年份	融资结构	金融行业结构
2006	20.25	18.98
2007	12.27	19.89
2008	10.46	19.77
2009	32.11	25.40
2010	18.20	22.18
2011	22.53	31.88
2012	19.61	30.41
2013	21.88	29.99
2014	19.01	26.30
2015	15.31	21.66
2016	14.74	19.07
2017	11.12	17.51
2018	10.06	12.69

2006~2018 年甘肃省金融结构出现了明显的恶化迹象。其中，直接融资占比从 2006 年的 20.25% 下降至 2018 年的 10.06%，下降了 10.19 个百分点；非银行业金融资产占金融业总资产的比例从 2006 年的 18.98% 缓慢上升 2011 年的 31.88%，其后不断下降到 2018 年的 12.69%，2018 年与 2006 年相比降低了 6.29 个百分点。这表明 2006~2018 年甘肃省直接融资占比过低，融资结构失衡问题严重；非银行业金融发展缓慢，金融行业结构失衡的问题也很突出。

采用熵值法对金融发展结构三级指标数据进行测算，得到甘肃省 2006~2018 年的金融发展质量结构指数（见图 9-8）。

由图 9-8 可见，甘肃省金融发展质量结构指数整体上呈现波动下降趋势，结构指数由 2006 年的 0.0057 波动上升至 2009 年的最高值 0.0091 后，出现了波动下降趋势，到 2018 年降至 0.0027，2006~2018 年下降幅度达到 52.63%。这表明，从金融发展结构维度看，2006~2018 年甘肃省因金融结构失衡加剧

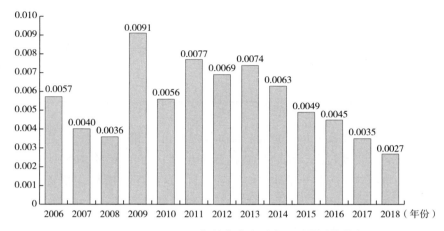

图 9-8　2006～2018 年甘肃省金融发展质量结构指数

而导致金融发展质量下降的问题较为严重。结合表 9-7 中相关指标的变化可知，甘肃省的融资结构与金融行业结构均呈现类似的趋势。因此，持续优化融资结构与金融行业结构，是甘肃省提升金融发展质量的重要方面。

3. 甘肃省金融发展效率评价

表 9-8 是甘肃省 2006～2018 年金融发展质量效率维度下各三级指标的变化情况。

表 9-8　2006～2018 年甘肃省金融发展质量效率维度下各三级指标的变化情况

单位：万元 / 人，%

年份	信贷资金边际产出率	劳动生产率	投资转化率	储蓄率	贷存率	居民股市参与率	证券化率	保险赔付率
2006	61.52	38.27	47.89	20.88	63.79	2.19	10.10	25.01
2007	329.60	45.63	48.91	6.59	60.02	3.72	9.71	40.80
2008	103.14	49.65	51.20	38.21	57.33	4.22	9.24	32.06
2009	21.27	58.07	55.09	35.83	62.54	5.19	11.54	27.84
2010	88.09	60.20	56.66	36.95	63.37	6.01	10.78	21.31
2011	78.59	81.03	57.42	30.47	67.06	6.54	18.35	27.11
2012	41.41	100.23	58.11	33.25	71.04	6.83	19.27	30.34
2013	38.00	116.51	59.69	29.46	73.09	6.92	20.36	37.26
2014	25.17	163.61	60.71	25.13	79.35	7.21	18.94	40.51
2015	-1.70	185.41	65.50	25.27	84.23	5.64	19.29	36.10
2016	16.46	216.56	67.70	17.16	90.93	7.22	20.42	35.51

年份	信贷资金边际产出率	劳动生产率	投资转化率	储蓄率	贷存率	居民股市参与率	证券化率	保险赔付率
2017	14.24	198.42	51.00	9.27	99.61	8.94	23.51	32.51
2018	109.30	172.12	60.92	25.16	103.71	9.50	27.48	34.84

从金融业总体效率角度来看，2006～2018 年甘肃省信贷资金边际产出率极不稳定，波动较大。信贷资金边际产出率从 2006 年的 61.52% 提升到 2018 年的 109.30%，上升了 47.78 个百分点，这表明甘肃省信贷资金的产出效率总体上是提高的。但资金产出效率较低且极不稳定，2006～2018 年只有 3 年的信贷资金边际产出率高于 100%，其余年份均低于 100%。最为严重的是，2015 年百元信贷资金投入产出的 GDP 为 -1.70 元。金融业劳动生产率呈现逐渐上升的态势，从 2006 年的 38.27 万元 / 人提升到 2018 年的 172.12 万元 / 人，年均增长率达 13.35%；投资转化率整体上呈现上升趋势，从 2006 年的 47.89% 上升到 2018 年的 60.92%，上升了 13.03 个百分点。从银行业效率角度来看，储蓄率波动上升，从 2006 年的 20.88% 上升到 2018 年的 25.16%，提升了 4.28 个百分点；贷存率总体上升趋势明显，从 2006 年的 63.79% 上升到 2018 年的 103.71%，上升了 39.92 个百分点。从证券市场效率角度来看，居民股市参与率与证券化率均稳步上升，居民股市参与率从 2006 年的 2.19% 上升到 2018 年的 9.50%，上升了 7.31 个百分点；证券化率从 2006 年的 10.10% 上升到 2018 年的 27.48%，上升了 17.38 个百分点。从保险业效率角度来看，保险赔付率呈现波动上升态势，从 2006 年的 25.01% 上升到 2018 年的 34.84%，上升了 9.83 个百分点。

采用熵值法对金融发展效率三级指标数据进行测算，得到甘肃省 2006～2018 年金融发展质量效率指数（见图 9-9）。

由图 9-9 可见，2006～2018 年甘肃省金融发展质量效率指数总体呈现快速上升态势，效率指数由 2006 年的 0.0026 上升到 2018 年的 0.0142，其间个别年份虽有回落，但幅度不大。这表明，从金融业效率维度来看，2006～2018 年甘肃省金融发展质量获得了大幅度提升。结合表 9-8 中相关指标的变化可知，除了信贷资金边际产出率外，甘肃省金融发展效率的其他指标均呈现稳步提升态势，正是各种指标的持续向好，保证了甘肃省金融发展质量效率指数的不断提升。

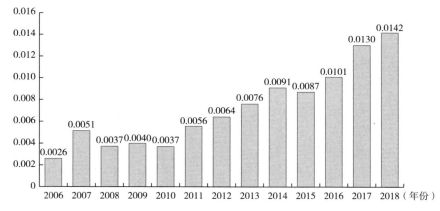

图 9-9 2006～2018 年甘肃省金融发展质量效率指数

4. 甘肃省金融发展功能评价

表 9-9 是甘肃省 2006～2018 年金融发展质量功能维度下各三级指标的变化情况。

金融服务覆盖率波动上升，从 2006 年的 1.78 个 / 万人上升到 2018 年的 1.85 个 / 万人。金融服务使用率稳步上升，从 2006 年的 93.59% 上升到 2018 年的 234.92%，上升了 141.33 个百分点。保险密度逐年上升，从 2006 年的 223.24 元 / 人上升到 2018 年的 1513.01 元 / 人，年均增长率为 17.29%。

债务投资率呈现先上升后下降的趋势，从 2006 年的 47.29% 上升到 2010 年的 72.06%，其后下降到 2018 年的 28.04%，2018 年相较 2006 年降低了 19.25 个百分点。非国有单位固定资产投资率呈现波动的态势，从 2006 年的 45.37% 上升到 2018 年的 53.20%，上升了 7.83 个百分点。

金融经济增长弹性与金融居民收入增长弹性均在波动中上升；工业企业成长金融支持率呈现不断下降的趋势，从 2006 年的 61.11 下降到 2018 年的 21.39。第二、第三产业金融支持率以及产业高级化金融支持率、产业合理化金融支持率、研发费用金融支持率、高新技术产业金融支持率与 GDP 能耗降低金融支持率均呈现波动的趋势，其中，2018 年第二、第三产业金融支持率与产业合理化金融支持率较 2006 年均有所下降；2018 年产业高级化金融支持率、研发费用金融支持率、高新技术产业金融支持率与 GDP 能耗降低金融支持率较 2006 年均得到提升。城镇居民恩格尔系数与农村居民恩格尔系数均呈现先上升后下降的趋势，其中城镇居民恩格尔系数从 2006 年的 34.53% 下降到 2018 年的 28.70%，降低了 5.83 个百分点；农村居民恩格尔系数从 2006 年的 46.67% 下降到 2018 年的 29.73%，降低了 16.94 个百分点。

表9-9　2006~2018年甘肃省金融发展质量功能维度下各三级指标的变化情况

年份	基础性功能			资源配置功能								扩展功能				
	金融服务覆盖率（个/万人）	金融服务使用率（%）	保险密度（元/人）	债务投资率（%）	非国有单位固定资产投资率（%）	金融经济增长弹性	金融居民收入增长弹性	工业企业成长金融支持率	第二、第三产业金融支持率	产业高级化金融支持率	产业合理化金融支持率	研发费用金融支持率	高新技术产业金融支持率	GDP能耗降低金融支持率	城镇居民恩格尔系数（%）	农村居民恩格尔系数（%）
2006	1.78	93.59	223.24	47.29	45.37	1.3740	0.5179	61.11	336.32	-0.2013	0.0648	1.8189	0.0093	0.6023	34.53	46.67
2007	1.76	83.47	276.14	57.52	47.15	0.8601	0.5496	60.27	209.26	-0.1063	0.0408	1.2061	0.0095	0.4273	35.86	46.80
2008	1.64	87.17	382.01	63.18	49.73	0.8686	0.8740	62.04	244.98	-0.1091	0.0517	0.8417	0.0087	0.5255	38.32	47.17
2009	1.70	110.61	447.69	60.51	46.56	0.3158	0.5117	59.94	180.49	-0.0714	0.0383	2.3266	0.0075	0.1867	37.78	41.28
2010	1.66	112.57	571.62	72.06	46.67	1.4772	1.0005	59.08	280.20	-0.1002	0.0587	3.3371	0.0066	0.7481	37.41	44.71
2011	1.75	115.25	549.64	70.41	49.79	0.5056	0.3490	53.13	95.66	-0.0271	0.0209	1.0692	0.0068	0.2346	37.38	42.24
2012	1.72	130.19	615.86	67.53	56.06	0.4518	0.6349	48.04	120.98	-0.0287	0.0272	1.5024	0.0064	0.1458	35.82	39.76
2013	1.76	142.60	697.72	69.50	54.49	0.2004	0.7536	43.38	48.46	-0.0092	0.0106	0.6018	0.0087	0.0935	36.80	37.10
2014	1.80	165.78	804.47	66.72	59.33	0.3326	0.2259	29.41	82.09	-0.0139	0.0185	1.0631	0.0085	0.1838	36.83	37.60
2015	1.85	207.32	988.03	60.98	58.48	-0.0411	0.5327	25.19	72.71	-0.0107	0.0167	1.0305	0.0080	-0.0424	30.63	32.86
2016	2.23	227.29	1178.76	58.75	53.43	0.4033	0.7370	23.65	94.68	-0.0127	0.0204	1.3488	0.0079	0.5460	24.43	28.12
2017	1.99	237.37	1395.19	32.14	56.75	0.7035	0.9952	22.24	141.73	-0.0165	0.0289	1.9062	0.0093	0.3754	29.20	30.36
2018	1.85	234.92	1513.01	28.04	53.20	1.7536	1.5350	21.39	220.16	-0.0220	0.0447	2.9247	0.0107	1.0179	28.70	29.73

采用熵值法对金融发展质量功能三级指标数据进行测算，得到甘肃省2006～2018年金融发展质量功能指数（见图9-10）。

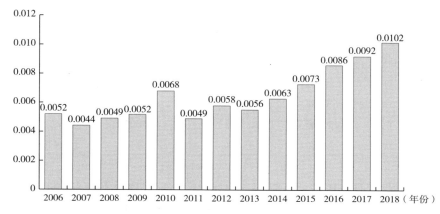

图9-10　2006～2018年甘肃省金融发展质量功能指数

由图9-10可见，甘肃省金融发展质量功能指数在2013年之前基本稳定，在2013年之后持续提升，指数从2013年的0.0056上升到2018年的0.0102。这表明，从金融发展功能维度来看，2006～2018年甘肃省金融发展质量得到了显著的提高，特别是2011年以后，金融发展质量更是快速提高。结合表9-9中各指标的数据变化可知，2006～2018年甘肃省金融业在基础性功能、资源配置功能以及扩展功能等方面均得到了很好的发展，金融功能改善效果显著。

5. 甘肃省金融发展稳健性评价

表9-10是甘肃省2006～2018年金融发展质量稳健性维度下各三级指标的变化情况。

表9-10　2006～2018年甘肃省金融发展质量稳健性维度下各三级指标的变化情况

年份	政府负债率（％）	财政赤字率（％）	银行业不良贷款率（％）	房地产相对泡沫程度	房地产绝对泡沫程度
2006	17.01	274.31	11.84	0.0522	0.2776
2007	17.89	253.58	13.43	0.7151	0.2889
2008	22.52	265.49	3.76	0.3907	0.2693
2009	28.75	334.71	2.39	2.2158	0.2840
2010	27.71	315.21	1.57	0.8184	0.3010
2011	27.23	297.70	1.19	0.5425	0.2976

年份	政府负债率（%）	财政赤字率（%）	银行业不良贷款率（%）	房地产相对泡沫程度	房地产绝对泡沫程度
2012	27.84	295.76	0.72	1.6334	0.3090
2013	27.52	280.33	0.55	0.2502	0.2826
2014	27.93	277.68	0.47	1.2630	0.2805
2015	33.54	298.52	1.13	0.6140	0.2398
2016	33.72	300.27	1.77	0.2806	0.2225
2017	33.40	305.51	3.51	2.4217	0.2361
2018	35.20	333.37	5.00	0.3605	0.2263

　　甘肃省政府负债率从 2006 年的 17.01% 持续上升到 2018 年的 35.20%，上升了 18.19 个百分点。财政赤字率从 2006 年的 274.31% 上升到 2018 年的 333.37%，上升了 59.06 个百分点。银行业不良贷款率从 2006 年的 11.84% 下降到 2014 年的 0.47%，其后攀升到 2018 年的 5.00%，2018 年相较 2006 年降低了 6.84 个百分点。房地产相对泡沫程度与绝对泡沫程度波动较大，其中房地产相对泡沫程度从 2006 年的 0.0522 上升到 2018 年的 0.3605，房地产绝对泡沫程度从 2006 年的 0.2776 下降到 2018 年的 0.2263。

　　采用熵值法对金融发展稳健性三级指标数据进行测算，得到甘肃省 2006～2018 年金融发展质量稳健性指数（见图 9-11）。

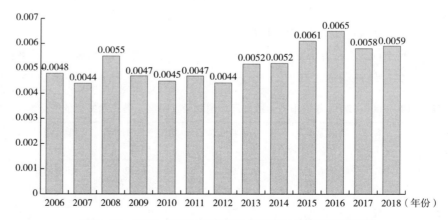

图 9-11　2006～2018 年甘肃省金融发展质量稳健性指数

　　由图 9-11 可见，甘肃省金融发展质量稳健性指数呈现不断波动且略有上升的趋势，指数从 2006 年的 0.0048 上升到 2018 年的 0.0059，其间最高水平出现在 2016 年，金融发展质量稳健性指数为 0.0065。这表明，从金融发展稳健性维度看，2006~2018 年甘肃省金融发展质量虽有所提高，但总体来看，提升幅度并不大。根据表 9-10 中相关指标变化可知，甘肃省的银行业不良贷款率与房地产绝对泡沫程度出现了下降，而政府负债率、财政赤字率、房地产相对泡沫程度均有所上升。正是这些指标的上升，对甘肃省金融发展稳健性形成了明显冲击。因此，为了提升金融发展稳健性以提高金融发展质量，甘肃省需要对政府债务规模和房地产泡沫进行有效控制。

（二）甘肃省金融发展质量综合评价

依据前文对甘肃省金融规模、金融结构、金融效率、金融功能、金融稳健性五个维度发展质量的评价，运用熵值法计算出 2006~2018 年甘肃省金融发展质量综合指数（见图 9-12）。

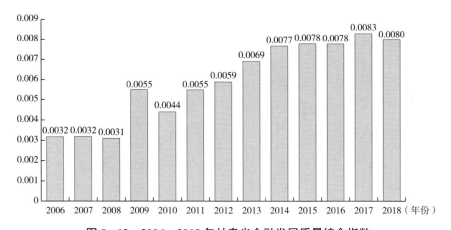

图 9-12 2006~2018 年甘肃省金融发展质量综合指数

由图 9-12 可见，甘肃省金融发展质量综合指数总体上呈现上升趋势，从 2006 年的 0.0032 提升到 2018 年的 0.0080，但 2018 年与 2017 年相比略有下滑。这表明，2006~2018 年甘肃省金融发展质量获得了较大幅度的提高。从金融发展质量的五个维度来看，除了金融发展效率指数与金融发展功能指数稳定增长以外，金融发展规模指数在 2015 年达到最大值后开始回落，金融发展稳健性指数在 2016 年达到最大值后开始下降，而金融发展结构指数波动程度较大，在 2011 年达到最高水平之后，开始波动下降。因此，甘肃省金融发展综合质量的提升，需要在扩大金融发展规模、优化金融发展结构以及增强金融发展稳健性这三个维度上做出努力。

三　宁夏回族自治区金融发展质量评价

（一）宁夏回族自治区金融发展质量分维度评价

1. 宁夏回族自治区金融发展规模评价

表 9-11 是宁夏回族自治区 2006~2018 年金融发展质量规模维度下各三级指标的变化情况。

表 9-11　2006~2018 年宁夏回族自治区金融发展质量规模维度下各三级指标的变化情况

单位：亿元，%

年份	银行贷款余额	保费收入	股市市值	债券筹资额	社会融资规模	金融相关率	社会融资比例
2006	993.85	19.24	106.23	0.00	153.30	180.22	21.12
2007	1196.50	23.98	403.22	16.00	218.70	177.20	23.79
2008	1414.30	31.79	159.03	6.00	276.22	158.51	22.94
2009	1928.70	39.28	395.17	0.00	520.10	183.34	38.43
2010	2419.90	52.75	535.67	10.00	512.03	185.40	30.18
2011	2907.20	55.34	381.98	43.00	560.45	189.66	26.54
2012	3339.60	62.69	381.72	9.00	516.00	192.89	21.93
2013	3910.00	72.70	356.99	25.50	667.29	206.19	25.76
2014	4578.00	83.92	489.88	77.70	846.49	228.48	30.59
2015	5150.00	103.31	817.34	97.00	505.63	245.28	17.27
2016	5696.00	133.90	1057.13	86.00	532.59	245.27	16.81
2017	6461.00	165.21	916.64	54.00	165.00	207.48	4.79
2018	7038.50	182.83	466.20	85.00	183.00	209.78	4.94

2006~2018 年，宁夏回族自治区银行贷款余额和保费收入稳步上升，其中银行贷款余额从 2006 年的 993.85 亿元增长到 2018 年的 7038.50 亿元，年均增长率为 17.72%；保费收入从 2006 年的 19.24 亿元增长到 2018 年的 182.83 亿元，年均增长率为 20.64%。股市市值、债券筹资额、社会融资规模以及社会融资比例波动较大，其中股市市值波动上升，从 2006 年的 106.23 亿元增长到 2018 年的 466.20 亿元；债券筹资额上升明显，从 2006 年的 0 波动上升到 2018 年的 85.00 亿元；社会融资规模从 2006 年的 153.30 亿元增长到 2014 年的最高值 846.49 亿元，其后下降到 2018 年的 183.00 亿元；社会融资比例由 2006 年的 21.12% 下降到 2018 年的 4.94%，下降了 16.18 个百分

点。金融相关率从 2006 年的 180.22% 波动提升到 2018 年的 209.78%，上升了 29.56 个百分点。

采用熵值法对金融发展规模三级指标数据进行测算，得到宁夏回族自治区 2006～2018 年金融发展质量规模指数（见图 9–13）。

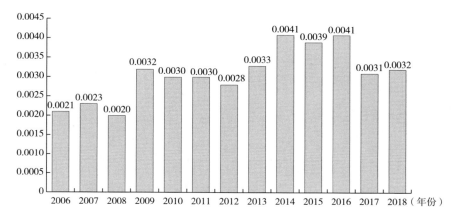

图 9–13　2006～2018 年宁夏回族自治区金融发展质量规模指数

从图 9–13 中可以看出，2006～2018 年，宁夏回族自治区金融发展质量规模指数总体上呈现波动上升趋势，从 2006 年的 0.0021 上升到 2018 年的 0.0032，其间最高值在 2014 年和 2016 年，均达到 0.0041，最低值在 2008 年，为 0.0020。结合表 9–11 中相关指标的变化可知，除了银行贷款余额与保费收入处于稳定增长阶段且增长幅度较大之外，股市市值、债券筹资额、社会融资规模与金融相关率的波动程度较大但增长幅度较小，社会融资比例出现了较大程度的下滑。因此，宁夏回族自治区金融发展规模质量的提升还需要在金融市场及其融资方面进一步发展。

2. 宁夏回族自治区金融发展结构评价

表 9–12 是宁夏回族自治区 2006～2018 年金融发展质量结构维度下各三级指标的变化情况。

表 9–12　2006～2018 年宁夏回族自治区金融发展质量结构维度下各三级指标的变化情况

单位：%

年份	融资结构	金融行业结构
2006	0.00	31.63
2007	7.32	36.12
2008	4.85	34.93

续表

年份	融资结构	金融行业结构
2009	0.92	28.65
2010	3.69	29.45
2011	12.54	37.14
2012	6.33	35.23
2013	4.11	35.92
2014	12.47	37.35
2015	20.48	38.68
2016	33.42	35.64
2017	7.98	9.57
2018	16.45	9.45

2006～2018 年，宁夏回族自治区融资结构与金融行业结构均呈现较大波动，其中，以直接融资占比表示的融资结构从 2006 年的 0 上升到 2018 年的 16.45%，其间最大值与最小值之间相差 33.42 个百分点；以非银行业金融资产占比反映的金融行业结构从 2006 年的 31.63% 下降到 2018 年的 9.45%，下降了 22.18 个百分点，其间最大值与最小值之间相差 29.23 个百分点。这说明，2006～2018 年宁夏回族自治区金融结构失衡问题比较严重，直接融资比例过低，特别是 2017 年后非银行业金融发展明显减缓，进一步加剧了金融行业结构的失衡。

采用熵值法对金融发展结构三级指标数据进行测算，得到宁夏回族自治区 2006～2018 年的金融发展质量结构指数（见图 9–14）。

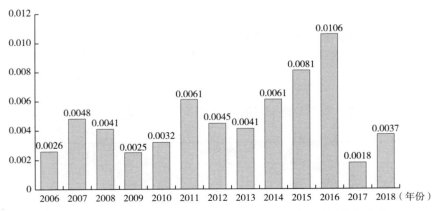

图 9–14　2006～2018 年宁夏回族自治区金融发展质量结构指数

由图 9-14 可见，宁夏回族自治区金融发展质量结构指数整体上呈现大幅波动态势，其间最大值在 2016 年，为 0.0106，而最小值出现在 2017 年，仅为 0.0018；另外，指数的总体水平变化不大，从 2006 年的 0.0026 仅上升到 2018 年的 0.0037。这表明，从金融发展结构维度来看，2006~2018 年宁夏回族自治区金融发展质量并没有明显提升，且年度之间极不稳定。结合表 9-12 相关指标的变化可知，宁夏回族自治区金融发展质量结构指数的这种变化是由相关结构指标的不稳定综合导致的。

3. 宁夏回族自治区金融发展效率评价

表 9-13 是宁夏回族自治区 2006~2018 年金融发展质量效率维度下各三级指标的变化情况。

表 9-13　2006~2018 年宁夏回族自治区金融发展质量效率维度下各三级指标的变化情况

单位：万元/人，%

年份	信贷资金边际产出率	劳动生产率	投资转化率	储蓄率	贷存率	居民股市参与率	证券化率	保险赔付率
2006	55.78	14.20	81.10	18.37	87.16	3.43	13.11	23.44
2007	95.34	18.68	74.90	6.78	92.88	7.31	14.68	28.75
2008	130.77	21.52	80.40	33.64	88.49	7.85	14.79	26.79
2009	29.04	26.41	96.70	28.22	93.25	8.92	14.92	24.55
2010	68.47	29.93	92.60	28.33	93.55	9.70	14.78	22.12
2011	84.66	39.46	83.60	20.76	97.61	10.49	20.39	26.67
2012	55.29	46.39	89.20	36.78	95.54	10.81	18.26	31.88
2013	41.42	49.09	90.60	19.57	101.09	10.93	20.55	33.07
2014	26.13	60.57	112.70	13.61	108.77	11.24	20.48	34.93
2015	27.91	61.04	124.20	5.41	106.78	11.57	22.94	33.21
2016	43.63	61.09	120.80	5.02	104.31	11.88	24.35	31.97
2017	53.11	68.71	110.55	6.07	110.12	11.93	7.03	30.30
2018	41.66	68.29	111.80	14.01	116.41	12.10	12.58	32.79

从金融业总体效率角度来看，宁夏回族自治区信贷资金边际产出率呈现波动下降趋势，从 2006 年的 55.78% 先上升到 2008 年的 130.77%，其后波动下降到 2018 年的 41.66%，2018 年相较 2006 年降低了 14.12 个百分点；劳动生产率稳步上升，从 2006 年的 14.20 万元/人提升到 2018 年的 68.29 万元/人，年均提高 13.98%；投资转化率整体上呈现上升趋势，从 2006 年的 81.10% 上升到 2015 年的 124.20%，其后下降到 2018 年的 111.80%，

2018 年相较 2006 年上升了 30.70 个百分点。从银行业效率角度来看，储蓄率在波动中下降，从 2006 年的 18.37% 下降到 2018 年的 14.01%，降低了 4.36 个百分点；贷存率基本上保持稳步上升趋势，从 2006 年的 87.16% 上升到 2018 年的 116.41%，上升了 29.25 个百分点。从证券市场效率角度来看，居民股市参与率呈现持续上升的趋势，从 2006 年的 3.43% 上升到 2018 年的 12.10%，上升了 8.67 个百分点；证券化率呈现不断波动的态势，从 2006 年的 13.11% 下降到 2018 年的 12.58%，下降了 0.53 个百分点，其间最大值与最小值之间相差达到 17.32 个百分点。从保险业效率角度来看，保险赔付率在波动中上升，从 2006 年的 23.44% 上升到 2018 年的 32.79%，上升了 9.35 个百分点。

采用熵值法对金融发展效率三级指标数据进行测算，得到宁夏回族自治区 2006 ~ 2018 年的金融发展质量效率指数（见图 9 – 15）。

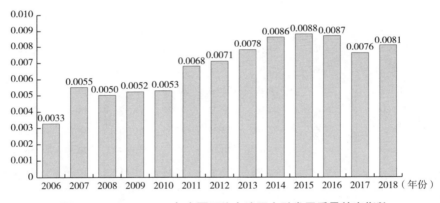

图 9 – 15　2006 ~ 2018 年宁夏回族自治区金融发展质量效率指数

由图 9 – 15 可见，2006 ~ 2018 年宁夏回族自治区金融发展质量效率指数总体呈现上升态势，效率指数由 2006 年的 0.0033 上升到 2018 年的 0.0081，提升幅度为 145.45%，提升效果明显。但同时也看到，从 2017 年开始，金融发展的效率指数有回落迹象。结合表 9 – 13 中相关指标的变化可知，宁夏回族自治区金融效率指数的这种下滑与信贷资金边际产出率、储蓄率以及证券化率的下降有关。因此，宁夏回族自治区金融发展质量效率指数的提升，需要在信贷资金边际产出率、储蓄率以及证券化率等方面做出努力。

4. 宁夏回族自治区金融发展功能评价

表 9 – 14 是宁夏回族自治区 2006 ~ 2018 年金融发展质量功能维度下各三级指标的变化情况。

表 9-14　2006~2018 年宁夏回族自治区金融发展质量功能维度下各三级指标的变化情况

年份	基础性功能			资源配置功能						扩展功能						
	金融服务覆盖率（个/万人）	金融服务使用率（%）	保险密度（元/人）	债务投资率（%）	非国有单位固定资产投资率（%）	金融经济增长弹性	金融居民收入增长弹性	工业企业成长金融支持率	第二、第三产业金融支持率	产业高级化金融支持率	产业合理化金融支持率	研发费用金融支持率	高新技术产业金融支持率	GDP能耗降低金融支持率	城镇居民恩格尔系数（%）	农村居民恩格尔系数（%）
2006	1.80	136.91	318.53	51.85	62.74	1.1859	0.6052	35.81	129.19	-0.1047	0.0751	0.2285	0.0068	0.3605	33.93	41.40
2007	1.76	130.18	393.08	51.28	69.15	0.7002	0.5706	32.36	58.17	-0.0395	0.0342	0.0869	0.0092	0.3635	35.30	40.30
2008	1.73	117.46	514.41	60.47	64.84	1.1509	0.9890	36.02	78.00	-0.0292	0.0426	0.0253	0.0096	0.7200	35.10	41.63
2009	1.73	142.52	628.48	58.03	65.59	0.7481	0.3214	35.43	114.16	-0.0424	0.0705	0.9723	0.0087	0.4567	33.40	41.70
2010	1.73	142.65	833.28	60.28	67.82	0.8576	0.4453	32.82	68.81	-0.0435	0.0527	0.5175	0.0085	0.3801	33.24	38.42
2011	1.78	137.69	865.99	56.07	65.54	0.6595	0.4646	30.00	53.06	-0.0285	0.0404	0.4237	0.0075	-0.0823	34.80	37.30
2012	1.81	141.95	968.91	63.00	73.81	0.4605	0.5707	29.34	64.63	-0.0297	0.0495	0.5501	0.0072	0.2789	33.90	35.34
2013	1.84	150.95	1111.67	68.13	73.19	0.4353	0.6798	27.97	60.86	-0.0232	0.0449	0.5432	0.0055	0.1622	32.00	31.20
2014	1.86	165.46	1267.64	68.75	69.82	0.5900	0.6968	29.41	106.99	-0.0322	0.0759	1.0069	0.0056	0.3450	27.85	27.06
2015	2.19	175.95	1546.63	67.33	65.84	0.5084	0.8617	30.04	102.52	-0.0289	0.0693	0.9770	0.0146	-0.0835	25.72	22.91
2016	1.97	179.80	1983.63	66.33	73.74	0.7612	0.8019	32.42	105.53	-0.0296	0.0669	0.9775	0.0225	0.8371	23.59	18.77
2017	1.98	187.63	2422.46	58.53	75.92	0.8082	0.8535	30.17	104.10	-0.0234	0.0625	1.2725	0.0232	-0.6276	24.49	25.27
2018	1.97	189.96	2657.44	43.79	74.30	1.2888	1.5164	28.98	185.20	-0.0243	0.0994	2.4568	0.0239	-0.3854	24.45	27.34

2006～2018 年，宁夏回族自治区金融服务覆盖率呈现先上升后下降的趋势，从 2006 年的 1.80 个 / 万人上升到 2015 年的 2.19 个 / 万人，再下降到 2018 年的 1.97 个 / 万人。金融服务使用率总体上稳步提升，从 2006 年的 136.91% 提升到 2018 年的 189.96%，上升了 53.05 个百分点。保险密度逐年上升，从 2006 年的 318.53 元 / 人上升到 2018 年的 2657.44 元 / 人，年均增长率为 19.34%。

债务投资率在波动中下降，从 2006 年的 51.85% 下降到 2018 年的 43.79%，降低了 8.06 个百分点；非国有单位固定资产投资率波动上升，从 2006 年的 62.74% 上升到 2018 年的 74.30%，上升了 11.56 个百分点。

金融经济增长弹性与金融居民收入增长弹性波动较大，其中金融经济增长弹性从 2006 年的 1.1859 上升到 2018 年的 1.2888，金融居民收入增长弹性从 2006 年的 0.6052 上升到 2018 年的 1.5164。工业企业成长金融支持率不断下降，从 2006 年的 35.81 下降到 2018 年的 28.98。第二、第三产业金融支持率以及产业高级化金融支持率、产业合理化金融支持率、研发费用金融支持率与高新技术产业金融支持率均波动较大，但总体水平均有所提升。GDP 能耗降低金融支持率在波动中下降。城镇居民恩格尔系数从 2006 年的 33.93% 下降到 2018 年的 24.45%，降低了 9.48 个百分点。农村居民恩格尔系数从 2006 年的 41.40% 下降到 2018 年的 27.34%，降低了 14.06 个百分点。

采用熵值法对金融发展功能三级指标数据进行测算，得到宁夏回族自治区 2006～2018 年金融发展质量功能指数（见图 9-16）。

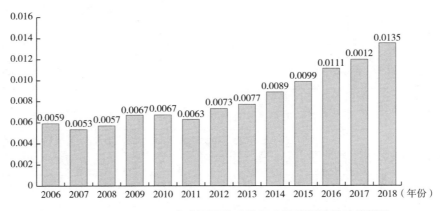

图 9-16　2006～2018 年宁夏回族自治区金融发展质量功能指数

由图 9-16 可见，2006～2018 年宁夏回族自治区金融发展质量功能指数呈不断上升趋势，指数从 2006 年的 0.0059 上升到 2018 年的 0.0135。这说明宁夏回族自治区金融业对经济社会发展及环境改善的推动作用在不断增强。

结合表 9–14 中相关指标的变化可知，基础性功能与扩展功能的提升是宁夏回族自治区金融功能指数得以不断提升的重要推动力，但同样要重点关注债务投资率、工业企业成长与 GDP 能耗降低的金融支持率等指标的持续改善。

5. 宁夏回族自治区金融发展稳健性评价

表 9–15 是宁夏回族自治区 2006～2018 年金融发展质量稳健性维度下各三级指标的变化情况。

表 9–15　2006～2018 年宁夏回族自治区金融发展质量稳健性维度下各三级指标的变化情况

年份	政府负债率（％）	财政赤字率（％）	银行业不良贷款率（％）	房地产相对泡沫程度	房地产绝对泡沫程度
2006	18.16	214.67	9.05	− 0.4046	0.2383
2007	17.62	202.38	9.96	0.0141	0.1976
2008	19.07	241.61	1.19	0.5814	0.1966
2009	23.70	287.46	0.62	1.9325	0.2242
2010	23.81	262.88	0.66	0.3012	0.2236
2011	23.26	223.23	1.06	0.6295	0.2263
2012	25.52	227.46	0.75	0.3980	0.2102
2013	23.71	199.18	0.84	0.6081	0.2028
2014	23.85	194.12	1.20	− 1.2246	0.1704
2015	27.85	218.12	1.58	1.9240	0.1750
2016	27.36	223.62	2.05	− 0.3855	0.1572
2017	27.74	228.84	1.89	0.9288	0.1570
2018	26.30	219.30	3.78	1.7747	0.1651

宁夏回族自治区政府负债率从 2006 年的 18.16% 上升到 2018 年的 26.30%，上升了 8.14 个百分点。财政赤字率从 2006 年的 214.67% 上升到 2018 年的 219.30%，上升了 4.63 个百分点，虽然增加幅度不大，但一直维持在高位。银行业不良贷款率从 2006 年的 9.05% 下降到 2009 年的 0.62%，其后波动上升到 2018 年的 3.78%，2018 年相较 2006 年降低了 5.27 个百分点。房地产相对泡沫程度波动上升，从 2006 年的 − 0.4046 上升到 2018 年的 1.7747。房地产绝对泡沫程度波动下降，从 2006 年的 0.2383 下降到 2018 年的 0.1651。

采用熵值法对金融发展稳健性三级指标数据进行测算，得到宁夏回族自治区 2006～2018 年金融发展质量稳健性指数（见图 9–17）。

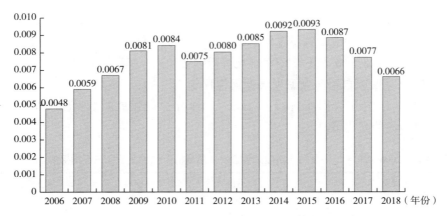

图 9-17　2006~2018 年宁夏回族自治区金融发展质量稳健性指数

由图 9-17 可见，宁夏回族自治区金融发展质量稳健性指数总体上有所提升，从 2006 年的 0.0048 上升到 2018 年的 0.0066，提升了 37.50%，但波动幅度较大，稳健性指数在 2015 年达到最大值 0.0093 后开始下降，2018 年比 2015 年的最高值下降了 29.03%。这表明，2006~2018 年宁夏回族自治区金融发展的稳健性虽然有所增强，但效果并不显著。根据表 9-15 中相关指标的变化可知，尽管宁夏回族自治区银行业不良贷款率与房地产绝对泡沫程度均呈现降低的趋势，并且政府债务增长的幅度较为有限，但是近几年银行业不良贷款率以及房地产相对泡沫程度上升的速度较快，这对其金融稳健性造成了一定影响。因此，宁夏回族自治区金融发展质量稳健性的提升，除了需要稳定政府债务规模之外，还需要进一步控制银行业不良贷款率以及房地产泡沫程度。

（二）宁夏回族自治区金融发展质量综合评价

依据前文对宁夏回族自治区金融规模、金融结构、金融效率、金融功能、金融稳健性五个维度发展质量的评价，运用熵值法计算出 2006~2018 年宁夏回族自治区金融发展质量综合指数（见图 9-18）。

由图 9-18 可见，宁夏回族自治区金融发展质量综合指数总体呈现上升趋势，从 2006 年的 0.0031 提升到 2018 年的 0.0057，提升了 83.87%，但 2017 年开始出现一定幅度的下降，2017 年与 2016 年相比下降了 35.53%。这表明，2006~2018 年宁夏回族自治区金融发展质量虽然在 2017 年有一定程度的下降，但总体来看提高效果明显。另外，值得注意的是，从金融发展质量的五个维度来看，除了金融发展功能指数整体呈现增长的趋势之外，金融发展规模指数、金融发展结构指数、金融发展效率指数与金融发展稳健性

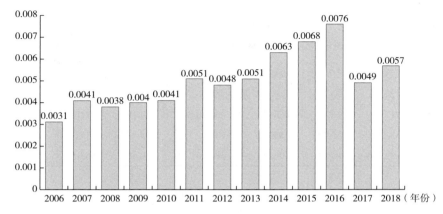

图 9-18 2006～2018 年宁夏回族自治区金融发展质量综合指数

指数均在 2016 年之后出现不同程度的下降。这表明，为了提升金融发展质量，宁夏回族自治区需要在扩大金融发展规模、优化金融发展结构、提升金融发展效率以及增强金融发展稳健性等方面做出改进。

四　青海省金融发展质量评价

（一）青海省金融发展质量分维度评价

1. 青海省金融发展规模评价

表 9-16 是青海省 2006～2018 年金融发展质量规模维度下各三级指标的变化情况。

表 9-16　2006～2018 年青海省金融发展质量规模维度下各三级指标的变化情况

单位：亿元，%

年份	银行贷款余额	保费收入	股市市值	债券筹资额	社会融资规模	金融相关率	社会融资比例
2006	729.83	8.72	263.42	7.00	86.17	158.76	14.73
2007	882.13	10.74	1919.04	19.00	210.69	161.47	29.26
2008	1033.90	14.11	1443.69	10.00	193.97	144.27	21.63
2009	1428.30	18.21	1758.62	18.00	340.68	177.43	36.25
2010	1832.80	25.70	2082.03	62.00	468.29	186.95	40.93
2011	2239.00	27.89	1087.53	68.00	427.99	195.25	31.23
2012	2868.40	32.40	991.44	199.00	664.17	219.43	43.45
2013	3514.68	39.02	1147.50	189.00	992.27	233.57	57.92

续表

年份	银行贷款余额	保费收入	股市市值	债券筹资额	社会融资规模	金融相关率	社会融资比例
2014	4303.40	46.09	1265.24	216.00	1132.70	259.43	61.30
2015	5124.10	56.30	1404.38	260.00	925.20	292.25	46.01
2016	5717.16	68.73	1657.18	−59.00	534.18	293.03	23.66
2017	6353.10	80.18	1585.16	147.00	1134.87	297.63	46.04
2018	6582.44	87.66	994.21	66.00	120.56	256.62	4.39

2006～2018 年，青海省银行贷款余额和保费收入呈现稳步上升趋势，其中银行贷款余额从 2006 年的 729.83 亿元增长到 2018 年的 6582.44 亿元，年均增长率为 20.11%；保费收入从 2006 年的 8.72 亿元增长到 2018 年的 87.66 亿元，年均增长率为 21.21%。股市市值、债券筹资额、社会融资规模、金融相关率均呈现波动上升态势，其中股市市值从 2006 年的 263.42 亿元增长到 2018 年的 994.21 亿元；债券筹资额从 2006 年的 7.00 亿元波动上升到 2018 年的 66.00 亿元；社会融资规模从 2006 年的 86.17 亿元增长到 2018 年的 120.56 亿元；金融相关率从 2006 年的 158.76% 提升到 2018 年的 256.62%，上升了 97.86 个百分点。社会融资比例从 2006 年的 14.73% 下降到 2018 年的 4.39%，下降了 10.34 个百分点。

采用熵值法对金融发展规模三级指标数据进行测算，得到青海省 2006～2018 年金融发展质量规模指数（见图 9-19）。

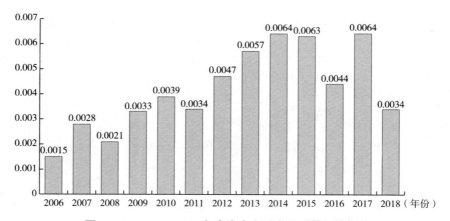

图 9-19   2006～2018 年青海省金融发展质量规模指数

从图 9-19 中可以看出，2006～2018 年，青海省金融发展质量规模指数总体上呈现上升态势，但波动较大。规模指数从 2006 年的 0.0015 最终上升到 2018 年的 0.0034，提升了 126.67%，其间最高水平为 2014 年与 2017 年的 0.0064。结合表 9-16 中相关指标的变化可知，青海省金融规模指数的这种变化主要是由 2014 年与 2017 年之后，债券筹资额、社会融资规模与社会融资比例出现了大幅度下降导致的。

2. 青海省金融发展结构评价

表 9-17 是青海省 2006～2018 年金融发展质量结构维度下各三级指标的变化情况。

表 9-17　2006～2018 年青海省金融发展质量结构维度下各三级指标的变化情况

单位：%

年份	融资结构	金融行业结构
2006	7.33	41.06
2007	34.72	45.95
2008	4.54	42.14
2009	4.59	34.32
2010	11.22	37.75
2011	21.66	45.67
2012	24.60	44.86
2013	15.38	41.03
2014	15.30	38.86
2015	29.41	37.85
2016	0.00	31.85
2017	12.17	18.68
2018	52.38	12.57

2006～2018 年，青海省融资结构与金融行业结构均处于不断波动的状态，其直接融资占比从 2006 年的 7.33% 上升到 2018 年的 52.38%，上升了 45.05 个百分点，但年度之间融资结构波动剧烈；非银行业金融资产占比出现明显下降，从 2006 年的 41.06% 下降到 2018 年的 12.57%，下降了 28.49 个百分点。这表明青海省非银行业金融发展相比银行业而言明显迟缓，金融行业结构失衡问题比较突出。

采用熵值法对金融发展结构三级指标数据进行测算，得到青海省 2006～2018 年的金融发展质量结构指数（见图 9-20）。

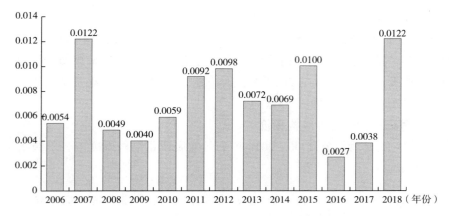

图 9-20   2006～2018 年青海省金融发展质量结构指数

由图 9-20 可见，青海省金融发展质量结构指数整体上呈现较大的波动，从 2006 年的 0.0054 上升到 2018 年的 0.0122，其中 2007 年的金融发展质量结构指数与 2018 年同为样本期间内最高水平，而指数最低值出现在 2016 年，仅为 0.0027。这表明，从金融发展的结构维度来看，2006～2018 年青海省金融发展质量非常不稳定。结合表 9-17 中相关指标的变化情况可见，青海省融资结构的巨大波动是其金融发展结构指标的巨大波动导致的。因此，从金融发展结构角度来看，要使青海省金融发展质量提升，政府应在融资结构优化与金融行业结构均衡发展方面给予更大的关注。

3. 青海省金融发展效率评价

表 9-18 是青海省 2006～2018 年金融发展质量效率维度下各三级指标的变化情况。

表 9-18   2006～2018 年青海省金融发展质量效率维度下各三级指标的变化情况

单位：万元 / 人，%

年份	信贷资金边际产出率	劳动生产率	投资转化率	储蓄率	贷存率	居民股市参与率	证券化率	保险赔付率
2006	66.50	15.63	66.87	20.02	80.76	6.04	20.48	33.33
2007	97.73	16.93	63.40	10.49	79.82	7.43	22.80	42.00
2008	145.79	18.81	66.90	37.35	74.40	7.49	19.67	42.86
2009	15.88	24.93	73.82	31.56	79.75	8.09	17.97	33.61
2010	66.54	27.54	80.50	30.54	78.76	8.45	19.78	25.62
2011	78.78	30.97	83.79	29.49	78.98	8.80	27.36	29.14
2012	35.45	37.89	90.80	33.86	81.06	8.95	26.11	33.52

年份	信贷资金边际产出率	劳动生产率	投资转化率	储蓄率	贷存率	居民股市参与率	证券化率	保险赔付率
2013	35.36	43.49	119.90	29.22	85.50	9.06	26.40	39.18
2014	22.98	77.87	130.40	14.54	94.76	9.19	26.05	39.30
2015	13.86	96.87	139.60	17.40	98.01	8.89	28.08	36.29
2016	26.21	116.98	138.60	16.57	102.34	9.55	29.48	39.83
2017	4.06	123.14	148.47	10.76	108.73	9.85	28.53	36.25
2018	−52.32	110.56	81.05	10.96	114.38	9.67	26.89	39.77

从金融业总体效率角度来看，青海省信贷资金边际产出率呈现波动下降趋势，从 2006 年的 66.50% 下降到 2018 年的 −52.32%，降低了 118.82 个百分点；劳动生产率稳步上升，从 2006 年的 15.63 万元 / 人提升到 2018 年的 110.56 万元 / 人；投资转化率在 2017 年前稳步上升，从 2006 年的 66.87% 上升到 2017 年的 148.47%，上升了 81.60 个百分点，但 2018 年出现下降，比 2017 年下降了 67.42 个百分点。从银行业效率角度来看，储蓄率呈现波动下降趋势，从 2006 年的 20.02% 提升到 2008 年的区间最高值 37.35% 后一路下降，到 2018 年时达到 10.96%，比 2006 年降低了 9.06 个百分点；贷存率呈现波动上升的趋势，从 2006 年的 80.76% 上升到 2018 年的 114.38%，上升了 33.62 个百分点。从证券市场效率角度来看，居民股市参与率波动上升，从 2006 年的 6.04% 上升到 2018 年的 9.67%，上升了 3.63 个百分点；证券化率总体保持上升趋势，从 2006 年的 20.48% 上升到 2018 年的 26.89%，上升了 6.41 个百分点。从保险业效率角度来看，保险赔付率从 2006 年的 33.33% 上升到 2018 年的 39.77%，上升了 6.44 个百分点。

采用熵值法对金融发展效率三级指标数据进行测算，得到青海省 2006 ~ 2018 年的金融发展质量效率指数（见图 9–21）。

由图 9–21 可见，2006 ~ 2018 年青海省金融发展质量效率指数总体呈现提升态势，效率指数由 2006 年的 0.0053 上升到 2018 年的 0.0096，提升幅度为 81.13%；虽然其间也有一些波动，但总体上升趋势未曾改变。这表明，从金融发展效率维度来看，2006 ~ 2018 年青海省金融发展质量显著提高。结合表 9–18 中相关指标的变化可知，青海省金融发展质量效率指数的提升，主要得益于其劳动生产率、投资转化率、居民股市参与率、贷存率、证券化率与保险赔付率等指标的稳步上升；但同样需要看到，青海省信贷资金边际

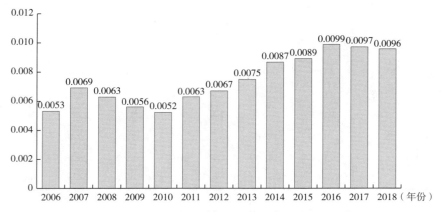

图 9-21　2006～2018 年青海省金融发展质量效率指数

产出率下降明显，说明其信贷资金的使用效率下降问题比较严重，应该予以高度关注。

4. 青海省金融发展功能评价

表 9-19 是青海省 2006～2018 年金融发展质量功能维度下各三级指标的变化情况。

青海省金融服务覆盖率波动上升，从 2006 年的 1.80 个 / 万人上升到 2018 年的 1.90 个 / 万人。金融服务使用率与保险密度稳步上升，其中金融服务使用率从 2006 年的 124.73% 上升到 2018 年的 239.54%，上升了 114.81 个百分点；保险密度从 2006 年的 159.29 元 / 人上升到 2018 年的 1453.18 元 / 人，提升了 812.28%。债务投资率与非国有单位固定资产投资率在基本稳定的态势下略有上升，其中债务投资率从 2006 年的 56.95% 上升到 2018 年的 62.90%，上升了 5.95 个百分点；非国有单位固定资产投资率从 2006 年的 51.85% 上升到 2018 年的 55.95%，上升了 4.10 个百分点。

金融经济增长弹性与金融居民收入增长弹性在波动中上升。其中，金融经济增长弹性从 2006 年的 1.0495 上升到 2018 年的 1.4760；金融居民收入增长弹性从 2006 年的 0.4938 上升到 2018 年的 1.1886。第二、第三产业金融支持率以及工业企业成长金融支持率、产业合理化金融支持率均呈现下降趋势，其中工业企业成长金融支持率从 2006 年的 61.11 下降到 2018 年的 22.93，降低了 62.48%；第二、第三产业金融支持率从 2006 年的 156.65 下降至 2018 年的 124.92；产业合理化金融支持率从 2006 年的 0.1242 下降至 2018 年的 0.0784。而产业高级化金融支持率、研发费用金融支持率、高新技术产业金融支持率与 GDP 能耗降低金融支持率均呈现波动上升的趋势。

表9-19 2006~2018年青海省金融发展质量功能维度下各三级指标的变化情况

年份	基础性功能			资源配置功能				扩展功能								
	金融服务覆盖率(个/万人)	金融服务使用率(%)	保险密度(元/人)	债务投资率(%)	非国有单位固定资产投资率(%)	金融经济增长弹性	金融居民收入增长弹性	工业企业成长金融支持率	第二、第三产业金融支持率	产业高级化金融支持率	产业合理化金融支持率	研发费用金融支持率	高新技术产业金融支持率	GDP能耗降低金融支持率	城镇居民恩格尔系数(%)	农村居民恩格尔系数(%)
2006	1.80	124.73	159.29	56.95	51.85	1.0495	0.4938	61.11	156.65	-0.3324	0.1242	0.2721	0.0039	0.1678	36.24	44.16
2007	1.77	122.51	194.79	54.10	58.33	1.3723	1.0708	63.53	161.66	-0.2549	0.1231	0.2928	0.0063	0.6281	37.32	44.40
2008	1.73	115.28	254.56	55.83	56.20	0.7659	0.8342	68.68	90.01	-0.1108	0.0695	0.0736	0.0074	0.3948	40.42	43.64
2009	1.66	152.00	326.75	55.19	50.42	0.1920	0.2128	55.35	93.11	-0.1215	0.0840	0.7260	0.0053	0.0670	40.39	38.10
2010	1.71	160.18	456.10	51.06	54.18	1.1156	0.7549	50.04	115.72	-0.1346	0.1063	0.9466	0.0045	0.5217	39.40	39.60
2011	1.78	163.38	490.87	59.21	54.01	1.3426	1.1078	55.35	154.82	-0.1688	0.1509	1.2848	0.0057	0.4548	38.90	37.83
2012	1.80	187.66	565.28	58.98	53.76	0.3409	0.4461	47.77	65.45	-0.0640	0.0658	0.5004	0.0045	0.0271	37.80	34.80
2013	1.84	205.14	675.33	64.91	53.62	0.1646	1.4444	48.72	25.11	-0.0220	0.0252	0.1824	0.0088	0.0447	35.30	30.90
2014	1.90	232.90	790.00	64.36	52.94	0.3800	0.1381	30.25	55.85	-0.0424	0.0585	0.3833	0.0088	0.0859	32.80	27.00
2015	1.86	254.80	956.78	60.67	44.01	0.3391	0.3967	25.14	40.24	-0.0218	0.0378	0.2111	0.0131	0.1939	30.29	23.10
2016	2.05	253.17	1158.12	62.44	58.23	1.0885	0.8696	26.37	82.76	-0.0321	0.0655	0.3113	0.0169	1.0145	27.79	19.20
2017	1.87	257.72	1339.95	59.96	53.96	2.1149	2.2665	23.55	210.44	-0.0502	0.1474	1.5740	0.0156	1.4644	28.23	29.74
2018	1.90	239.54	1453.18	62.90	55.95	1.4760	1.1886	22.93	124.92	-0.0179	0.0784	0.8269	0.0143	0.8532	27.62	29.49

城镇居民恩格尔系数与农村居民恩格尔系数波动下降，城镇居民恩格尔系数从 2006 年的 36.24% 下降到 2018 年的 27.62%，降低了 8.62 个百分点；农村居民恩格尔系数从 2006 年的 44.16% 下降到 2018 年的 29.49%，降低了 14.67 个百分点。

采用熵值法对金融发展功能三级指标数据进行测算，得到青海省 2006～2018 年金融发展质量功能指数（见图 9-22）。

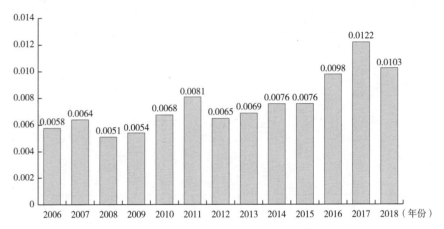

图 9-22   2006～2018 年青海省金融发展质量功能指数

由图 9-22 可见，青海省金融发展质量功能指数呈波动上升的趋势，指数从 2006 年的 0.0058 波动上升到 2018 年的 0.0103，提升了 77.59%。这表明，2006～2018 年青海省金融业的基础性功能、资源配置功能以及扩展功能均得到不同程度的提升。结合表 9-19 中的指标变化可以看出，不论是基础性功能中的金融服务覆盖率、金融服务使用率与保险密度，还是资源配置功能中的非国有单位固定资产投资率，抑或是扩展功能中的产业高级化金融支持率、研发费用金融支持率、高新技术产业金融支持率、城镇与农村居民恩格尔系数等，这些指标的改善均是青海省金融发展质量功能指数得以不断提升的重要推动力；但同时也应看到，青海省金融业还需要在工业企业成长和第二、第三产业发展以及产业合理化方面获得更多的支持。

5. 青海省金融发展稳健性评价

表 9-20 是青海省 2006～2018 年金融发展质量稳健性维度下各三级指标的变化情况。

表9-20　2006~2018年青海省金融发展质量稳健性维度下各三级指标的变化情况

年份	政府负债率（%）	财政赤字率（%）	银行业不良贷款率（%）	房地产相对泡沫程度	房地产绝对泡沫程度
2006	29.47	408.24	16.96	0.4500	0.2166
2007	31.28	395.09	15.46	0.8559	0.2276
2008	32.58	408.14	4.06	0.8058	0.2431
2009	42.46	454.76	2.76	·0.0000	0.2246
2010	55.34	574.47	2.61	0.6782	0.2199
2011	59.52	537.31	1.93	0.4833	0.2142
2012	63.63	521.74	1.32	2.5489	0.2490
2013	58.61	448.58	1.08	−0.1578	0.2215
2014	59.26	434.52	1.00	3.0986	0.2515
2015	61.61	463.83	1.90	0.0098	0.2285
2016	56.96	539.30	2.10	0.2146	0.2149
2017	45.50	274.42	2.70	1.3519	0.2213
2018	50.02	503.75	3.13	0.8803	0.2253

　　青海省政府负债率从2006年的29.47%上升到2018年的50.02%，上升了20.55个百分点。财政赤字率从2006年的408.24%上升到2018年的503.75%，上升了95.51个百分点。银行业不良贷款率从2006年的16.96%下降到2014年的1.00%，其后上升到2018年的3.13%，2018年相较2006年降低了13.83个百分点。房地产相对泡沫程度与绝对泡沫程度均呈现波动上升的趋势，其中房地产相对泡沫程度从2006年的0.4500上升到2018年的0.8803，房地产绝对泡沫程度从2006年的0.2166上升到2018年的0.2253。

　　采用熵值法对金融发展稳健性三级指标数据进行测算，得到青海省2006~2018年金融发展质量稳健性指数（见图9-23）。

　　由图9-23可见，青海省金融发展质量稳健性指数呈现不断波动的状态，指数总体上变化不大，2006年为0.0051，到2018年为0.0050，最高水平为2017年的0.0061。这表明从金融业稳健性角度看，青海省2006~2018年金融业发展质量并没有得到有效提升。结合表9-20中相关指标的变化可知，2006~2018年青海省金融发展质量稳健性指数未能明显提升的主要原因在于其政府负债率与财政赤字率处于较高水平且不断攀升，这对金融稳健性形成了较大冲击。因此，为了增强金融发展稳健性，青海省应该在控制政府债务

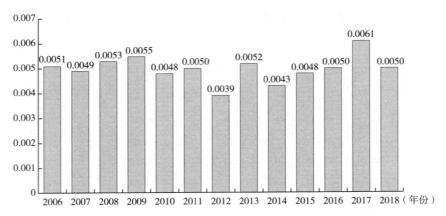

图 9−23　2006～2018 年青海省金融发展质量稳健性指数

规模方面做出更多努力。

（二）青海省金融发展质量综合评价

依据前文对青海省金融规模、金融结构、金融效率、金融功能、金融稳健性五个维度发展质量的评价，运用熵值法计算出 2006～2018 年青海省金融发展质量综合指数（见图 9−24）。

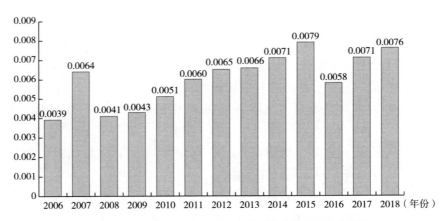

图 9−24　2006～2018 年青海省金融发展质量综合指数

由图 9−24 可以看出，青海省金融发展质量综合指数整体上呈现波动上升的趋势，从 2006 年的 0.0039 提升到 2018 年的 0.0076，提升了 94.87%，这表明该期间青海省金融发展质量得到显著提升。但同时也应看到，青海省金融发展质量年度间并不稳定，存在一定波动性，2015 年金融业发展质量最高。从金融发展质量的五个维度来看，它们均呈现一定的波动状态，其中金融发展结构指数在 2015 年之后出现大幅度下降，而金融发展规模指数、金融发展效率指数、金融发展功能指数以及金融发展稳健性指数也于 2016 年或 2017 年之后出现不同程度的下降。这表明，青海省金融发展质量的进一步提升，还需要在这五个维度上做出努力。

五 新疆维吾尔自治区金融发展质量评价

（一）新疆维吾尔自治区金融发展质量分维度评价

1. 新疆维吾尔自治区金融发展规模评价

表 9-21 是新疆维吾尔自治区 2006～2018 年的金融发展质量规模维度下各三级指标的变化情况。

表 9-21　2006～2018 年新疆维吾尔自治区金融发展质量规模维度下各三级指标的变化情况

单位：亿元，%

年份	银行贷款余额	保费收入	股市市值	债券筹资额	社会融资规模	金融相关率	社会融资比例
2006	2481.20	85.41	735.58	6.00	160.08	121.91	5.26
2007	2767.10	105.62	3174.31	16.00	414.97	136.78	11.80
2008	2918.10	152.52	1441.47	12.00	401.44	112.93	9.62
2009	3952.10	156.69	3021.29	39.00	1028.94	150.79	24.17
2010	5211.40	190.92	3703.07	127.00	1518.24	148.51	28.13
2011	6603.40	203.62	2233.71	242.20	1741.68	154.24	26.35
2012	8386.00	235.56	2507.36	415.00	2312.30	169.15	30.81
2013	10377.10	273.49	2643.38	449.70	2882.62	186.89	34.14
2014	12238.00	317.41	4479.91	613.00	2725.80	205.00	29.64
2015	13651.00	367.43	6141.01	579.00	1819.42	251.20	19.70
2016	15196.00	439.90	6310.47	856.00	1666.94	360.00	17.52
2017	17000.00	523.77	7595.52	103.00	3038.80	206.13	27.93
2018	18774.26	577.26	5513.53	-59.00	835.80	187.70	6.85

2006～2018 年，新疆维吾尔自治区银行贷款余额和保费收入均稳步上升，其中银行贷款余额从 2006 年的 2481.20 亿元增长到 2018 年的 18774.26 亿元，年均增长率为 18.37%；保费收入从 2006 年的 85.41 亿元增长到 2018 年的 577.26 亿元，年均增长率为 17.26%。股市市值、社会融资规模以及社

会融资比例波动较大，其中股市市值从 2006 年的 735.58 亿元上升到 2018 年
的 5513.53 亿元；社会融资规模从 2006 年的 160.08 亿元上升到 2018 年的
835.80 亿元，2017 年最高，达到 3038.80 亿元；社会融资比例从 2006 年的
5.26% 上升到 2018 年的 6.85%，最高时达到 34.14%（2013 年）。债券筹资额
与金融相关率呈现先上升后下降的趋势，债券筹资额从 2006 年的 6.00 亿元
波动上升到 2016 年的 856.00 亿元，其后不断下降到 2018 年的 −59.00 亿元；
金融相关率从 2006 年的 121.91% 上升到 2016 年的 360.00%，其后不断下降
到 2018 年的 187.70%，2018 年相较 2006 年上升了 65.79 个百分点。

　　采用熵值法对金融发展规模三级指标数据进行测算，得到新疆维吾尔自
治区 2006～2018 年金融发展质量规模指数（见图 9–25）。

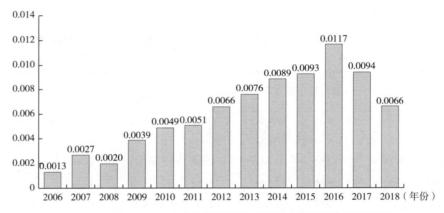

图 9–25　2006～2018 年新疆维吾尔自治区金融发展质量规模指数

　　从图 9–25 可以看出，2006～2018 年，新疆维吾尔自治区金融发展规
模指数呈现以 2016 年为分水岭的先上升后下降趋势，规模指数从 2006 年的
0.0013 上升到 2016 年的 0.0117，其后又快速下降，到 2018 年时降至 0.0066。
这表明，从金融发展规模维度来看，2006～2018 年新疆维吾尔自治区金融发
展质量有了显著提升，但 2016 年后的下降趋势明显。结合表 9–21 中相关
指标的变化可知，新疆维吾尔自治区金融发展质量规模指数在 2016 年之后
出现大幅度下降，其主要原因在于债券筹资额与金融相关率在 2016 年之后
出现暴跌，导致新疆维吾尔自治区金融发展规模的快速萎缩。

2. 新疆维吾尔自治区金融发展结构评价

　　表 9–22 是新疆维吾尔自治区 2006～2018 年金融发展质量结构维度下
各三级指标的变化情况。

表 9-22 2006~2018 年新疆维吾尔自治区金融发展质量结构维度下各三级指标的变化情况

单位：%

年份	融资结构	金融行业结构
2006	11.41	48.33
2007	20.69	68.07
2008	16.32	62.67
2009	7.07	63.05
2010	17.71	54.42
2011	19.64	53.56
2012	26.68	51.89
2013	21.20	50.56
2014	26.47	55.19
2015	44.37	34.59
2016	67.05	29.84
2017	27.21	24.21
2018	35.65	18.01

2006~2018 年，新疆维吾尔自治区融资结构呈现波动上升趋势，而金融行业结构则呈现波动下降趋势。其中，直接融资占比从 2006 年的 11.41% 上升到 2018 年的 35.65%，上升了 24.24 个百分点，最高值达到 67.05%（2016 年）。非银行业金融资产占比从 2006 年的 48.33% 上升到 2007 年的最高点 68.07% 后陆续下降，到 2018 年降至 18.01%，2018 年与 2006 年相比，下降了 30.32 个百分点。这表明，2006~2018 年新疆维吾尔自治区金融业融资结构明显改善，而金融行业结构的失衡问题进一步加剧。

采用熵值法对金融发展结构三级指标数据进行测算，得到新疆维吾尔自治区 2006~2018 年金融发展质量结构指数（见图 9-26）。

由图 9-26 可见，新疆维吾尔自治区金融发展质量结构指数整体上提升幅度不大，从 2006 年的 0.0072 上升到 2018 年的 0.0090，但年度间波动较大。这表明，从金融结构角度来看，新疆维吾尔自治区近年来金融发展质量并没有获得显著提升。结合表 9-22 相关指标的变化可知，新疆维吾尔自治区的融资结构虽有较大改善，但金融行业结构的失衡问题却日益严重。正是金融结构相关指标的反向变化，使得新疆维吾尔自治区金融结构质量的提升效果不显著。

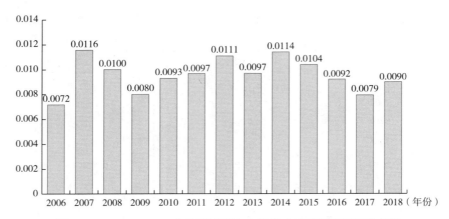

图 9-26　2006～2018 年新疆维吾尔自治区金融发展质量结构指数

3. 新疆维吾尔自治区金融发展效率评价

表 9-23 是新疆维吾尔自治区 2006～2018 年金融发展质量效率维度下各三级指标的变化情况。

表 9-23　2006～2018 年新疆维吾尔自治区金融发展质量效率维度下各三级指标的变化情况

单位：万元 / 人，%

年份	信贷资金边际产出率	劳动生产率	投资转化率	储蓄率	贷存率	居民股市参与率	证券化率	保险赔付率
2006	86.99	16.62	54.30	17.67	60.98	4.73	32.82	27.28
2007	133.26	24.71	56.10	-2.03	59.66	6.45	40.63	35.44
2008	532.05	26.01	55.00	32.56	53.80	7.31	29.43	29.01
2009	6.79	29.73	59.60	29.88	57.47	8.54	35.66	30.65
2010	90.94	31.58	62.00	34.06	58.56	9.22	31.83	26.25
2011	83.02	35.65	63.10	30.51	63.23	9.72	33.22	28.23
2012	53.62	44.55	77.30	31.72	67.50	9.97	31.71	33.95
2013	41.67	51.69	85.30	18.09	72.83	10.15	31.77	39.04
2014	48.58	61.43	89.40	6.07	80.42	10.29	34.72	38.22
2015	4.30	63.49	94.30	10.71	76.60	7.66	48.60	37.29
2016	18.93	64.70	89.80	13.07	78.74	8.97	92.79	35.22
2017	147.10	69.73	99.73	14.93	77.27	9.72	58.63	33.09
2018	282.07	69.39	91.70	14.86	83.89	10.83	29.56	35.79

从金融业总体效率角度来看，新疆维吾尔自治区信贷资金边际产出率大幅度波动，从 2006 年的 86.99% 上升到 2018 年的 282.07%，上升了 195.08 个

百分点，其间最高值达到532.05%（2008年），而最小值仅为4.30%（2015年）。劳动生产率与投资转化率稳步提升，其中劳动生产率从2006年的16.62万元/人提升到2018年的69.39万元/人，增加了52.77万元/人；投资转化率从2006年的54.30%上升到2018年的91.70%，上升了37.40个百分点。从银行业效率角度来看，储蓄率呈现波动下降趋势，从2006年的17.67%下降到2018年的14.86%，降低了2.81个百分点；贷存率波动上升，从2006年的60.98%上升到2018年的83.89%，上升了22.91个百分点。从证券市场效率角度来看，居民股市参与率波动上升，从2006年的4.73%上升到2018年的10.83%，上升了6.10个百分点；证券化率波动下降，从2006年的32.82%下降到2018年的29.56%，下降了3.26个百分点，其间最高值与最低值相差63.36个百分点。从保险业效率角度来看，保险赔付率从2006年的27.28%上升到2018年的35.79%，上升了8.51个百分点。

采用熵值法对金融发展效率三级指标数据进行测算，得到新疆维吾尔自治区2006～2018年金融发展质量效率指数（见图9-27）。

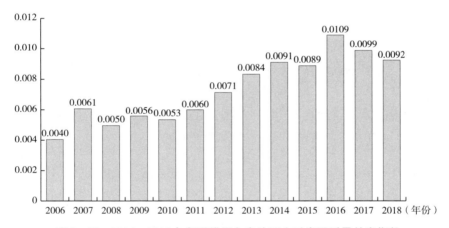

图9-27 2006～2018年新疆维吾尔自治区金融发展质量效率指数

由图9-27可见，2006～2018年新疆维吾尔自治区金融发展质量效率指数总体呈现提升态势，效率指数由2006年的0.0040上升到2018年的0.0092，提升幅度明显；但效率指数在达到2016年的区间最高值后出现了一定的回落。结合表9-23中相关指标的变化可知，新疆维吾尔自治区金融发展质量效率指数在2016年之前不断提升，得益于劳动生产率、投资转化率、贷存率、居民股市参与率与保险赔付率的持续提升；而在2016年之后出现下降，主要缘于证券化率及保险赔付率的下降。

4. 新疆维吾尔自治区金融发展功能评价

表 9-24 是新疆维吾尔自治区 2006~2018 年金融发展质量功能维度下各三级指标的变化情况。

新疆维吾尔自治区金融服务覆盖率波动上升，从 2006 年的 1.63 个/万人下降到 2008 年的 1.20 个/万人，其后增加到 2018 年的 2.23 个/万人。金融服务使用率和保险密度稳步上升，其中金融服务使用率从 2006 年的 81.48% 上升到 2018 年的 153.90%，上升了 72.42 个百分点，保险密度从 2006 年的 416.62 元/人上升到 2018 年的 2321.10 元/人，提高了 1904.48 元/人。

债务投资率整体上呈现波动下降趋势，从 2006 年的 63.00% 下降到 2018 年的 47.14%，下降了 15.86 个百分点。非国有单位固定资产投资率基本保持稳定，从 2006 年的 56.96% 上升到 2018 年的 58.44%，上升了 1.48 个百分点。

第二、第三产业金融支持率以及金融经济增长弹性、金融居民收入增长弹性、产业高级化金融支持率、产业合理化金融支持率、高新技术产业金融支持率、研发费用金融支持率与 GDP 能耗降低金融支持率均波动较大，但 2018 年相较 2016 年均有不同程度的提升。工业企业成长金融支持率略有下降，从 2006 年的 32.82 下降到 2018 年的 32.46。城镇居民恩格尔系数从 2006 年的 35.50% 下降到 2018 年的 28.52%，降低了 6.98 个百分点。农村居民恩格尔系数从 2006 年的 39.90% 下降到 2018 年的 29.97%，降低了 9.93 个百分点。

采用熵值法对金融发展功能三级指标数据进行测算，得到新疆维吾尔自治区 2006~2018 年金融发展质量功能指数（见图 9-28）。

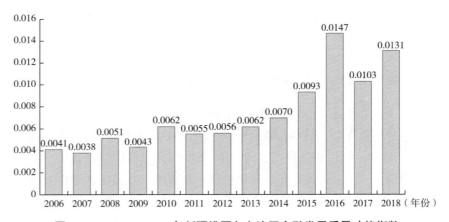

图 9-28　2006~2018 年新疆维吾尔自治区金融发展质量功能指数

表 9–24 2006~2018 年新疆维吾尔自治区金融发展质量功能维度下各三级指标的变化情况

年份	基础性功能			资源配置功能					扩展功能							
	金融服务覆盖率(个/万人)	金融服务使用率(%)	保险密度(元/人)	债务投资率(%)	非国有单位固定资产投资率(%)	金融经济增长弹性	金融居民收入增长弹性	工业企业成长金融支持率	第二、第三产业金融支持率	产业高级化金融支持率	产业合理化金融支持率	研发费用金融支持率	高新技术产业金融支持率	GDP能耗降低金融支持率	城镇居民恩格尔系数(%)	农村居民恩格尔系数(%)
2006	1.63	81.48	416.62	63.00	56.96	0.7196	0.3834	32.82	133.13	-0.0569	0.0363	0.2928	0.0016	0.2585	35.50	39.90
2007	1.54	78.67	504.15	66.50	62.70	0.3080	0.3569	29.06	57.83	-0.0191	0.0158	0.1200	0.0024	0.1164	35.10	39.90
2008	1.20	69.95	715.72	77.13	60.04	1.5380	0.9297	33.80	193.22	-0.0631	0.0566	0.1414	0.0028	0.7734	37.32	42.60
2009	1.35	92.82	725.77	68.29	53.96	0.1091	0.4572	32.37	110.77	-0.0267	0.0315	0.6867	0.0022	-0.2276	36.30	41.60
2010	1.51	96.56	873.79	66.31	58.48	2.0218	1.3533	32.70	164.32	-0.0351	0.0461	1.0048	0.0017	1.2864	36.23	40.32
2011	1.55	99.90	921.75	68.84	64.73	0.7961	0.5464	32.69	86.06	-0.0143	0.0228	0.5192	0.0018	0.0802	38.33	36.14
2012	1.47	111.73	1054.91	71.11	59.34	0.5460	0.6711	31.10	86.34	-0.0113	0.0220	0.5546	0.0018	-0.2009	37.71	36.10
2013	1.54	122.90	1207.98	71.93	60.29	0.3982	1.0332	33.88	61.51	-0.0058	0.0139	0.4057	0.0010	-0.2321	35.00	33.90
2014	1.57	133.08	1381.24	75.83	57.95	0.6657	0.5280	29.67	121.04	-0.0102	0.0278	0.7693	0.0012	-0.0403	28.27	31.70
2015	1.55	147.81	1556.93	75.40	54.73	0.0861	2.5750	31.59	286.35	-0.0207	0.0614	1.9175	0.0030	-0.8812	27.55	29.50
2016	1.50	159.76	1834.44	62.20	54.34	1.7041	4.6894	33.01	796.62	-0.0554	0.1602	5.4606	0.0044	-0.6447	26.83	27.30
2017	2.38	156.22	2142.21	68.97	56.29	1.6583	1.0298	31.75	187.24	-0.0134	0.0343	1.1356	0.0061	0.7768	27.93	30.61
2018	2.23	153.90	2321.10	47.14	58.44	3.4572	2.1807	32.46	481.31	-0.0276	0.0866	2.9618	0.0078	2.6410	28.52	29.97

　　由图 9-28 可见，新疆维吾尔自治区金融发展质量功能指数整体上呈现上升趋势，功能指数从 2006 年的 0.0041 上升到 2018 年的 0.0131，提升效果显著，其间 2016 年为最高水平，为 0.0147。这表明，2006～2018 年新疆维吾尔自治区金融业的功能得到了很好的发挥，对经济社会及环境改善的贡献不断增大。结合表 9-24 中相关指标的变化可以看出，新疆维吾尔自治区金融发展质量功能指数的大幅度提升，主要缘于基础性功能与扩展功能得到充分发挥，但金融的资源配置功能发挥有所欠缺。更好地发挥金融业的资源配置功能是新疆维吾尔自治区提升金融功能的方向。

5. 新疆维吾尔自治区金融发展稳健性评价

　　表 9-25 是新疆维吾尔自治区 2006～2018 年金融发展质量稳健性维度下各三级指标的变化情况。

表 9-25　2006～2018 年新疆维吾尔自治区金融发展质量稳健性维度下各三级指标的变化情况

年份	政府负债率（%）	财政赤字率（%）	银行业不良贷款率（%）	房地产相对泡沫程度	房地产绝对泡沫程度
2006	15.11	209.69	15.52	-0.5150	0.2076
2007	14.50	178.30	16.47	1.4914	0.2345
2008	16.74	193.37	3.83	1.1636	0.2631
2009	22.56	247.02	2.52	3.0198	0.2636
2010	22.20	239.38	1.37	1.1687	0.3141
2011	23.65	216.89	1.04	0.7181	0.3255
2012	24.13	199.25	1.12	0.5411	0.3065
2013	22.96	171.79	0.80	0.6694	0.2868
2014	22.18	159.00	0.84	0.5842	0.2391
2015	26.79	185.88	1.00	8.6668	0.2117
2016	29.85	218.58	1.40	-1.7789	0.1846
2017	29.18	216.70	1.42	0.3893	0.1801
2018	28.31	225.54	1.54	2.0927	0.2084

　　新疆维吾尔自治区政府负债率从 2006 年的 15.11% 上升到 2018 年的 28.31%，上升了 13.20 个百分点。财政赤字率从 2006 年的 209.69% 上升到 2018 年的 225.54 %，上升了 15.85 个百分点。银行业不良贷款率从 2006 年的 15.52% 先下降到 2013 年的 0.80%，其后上升到 2018 年的 1.54%，2018 年相较 2006 年降低了 13.98 个百分点。房地产相对泡沫程度波动上升趋势

明显，从 2006 年的 -0.5150 上升到 2018 年的 2.0927。房地产绝对泡沫程度年度间存在波动，但研究期间内基本稳定，从 2006 年的 0.2076 略微上升到 2018 年的 0.2084。

采用熵值法对金融发展稳健性三级指标数据进行测算，得到新疆维吾尔自治区 2006 ～ 2018 年金融发展质量稳健性指数（见图 9–29）。

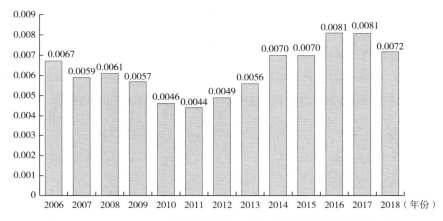

图 9–29　2006 ～ 2018 年新疆维吾尔自治区金融发展质量稳健性指数

由图 9–29 可见，新疆维吾尔自治区金融发展质量稳健性指数整体呈现以 2011 年为分水岭先下降后上升的趋势，指数从 2006 年的 0.0067 下降到 2011 年的 0.0044，其后上升到 2018 年的 0.0072，但 2018 年与 2017 年相比有所下降。根据表 9–25 中相关指标的变化可知，新疆维吾尔自治区的金融发展质量稳健性指数在 2011 年之前的持续下降主要缘于政府负债率、财政赤字率以及房地产泡沫程度等指标有不同程度的提高；2011 年之后的指数提升主要缘于银行业不良贷款率、房地产绝对泡沫程度的大幅度下降。因此，新疆维吾尔自治区为了增强金融发展稳健性，应该加大控制房地产泡沫程度以及政府债务规模的力度。

（二）新疆维吾尔自治区金融发展质量综合评价

依据前文对新疆维吾尔自治区金融规模、金融结构、金融效率、金融功能、金融稳健性五个维度发展质量的评价，运用熵值法计算出 2006 ～ 2018 年新疆维吾尔自治区金融发展质量综合指数（见图 9–30）。

由图 9–30 可以看出，2006 ～ 2018 年新疆维吾尔自治区金融发展质量综合指数总体上呈现上升趋势，从 2006 年的 0.0040 提升到 2018 年的 0.0085，

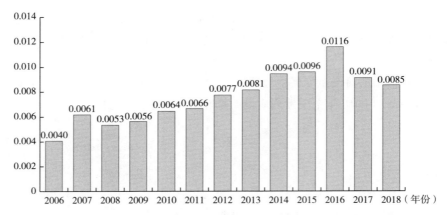

图 9-30　2006～2018 年新疆维吾尔自治区金融发展质量综合指数

提升幅度较大。但同时也看到，2017～2018 年金融发展质量综合指数出现了连续下降，2018 年比 2016 年指数下降了 26.72%。从金融发展质量的五个维度来看，除了金融发展结构的拐点出现在 2014 年，其余四个维度的指数在 2016 年均出现了不同程度的下降。这表明，要使新疆维吾尔自治区金融发展质量提升，在这五个维度上都需要政府做出努力。

六　本章小结

本章通过对陕西、甘肃、宁夏、青海、新疆五个省（区）金融发展质量进行评价，其结果可以归纳为表 9-26。

表 9-26　陕西、甘肃、宁夏、青海以及新疆金融发展质量综合指数

省（区）		金融发展质量	金融发展规模	金融发展结构	金融发展效率	金融发展功能	金融发展稳健性
陕西	指数（2018 年）	0.0109	0.0139	0.0094	0.0063	0.0122	0.0066
	较 2006 年变化	提升	提升	提升	提升	提升	提升
甘肃	指数（2018 年）	0.0080	0.0076	0.0027	0.0142	0.0102	0.0059
	较 2006 年变化	提升	提升	降低	提升	提升	提升
宁夏	指数（2018 年）	0.0057	0.0032	0.0037	0.0081	0.0135	0.0066
	较 2006 年变化	提升	提升	提升	提升	提升	提升
青海	指数（2018 年）	0.0076	0.0034	0.0122	0.0096	0.0103	0.0050
	较 2006 年变化	提升	提升	提升	提升	提升	降低
新疆	指数（2018 年）	0.0085	0.0066	0.0090	0.0092	0.0131	0.0072
	较 2006 年变化	提升	提升	提升	提升	提升	提升

　　可以看出，从总体上看，2006～2018 年五个省（区）金融发展质量都得到提升，但 2018 年各省（区）间的金融发展质量存在明显差异，最高的为陕西，发展质量综合指数为 0.0109；最低的为宁夏，发展质量综合指数为 0.0057。从五个维度来看，五省（区）在金融发展规模、金融发展效率以及金融发展功能三个维度的质量指数均得到提升，但在金融发展结构方面，除甘肃省金融发展质量结构指数有所下降外，其余四省（区）结构指数均有所提升；在金融稳健性方面，青海省的金融稳健性指数有所下降，其余四省（区）均得到提升。

第十章
西部地区金融发展质量综合评价及影响因素

◇

本章依据前述第二章构建的金融发展质量评价指标体系及方法，在第八章、第九章对西部各省（区、市）金融发展质量进行评价分析的基础上，将西部地区①作为整体，对其2006~2018年金融发展质量进行分析评价，并对影响金融发展质量的因素进行实证分析。

一 西部地区金融发展质量评价

（一）西部地区金融发展质量分维度评价

1. 西部地区金融发展规模评价

表10-1是西部地区2006~2018年金融发展质量规模维度下各三级指标的变化情况。

表 10-1 2006~2018年西部地区金融发展质量规模维度下各三级指标的变化情况

单位：亿元，%

年份	银行贷款余额	保费收入	股市市值	债券筹资额	社会融资规模	金融相关率	社会融资比例
2006	37390.60	916.83	7813.73	303.60	5602.21	131.24	14.34
2007	43650.44	1190.33	29771.55	300.80	7457.22	130.84	15.69
2008	51643.51	1728.70	11560.57	568.90	10710.91	124.51	18.59
2009	71309.60	2007.13	25161.36	892.00	20626.47	149.20	32.40
2010	88013.75	2572.54	31822.10	1793.10	18784.84	152.96	24.39
2011	104378.70	2677.55	24101.50	2289.60	19426.05	151.69	20.67

---

① 因数据资料所限，此处的西部地区不包含西藏自治区。

续表

年份	银行贷款余额	保费收入	股市市值	债券筹资额	社会融资规模	金融相关率	社会融资比例
2012	123632.60	2912.83	24772.43	4311.80	22932.98	159.99	21.42
2013	144543.40	3309.27	25245.98	4724.10	36801.62	169.35	30.71
2014	168304.60	3816.83	40066.60	8079.60	36863.13	184.26	28.17
2015	192757.50	4611.89	56992.54	9485.20	30891.54	206.15	22.29
2016	217378.60	5785.31	58045.66	7801.20	29369.75	222.69	19.55
2017	243252.50	6824.36	67402.78	6276.20	37340.18	207.70	22.23
2018	271950.20	7382.86	48822.37	12107.20	32998.88	198.62	18.18

2006～2018 年，西部地区银行贷款余额和保费收入稳步增加，其中银行贷款余额从 2006 年的 37390.60 亿元增长到 2018 年的 271950.20 亿元，年均增长率为 17.98%；保费收入从 2006 年的 916.83 亿元增长到 2018 年的 7382.86 亿元，年均增长率为 18.99%。股市市值、债券筹资额、社会融资规模、金融相关率以及社会融资比例均呈现波动上升的态势，其中股市市值从 2006 年的 7813.73 亿元增长到 2018 年的 48822.37 亿元；债券筹资额从 2006 年的 303.60 亿元上升到 2018 年的 12107.20 亿元；社会融资规模从 2006 年的 5602.21 亿元增长到 2018 年的 32998.88 亿元；金融相关率从 2006 年的 131.24% 提升到 2018 年的 198.62%，上升了 67.38 个百分点；社会融资比例从 2006 年的 14.34% 提升到 2018 年的 18.18%，提升了 3.84 个百分点。

采用熵值法对金融发展规模三级指标数据进行测算，得到西部地区 2006～2018 年金融发展质量规模指数（见图 10-1）。

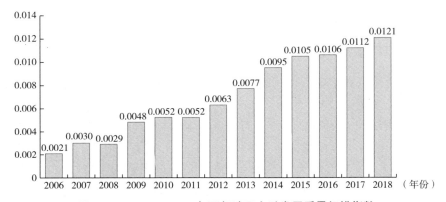

图 10-1　2006～2018 年西部地区金融发展质量规模指数

从图10-1中可以看出，2006～2018年，西部地区金融发展质量规模指数稳步上升，从0.0021上升到0.0121。这表明，从金融发展规模维度看，2006～2018年西部地区金融发展质量获得了稳步提高。结合表10-1中相关指标的变化可以看出，不论是绝对规模还是相对规模，西部地区金融发展规模整体上都在稳步扩张。

2. 西部地区金融发展结构评价

表10-2给出了西部地区2006～2018年金融发展质量结构维度下各三级指标的变化情况。

表10-2　2006～2018年西部地区金融发展质量结构维度下各三级指标的变化情况

单位：%

年份	融资结构	金融行业结构
2006	7.24	19.47
2007	11.79	41.73
2008	9.95	21.09
2009	7.03	27.52
2010	13.95	28.08
2011	15.88	20.96
2012	21.38	19.98
2013	15.43	18.57
2014	24.58	23.50
2015	35.89	26.82
2016	32.94	23.30
2017	21.43	23.36
2018	38.96	19.64

西部地区以直接融资占比表示的融资结构呈现波动上升趋势，从2006年的7.24%上升到2018年的38.96%，提升了31.72个百分点，这表明西部地区融资结构有了明显改善；而金融行业结构指标从2006年的19.47%上升到2018年的19.64%，基本保持持平，仅上升了0.17个百分点，但年度间波动较大，最大值为41.73%（2007年），最小值为18.57（2013年）。这表明西部地区非银行业金融发展水平较低，金融行业结构失衡问题较为严重。

采用熵值法对金融发展结构三级指标数据进行测算，得到西部地区2006～2018年的金融发展质量结构指数（见图10－2）。

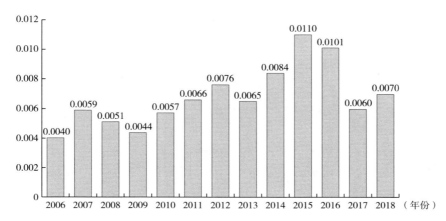

图10－2　2006～2018年西部地区金融发展质量结构指数

由图10－2可知，西部地区金融发展质量结构指数呈现较大的波动态势，从2006年的0.0040上升到2018年的0.0070，其中2015年的金融发展结构指数为0.0110，为样本期间内最高水平。这表明，2006～2018年西部地区金融结构存在极大的不稳定性，且结构失衡的问题较为突出。结合表10－2中相关指标的变化可以发现，西部地区金融发展质量结构指数上升的主要原因在于其融资结构的不断改善，但金融行业结构的不稳定及低水平对西部地区金融发展质量的提升产生了负面影响。因此，除了继续优化融资结构外，加快发展非银行业金融以实现金融行业结构的合理化是西部地区金融发展质量提升的重要方面。

3. 西部地区金融发展效率评价

表10－3是西部地区2006～2018年金融发展质量效率维度下各三级指标的变化情况。

表10－3　2006～2018年西部地区金融发展质量效率维度下各三级指标的变化情况

单位：万元/人，%

年份	信贷资金边际产出率	劳动生产率	投资转化率	储蓄率	贷存率	居民股市参与率	证券化率	保险赔付率
2006	224.03	19.46	55.52	20.59	70.29	3.24	20.01	25.96
2007	140.74	24.65	55.03	18.82	70.26	4.60	62.63	32.70
2008	141.00	28.10	57.46	31.57	66.24	4.98	20.07	29.07

年份	信贷资金边际产出率	劳动生产率	投资转化率	储蓄率	贷存率	居民股市参与率	证券化率	保险赔付率
2009	33.13	32.26	62.66	29.25	60.96	5.71	39.52	26.97
2010	86.14	36.36	65.68	29.24	70.15	6.40	41.32	22.63
2011	114.29	44.00	66.00	25.55	71.57	6.87	25.64	26.88
2012	70.62	53.71	67.85	29.00	71.58	7.08	23.14	31.01
2013	56.29	66.08	67.47	22.72	72.41	7.19	21.07	35.84
2014	49.72	74.57	68.82	14.63	76.32	7.47	30.61	37.16
2015	29.74	80.83	69.87	15.87	76.44	8.24	41.12	36.64
2016	43.28	86.76	67.10	11.68	77.21	8.69	38.64	34.77
2017	46.51	89.14	66.70	14.27	79.79	8.82	40.12	32.42
2018	51.40	89.14	63.52	16.35	85.84	9.50	26.89	33.56

从金融业总体效率角度来看，西部地区信贷资金边际产出率呈现在波动中大幅下降的趋势，从 2006 年的 224.03% 下降到 2018 年的 51.40%，下降了 172.63 个百分点，这意味着每百元信贷资金投放的 GDP 产出下降了172.63 元；劳动生产率稳步提升，从 2006 年的 19.46 万元 / 人提升到 2018年的 89.14 万元 / 人，年均增长率达 13.52%；投资转化率呈现先上升后下降的趋势，从 2006 年的 55.52% 上升到 2015 年的 69.87%，其后逐渐下降到 2018 年的 63.52%，2018 年相较 2006 年，投资转化率上升了 8.00 个百分点。从银行业效率角度来看，2006 ~ 2018 年储蓄率与贷款率呈现不断波动的趋势，其中储蓄率从 2006 年的 20.59% 下降到 2018 年的 16.35%，降低了4.24 个百分点；贷存率从 2006 年的 70.29% 上升到 2018 年的 85.84%，上升了 15.55 个百分点。从证券市场效率角度来看，居民股市参与率呈现不断上升的趋势，从 2006 年的 3.24% 上升到 2018 年的 9.50%，提升了 6.26 个百分点；证券化率呈现不断波动的态势，从 2006 年的 20.01% 小幅上升到 2018年的 26.89%，上升了 6.88 个百分点。从保险业效率角度来看，保险赔付率呈现波动上升态势，从 2006 年的 25.96% 上升到 2018 年的 33.56%，上升了7.60 个百分点。

采用熵值法对金融发展效率三级指标数据进行测算，得到西部地区2006 ~ 2018 年金融发展质量效率指数（见图 10-3）。

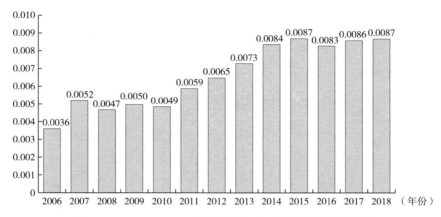

图 10-3　2006~2018 年西部地区金融发展质量效率指数

由图 10-3 可见，2006~2018 年西部地区金融发展质量效率指数总体呈现上升的态势，效率指数从 2006 年的 0.0036 上升到 2018 年的 0.0087。但是，从历年动态变化中会发现，各年金融发展效率呈现一定的波动性，在 2014 年之前金融发展效率得到明显的提升，而 2014 年之后基本保持稳定。结合表 10-3 中相关指标的变化可知，尽管 2014 年之后劳动生产率、贷存率以及居民股市参与率稳定增长，但是投资转化率、证券化率以及保险赔付率出现明显下滑。这表明，西部地区在提升金融发展效率时，应该在提升投资转化率、证券化率以及保险赔付率方面付出更多的努力。

4. 西部地区金融发展功能评价

表 10-4 是西部地区 2006~2018 年金融发展质量功能维度下各三级指标的变化情况。

金融服务覆盖率呈现上升的趋势，从 2006 年的 1.46 个/万人上升到 2018 年的 1.63 个/万人。金融服务使用率呈现小幅波动上升的态势，从 2006 年的 95.74% 上升到 2018 年的 149.79%，上升了 54.05 个百分点。保险密度呈现逐年上升的趋势，从 2006 年的 256.59 元/人上升到 2018 年的 1962.87 元/人，年均增长率为 18.48%。

债务投资率呈现先上升后下降的趋势，从 2006 年的 55.68% 上升到 2013 年的 74.67%，其后下降到 2018 年的 57.60%，2018 年相较 2006 年仅上升了 1.92 个百分点。非国有单位固定资产投资率呈现不断波动的态势，从 2006 年的 58.34% 上升到 2018 年的 63.37%，上升了 5.03 个百分点。

表10-4　2006~2018年西部地区金融发展质量功能维度下各三级指标的变化情况

年份	基础性功能			资源配置功能						扩展功能						
	金融服务覆盖率（个/万人）	金融服务使用率（%）	保险密度（元/人）	债务投资率（%）	非国有单位固定资产投资率（%）	金融经济增长弹性	金融居民收入增长弹性	工业企业成长金融支持率	第二、第三产业金融支持率	产业高级化金融支持率	产业合理化金融支持率	研发费用金融支持率	高新技术产业金融支持率	GDP能耗降低金融支持率	城镇居民恩格尔系数（%）	农村居民恩格尔系数（%）
2006	1.46	95.74	256.59	55.68	58.34	1.0496	0.5336	42.69	179.79	-0.1042	0.0414	0.9017	0.0170	1.0496	36.52	45.72
2007	1.46	91.82	332.51	60.50	61.37	0.9088	0.6794	40.84	122.21	-0.0558	0.0293	0.5514	0.0198	0.9088	37.80	45.75
2008	1.35	89.64	480.89	65.84	61.06	0.9835	0.8032	42.47	135.16	-0.0446	0.0305	0.3905	0.0193	0.9835	39.72	46.68
2009	1.42	112.01	556.16	67.06	57.88	0.3622	0.2929	34.38	98.01	-0.0341	0.0292	1.1894	0.0174	0.3622	38.09	42.80
2010	1.45	114.28	719.21	64.59	59.00	1.3220	0.9632	33.54	152.09	-0.0462	0.0396	1.5838	0.0167	1.3220	37.28	43.16
2011	1.51	111.04	745.44	68.72	62.37	0.9264	0.7530	32.87	104.88	-0.0310	0.0321	1.1884	0.0177	0.9264	37.82	41.15
2012	1.53	115.49	806.43	71.15	63.91	0.5561	0.6565	30.29	89.09	-0.0213	0.0271	0.9421	0.0206	0.5561	37.48	39.74
2013	1.55	120.63	911.02	74.67	63.93	0.4682	0.7785	29.59	75.73	-0.0131	0.0201	0.8357	0.0299	0.4682	36.30	37.60
2014	1.58	128.59	1045.09	70.48	63.01	0.6047	0.5086	24.43	107.94	-0.0168	0.0297	1.1215	0.0318	0.6047	32.57	35.41
2015	1.60	139.06	1252.91	69.43	59.97	0.4147	0.7898	22.97	121.79	-0.0127	0.0272	1.4441	0.0335	0.4147	31.16	33.25
2016	1.64	144.70	1560.08	68.42	62.90	0.7795	1.2488	23.43	170.04	-0.0164	0.0381	1.7266	0.0348	0.7795	29.83	31.14
2017	1.67	144.80	1826.73	65.46	61.84	1.0946	0.9627	21.37	137.14	-0.0126	0.0342	1.6241	0.0391	1.0946	29.45	30.77
2018	1.63	149.79	1962.87	57.60	63.37	1.9023	1.8910	21.29	282.89	-0.0146	0.0484	3.6587	0.0434	1.9023	28.29	29.75

金融经济增长弹性与金融居民收入增长弹性呈现不断波动的趋势，其2018年较2006年均得到不同程度的提升。工业企业成长金融支持率不断下降，从2006年的42.69下降到2018年的21.29，降低了50.13%。第二、第三产业金融支持率以及产业高级化金融支持率、产业合理化金融支持率、研发费用金融支持率、高新技术产业金融支持率与GDP能耗降低金融支持率均呈现不断波动的状态，而且其2018年较2006年均得到不同程度的提升。城镇居民恩格尔系数与农村居民恩格尔系数呈现先上升后下降的趋势，城镇居民恩格尔系数从2006年的36.52%上升到2008年的39.72%，其后不断下降到2018年的28.29%，2018年相比2006年降低了8.23个百分点；农村居民恩格尔系数从2006年的45.72%上升到2008年的46.68%，其后下降到2018年的29.75%，2018年相比2006年降低了15.97个百分点。

采用熵值法对金融发展功能三级指标数据进行测算，得到西部地区2006～2018年金融发展质量功能指数（见图10-4）。

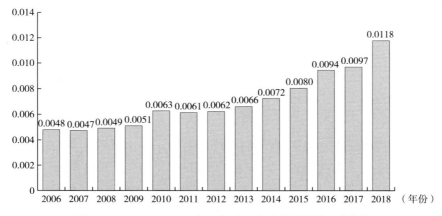

图10-4 2006～2018年西部地区金融发展质量功能指数

由图10-4可知，西部地区金融发展质量功能指数基本呈现稳步上升趋势，指数从2006年的0.0048上升到2018年的0.0118。结合表10-4中相关指标的变化可知，在金融发展功能的三级指标中，仅有工业企业成长金融支持率处于下降状态，其余各项指标都是不断提升的。这表明，2006～2018年西部地区金融业发展对经济社会发展及环境改善的贡献在不断增强，不论是基础性功能还是资源配置功能，抑或是扩展功能，均得到了不同程度的提升。

5. 西部地区金融发展稳健性评价

表 10-5 是西部地区 2006～2018 年金融发展质量稳健性维度下各三级指标的变化情况。

表 10-5　2006～2018 年西部地区金融发展质量稳健性维度下各三级指标的变化情况

年份	政府负债率（%）	财政赤字率（%）	银行业不良贷款率（%）	房地产相对泡沫程度	房地产绝对泡沫程度
2006	11.22	143.97	10.16	0.3654	0.2416
2007	11.60	135.57	10.11	0.6737	0.2406
2008	14.38	161.31	3.19	0.6133	0.2359
2009	17.46	184.38	1.87	1.4334	0.2383
2010	16.99	166.94	1.32	0.6694	0.2450
2011	16.89	147.45	1.06	0.6714	0.2456
2012	16.34	144.52	0.81	1.0528	0.2415
2013	16.86	140.77	0.72	0.3128	0.2295
2014	16.68	138.60	1.05	0.4707	0.2170
2015	18.16	147.61	1.87	1.1903	0.2032
2016	18.37	161.28	2.16	0.2721	0.1942
2017	18.27	172.80	2.64	1.3342	0.2056
2018	18.62	179.78	2.19	2.0830	0.2239

　　西部地区政府负债率从 2006 年的 11.22% 上升到 2018 年的 18.62%，上升了 7.40 个百分点。财政赤字率从 2006 年的 143.97% 上升到 2018 年的 179.78%，上升了 35.81 个百分点。银行业不良贷款率从 2006 年的 10.16% 下降到 2013 年的 0.72%，其后有所反弹，到 2018 年时达到 2.19%，2018 年相较 2006 年降低了 7.97 个百分点。房地产相对泡沫程度不断波动，总体上升幅度较大，从 2006 年的 0.3654 上升到 2018 年的 2.0830。房地产绝对泡沫程度总体稳定，从 2006 年的 0.2416 略微下降到 2018 年的 0.2239。

　　采用熵值法对金融发展稳健性三级指标数据进行测算，得到西部地区 2006～2018 年金融发展质量稳健性指数（见图 10-5）。

　　由图 10-5 可知，2006～2018 年西部地区金融发展质量稳健性指数基本保持稳定状态，稳健性指数从 2006 年的 0.0063 上升到 2018 年的 0.0069。这表明，样本期内西部地区金融发展的稳健性并未明显增强。结合表 10-5 中相关指标的变化可以看出，西部地区银行业不良贷款率的下降是支撑金融发

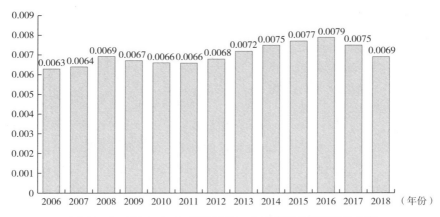

图 10-5 2006~2018 年西部地区金融发展质量稳健性指数

展稳健性增强的主要因素；但政府负债率、财政赤字率以及房地产相对泡沫
程度的上升则是冲击西部地区金融发展稳健性的主要因素。因此，对地方政
府债务规模、财政赤字率和房地产泡沫程度进行有效控制，是西部地区增强
金融发展稳健性的重要方面。

（二）西部地区金融发展质量综合评价

依据前文对西部地区金融规模、金融结构、金融效率、金融功能、金融
稳健性五个维度发展质量的评价，运用熵值法计算出 2006~2018 年西部地
区金融发展质量综合指数（见图 10-6）。

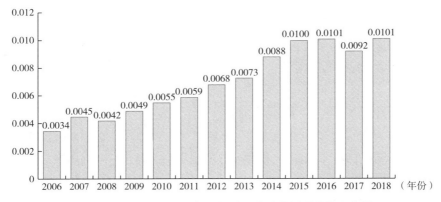

图 10-6 2006~2018 年西部地区金融发展质量综合指数

由图 10-6 可以看出，2006~2018 年西部地区金融发展质量综合指数总

体上表现出稳步提升的态势。综合指数由 2006 年的 0.0034 提升到 2018 年的
0.0101，虽然 2017 年与 2016 年相比出现了下降，但 2018 年快速回升。这表
明，2006～2018 年西部地区金融发展质量在不断提升。特别是 2008～2015
年，金融发展质量逐年稳步提升。但同时也看到，2016～2018 年，西部地区
金融发展质量出现了停滞不升的迹象。结合西部地区金融发展质量五个维度
质量指数的变化可知，除了金融结构指数波动较大、金融稳健性指数相对稳
定外，西部地区金融发展规模、金融发展效率与金融发展功能均呈现显著的
提高趋势，这是促使西部地区金融发展质量在 2008～2015 年稳步提高的重
要力量。2017 年金融发展质量的小幅下降则是由金融发展结构与金融发展
稳健性的下降导致的。因此，从总体上看，西部地区金融发展质量的进一步
提高，还需要优化金融发展结构，提高金融发展的稳健性。

二　西部地区金融发展质量影响因素的实证分析

前文第一章依据金融发展的相关理论与研究文献，将金融发展质量的影
响因素归结为金融体系内部因素与金融体系外部因素两个方面，并对各因素
对金融发展质量的影响进行了理论分析。此节通过建立计量经济模型，对这
些因素对西部地区金融发展质量的影响程度进行实证分析，从而为提升金融
发展质量提供参考依据。

（一）模型构建与变量选择

1. 基本模型构建

为了实证检验西部地区金融发展质量的影响因素及影响强度，本节构建
的计量模型如下：

$$FinQ_{it} = \alpha_1 FD_{it} + \alpha_2 FS_{it} + \alpha_3 Market_{it} + \alpha_4 Finstr_{it} + \alpha_5 ED_{it} + \alpha_6 ES_{it} + \alpha_7 Envir_{it} + \alpha_8 Open_{it} + \mu_i + \mu_t + \varepsilon_{it}$$

其中，i、t 分别表示省份与年份，$FinQ_{it}$ 表示省份 i 在 t 年的金融发展质
量，FD_{it}、FS_{it}、$Market_{it}$、$Finstr_{it}$、ED_{it}、ES_{it}、$Envir_{it}$、$Open_{it}$ 分别表示省份 i
在 t 年的金融发展规模、金融结构、金融市场发育程度、金融基础设施、经
济基础、经济结构、信用环境与对外开放程度，μ_i 表示行业固定效应，μ_t 表
示时间固定效应，ε_{it} 表示随机扰动项。

2. 变量选取与计算说明

选取西部地区 11 个省（区、市）为研究对象（这里剔除了数据缺失严
重的西藏自治区），样本区间为 2006～2018 年。研究的基础数据主要来自考

察期内历年的《中国区域金融运行报告》、《中国科技统计年鉴》、《中国对外直接投资统计公报》、《中国统计年鉴》、《中国互联网络发展状况统计报告》以及西部各省（区、市）的统计年鉴。相关的变量设定如下。

被解释变量：金融发展质量（*FinQ*）。采用前文通过熵值法计算得出的金融发展质量指数表示。

解释变量：①金融发展规模（*FD*），选取社会融资规模/GDP 来衡量；②金融结构（*FS*），采用直接融资额与社会融资总额的比值，即融资结构衡量；③金融市场发育程度（*Market*），利用王小鲁等的市场化指数进行衡量[①]；④金融基础设施（*Finstr*），参考韩先锋等的做法[②]，利用互联网基础设施替代，其中互联网基础设施包括 IPv4 地址比重、万人域名数、长途光缆线路长度以及互联网接入端口数四个指标，并用熵值法构造出互联网基础设施综合水平；⑤经济基础（*ED*），选取经济增长水平（*RGDP*）衡量，其中经济增长水平用人均 GDP 替代；⑥经济结构（*ES*），参照徐盈之和朱忠泰的做法[③]，利用产权结构衡量经济结构，其中产权结构为国有资产的占比；⑦信用环境（*Envir*），参照张云等的做法[④]，采用契约执行效率衡量，其中契约执行效率为每万人律师数量；⑧对外开放程度（*Open*），从外商直接投资（*FDI*）与对外直接投资（*OFDI*）两个方面衡量。由于当期 *FDI* 与 *OFDI* 的值存在短期波动较大的现象，且现存的 *FDI* 与 *OFDI* 同样能够产生作用，因此选择存量数据进行研究，这里选取以美元表示的总额来衡量，并在数据处理上，将披露的历年外汇汇率均值换算成人民币，进而进行对数化处理。各变量的选取说明见表 10-6。

表 10-6　各变量的选取说明

变量	符号	详细指标	计算方式
金融发展质量	*FinQ*	金融发展质量指数	熵值法计算
金融发展规模	*FD*	金融规模	社会融资规模/GDP

① 王小鲁、樊纲、胡李鹏：《中国分省份市场化指数报告（2018）》，社会科学文献出版社，2019。
② 韩先锋、宋文飞、李勃昕：《互联网能成为中国区域创新效率提升的新动能吗》，《中国工业经济》2019 年第 7 期，第 119～136 页。
③ 徐盈之、朱忠泰：《产权结构、外资介入方式与产学研协同创新效应》，《中国科技论坛》2017 年第 4 期，第 89～94 页。
④ 张云、刘帅光、李双建：《契约执行效率、融资成本与 TFP 增长率——来自中国制造业企业的证据》，《南开经济研究》2017 年第 5 期，第 118～135 页。

续表

变量	符号	详细指标	计算方式
金融结构	FS	融资结构	直接融资额／社会融资总额
金融市场发育程度	Market	金融市场化	市场化指数
金融基础设施	Finstr	IP 地址资源	IPv4 地址比重
		域名资源	万人域名数
		光纤基础设施	长途光缆线路长度
		互联网接入资源	互联网接入端口数
经济基础	ED	经济增长水平	人均 GDP
经济结构	ES	产权结构	规模以上企业中国有企业资产占比
信用环境	Envir	契约执行效率	每万人律师数量
对外开放程度	Open	外商直接投资（FDI）	外商直接投资数额
		对外直接投资（OFDI）	对外直接投资数额

3. 变量的描述性统计

表 10-7 是对各个影响因素的描述性统计。从中可以看出，对外直接投资与外商直接投资的变异系数大于 1.0，且均值要大于中位数，表明各省份之间的对外开放程度具有非常大的差异性，少数省份的对外直接投资与外商直接投资要高于其余省份。在金融结构、金融基础设施以及经济基础变量中，除了金融基础设施中互联网接入资源变量的变异系数略大于 1.0 之外，其余变量的变异系数均处于 0.5 和 1.0 之间，表明各省份之间的金融结构、金融基础设施以及经济基础具有较大的差异性。金融发展规模、金融市场发育程度、经济结构以及信用环境的变异系数小于 0.5，表明各省份之间的金融发展规模、金融市场发育程度、经济结构以及信用环境的差异性较小。

表 10-7　各变量的描述性统计

变量	平均值	标准差	中位数	最大值	最小值
金融发展质量	0.0070	0.0030	0.0064	0.0225	0.0023
金融发展规模	0.2390	0.1076	0.2163	0.6130	0.0439
金融结构	0.1872	0.1344	0.1613	0.6705	0.0000
金融市场发育程度	0.4264	0.0717	0.4249	0.5784	0.2301
IP 地址资源	1.0787	0.7849	0.8000	3.5000	0.1600
域名资源	72.28	50.02	56.70	338.43	11.21
光纤基础设施	3.3883	1.6491	3.4725	7.7865	0.6088

续表

变量	平均值	标准差	中位数	最大值	最小值
互联网接入资源	747.25	868.55	443.80	5400.50	15.39
经济基础	3.1253	1.5943	2.9522	7.1937	0.6184
经济结构	0.6288	0.1196	0.6314	0.8531	0.4236
信用环境	1.4784	0.6965	1.3272	3.9261	0.4573
对外直接投资	18.8440	23.5091	6.8983	12.0282	0.0002
外商直接投资	86.3868	120.1484	29.3553	600.7848	1.4057

（二）西部地区金融发展质量影响因素的实证研究

1. 西部地区金融发展质量影响因素的基准回归

表 10-8 是西部地区金融发展质量影响因素的基准回归结果，第（1）列和第（2）列回归结果均包含时间与地区的双向固定效应，其中第（1）列是采用最小二乘法回归（OLS）的估计结果，第（2）列是采用广义最小二乘法回归（FGLS）的估计结果。可以看出，在 OLS 估计中，金融市场发育程度的结果不显著，而在 FGLS 估计中，该变量在 10% 的水平下显著为正，其余变量的回归结果保持一致。这表明选取的金融发展质量影响因素的估计结果较为稳健。

表 10-8　基准回归结果

变量	（1）	（2）
FD	0.0032** (3.05)	0.0034*** (4.64)
FS	0.0053*** (5.67)	0.0065*** (6.93)
Market	0.0013 (1.20)	0.0019* (1.99)
Finstr	0.3865*** (4.18)	0.2951*** (6.23)
ED	0.0025** (2.59)	0.0028*** (4.90)
ES	-0.0062** (-2.59)	-0.0052** (-2.61)
Envir	0.0002 (0.44)	0.0002 (1.29)

续表

变量	（1）	（2）
FDI	0.0007** （2.75）	0.0008*** （4.39）
OFDI	−0.0001 （−0.91）	−0.0001 （−1.20）
地区固定效应	是	是
时间固定效应	是	是
Adj.R^2	0.9381	
Wald 值		6450.81
N	143	143

　　注：*、**、*** 分别表示在 10%、5%、1% 的水平下显著。

　　从表 10-8 中可以看出，金融发展规模（*FD*）、金融结构（*FS*）、金融基础设施（*Finstr*）、经济基础（*ED*）以及外商直接投资（*FDI*）的系数均显著为正，这表明金融发展规模的扩张、市场主导型融资比例的提升、金融基础设施的完善、经济基础的强化以及外商直接投资的扩大等，对西部地区金融发展质量的提升均具有显著的推动作用。经济结构（*ES*）的系数显著为负，这表明西部地区国有经济比重的提升对金融发展质量的提升起着显著的抑制作用。金融市场发育程度（*Market*）、信用环境（*Envir*）两个变量的系数为正，但未通过显著性检验，这表明金融市场发育程度的提升及信用环境的改善，对西部地区金融发展质量的提升具有一定的促进作用，只是这种促进作用与其他因素相比并不显著。这也表明，西部地区的金融市场发育程度以及信用环境还处于较低水平，对金融发展质量的促进作用还难以有效地显现出来。另外，对外直接投资（*OFDI*）的系数为负，但也不显著，这表明西部地区的对外开放对金融发展质量的提升作用甚微。

2. 进一步分析

　　为了明确相关因素对金融发展质量影响的作用机制，我们有必要对各因素对金融发展质量五个维度的影响做进一步检验。鉴于金融体系内部因素（包括金融发展规模、金融结构、金融市场发育程度以及金融基础设施）与金融发展规模及金融发展结构两个质量维度间存在自相关性，此处的进一步分析将从两方面进行：一是金融体系内部因素对金融发展效率、金融发展功能及金融发展稳健性三个质量维度的影响分析；二是金融体系外部因素（包括经济基础、经济结构、信用环境及对外开放程度）对金融发展质量五个维度的影响分析。

（1）金融体系内部因素对金融发展质量的影响分析

表 10-9 是金融体系内部因素对金融发展质量中金融发展效率、金融发展功能及金融发展稳健性三个维度影响的实证分析结果。

表 10-9　金融体系内部因素对金融发展质量的影响分析

变量	金融发展效率	金融发展功能	金融发展稳健性
FD	-0.0003 (-0.17)	-0.0001 (-0.01)	-0.0017* (-1.97)
FS	0.0007** (2.37)	0.0003*** (3.01)	0.0001 (0.51)
Market	-0.0006 (-0.28)	-0.0006 (-0.28)	-0.0029 (-0.47)
Finstr	0.0001 (0.04)	0.0551* (1.86)	0.0583** (2.39)
地区固定效应	是	是	是
时间固定效应	是	是	是
Adj.R^2	0.7890	0.8504	0.4300
N	143	143	143

注：*、**、*** 分别表示在 10%、5%、1% 的水平下显著。

由表 10-9 可见，西部地区金融发展规模的扩大对金融发展效率与金融发展功能没有产生统计学意义上的影响，但是会显著抑制金融发展稳健性；金融结构的改善有利于金融发展效率与金融发展功能的提升，但是对金融发展稳健性的影响不显著；金融市场发育程度的提升对金融发展效率、金融发展功能以及金融发展稳健性均产生了负向影响，但这种影响均未通过显著性检验；金融基础设施的完善能够显著地促进金融发展功能以及金融发展稳健性的提升，但是对金融发展效率没有产生统计学意义上的作用。

上述结果的出现，可能的原因在于：在国家西部大开发战略及相关政策的支持下，西部地区金融业近年来获得了快速发展，但这种发展更多体现为规模总量的扩张，而金融效率及金融功能的提升相对有限。西部地区直接融资比例较低，金融结构失衡问题比较严重且不稳定，这已成为制约西部地区金融功能与效率提升的主要因素。因此，金融结构的改善对西部地区金融发展质量的提升效应十分显著。另外，西部地区的金融市场发育程度较低，例如西部地区 11 个省（区、市）在 2018 年的市场化指数的均值仅为 5.31，其中最大值为重庆市的 7.91，远低于同期东部地区各省（区、市）的均值 8.42。

因此，尽管西部地区金融市场发育程度近年来有所提升，但是依旧无法达到显著提升金融发展效率、金融发展功能以及金融发展稳健性的程度。最后，随着西部地区金融基础设施的完善，以互联网为技术支撑的互联网金融、数字金融等领域得到了迅猛的发展，这不仅能够改变金融体系的业务流程与运营模式、扩展金融体系的服务范围、优化资源配置方式、完善金融发展功能，同样也能够增强金融发展的稳健性。

（2）金融体系外部因素对金融发展质量的影响分析

表10-10是金融体系外部因素对金融发展质量五个维度影响的实证分析结果。

表 10-10　金融体系外部环境因素对金融发展质量的影响分析

变量	金融发展规模	金融发展结构	金融发展效率	金融发展功能	金融发展稳健性
ED	0.0032* （2.04）	0.0051 （1.69）	0.0014 （0.66）	0.0012 （0.47）	−0.0009 （−0.62）
ES	−0.0001 （−0.64）	−0.0002*** （−3.61）	−0.0005** （−8.85）	−0.0000 （−0.07）	−0.0001* （−2.15）
Envir	0.0021* （2.18）	0.0014 （1.13）	−0.0014 （−1.26）	−0.0001 （−0.01）	0.0011 （0.69）
FDI	0.0044** （2.71）	0.0018* （1.97）	−0.0005 （−0.89）	0.0004 （0.75）	0.0002*** （3.27）
OFDI	−0.0005 （−1.43）	−0.0002* （−1.96）	0.0001 （0.97）	0.0001 （0.16）	0.0002 （1.03）
地区固定效应	是	是	是	是	是
时间固定效应	是	是	是	是	是
Adj.R^2	0.7559	0.5610	0.8191	0.8374	0.4490
N	143	143	143	143	143

注：*、**、*** 分别表示在10%、5%、1% 的水平下显著。

由表10-10可以看出，西部地区经济基础的提升对金融发展规模、金融发展结构、金融发展效率、金融发展功能均具有一定的促进作用，对金融发展稳健性产生了一定的负效应，但其中只有对金融发展规模的效应具有显著性。这也从另一个方面表明，西部地区金融发展具有数量扩张特征，这种数量扩张又以经济总量扩张为前提。在数量扩张过程中，经济基础对金融结构、金融效率、金融功能以及金融稳健性的效应均没有得到有效体现。

西部地区经济结构中国有产权占比的提高会显著抑制金融发展结构的优

化以及金融发展效率与金融发展稳健性的提高，但是对金融发展规模与金融发展功能没有产生统计学意义上的作用。可能的原因在于，国有企业中缺乏激励约束机制，金融资源的利用情况与国有企业员工的相关性不强，导致地区国有产权占比越高，金融发展效率越低，金融发展稳健性越差。尽管国有企业相比私有产权企业的效率较低，但是国有企业会承担更多的社会责任，国有产权占比的提升对于金融发展功能而言，兼具促进与抑制两种不同的影响，导致其综合作用不明确。

西部地区信用环境的提升能够显著地促进金融发展规模的扩大，但是对金融发展结构、金融发展效率、金融发展功能以及金融发展稳健性的影响均未通过显著性检验。可能的原因在于，西部地区信用环境程度的提升有利于吸引更多经济主体参与到金融交易中，从而扩大金融规模。但是同样需要指出，西部地区的信用环境程度仍然处于较低水平，例如西部地区 11 个省（区、市）在 2018 年信用环境的均值仅为 2.4542，其中最大值为重庆市的3.5219，远低于同期东部地区各省（区、市）的均值 4.9622。尽管其程度有所上升，但是依旧无法显著地发挥出优化金融发展结构以及提高金融发展效率、金融发展功能、金融发展稳健性的作用。

西部地区外商直接投资的增加能够显著扩大金融发展规模、优化金融发展结构以及提升金融发展稳健性，但是对金融发展效率与金融发展功能的作用并未通过显著性检验。西部地区对外直接投资的增加会显著抑制金融发展结构的优化，但是对金融发展规模、金融发展效率、金融发展功能与金融发展稳健性的影响均未通过显著性检验。可能的原因在于，对外开放程度的提高对于金融发展而言是一把"双刃剑"。无论是外商直接投资还是对外直接投资的增加，一方面，都能够加剧市场竞争，促进企业创新升级与优化资源配置效率等，从而有利于金融发展效率、金融发展功能以及金融发展稳健性的提升；另一方面，外商直接投资的增加强化了外部的冲击性，会加剧地区的市场动荡，从而损害地区企业的发展与资源配置效率，诱发金融风险，不利于金融发展效率、金融发展功能以及金融发展稳健性的提升。二者不同的作用在于参与对外直接投资的经济主体更多的是大型国有企业，其融资来源更偏向银行体系，对外直接投资的增加自然对金融发展结构的改善产生了一定的抑制作用。

三 本章小结

本章在第二章关于金融发展质量的界定及评价指标体系构建的基础上，

利用熵值法对西部地区整体的金融发展质量以及五个维度的效率进行测算与评价，并对影响金融发展质量的因素进行了实证分析。研究结果有以下两点。

第一，西部地区的金融发展质量总体上表现出提升的趋势，但是其五个维度的效率存在明显的差异性。其中，金融发展规模与金融发展功能稳定提升，金融发展结构与金融发展效率在总体提升的趋势下表现出较大的波动性，金融发展稳健性则表现出先上升后下降的趋势。这表明，西部地区金融业在优化结构、提高效率以及增强稳健性方面还严重不足。

第二，金融发展规模的扩张、市场主导型融资比例的提升、金融基础设施的完善、经济基础的强化以及外商直接投资的扩大等，对西部地区金融发展质量的提升均具有显著的推动作用；以国有经济比重表示的经济结构的提升对金融发展质量的提升起着显著的抑制作用；金融市场发育程度的提高、信用环境的改善对西部地区金融发展质量的提升具有一定的促进作用，但这种促进作用与其他因素相比并不显著。这也表明，西部地区的金融市场发育程度以及信用环境还处于较低水平，对金融发展质量的促进作用还难以有效地显现出来。另外，对外直接投资的系数为负，也不显著，这表明西部地区的对外开放对金融发展质量的提升作用甚微。

第四篇 | 发展效应

▶ 本篇采取实证分析的方法，着重从西部地区金融发展对经济增长质量、环境质量以及减贫增收的效应三个方面进行专题研究，为对西部地区金融发展质量进行全面客观评价提供重要补充。

第十一章
西部地区金融发展对经济增长质量的影响效应

推动经济高质量发展，是金融业回归本源的客观要求，也是评价金融发展质量的重要维度。本章以绿色全要素生产率反映经济增长质量，采用实证分析方法，对西部地区金融发展对经济增长质量的效应进行分析。

一　绿色全要素生产率的概念及度量方法

（一）全要素生产率与绿色全要素生产率的内涵界定

1. 全要素生产率的概念

全要素生产率（Total Factor Productivity，TFP）是相对于单要素生产率而言的。当用一种投入要素只生产一种产出时，测算生产率是非常简单的。在这种情况下，每单位投入的产出就是对生产率水平的综合测量，也就是单要素生产率。当用多种投入要素生产一种产出或多种产出时，就需要使用全要素生产率对经济绩效进行衡量，全要素生产率考虑的是所有的投入要素，如劳动、资本等，是综合衡量全部生产要素生产率的指标。现代经济增长理论认为，一部分的经济增长来自投入要素的增长，余下的部分则归因于技术的进步和效率的提高，这一部分的增长即为全要素生产率，它反映了经济增长的质量。[①] 全要素生产率可以进一步分解为技术效率和技术进步，其中技术效率即效率改进，主要指管理制度创新、生产经验积累、企业规模扩大所带来的规模经济而引发的效率提升；技术进步即技术创新，主要指新的知识、新的技能或发明创造所引致的生产率的提高。

---

① 陈诗一：《中国的绿色工业革命：基于环境全要素生产率视角的解释（1980—2008）》，《经济研究》2010 年第 11 期，第 21～34 页。

遵循生产率的本质，理论上，全要素生产率的求解为在一定时期内生产的总产出与总投入的比值，用公式表示就是：

$$TFP = 总产出 / 总投入 \tag{1}$$

2. 绿色全要素生产率的概念

随着环境问题在可持续发展中的重要性日益凸显，越来越多的学者认为，资源和环境不仅是经济发展的内生变量，同时也是经济发展的刚性约束。因此，利用全要素生产率评价经济绩效的时候，不仅要考虑传统的资本和劳动要素，同时也要考虑对经济发展影响巨大的资源和环境因素。学者们开始把污染物排放看作未支付的投入，与资本、劳动和能源投入一起引入生产函数中，估算得到的全要素生产率为绿色全要素生产率或环境全要素生产率。但是越来越多的研究发现，污染排放的产出特征是期望产出（工业总产值或工业增加值）的副产品，应当归入非期望产出（或坏产出）之列，而不应该简单看作投入。Chung 等利用方向性距离函数 Malmquist-Luenberger（ML）生产率指数测度瑞典纸浆厂以污染排放为非期望产出的全要素生产率[1]，从方法上第一次合理地拟合了污染排放对经济增长的作用，得出了真正意义上的绿色全要素生产率。因此，可以将绿色全要素生产率定义为：在传统全要素生产率的基础上，考虑生产单元的污染排放，将全部污染作为非期望产出纳入生产率核算框架体系，所得的全要素生产率称为绿色全要素生产率。

（二）绿色全要素生产率的测定方法

我们选择使用 SBM 方向性距离函数和 ML 生产率指数的方法对绿色 TFP 进行测算。

1. SBM 方向性距离函数

引入 SBM 方向性距离函数对考虑非期望产出的生产集进行计算和分析，依据 Fukuyama 和 Weber 的研究[2]，采取如下定义：

---

[1] Chung, Y. H., Färe, R., and Grosskopf, S. Productivity and Undesirable Outputs: A Directional Distance Function Approach. *Journal of Environmental Management*, 1997, 51（3）: 229-240.

[2] Fukuyama, H., and Weber, W.L. A Directional Slacks-Based Measure of Technical Inefficiency. *Socio-Economic Planning Sciences*, 2009, 43（4）: 274-287.

$$\vec{S}_V^t(x^{t,k'}, y^{t,k'}, b^{t,k'}; g^x, g^y, g^b) = \max_{s^x, s^y, s^b, \lambda} \left\{ \frac{\dfrac{1}{M}\sum\limits_{m=1}^{M}\dfrac{s_m^x}{g_m^x} + \dfrac{1}{N+L}(\sum\limits_{n=1}^{N}\dfrac{s_n^y}{g_n^y} + \sum\limits_{l=1}^{L}\dfrac{s_l^b}{g_l^b})}{2} : \right.$$

$$x_{k'm}^t = \sum_{k=1}^{K}\lambda_k^t x_{km}^t + s_m^x, \ \forall m; \ y_{k'n}^t = \sum_{k=1}^{K}\lambda_k^t y_{kn}^t - s_n^y, \ \forall n; \ b_{k'l}^t = \sum_{k=1}^{K}\lambda_k^t b_{kl}^t + s_l^b, \ \forall l;$$

$$\left. \sum_{k=1}^{K}\lambda_k^t = 1, \lambda_k^t \geq 0, \ \forall k; \ s_n^x \geq 0, \forall n; \ s_m^y \geq 0, \forall m; \ s_l^b \geq 0, \forall l \right\} \qquad (2)$$

在以上的规划求解式中，$\vec{S}_V^t$ 表示规模报酬可变的方向性距离函数，x、y、b 分别代表要素投入、经济产出和污染物排放，$(x^{t,k'}, y^{t,k'}, b^{t,k'})$ 表示每个地区生产 k' 的投入和产出向量。$(g^x \in R_m^+, g^y \in R_n^+, g^b \in R_l^+)$ 表示投入压缩、期望产出扩张和非期望产出压缩的正方向向量，需要基于目标函数进行设定。(s_m^x, s_n^y, s_l^b) 表示投入和产出的松弛变量。

SBM 方向性距离函数值 $\vec{S}_V^t$ 表示决策单元的无效率值，其值越大代表效率水平越低。根据 Cooper 等的研究[①]，可以将无效率值 $\vec{S}_V^t$ 分解为：

投入无效率：$IE_x = \dfrac{1}{2M}\sum\limits_{m=1}^{M}\dfrac{s_m^x}{g_m^x}$

期望产出无效率：$IE_y = \dfrac{1}{2(N+L)}\sum\limits_{n=1}^{N}\dfrac{s_n^y}{g_n^y}$

非期望产出无效率：$IE_b = \dfrac{1}{2(N+L)}\sum\limits_{l=1}^{L}\dfrac{s_l^b}{g_l^b}$

2. ML 生产率指数

根据 Chung 等的研究[②]，ML 指数在 t 期至 $t+1$ 期的生产率可表示为：

$$ML_t^{t+1} = \left\{ \frac{[1+\vec{S}_0^t(x^t, y^t, b^t; g^t)]}{[1+\vec{S}_0^t(x^{t+1}, y^{t+1}, b^{t+1}; g^{t+1})]} \times \frac{[1+\vec{S}_0^{t+1}(x^t, y^t, b^t; g^t)]}{[1+\vec{S}_0^{t+1}(x^{t+1}, y^{t+1}, b^{t+1}; g^{t+1})]} \right\}^{\frac{1}{2}} \qquad (3)$$

① Cooper, W.W., Seiford, L.M., and Tone, K. *Data Envelopment Analysis.* Boston: Kluwer Academic Publishers, Second Edition，2007.

② Chung, Y.H., Färe R., and Grosskopf, S. Productivity and Undesirable Outputs: A Directional Distance Function Approach. *Journal of Environmental Management*, 1997, 51（3）: 229–240.

ML 指数可以分解为技术效率变化（*TE*）和技术进步变化（*TP*），并且 $ML = TE \times TP$。其中，技术效率变化表示由生产者内部效率变化所引起的产出增长，主要源于纯技术效率变化及规模效率变化；技术进步变化表示由技术进步所产生的产出增长。分别见式（4）和式（5）。

$$TE_t^{t+1} = \frac{1 + \vec{S}_0^t(x^t, y^t, b^t; g^t)}{1 + \vec{S}_0^{t+1}(x^{t+1}, y^{t+1}, b^{t+1}; g^{t+1})} \quad （4）$$

$$TP_t^{t+1} = \left\{ \frac{[1 + \vec{S}_0^{t+1}(x^t, y^t, b^t; g^t)]}{[1 + \vec{S}_0^t(x^t, y^t, b^t; g^t)]} \times \frac{[1 + \vec{S}_0^{t+1}(x^{t+1}, y^{t+1}, b^{t+1}; g^{t+1})]}{[1 + \vec{S}_0^t(x^{t+1}, y^{t+1}, b^{t+1}; g^{t+1})]} \right\} \quad （5）$$

通过序列数据包络分析求解方向性距离函数得到绿色 TFP、技术效率变化、技术进步变化的值，使用基于 SBM−DDF 的 Malmquist−Luenberger 生产率指数对绿色 TFP 进行测算。在测算绿色 TFP 时，以劳动与资本为要素投入（*x*），设定期望产出为 GDP（*y*），非期望产出为二氧化碳排放量（*b*）[①]。劳动投入用西部各省（区、市）就业人数表示，资本投入采用西部各省（区、市）资本形成总额衡量。

二　金融发展对绿色全要素生产率影响的理论分析

（一）金融发展对环境的影响

金融发展的现代观表明，金融发展是金融规模扩张、金融结构优化及金融效率提升的动态统一过程。金融发展水平的提高使消费者和企业部门更容易获得资金，以满足自身的消费或投资需求，但金融资源配置结构的差异性使得其对环境质量的影响存在不确定性。[②]首先，从消费者行为的角度看，

[①]　非期望产出二氧化碳排放量（*b*）根据各省消耗的化石燃料计算得出。具体计算过程如下。第一，确定原煤的碳排放系数。IPCC 2006 年给出的原煤碳排放系数为 25.8kgC/GJ。第二，确定煤的碳氧化因子。我国把煤的碳氧化因子定为 0.98。第三，C 与 CO_2 的质量转化系数值为 44/12。由原煤的碳排放系数、煤的碳氧化因子和 C 与 CO_2 的质量转化系数，可以得出原煤的二氧化碳排放系数为：$25.8 \text{kgC/GJ} \times 0.98 \times (44/12) = 93 \text{kgCO}_2/\text{GJ}$。再把单位转化成千卡，转化后的系数为：$93 \text{kgCO}_2/\text{GJ} \times 4186.8 \times 10^{-9} \text{GJ/Kcal} = 3.88 \times 10^{-4} \text{kgCO}_2/\text{Kcal}$。再根据原煤的低位发热值 5000Kcal/kg，最终得出原煤的二氧化碳排放系数为 1.941kgCO_2/kg，即 1 千克原煤可以排放 1.941 千克二氧化碳。此处以原煤为例进行碳排放的估算，其余化石燃料的计算方式与此相同，唯一不同的在于相关排放系数的选择。

[②]　徐盈之、管建伟：《金融发展影响我国环境质量的实证研究：对 EKC 曲线的补充》，《软科学》2010 年第 9 期，第 18～22 页。

一方面，发达的金融体系可以缓解消费者的支付能力约束，刺激消费的快速增长，从而导致污染排放的增加[1]，如发达的消费信贷会刺激汽车、空调、冰箱等能耗较高的商品消费的快速增长，从而对环境产生不利影响；另一方面，在金融体系的支持下，消费者也可以选择购买清洁能源汽车或能耗等级较低的节能产品，从而减少能源消耗。其次，从企业部门行为的角度看，一方面，金融体系可以缓解企业的融资约束，使其扩大生产规模，这必然会增加污染物的排放量，同时，一些本来无法进入高污染行业的企业也在金融机构的支持下进入市场[2]，进一步对环境造成破坏；另一方面，金融体系也能够发挥分散风险的功能，并为技术进步提供长期的资金支持，鼓励企业研发及引进先进技术，而这又有利于提高低排放、低能耗的先进生产技术的研发成功率，推动技术变革，减少污染[3]。此外，金融体系还可以通过引导资本流向能源使用效率高和资源配置效率高的企业，倒逼高能耗、高污染企业改良技术，带来能源消耗和污染排放的下降。可见，从理论上讲，金融发展对环境质量的影响可能产生两种截然不同的结果。至于是积极影响，还是消极影响，取决于金融业的发展特征、功能定位、金融机构及金融市场在资源配置过程中的行为与偏好。

（二）金融发展对绿色 TFP 的影响

绿色 TFP 是衡量绿色发展水平及经济增长质量的重要指标。提高绿色 TFP 可以通过优化资源配置以改善要素配置效率和促进技术进步这两种渠道来实现。金融体系具有资源配置、分散风险、提供流动性、减少信息不对称等基本功能[4]，对绿色 TFP 无疑具有重要的影响作用。

金融发展通过分散风险和提供流动性增强了投资者的长期投资意愿，优化资源配置，促进绿色 TFP 的提高。一方面，技术创新项目风险较高，需要大量资金支持，但这种投资的特性决定了其投资风险难以分散，从而造成

[1] Sadorsky, P. The Impact of Financial Development on Energy Consumption in Emerging Economies. *Energy Policy*, 2010, 38（5）: 2528–2535.

[2] Cole, M.A., Elliott, R. J. R., and Shimamoto, K. Industrial Characteristics, Environmental Regulations and Air Pollution: An Analysis of the UK Manufacturing Sector. *Journal of Environmental Economics & Management*, 2005, 50（1）: 121–143.

[3] Ma, C., and Stern, D.I. China's Changing Energy Intensity Trend: A Decomposition Analysis. *Energy Economics*, 2008, 30（3）: 1037–1053.

[4] Demirguc–Kunt, A., and Levine，R. Finance and Economic Opportunity. World Bank Policy Research, 2008, Working Paper 4468.

技术创新类项目的投资不足。欠发达的金融市场因其业务单一及规模较小无法满足低排放、高效率部门的融资需求，从而会限制其发展。因此，分散风险功能的不足造成资源配置效率低下，低排放、高效率部门无法扩大自身规模，难以将高排放、低效率部门挤出市场。[①] 而发达的金融体系则能有效分散风险，提供更大规模的融资，促进研发与技术创新[②]，提高绿色TFP。另一方面，新技术的研发往往需要较长时间，容易形成流动性风险，从而抑制企业技术创新的可持续性。而发达的金融体系一般具有较高的流动性，使投资者能及时转让其股权，在一定程度上减少了投资者对流动性风险的顾虑，增强其长期投资意愿，进一步促进具有较高效率的环保型部门的成长，提高绿色TFP。

此外，资金供需双方之间的信息不对称会带来融资前的逆向选择和融资后的道德风险，金融发展则能够有效降低信息不对称程度。由于追求绿色高质量发展已经成为全球共识，绿色行业与绿色企业具有长期繁荣的市场预期。在这种背景下，金融机构在资源配置过程中的理性行为就是降低甚至限制资源向高污染行业及企业流动。一方面，金融机构的贷前审查可以筛选掉可能产生高污染的企业与项目，扩大资金向绿色部门的流入规模；金融中介通过专业化的尽职调查和前景分析识别出高效率和具有创新潜力的投资项目，引导资金流入并加速创新进程。另外，在成熟的股票市场中，具有长期发展前景的公司往往具有更高的股价，而股价作为上市企业发展前景的晴雨表，其高低变化会引导资金向一个企业的流入与流出。另一方面，金融机构的事后监督功能可以促使企业合理利用资金，在一定程度上遏制企业向高污染项目的投资，降低企业的道德风险。此外，随着金融中介自身专业技术水平的提高，其审查与监督成本都会下降并带来效率的提高，这会降低环保型企业的融资成本[③]，实现绿色TFP的提升。

① Buera, F. J., Kaboski, J.P., and Shin, Y. Finance and Development: A Tale of Two Sectors. *American Economic Review*, 2011, 101（5）: 1964–2002.

② Shahbaz, M., Solarin, S. A., Mahmood, H., and Arouri, M. Does Financial Development Reduce CO_2 Emissions in Malaysian Economy? A Time Series Analysis. *Economic Modeling*, 2013, 35（1）: 145–152.

③ Greenwood, J., Sanchez, J. M., and Wang, C. Financing Development: The Role of Information Costs. *American Economic Review*, 2010, 100（4）: 1875–1891.

三 西部地区金融发展与绿色全要素生产率的测算

（一）西部地区金融发展的现状描述

1. 金融发展水平的测算方法

本节利用熵值法对金融发展水平进行测算。熵值法是一种根据指标数据提供的信息量客观赋权的方法。通过计算熵值可以判断事件的随机性，也可以判断指标的离散程度。这种方法依据评价指标的固有信息来判别其效用价值，这在一定程度上减少了主观偏差。利用熵的特性来确定指标的权重系数，进一步得出金融发展水平的综合得分。

假设用 m 个指标所构成的指标体系来评价 n 个省，第 i 个省的第 j 项指标记为 x_{ij}（ $i=1,2,\cdots,n; j=1,2,\cdots,m$ ），则原始数据就形成一个 n 行 m 列的矩阵，即决策矩阵，记为 $x=(x_{ij})n\times m$。

为了消除不同量纲之间数据的不可整合性，采用极差标准化法对原始数据进行无量纲化处理，公式分别为：

①正向指标的标准化： $y_{ij}=\dfrac{x_{ij}-\min\limits_{1\leqslant i\leqslant n}x_{ij}}{\max\limits_{1\leqslant i\leqslant n}x_{ij}-\min\limits_{1\leqslant i\leqslant n}x_{ij}}$

②负向指标的标准化： $y_{ij}=\dfrac{\max\limits_{1\leqslant i\leqslant n}x_{ij}-x_{ij}}{\max\limits_{1\leqslant i\leqslant n}x_{ij}-\min\limits_{1\leqslant i\leqslant n}x_{ij}}$

其无量纲化后的矩阵为： $y=(y_{ij})m\times n$。

将原始数据进行上述无量纲化处理后，其最大值为 1，最小值为 0。由于应用熵值法求权重系数时要用对数进行计算，为了避免取对数时无意义，首先将最小值的数值进行处理，根据无量纲化后的所有数据大小，将最小值 0 转变为 0.000001，其影响可以忽略不计。然后，计算第 j 项指标下第 i 个省在此指标中所占比重和各指标的熵值：

$$p_{ij}=\frac{y_{ij}}{\sum\limits_{i=1}^{n}y_{ij}} \quad (i=1,2,\cdots,n; j=1,2,\cdots,m)$$

$$e_j=-k\sum_{i=1}^{n}p_{ij}\ln p_{ij}$$

其中， $k=\dfrac{1}{\ln n},0\leqslant e_{ij}\leqslant 1, k>0$。

第 j 项指标值 y_{ij} 的差异越大，对方案评价作用越大，熵值就越小，定义差异化系数为：

$$h_j = 1 - e_j$$

最后，计算权重系数 w_j，并得到各个样本地区的综合得分 S_i：

$$w_j = \frac{h_j}{\sum_{j=1}^{m} h_j}$$

$$S_i = \sum_{j=1}^{m} w_j \times p_{ij} (i = 1, 2, \cdots, n)$$

（6）

需要指出的是，上面的模型解决的是只有一层的结构情况，对于多层次的结构模型，则需要用最优脱层法。也就是说，在得到最底层综合指数或者第 k 层综合指数（假设共有 k 层）之后，将其作为新的数据，再利用熵值法，便得到了更高一层的综合指数，我们称之为第 $k-1$ 层综合指数。按照这种步骤依次进行，指标层在被一层一层"脱掉"的情形下，逐渐接近目标层。

2. 金融发展水平测算的指标选择与测算结果

借鉴近年来的研究成果，金融发展是金融规模、金融结构、金融效率三个维度的有机统一。其中，金融规模选择银行贷款余额、保费收入、股市市值、债券筹资额、社会融资规模、金融相关率、社会融资比例 7 个指标来综合衡量；金融结构选择融资结构与金融行业结构两个指标来综合衡量；金融效率选择银行信贷资金边际产出率、金融业劳动生产率、投资转化率、储蓄率、贷存率、居民股市参与率、证券化率、保险赔付率 8 个指标来综合衡量。各指标的含义及计算方法见表 11-1。

表 11-1　金融发展水平各维度指标的含义及计算方法

	衡量维度	指标	单位	说明
金融发展水平	金融规模	银行贷款余额	亿元	
		保费收入	亿元	
		股市市值	亿元	采用年末收盘价计算的市值
		债券筹资额	亿元	
		社会融资规模	亿元	采用中国人民银行公布的统计数据
		金融相关率	%	（银行贷款余额+保费收入+股市市值+债券筹资额）/GDP
		社会融资比例	%	社会融资总额/GDP

	衡量维度	指标	单位	说明
金融发展水平	金融结构	融资结构	%	用直接融资占社会总融资的比例反映，具体计算公式为：（股票筹资额+债券筹资额）/社会融资总额
		金融行业结构	%	用非银行业金融资产占金融总资产的比例反映，具体计算公式为：（保费收入+股市市值+债券筹资额）/（银行贷款余额+保费收入+股市市值+债券筹资额）
	金融效率	银行信贷资金边际产出率	%	当年 GDP 增量/当年信贷增量
		金融业劳动生产率	万元/人	金融业增加值/金融业从业人员数
		储蓄投资转化率	%	资本形成总额/储蓄总额
		储蓄率	%	人均储蓄存款/人均可支配收入
		贷存率	%	银行贷款余额/银行存款余额
		居民股市参与率	%	股民人数/总人口数
		证券化率	%	股市市值/GDP
		保险赔付率	%	当年保险赔付额/当年保费收入

根据表 11-1 的指标体系，以西部地区为样本（不含西藏），运用 2006 ~ 2018 年的省级数据，运用熵值法计算出相应的金融规模指数、金融结构指数及金融效率指数，在此基础上计算出金融发展指数（见表 11-2）。

表 11-2　2006 ~ 2018 年西部地区金融发展各维度指数及综合指数的测算结果

年份	金融规模指数（FINSC）	金融结构指数（FINST）	金融效率指数（FINEF）	金融发展指数（FINANCE）
2006	0.0077	0.0031	0.0033	0.0065
2007	0.0139	0.0082	0.0050	0.0118
2008	0.0128	0.0039	0.0031	0.0102
2009	0.0207	0.0047	0.0032	0.0160
2010	0.0253	0.0060	0.0038	0.0196
2011	0.0256	0.0047	0.0038	0.0197
2012	0.0315	0.0053	0.0041	0.0241
2013	0.0386	0.0042	0.0038	0.0291
2014	0.0496	0.0064	0.0046	0.0375

续表

年份	金融规模指数 （FINSC）	金融结构指数 （FINST）	金融效率指数 （FINEF）	金融发展指数 （FINANCE）
2015	0.0569	0.0087	0.0056	0.0432
2016	0.0567	0.0075	0.0057	0.0429
2017	0.0618	0.0059	0.0056	0.0464
2018	0.0709	0.0082	0.0058	0.0532

　　图 11-1 是根据表 11-2 绘制的 2006～2018 年西部地区金融规模指数、金融结构指数、金融效率指数及金融发展指数的变化趋势图。可以看出，从金融规模来看，2006～2018 年西部地区金融规模指数呈现稳步上升的态势，其中 2006～2011 年在波动中缓慢上升，而在 2012～2018 年则呈现加速上升的态势，2018 年达到最高值 0.0709，说明自 2006 年以来西部地区的金融发展在规模上取得了快速发展。从金融结构来看，2006～2018 年西部地区金融结构指数总体呈现剧烈波动状态，2015 年处于最高值 0.0087，2006 年处

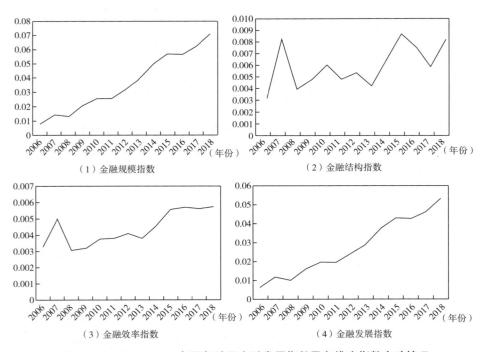

（1）金融规模指数　　　　（2）金融结构指数

（3）金融效率指数　　　　（4）金融发展指数

图 11-1　2006～2018 年西部地区金融发展指数及各维度指数变动情况

于最低值,最高值与最低值之间差距很大。金融结构的这种大幅波动与我国股市的大起大落导致的直接融资额及非银行资产的剧烈变化有直接关系。从金融效率来看,西部地区金融效率指数总体上略有上升,在 2006~2013 年呈现波动趋势,2013~2018 年呈现上升趋势,其指数在 2018 年达到最大值 0.0058。综合以上三个衡量维度的金融发展指数表现出相对稳定的上升趋势。这表明 2006~2018 年西部地区金融业在发展结构上虽有波动,但总体上的发展还是比较稳健的。

(二)西部地区绿色全要素生产率的测算

本部分通过序列数据包络分析求解方向性距离函数得到绿色 TFP、技术效率变化、技术进步变化的值,使用基于 SBM-DDF 的 Malmquist-Luenberger 生产率指数对绿色 TFP 进行测算。在测算绿色 TFP 时,以劳动与资本为要素投入(x),设定期望产出为 GDP(y),非期望产出为二氧化碳排放量(b)。劳动投入用西部各省(区、市)就业人数表示,资本投入采用西部各省(区、市)资本形成总额衡量。

有关变量的含义及样本统计结果如表 11-3 所示。[①] 测算得出的绿色 TFP 见表 11-4。

表 11-3 变量含义及描述性统计

变量名称	单位	平均值	标准差	中位数	最小值	最大值
劳动	万人	1871.82	1233.65	1633.14	291.04	4881.00
资本	亿元	6612.70	4607.96	5261.41	369.28	19877.09
GDP	亿元	9941.88	7647.41	8006.80	648.50	40678.13
二氧化碳	万吨	14664.21	8594.70	13983.62	1537.27	53048.60

注:因篇幅限制,表中各变量的原始值及测算值没有列出。读者若有需要,可以向作者索取。

表 11-4 2006~2018 年西部各省(区、市)绿色 TFP

年份	内蒙古	广西	重庆	四川	贵州	云南	陕西	甘肃	青海	宁夏	新疆
2006	1.0344	1.0240	1.0157	1.0041	1.0258	1.0322	1.0129	1.0248	1.0360	1.0340	1.0206
2007	1.0612	0.9789	1.0422	1.0236	1.0592	1.1268	1.0298	1.0427	1.0885	1.1203	1.0206

---

① 为了能够得到 2006~2018 年西部各省(区、市)的绿色 TFP 增长率,在测算中本部分以 2005 年的数据为起始。

年份	内蒙古	广西	重庆	四川	贵州	云南	陕西	甘肃	青海	宁夏	新疆
2008	1.0973	0.9187	1.0233	1.0228	1.1004	1.0450	1.0569	1.0412	1.1269	1.1612	1.0359
2009	1.0860	0.8442	1.1117	0.9850	1.0355	0.9354	1.0557	0.9322	1.0790	1.0891	1.0191
2010	1.1026	0.8387	1.1370	1.0128	1.0228	0.8697	1.0903	0.9534	1.0852	1.1495	1.0324
2011	1.1233	0.8543	1.1633	1.0417	1.0421	0.8769	1.1330	0.9738	1.1129	1.2224	1.0446
2012	1.1099	0.8868	1.1830	1.0598	1.0360	0.8811	1.1666	0.9814	1.1104	1.2188	0.9869
2013	1.1333	0.9678	1.1946	1.0777	1.0264	0.8891	1.1909	0.9826	1.0212	1.2274	0.9578
2014	1.1225	0.9906	1.2128	1.0985	1.0425	0.8717	1.2231	0.9901	1.0208	1.1534	0.9606
2015	1.1257	1.0050	1.2280	1.1180	1.0506	0.8786	1.2412	0.9608	1.0241	1.1396	0.9343
2016	1.1256	1.0297	1.2519	1.1546	1.0600	0.8916	1.2855	0.9639	1.0393	1.1627	0.9253
2017	1.1336	1.0252	1.2757	1.1549	1.0633	0.8983	1.2917	0.9615	1.0422	1.1795	0.9203
2018	1.1373	1.0344	1.2936	1.1608	1.0773	0.8975	1.3160	0.9524	1.0435	1.1977	0.9130

注：在具体测算中，以 2005 年为基期进行。由于西藏自治区数据不全，故未将其纳入测算之中。

将表 11-4 数据绘制成图 11-2 可以直观地发现：2006～2018 年西部各省（区、市）的绿色 TFP 并未全部呈现上升趋势，存在差异性。第一类，绿色 TFP 一直保持稳定上升趋势，包括重庆、四川、陕西和内蒙古，说明即使考虑了经济发展对生态环境的破坏，这些省（区、市）的经济依然能够维持增长趋势，经济增长质量稳步提升。第二类，绿色 TFP 呈 "U" 形变动态势，如广西。2009 年之前广西绿色 TFP 呈现下降趋势、2009 年与 2010 年最低、2011 年之后呈现上升趋势，说明广西的经济增长质量从 2011 年之后持续改进。第三类，绿色 TFP 在波动中保持徘徊状态，如贵州、青海和宁夏，其中贵州比较稳定，宁夏在徘徊中略有上升，青海在徘徊中略有下降。第四类，绿色 TFP 总体呈现下降趋势，如云南、甘肃和新疆，说明这三个省（区）的经济发展模式较为粗放，经济增长质量呈现一定程度的下降趋势。

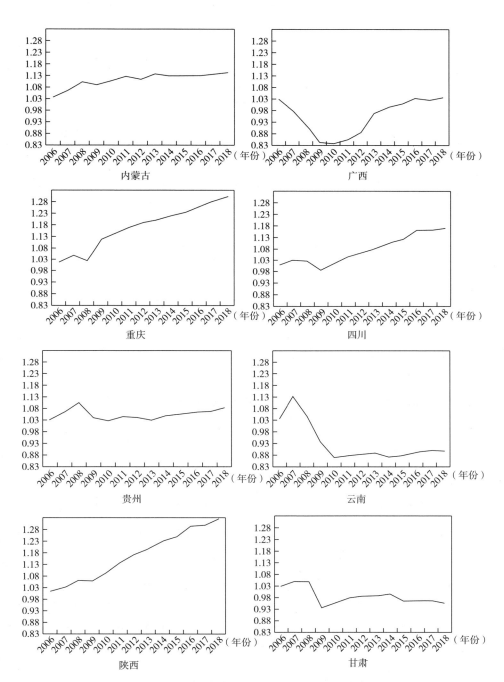

图 11 - 2a 2006~2018 年西部各省（区、市）绿色 TFP 变动情况

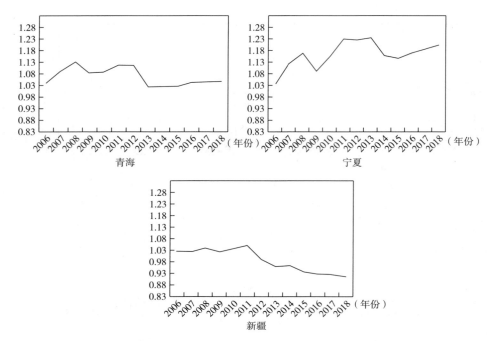

图 11 – 2b　2006 ~ 2018 年西部各省（区、市）绿色 TFP 变动情况（续）

四　西部地区金融发展对绿色全要素生产率影响的实证分析

（一）模型构建与变量说明

1. 模型构建

为了检验金融发展对绿色 TFP 的影响，本节构建了如下基本模型：

$$TFP_{it} = \alpha + \beta FINANCE_{it} + \theta X_{it} + REGION_i + YEAR_t + \varepsilon_{it} \qquad （7）$$

式（7）中，TFP 表示各省（区、市）的绿色 TFP，$FINANCE$ 代表金融发展水平，X 为控制变量，$REGION$ 为地区固定效应，$YEAR$ 为时间固定效应，ε 是随机误差项；下标 i 代表不同地区，t 代表年份。其中，加入 $REGION$、$YEAR$ 2 个变量的目的在于控制不可观察因素在不同地区和时间对绿色 TFP 的影响。金融发展水平（$FINANCE$）是利用熵值法从金融规模（$FINSC$）、金融结构（$FINST$）、金融效率（$FINEF$）3 个维度综合计算的金融发展指数。控制变量（X）包括城镇化水平（$CITY$）、工业化程度（IND）、地区经济发展水平（$LNPGDP$）、贸易开放度（$OPEN$）、政府行为（GOV）、交通便利度

（*TRAF*）、利用外资水平（*FDI*）等一系列经济发展的宏观指标。式（7）可以细化为以下形式：

$$TFP_{it} = \alpha + \beta FINANCE_{it} + \theta_1 CITY_{it} + \theta_2 IND_{it} + \theta_3 LNPGDP_{it} + \theta_4 OPEN_{it} + \theta_5 GOV_{it} +$$
$$\theta_6 TRAF_{it} + \theta_7 FDI_{it} + REGION_i + YEAR_t + \varepsilon_{it} \qquad (8)$$

2. 变量说明

本节以西部地区省际面板数据为例，研究金融发展对绿色 TFP 的影响；研究样本的时间跨度为 2006～2018 年。各变量说明如下。

被解释变量为绿色 TFP。本节基于 SBM–DDF 的 ML 生产率指数测算各省 TFP 的增长率，并以 2005 年为基期计算其累计值，再取自然对数。具体数值见表 11–4。

核心解释变量为金融发展水平（*FINANCE*）。利用熵值法从金融规模（*FINSC*）、金融结构（*FINST*）与金融效率（*FINEF*）3 个维度指数合并计算出。具体数值见表 11–2。

控制变量包括以下 7 个指标：城镇化水平（*CITY*）使用常住人口占地区总人口的比重表示，工业化程度（*IND*）使用第二产业产值占地区 GDP 的比重表示，地区经济发展水平（*LNPGDP*）使用人均 GDP 并求自然对数表示，贸易开放度（*OPEN*）使用地区进出口额与地区 GDP 的比值表示，政府行为（*GOV*）使用政府财政支出占地区 GDP 的比重表示，交通便利度（*TRAF*）利用地区公路里程与地区铁路里程相加并与地区辖区面积相比得到，利用外资水平（*FDI*）使用外商直接投资额占地区 GDP 的比重表示。

（二）实证分析

1. 金融发展对绿色 TFP 的影响分析

表 11–5 中的模型 1～模型 4 是没有加入控制变量时，金融发展及三个衡量维度对绿色 TFP 影响的实证结果；模型 5～模型 8 是加入控制变量后，金融发展及三个衡量维度对绿色 TFP 影响的实证结果。比较模型 1 与模型 5 发现，无论是否加入控制变量，在控制了时间和地区固定效应以后，金融发展对绿色 TFP 均产生了显著的促进效应；另外，分别比较模型 2 与模型 6、模型 3 与模型 7、模型 4 与模型 8 会发现，无论是否加入控制变量，在控制了时间和地区固定效应以后，金融规模指数、金融结构指数、金融效率指数与绿色 TFP 的回归系数都为正且通过了显著性检验。以西部地区为样本的研究得出，金融发展无论从哪个维度看，都有效地促进了绿色 TFP 的提高。换

句话说，2006～2018年金融发展在促进经济实现高质量发展方面发挥了积极作用。

表11-5　金融发展对绿色TFP的影响

变量	模型1	模型2	模型3	模型4	模型5	模型6	模型7	模型8
金融发展	19.3824*** （4.74）				10.1058** （2.39）			
金融规模		15.8240*** （4.54）				7.6561** （2.19）		
金融结构			7.3080*** （3.74）				3.9473** （2.13）	
金融效率				8.3269*** （2.83）				5.1010* （1.78）
控制变量	否	否	否	否	是	是	是	是
YEAR	是	是	是	是	是	是	是	是
REGION	是	是	是	是	是	是	是	是
样本量	143	143	143	143	143	143	143	143

注：***、**、*分别表示统计值在1%、5%、10%的水平下显著，括号中为z统计量（下同）。

2. 金融发展对绿色TFP影响的路径分析

金融发展对绿色TFP的影响主要有两条路径：一是通过将金融资源更多配置于绿色发展行业，以促进绿色产业产出规模扩大，即通过提升绿色技术效率（*TE*）来实现；二是通过将金融资源配置于绿色产业的技术创新与进步，以促进绿色产业产出效率提升，即通过促进绿色技术进步（*TP*）来实现。那么，上文以西部地区为例研究发现的金融发展对绿色TFP提高的促进作用，究竟是通过哪种路径实现的？这需要做进一步的实证分析。

（1）金融发展对绿色技术效率（*TE*）的影响

表11-6是以西部地区为样本实证计算的金融发展及其三个衡量维度对绿色技术效率（*TE*）影响的回归结果。其中，模型9～模型12是没有加入控制变量时，金融发展及其三个衡量维度对绿色技术效率（*TE*）影响的实证结果；模型13～模型16是加入控制变量后，金融发展及其三个衡量维度对绿色技术效率（*TE*）影响的实证结果。分别对模型9与模型13、模型10与模型14、模型11与模型15、模型12与模型16进行比较会发现，无论是否加入控制变量，在控制了时间和地区固定效应以后，金融发展指数及其三个

衡量维度的指数与绿色技术效率的回归系数均为正且通过了显著性检验，这表明促进绿色技术效率提升是金融发展促进绿色 TFP 提升的重要途径。由于技术效率反映的是在现有技术条件下通过资源配置优化而带来的产出规模扩大，因此该实证结果表明金融业在资源的配置过程中，对绿色发展行业、企业给予了更多的金融支持，促使绿色产业的规模扩张。

表 11-6　金融发展与绿色技术效率（*TE*）的回归结果

变量	模型 9	模型 10	模型 11	模型 12	模型 13	模型 14	模型 15	模型 16
金融发展	14.7296*** （4.16）				8.4667** （2.28）			
金融规模		11.7819*** （3.90）				6.2920** （2.04）		
金融结构			5.9550*** （3.57）				3.6425** （2.24）	
金融效率				9.5139*** （3.91）				6.7113*** （2.72）
控制变量	否	否	否	否	是	是	是	是
YEAR	是	是	是	是	是	是	是	是
REGION	是	是	是	是	是	是	是	是
样本量	143	143	143	143	143	143	143	143

（2）金融发展对绿色技术进步（*TP*）的影响

表 11-7 是以西部地区为样本实证计算的金融发展对绿色技术进步（*TP*）影响的回归结果。其中，模型 17 ~ 模型 20 是没有加入控制变量时，金融发展及其三个衡量维度对绿色技术进步（*TP*）影响的实证结果；模型 21 ~ 模型 24 是加入控制变量后，金融发展及其三个衡量维度对绿色技术进步（*TP*）影响的实证结果。分别对模型 17 与模型 21、模型 18 与模型 22、模型 19 与模型 23、模型 20 与模型 24 进行比较会发现，无论是否加入控制变量，金融发展对绿色技术进步（*TP*）的回归系数均显著为正，表明金融发展对绿色技术进步（*TP*）具有显著促进作用；但金融业发展的三个维度对绿色技术进步（*TP*）的影响却存在方向上的差异，其中金融规模与金融结构对绿色技术进步（*TP*）起着促进作用，而金融效率却起着抑制作用。由于绿色技术进步（*TP*）反映的是在现有资源约束条件下因技术改进与创新所带来的产出效率提高，因此该实证结果表明，金融业发展在总体上促进了绿色产业的技术创

新与进步，进而提高了产出效率，但这种促进作用主要是通过金融规模扩张与金融结构优化来实现的，而金融效率提升对绿色产业技术创新与进步的正向促进作用并没有表现出来。这表明金融业在资源配置中对绿色发展行业及企业给予了一定的倾斜性支持，但绿色行业与企业将其所获资源更多地用于扩大现有生产规模，而用于技术创新与技术进步方面的资源非常有限，即使在总体实现了绿色发展，但行业内部发展的粗放性特征依然十分明显。

表 11-7　金融发展与绿色技术进步（*TP*）的回归结果

变量	模型 17	模型 18	模型 19	模型 20	模型 21	模型 22	模型 23	模型 24
金融发展	2.4895*** （4.51）				2.5891** （2.24）			
金融规模		1.7770*** （4.19）				1.5527** （2.36）		
金融结构			0.7814*** （3.95）				0.7412** （2.31）	
金融效率				−3.3020*** （−2.81）				−2.9552** （−2.47）
控制变量	否	否	否	否	是	是	是	是
YEAR	是	是	是	是	是	是	是	是
REGION	是	是	是	是	是	是	是	是
样本量	143	143	143	143	143	143	143	143

五　本章小结

本章以西部地区为例，运用 2006～2018 年省际面板数据，从金融规模、金融结构和金融效率三个维度，利用熵值法构建了衡量金融发展水平的发展指数，并使用 SBM 方向性距离函数和 Malmquist-Luenberger 生产率指数的方法对地区绿色 TFP 进行测算，分析了西部各省（区、市）金融发展水平和绿色 TFP 的变动特征，并在此基础上采用计量回归，对金融发展对绿色 TFP 的影响及其路径进行了实证检验。得出的研究结论如下。

第一，西部各省（区、市）绿色 TFP 的变化趋势表现出明显的差异性。其中，重庆、四川、陕西和内蒙古的绿色 TFP 一直保持显著上升趋势，表明这些省（区、市）在经济增长质量方面成效显著；贵州、青海和宁夏的绿色 TFP 虽有波动，但基本保持稳定，表明这些省（区）的经济增长质量近年来处在一个相对稳定的状态；广西的绿色 TFP 呈现"U"形变动趋势，经济增长质量在 2011 年之后持续改进；云南、甘肃和新疆的绿色 TFP 总体呈现下降趋势，表明这三个省（区）的发展模式依然较为粗放，在绿色发展方面出现了一定程度的下降。

第二，金融发展及其三个衡量维度（金融规模、金融结构、金融效率）均与绿色 TFP 呈现显著的正相关性，这说明金融发展对绿色 TFP 起到了显著的提升作用；进一步的分析表明，这种提升通过绿色技术效率及绿色技术进步两种路径同时发挥作用，即金融业通过资源配置功能的发挥，不仅促进了地区绿色产业的规模扩张，而且通过金融规模扩张与金融结构优化促进了绿色产业的技术进步与创新，进而促进了地区绿色产业的产出效率提升，但金融效率对绿色产业技术创新与进步的正向促进作用并没有呈现出来。

第十二章
西部地区金融发展对环境质量的影响效应

环境质量是经济高质量增长的重要内容，谋求环境质量的持续改进是金融支持社会经济发展的重要职能。因此，研究金融发展对环境质量的影响，也是评价金融发展质量的重要维度。本章采用实证分析的方法，以西部地区地级市为研究对象，对金融发展对环境质量的影响效应进行分析，为从环境质量维度寻求西部地区金融发展质量提高的路径提供依据。

一 金融发展对环境质量影响的理论分析

金融发展既有可能通过各种金融工具改善环境质量，也有可能由于发展过程中的某些因素造成环境质量恶化。简单来讲，金融发展作用于环境质量的机制渠道主要有两个方面：一是金融发展对环境质量的直接影响；二是金融发展通过作用于经济增长、产业结构升级及外商直接投资等间接地对环境质量产生影响。

（一）金融发展对环境质量的直接影响

按照金融结构理论的观点，在金融发展过程中，金融机构数量的增加、存贷款规模的扩大均可以看作金融发展的表现，而金融规模扩张带来的资金支持效应会直接增加企业对能源消费的需求，故金融发展首先通过金融规模影响环境质量。金融的基本功能是资金融通，当企业需要资金流转时，金融规模的扩张可以为企业提供更多的融资渠道，解决企业在发展壮大过程中的融资难问题。但如果缺乏金融监管或者环保意识，一些企业会为了追求高利润而忽略环境效益。产品的生产不仅需要资金的支持，还需要资源的消耗，而这种消耗产生的污染物会给环境带来负向影响，从这个角度来说，金融发展规模的扩大对环境质量改善可能起到抑制作用。

而金融抑制理论和金融深化理论均表明政府不应该对金融市场有过多

的干预，应鼓励金融自由化，提高金融效率，充分发挥金融市场功能。相比金融规模，金融效率衡量的是金融发展水平的质量，金融资源本身具有稀缺性，而金融部门的投入与产出更能代表金融市场中资金的使用效果。金融效率的提高能够使资本得到有效利用，而不至于有过多的资金流向高污染的企业，最终对环境质量造成危害；当政府放松对金融市场的管控时，金融功能发挥的作用会明显增强，在实施可持续发展战略的背景下，金融市场的资源配置功能会改变能源消费结构，更多绿色环保企业将会得到资金支持，并且会有更多的企业获得较低成本的融资，这样节省下来的资金成本就有利于企业研发清洁生产工艺和引进污染物处理技术，从而降低生产废物排放量、减小对环境质量的影响。

金融约束理论的代表学者强调政府不能完全放任金融市场自由发展，而应采取适当的手段对金融体系运作加以控制，而金融集聚恰好可以体现这一点。在金融资源、金融系统的组织结构、功能模式和产业规模在不断发展壮大的同时，就会产生金融集聚效应，政府会按照相应的条件设立金融中心，发挥金融资源带来的规模效应。在政府政策的导向下，存在金融集聚优势的城市和企业会更加重视环境效益，这样就可以通过金融集聚为环保企业提供资金支持，使得资金从高能耗的污染企业转移到绿色环保型企业。在政府政策的引导和扶持下，我国目前存在三大金融中心城市，且各个省会城市存在的金融集聚所带来的资金便利、技术溢出和人才积累效应均会对环境质量产生影响。同时，在为企业带来资金便利的同时，政府也会将环境保护因素纳入金融发展政策中，而金融集聚效应使得政府在监督管理企业生产时，更加便捷高效。此外，在金融机构和金融从业人员较为集聚的地区，金融机构可以通过开展业务活动为客户提供金融服务，发挥金融服务的外溢功能，提高客户绿色信贷意识，调整信贷资源的投向，进而促进生态型经济的发展。

（二）金融发展对环境质量的间接影响

1.金融发展通过经济增长影响环境质量

投资效率与产出效率是决定一个国家和社会能否实现经济增长的重要因素，而这两方面又受到金融体系的市场化程度及金融资源的优化配置程度的影响。完善的金融体系制度可以提高资本的投资转化率，通过利用闲置资金，加速国内现金流转换，降低流动性风险与筹资成本，促进经济快速增长；而优化的金融资源配置使得资产的产出效率得以提升，通过创造新型金融衍生工具，扩大信贷市场与证券市场的交易规模，从而克服信息不对称带来的融资成本高的难题，提高投资效率和产出效率，进而加快经济发展。但是，繁荣的经济体系必然会依托较高的能耗需求，而能源需求增加通常会导致更多的污染排放，这样就避免不了给环境质量带来一定的影响。从市场经济中两个最基本的主体角度考虑，当金融市场繁荣发展时，由于消费者会面对较低的私人借贷成本，其对汽车、家电等易耗能产品的需求量也会逐渐增加，从而加剧能源消耗和污染排放；而厂商作为消费品的提供者，可以利用较低的融资成本扩大生产规模、引进大型生产设备、扩大市场供给范围，在金融发展的支持下加大能源消耗，如果此时没有严格的环境监管制度，那么必将给环境带来无法修复的损伤。

2. 金融发展通过产业结构升级影响环境质量

在金融发展的过程中伴随产业结构的优化调整，金融市场的资源配置功能会调节资金的产业投向，在优化产业结构的同时提升社会资源利用效率。目前，在政府产业政策目标的导向下，我国逐步实现产业结构调整，传统的高能耗产业大多数已经被淘汰，一些新型绿色环保行业企业受到国家的大力扶持。我国主导资金分配的机构主要是一些政策性银行，通过调节利率、信贷配给等手段将资金调拨给这些新兴产业，这有利于缓解我国经济发展与环境质量的矛盾。同时，发展前景乐观的企业得益于金融发展的资金支持，能够吸引高素质人才并引进先进生产技术，促进产业结构转型，实现经济可持续发展。此外，随着社会现代化建设进程的加快，人们对绿色环境的追求以及产业结构的调整、金融资源的投放也逐渐从高污染、高能耗的产业流向服务业，促进产业结构服务化、清洁化，进而改善环境质量。[①] 总之，利用金融发展的资金分配功能可以淘汰落后的高能耗产业，扶持新型绿色环保产业，通过产业升级使资金得到有效利用，从而减少环境污染，实现绿色发展。

3. 金融发展通过外商直接投资影响环境质量

一国发达的金融市场能够吸引更多的外商进行投资，降低投资者的投资风险，并且能够使融资者花费较少的融资成本。也就是说，当东道国的金融规模较大、金融结构更加完善时，优质的金融资源能够合理有效地分配到投资者手中，达到资金供求双方的均衡。然而不完善的金融市场会增加

---

① 任力、朱东波：《中国金融发展是绿色的吗——兼论中国环境库兹涅茨曲线假说》，《经济学动态》2017 年第 11 期，第 58～73 页。

资源错配、寻租等问题发生的概率，让国外投资者纷纷避而远之，造成国内资金流转不畅，生产工艺技术落后，能源利用效率较低，经济增长难以实现，反过来又会进一步抑制金融的发展。目前，关于外商直接投资与环境质量的关系，学术界有不同的呼声：一些学者认为外商直接投资恶化了区域环境质量[1]，国外投资者投入资金仅仅是为了创造盈利，而不关心对投资国的环境质量会造成怎样的影响。而多数发展中国家由于资金限制，经济难以继续发展，将会以牺牲环境为代价换取外资流入，大量开采国内矿产能源，无节制地生产高污染产品，加上这些发展较为落后的国家自身的环境保护意识不强，各项环境监管体制并不健全，使得国外的污染密集型企业更加肆意妄为，给环境带来更多损害，使得这些国家逐渐变成发达国家的"污染避难所"。[2] 而部分学者持反对观点，指出外商直接投资的增加并不会给投资国的环境质量带来很大的威胁，相反，在某种程度上还可以促进区域环境质量改善。[3] 原因在于外商直接投资的增加可以提高当地的经济水平、改进企业生产工艺、提高资金运作效率、转变能源消费结构，同时外商直接投资能够为当地人力资本积累提供资本市场、信贷市场等教育投资方面的金融支持，在人力资本积累的作用下，技术将得到进一步创新与发展，从而减少工业生产给环境带来的污染。此外，外资的引入也可以为东道国直接带来环境友好型的技术和产品生产工艺，从而通过资金溢出效应和技术溢出效应改善当地的环境。

图 12-1 直观地反映了金融发展对环境质量的作用机理。金融发展可以通过金融规模、金融效率及金融集聚直接影响环境质量，也可以通过经济增长、产业结构升级和外商直接投资等途径间接影响环境质量。

---

[1] Smarzynska, B.K., and Wei, S.J. Pollution Havens and Foreign Direct Investment: Dirty Secret or Popular Myth? World Bank Policy Research Working Paper, 2001; Keller, W. , and Levinson, A. Pollution Abatement Costs and Foreign Direct Investment Inflow to U.S. States. *Review of Economics and Statistics*, 2002, 84（4）: 691-703.

[2] Markusen, J. R., and Venables, A.J. Foreign Direct Investment as a Catalyst for Industrial Development. *European Economic Review*, 1999, 43（2）: 335-356.

[3] Liang, F.H. Does Foreign Direct Investment Harm the Host Country's Environment? Evidence from China. Academy of Management, 2005.

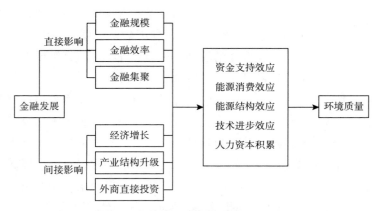

图 12-1　金融发展对环境质量的作用机理

二　西部地区金融发展及环境质量的度量与现状描述

（一）金融发展与环境质量的度量

1. 区域金融发展的度量

随着现代金融发展理论的提出，如何度量金融发展一直是研究中需要解决的首要问题。但基于对金融发展内涵的不同解释，直至今日学者们构建的金融发展度量指标也没有完全统一。近年来，随着对金融体系功能演化及其发展规律认识的深化，越来越多的学者认为金融发展是金融规模扩大、金融结构优化以及金融效率提高的三维统一，缺失任何一维的金融发展都不能称为高质量的金融发展。为此，金融发展不能用单一指标度量，而应该采用包含金融发展规模、金融结构以及金融效率在内多个指标组成的指标体系度量。

由于本节以西部地区地级市为研究对象，受数据可获得性的客观限制，故选取金融相关率（*FIR*）、金融效率（*FE*）和金融集聚（*FC*）三个指标作为区域金融发展的度量指标。

首先，根据金融结构理论，金融规模可以采用 Goldsmith 提出的金融相关率（*FIR*）来表示。但因地级市并未披露金融资产数量，故金融相关率改用地区存贷款之和与 GDP 的比值来替代，即：

$$金融相关率 FIR_{it} = \frac{SAVE_{it} + LOAN_{it}}{GDP_{it}} \qquad (1)$$

其次，金融效率是对金融发展功能发挥程度的直接衡量。考虑到区域金融数据的可获取性，此处选择贷存比（*FE*）作为衡量指标，即：

$$金融效率 FE_{it} = \frac{LOAN_{it}}{SAVE_{it}} \qquad (2)$$

在式（1）和式（2）中，$SAVE_{it}$ 为 i 区域 t 时期年末金融机构存款余额，$LOAN_{it}$ 为 i 区域 t 时期年末金融机构贷款余额，GDP_{it} 为 i 区域 t 时期国内生产总值。

最后，根据金融地理理论，金融资源的集聚程度代表着一个地区的金融竞争力，是衡量一个地区金融发展状况的重要指标。基于此，本节借鉴贺祥民和赖永剑、王文启等的方法[①]，将利用金融人力资本衡量的金融集聚（FC）作为衡量金融发展的第三个变量。金融资源集聚的计算公式为：

$$金融集聚 FC_{it} = \frac{Q_{it} / M_{it}}{X_t / Y_t} \qquad (3)$$

其中，Q_{it} 为 i 区域 t 时期金融业从业人数，M_{it} 为 i 区域 t 时期全部从业人数，X_t 为全国 t 时期金融业从业人数，Y_t 为全国 t 时期全部从业人数。

2. 区域环境质量的度量：环境污染综合指数

环境问题涉及范围非常广泛，并且成因十分多样复杂，既有来自大气环境的污染，也有来自水体以及土壤环境的污染；既有由生产活动造成的污染，也有消费活动产生的污染。而且各项环境污染还会起到连带效应，比如空气中的有毒物质通过沉降会导致土壤出现重金属沉积，而土壤污染也可能会在水循环的作用下导致周边的水体受到污染。因此，仅从某方面单独考察环境质量存在片面性，为了更加全面地衡量环境质量，此处结合所使用的样本，选取工业废水、工业 SO_2 和工业烟（粉）尘的排放量作为衡量区域环境质量的指标。但由于这三个指标均仅仅衡量了环境的某一个方面，为了避免人为主观因素造成的判断偏误，本文根据 Ma 等的研究成果[②]，利用熵值法将三个基础指标分别赋予权重，构建环境污染指数来对各区域的环境质量进行度量。

环境污染综合指数的计算过程如下。

---

① 贺祥民、赖永剑：《金融发展恶化了中国城市的环境质量吗？——基于 275 个城市的空间动态面板数据模型》，《河北地质大学学报》2017 年第 2 期，第 30～37 页；王文启、郭文伟、曹思佳：《城市房价、金融集聚对产业结构升级的空间溢出效应》，《金融发展研究》2018 年第 12 期，第 28～36 页。

② Ma, J.Q., Guo, J.J., and Liu, X.J. Water Quality Evaluation Model Based on Principal Component Analysis and Information Entropy: Application in Jinshui River. *Journal of Resources and Ecology*, 2010, 1（3）：249–252.

Step 1：将样本数据进行极值标准化：

$$P_{ij}\,'' = \frac{X_{ij} - \min(X_{ij})}{\max(X_{ij}) - \min(X_{ij})} \tag{4}$$

式（4）中，i 和 j 的取值范围为 $i=1,2,\cdots,283; j=1,2,3$，$X_{ij}$ 表示 i 区域的第 j 个工业污染指标的数值。

Step 2：对标准化后得到的数据进行坐标平移，其公式为：

$$P_{ij}\,' = 1 + P_{ij}\,'' \tag{5}$$

Step 3：计算 i 区域的第 j 个环境污染指标的比重 P_{ij}：

$$P_{ij} = P_{ij}\,' / \sum_{i=1}^{m} P_{ij}\,'' \tag{6}$$

Step 4：计算第 j 个环境污染指标的熵值 e_j 和变异系数 g_j：

$$e_j = -\frac{1}{\ln m} \sum_{i=1}^{m} P_{ij} \ln P_{ij}, \quad g_j = 1 - e_j \tag{7}$$

Step 5：计算第 j 个环境污染指标在综合评价中的权重：

$$W_j = g_j / \sum_{j=1}^{n} g_j \tag{8}$$

Step 6：计算综合评价指数：

$$Env_i = 100 \times \sum_{j=1}^{n} W_j P_{ij} \tag{9}$$

将三个基础指标利用熵值法加权得到环境污染综合指数 Env，该值越小，表明工业污染越不严重，即该区域环境质量越高；反之，表明该区域环境质量较差。

（二）西部地区金融发展与环境质量的现状描述

对金融发展与环境质量影响的现有分析研究多从国家与省级层面进行。为了进一步对此问题展开研究，本节选用我国西部地区统计资料完整的 82 个地级市为样本，时间周期为 2003～2018 年，以此对西部地区金融发展与环境质量的现状做描述分析。

1. 西部地区金融发展的现状描述

根据前文构建的区域金融发展度量指标，计算出我国西部地区 2003～2018 年金融发展指标（见表 12-1、图 12-2）。

表 12 - 1　2003～2018 年西部地区金融发展指标

单位：%

年份	金融相关率	金融效率	金融集聚度
2003	1.93	0.62	0.82
2004	2.03	0.61	0.87
2005	2.15	0.51	0.91
2006	2.32	0.65	0.95
2007	2.43	0.63	0.94
2008	2.23	0.58	0.85
2009	2.73	0.71	0.81
2010	2.67	0.62	0.83
2011	2.56	0.61	0.89
2012	2.79	0.66	0.83
2013	2.75	0.65	0.93
2014	2.93	0.60	0.94
2015	3.11	0.66	1.04
2016	3.23	0.75	1.11
2017	3.52	0.80	1.23
2018	3.30	0.85	1.31

资料来源：根据《中国城市统计年鉴》（2004～2019 年）相关数据计算。

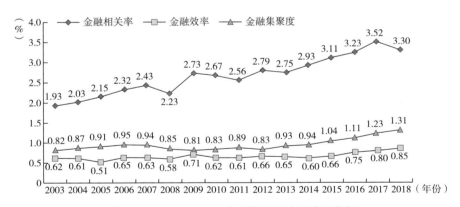

图 12 - 2　2003～2018 年西部地区金融发展指标

资料来源：根据《中国城市统计年鉴》（2004～2019 年）相关数据计算。

由表 12-1 和图 12-2 可以看出，西部地区金融发展的三个衡量指标均表现出相对稳定的上升趋势。①金融相关率从 2003 年的 1.93% 提升到了

2018 年的 3.30%，即西部地区存贷款余额之和占 GDP 的比例提升了 1.37 个百分点，虽然其间个别年份有所回落，但都会快速回到上升轨道。如 2008 年受国际金融危机影响，金融相关率从 2007 年的 2.43% 下降到 2008 年的 2.23%，但在国家对经济的强刺激政策下，2009 年金融相关率快速回升到了 2.73%，比 2007 年高出 0.30 个百分点。这表明西部地区金融业在规模上获得了快速发展。②金融效率从 2003 年的 0.62% 先下降到 2005 年的最低点 0.51%，后开始缓慢回升，到 2018 年达到 0.85%，这表明西部地区金融机构将存款转化为贷款的比例在提高，2018 年与 2003 年相比贷存率提高了 0.23 个百分点。③金融集聚度从 2003 年的 0.82% 提高到了 2018 年的 1.31%，表明随着西部地区经济的快速发展，金融业在资产规模快速扩张的同时，所吸收的社会人力资源也在不断向金融业集聚，从业人员占社会就业的比例持续上升，这为西部地区金融业的进一步发展提供了人力资源保障。

2. 西部地区环境质量的现状描述

根据前文环境污染指数的计算方法与过程，运用西部地区 82 个地级市的相关数据资料，计算出西部地区 2003～2018 年的环境污染指数（见表 12－2、图 12－3）。为了将其与东部、中部地区做比较，特将计算出的东部地区与中部地区的环境污染指数也列入其中。

表 12－2   2003～2018 年各地区环境污染指数

年份	东部地区	中部地区	西部地区
2003	0.0231	0.0242	0.0242
2004	0.0243	0.0255	0.0248
2005	0.0260	0.0271	0.0258
2006	0.0258	0.0272	0.0252
2007	0.0262	0.0265	0.0250
2008	0.0254	0.0256	0.0243
2009	0.0245	0.0250	0.0239
2010	0.0246	0.0247	0.0242
2011	0.0273	0.0274	0.0263
2012	0.0265	0.0265	0.0258
2013	0.0261	0.0265	0.0252
2014	0.0265	0.0261	0.0257
2015	0.0256	0.0247	0.0246
2016	0.0210	0.0198	0.0205

年份	东部地区	中部地区	西部地区
2017	0.0201	0.0213	0.0211
2018	0.0219	0.0204	0.0196

资料来源：根据《中国城市统计年鉴》（2004～2019年）数据计算。

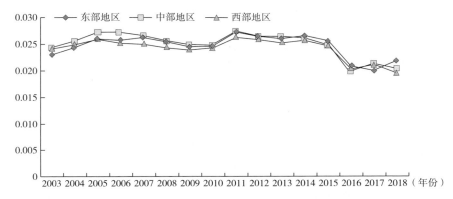

图 12-3 2003～2018 年东部、中部、西部地区环境污染指数

资料来源：根据《中国城市统计年鉴》（2004～2019年）数据计算。

由表 12-2 和图 12-3 可见，西部地区环境污染指数与东部地区、中部地区呈现基本同步的变化态势，且西部地区城市相较东部和中部地区而言，环境污染指数更低；对比 2018 年与 2003 年，三个地区环境污染指数均呈现波动下降趋势，这意味着在此期间三个地区的环境质量都有不同程度的改善与提升。从动态变化来看，在 2006 年以前，我国环境政策法规制度并未形成强有力的约束力，各个地区为追求经济高增长对环境问题重视不够，三个区域的环境污染综合指数均呈上升状态，环境质量下降明显。2006～2010 年，随着环境保护制度的制定，国家开始越来越重视环境污染对企业生产和居民生活以及生态环境造成的影响，加大对节能减排的推广力度，引进环境领域的技术和生产工艺，使全国环境质量得到了有效的改善；2010 年全国范围内重化工业的复苏与发展，使环境污染问题加剧，环境污染综合指数快速反弹，2011 年达到峰值。其后，随着国家环保督察与查处力度的空前加大，各地均加快了产业转型与技术创新的步伐，特别是进入"十三五"以后，中央对地方实行节能减排的层层目标责任制，使各级地方政府将节能减排以及改善环境质量作为首要任务，从而使得环境污染指数大幅下降，环境质量显著提高。

三　西部地区金融发展对环境质量影响的实证分析模型及变量描述

（一）模型设定

由前面的理论分析可知，金融发展对环境质量的影响存在复杂性，不仅存在一般的影响效应，而且存在门槛效应。因此，实证模型的设定需要分为基准模型与门槛模型两个方面。

1. 基准模型设定

基准模型用来验证金融发展对环境质量影响的一般效应。构建的模型如下：

$$Env_{it} = \alpha_0 + \alpha_1 Fin_{it} + \beta X_{it} + \lambda_i + \varepsilon_{it} \tag{10}$$

式（10）中，下标 i 代表地级市，本节共使用我国西部地区 82 个地级市；t 代表年份，本节研究的样本时间为 2003～2018 年；ε 为随机扰动项，λ 为未知的个体效应；α_0 为常数项；α_1 为回归系数，表示金融发展对环境质量的影响程度；β 表示系数向量；Env_{it} 表示各地级市的环境质量，用环境污染综合指数来衡量；Fin_{it} 代表各地级市的金融发展程度，分别用金融相关率（FIR）、金融效率（FE）和金融集聚度（FC）三个变量来衡量；X_{it} 为一系列影响地区环境质量的控制变量，本节将经济增长（$\ln rgdp$）、人口密度（pop）、教育程度（edu）、产业结构升级（str）、外商直接投资（fdi）和政府行为效应（gov）作为控制变量。由此，式（10）可以具体改写成下列形式：

$$Env_{it} = \alpha_0 + \alpha_1 FIR_{it} + \beta_1 \ln rgdp_{it} + \beta_2 pop_{it} + \beta_3 edu_{it} + \beta_4 str_{it} + \beta_5 fdi_{it} + \beta_6 gov_{it} + \lambda_i + \varepsilon_{it} \tag{11}$$

$$Env_{it} = \alpha_0 + \alpha_1 FE_{it} + \beta_1 \ln rgdp_{it} + \beta_2 pop_{it} + \beta_3 edu_{it} + \beta_4 str_{it} + \beta_5 fdi_{it} + \beta_6 gov_{it} + \lambda_i + \varepsilon_{it} \tag{12}$$

$$Env_{it} = \alpha_0 + \alpha_1 FC_{it} + \beta_1 \ln rgdp_{it} + \beta_2 pop_{it} + \beta_3 edu_{it} + \beta_4 str_{it} + \beta_5 fdi_{it} + \beta_6 gov_{it} + \lambda_i + \varepsilon_{it} \tag{13}$$

2. 门槛模型设定

为了考察金融发展对环境质量的非线性影响，本节利用 Hansen 构建的门槛回归模型 [1] 进行实证分析，该模型以新方法和新思路准确地估计出门槛

---

[1]　Hansen, B.E. Threshold Effects in Non-Dynamic Panels: Estimation, Testing, and Inference. *Journal of Econometrics*, 1999, 93（2）：345-368.

值，并对门槛效应进行显著性检验，既不用给定模型方程，也不用对模型指定外生门槛值，结果仅由样本数据在门槛效应检验和回归系数估计中内生得出，所以很好地弥补了交叉项模型法和分组检验法的不足。根据门槛回归方法分别以金融发展各个变量作为门槛变量进行实证分析，模型构建如下：

$$Env_{it} = \mu_i + \alpha_1 Fin_{it} \times I(Fin_{it} \leqslant \gamma_1) + \alpha_2 Fin_{it} \times I(Fin_{it} > \gamma_1) + \cdots +$$
$$\alpha_n Fin_{it} \times I(Fin_{it} \leqslant \gamma_n) + \alpha_{n+1} Fin_{it} \times I(Fin_{it} > \gamma_1) + \theta X_{it} + \varepsilon_{it} \quad (14)$$

其中，Env_{it} 表示中国 i 城市在 t 时期的环境污染综合指数；Fin_{it} 表示中国 i 城市在 t 时期的金融发展指标，分别使用金融相关率（FIR）、金融效率（FE）和金融集聚度（FC）作为金融发展（Fin）的门槛变量进行分析；控制变量和前文相同。

（二）变量选取与说明

被解释变量：环境质量。用前文构建并计算的环境污染指数（Env_{it}）来反映。污染指数 Env_{it} 值越大，表明环境质量越差；反之，表明环境质量越好。

核心解释变量：金融发展。依据前文构建并计算的金融相关率（$FIR_{it} = \dfrac{SAVE_{it} + LOAN_{it}}{GDP_{it}}$）、金融效率（$FE_{it} = \dfrac{LOAN_{it}}{SAVE_{it}}$）及金融集聚度（$FC_{it} = \dfrac{Q_{it}/M_{it}}{X_t/Y_t}$）

3 个指标来衡量。

控制变量包括以下 6 个指标。①经济增长：采用各市人均 GDP 的对数值来反映。②人口密度：采用各市每平方公里的人口数量来反映。③教育程度：用各城市中普通高等学校在校生数量与年末总人口的比值来衡量，以考察各城市的教育资源和人口素质对环境质量的影响。④产业结构升级：借鉴蔡海亚和徐盈之的方法[①]，通过加权的方式求得产业结构升级指数，即 $str = \sum\limits_{n=1}^{n} s_n \times n, \ 1 \leqslant str \leqslant 3$，其中，$s_n$ 表示第 n 产业产值比重。就经济含义而言，str 的取值越接近于 1，表示该地区的产业结构层次越低；str 的取值越接近于 3，表示其产业结构层次越高。⑤外商直接投资：企业得益于外商投资的资金支持能够扩大生产规模，加快产品生产速度，但也会导致大量的能源消耗，造成环境污染，但外

---

① 蔡海亚、徐盈之：《贸易开放是否影响了中国产业结构升级？》，《数量经济技术经济研究》2017 年第 10 期，第 3~22 页。

商投资也会通过技术溢出和人力资本积累帮助企业实现绿色技术的引入和清洁工艺的研发，从源头降低污染物的浓度和排放量，故我国环境质量在很大程度上受到外商直接投资的影响，本节将外商实际直接投资额作为替代指标，并按照当年的汇率将美元单位换算成人民币单位。⑥政府行为：用政府财政支出与当年 GDP 的比值作为衡量指标，以考察政府行为对环境造成的影响。

（三）数据来源及变量的描述性统计

本节选取的数据均来源于 2004～2019 年《中国城市统计年鉴》及各省统计年鉴，样本范围为 2003～2018 年西部地区 82 个地级市的数据。表12-3 是各变量的样本统计结果。

表 12-3　各变量的样本统计结果

变量类型	变量	均值	标准差	最大值	最小值
被解释变量	环境质量（Env）	0.025	0.004	0.034	0.017
核心解释变量	金融相关率（FIR）	2.111	1.055	7.518	0.058
	金融效率（FE）	0.741	0.401	4.690	0.152
	金融集聚度（FC）	1.551	2.486	45.992	0.442
控制变量	经济增长（lnrgdp）	9.827	0.889	12.456	4.595
	人口密度（pop）	255.458	212.506	1013.12	4.700
	教育程度（edu）	0.013	0.020	0.131	0.000
	产业结构升级（str）	2.188	0.263	9.684	1.504
	外商直接投资（fdi）	0.008	0.011	0.091	0.000
	政府行为（gov）	0.203	0.125	1.936	0.042

四　西部地区金融发展对环境质量影响的实证分析结果

（一）金融发展对环境质量影响的基准模型分析

在计量模型的估计方面，这里运用 Hausman 检验在随机效应模型和固定效应模型间进行选择，得到的检验结果拒绝了存在随机效应的原假设，所以采用固定效应模型进行估计。为保证回归结果的稳健性，本节同时将各控制变量纳入金融发展与环境质量关系的固定效应模型中。此外，为了进一步矫正各城市异方差及时期异方差带来的影响，采用 GLS 方法进行估计。表12-4 列出了基准模型的具体估计结果。

表 12-4　金融发展对环境质量的固定效应模型估计结果

变量	（1）	（2）	（3）	（4）	（5）	（6）
FIR	0.0659** （2.27）	0.0574** （2.24）				
FE			−0.0156** （−2.51）	−0.0060** （−2.08）		
FC					−0.0010* （−1.89）	−0.0016* （−1.83）
lnrgdp		0.0115* （1.74）		0.0107* （1.67）		0.0106* （1.77）
pop		−0.0011* （−1.81）		−0.0011** （−1.98）		−0.0011** （−2.14）
edu		−0.4683** （−2.26）		−1.5594*** （−2.73）		−1.5665*** （−2.92）
str		−0.0115** （−2.34）		−0.0028** （−2.28）		−0.0027*** （−3.05）
fdi		0.3447** （2.41）		0.4386** （2.11）		0.4439** （2.06）
gov		−0.0812 （−1.56）		−0.0032 （−1.41）		−0.0043 （−1.57）
常数项	2.6570*** （22.63）	3.0086*** （10.32）	2.5295*** （33.86）	2.7496*** （20.92）	2.5194*** （48.21）	2.9294*** （20.15）
样本量	1148	1148	1148	1148	1148	1148
R^2	0.4624	0.5245	0.6325	0.6422	0.5342	0.5214

注：***、**、* 分别表示统计值在 1%、5%、10% 的水平下显著，括号内为最小二乘估计的 t 统计量。

表 12-4 中显示的模型（1）、模型（3）、模型（5）是未加入控制变量时仅在双固定效应下金融相关率、金融效率及金融集聚度对环境质量的回归结果，结果显示不同维度衡量的金融发展对西部地区环境污染综合指数的影响有所不同。金融相关率的系数为正，并且在 5% 的水平下显著，由于环境污染综合指数越大表示环境质量越差，所以回归结果说明金融发展规模的扩张会在一定程度上增加环境污染物的排放量，对环境质量提升起到抑制作用。金融相关率越高，地区企业获得存贷款的成本越低，从而可以获得资金进行再生产，导致厂房的建设和能源的消耗速度加快，工业废弃物排放量增加，对环境质量产生了负向影响。然而，金融效率和金融集聚度对环境污染

综合指数的影响系数均为负，并分别在 5% 和 10% 的水平下显著，表明金融发展效率的提升和金融发展集聚性的增强对西部地区环境质量的恶化具有一定的抑制作用。

　　为了检验模型的稳定性，模型（2）、模型（4）、模型（6）是加入控制变量以后，在双固定效应下，金融发展各项衡量指标对环境污染综合指数的回归结果。比较分析发现，控制变量的引入并没有引起金融发展各项指标的系数符号和显著性水平发生变化，说明基准模型具有较好的解释力度。对比模型中三个变量系数绝对值大小可以发现，金融相关率的系数绝对值要比金融效率和金融集聚度的系数绝对值都大，这说明在金融发展影响环境质量的三种效应中，金融发展规模的扩张给环境带来的不良影响占据主导地位，但金融效率和金融集聚度从金融发展质量的角度给环境带来的减排效应仍然较为可观。金融效率的提高，可以有效发挥资源配置功能和金融服务功能，调节资金的产业投向，在优化产业结构的同时提升社会资源利用效率，增强企业的环境友好意识，从而为改善环境质量做出贡献；金融集聚效应越强意味着金融市场越发达，提供的资金保障越能降低企业在研发创新过程中的现金流风险及融资成本，从而产生较高的投资效率和产出效率，优化环境质量。另外，金融效率和金融集聚度的提升能够促使先进的污染物处理设备与技术的研发与引进，从末端对产生的污染物进行无害化处理，实现资源的循环利用，减轻环境压力。

　　总之，基于对西部地区金融发展三个变量和环境污染综合指数的回归结果，可以发现金融发展规模的扩大给西部地区的环境带来了一定的负向影响，但金融效率和金融集聚效应可以在一定程度上缓解这种不良影响。因此，从环境质量角度看，西部地区金融发展过程中要给予金融效率及金融聚集等质量维度更多关注，正确处理金融发展规模数量与发展质量之间的关系，从而实现金融发展与环境质量提升的共赢。

　　表 12-4 中有关控制变量的结果表明，除了政府行为外，其余控制变量均具有较高的显著水平。①经济增长对环境污染综合指数的回归系数为正值，并且均在 10% 的水平下显著，可能的原因在于繁荣的经济体系需要较高水平能源消耗的支撑，而能源消耗的过程中排放的污染物必不可少地会对环境造成一定的破坏。②人口密度对环境污染综合指标的影响显著为负，一般人口分布密集的城市，为了减小污染排放对居民生活质量的影响，工厂会尽量设在远离人类活动的区域，故人口密度的增加会降低工业污染物在此区域的排放量。③教育程度的系数在 1% 或 5% 的水平下显著为负，表明加强教育能够提高人们的素质和能力，对环境质量的要求也更高；同时，优秀的人才

是技术创新与进步的主要来源，充分发挥人力资本积累和知识外溢功能有助于改善环境质量，减少工业污染物的排放。④产业结构升级的回归系数在5%或1%的水平下显著为负，表明产业结构升级会抑制环境污染物的排放。金融市场的资源配置功能会调节资金的产业投向，产业结构得到优化的同时会提升社会资源利用效率，并且随着城镇化的不断发展，人们会更加追求绿色环境以及产业结构调整，一些工业产业逐渐从传统的高污染、高能耗产业向服务业转化，进而改善环境质量。⑤外商直接投资的结果表明，外资的流入会使得当地环境污染指数增加，证实了在我国西部地区存在"污染天堂"的现象。因此，西部地区在吸引外商直接投资时，一定要做好环境评估，并制定严格的外资进入产业清单，有效规避污染向西部地区转移。⑥政府行为效应对中国环境质量的影响系数虽然不具有较高的显著性，但仍表现出对环境质量的正向促进作用，说明政府应将更多的财政支出投向环境友好型项目，实现节能减排的政策目标。

（二）金融发展对环境质量影响的门槛模型分析

1.门槛效应检验

本节通过使用 Stata 14.0 软件对门槛回归模型的结果进行估计和检验。首先通过对样本数据进行自抽样检验，确定门槛效应是否存在，并根据得到的 F 统计量及 p 值来判断各门槛变量下的门槛值个数及大小。表12-5反映了当金融发展自身作为门槛变量时，门槛效应检验的结果。

表12-5　金融发展门槛效应自抽样检验

解释变量	门槛变量	原假设	I	II
FIR	FIR	F 统计量	4.0627***	2.1335
		p 值	0.0070	0.2730
		门槛值	1.0652	—
FE	FE	F 统计量	4.3315***	1.7472
		p 值	0.0010	0.1702
		门槛值	0.9720	—
FC	FC	F 统计量	3.3704**	1.1294*
		p 值	0.0637	0.1330
		门槛值	2.5190	—

注：假设 I 和 II 分别表示不存在门槛值和存在一个门槛值，***、** 和 * 分别表示1%、5%和10%的显著性水平。

由表 12-5 可以看出，当金融发展的衡量指标为金融相关率时，在原假设 I 为不存在门槛的条件下，得到的 F 统计量为 4.0627，Bootstrap 计算得到的 p 值为 0.0070，这表示在 1% 的显著性水平下可以拒绝原假设，即存在 1 个门槛，门槛值为 1.0652；在双门槛效应检验中，得到的 F 统计量为 2.1335，p 值为 0.2730，结果不显著，由此判断金融相关率仅存在一个门槛值。当金融效率和金融集聚度作为金融发展的衡量指标时，门槛效应检验得到的结果与此类似，也均通过了单门槛检验，其门槛值分别为 0.9720 和 2.5190。由此可以发现，我国西部地区金融发展对环境质量的影响作用不仅存在非线性关系，而且不同维度衡量的金融发展指标具有不同的影响效果。

2. 门槛结果分析

根据表 12-5 的门槛检验结果并确定门槛的个数和门槛值后，利用式（14）对门槛效应模型进行估计，表 12-6 是当门槛变量为金融发展的三项指标时，对环境质量的门槛回归结果。

表 12-6 金融发展面板门槛数据模型估计结果

变量	FIR	FE	FC
Fin_1	-0.0022* (-1.71)	-0.0820* (-1.78)	-0.1985** (2.38)
Fin_2	0.0489*** (2.36)	-0.1909** (-1.99)	-0.0920** (-2.12)
lnrgdp	0.0107 (1.19)	0.0070* (1.70)	0.0090* (1.65)
pop	-0.0015** (-2.07)	-0.0012** (-1.82)	-0.0009** (-1.79)
edu	-0.0466** (-2.11)	-1.9504*** (-3.12)	-1.9255*** (-3.36)
str	-0.0084** (-2.19)	-0.0085** (-2.22)	-0.0025*** (-2.73)
fdi	0.4229*** (2.54)	0.6041** (2.00)	0.2802** (2.52)
gov	-0.1231 (-1.01)	-0.0710 (-1.60)	-0.0060 (-0.84)

注：***、**、* 分别表示统计值在 1%、5%、10% 的水平下显著，括号内为普通最小二乘估计的 t 统计量，Fin_1、Fin_2 为不同门槛区间金融发展变量的系数。

根据表 12-6 中的门槛效应估计结果，当用金融相关率作为衡量金融发展的指标时，可以将西部地区各城市的金融发展水平划分为两个区间，分别为 $Fin \leq 1.0652$ 和 $Fin > 1.0652$。当金融相关率小于等于 1.0652 时，金融发展对环境质量的作用显著为正，说明在金融发展规模较小时，环境污染物排放量会随着金融发展规模的扩大有所降低；当金融相关率大于 1.0652 时，这种关系将发生逆转，金融发展对环境质量的影响系数为负，并且在 1% 的水平下显著，这说明在此阶段工业企业的能源消耗排放的污染物开始增加，金融发展对环境质量改善表现出负向作用，从而表明金融发展规模对环境污染物排放量的影响呈现"U"形的非线性关系，即随着金融发展规模的扩张，环境质量先有所改善后出现恶化。金融效率对环境质量的影响为正向的非线性效应，并且具有边际递增特征。当金融效率小于等于 0.9720 时，其对环境污染综合指标的回归系数为 −0.0820，并且通过了 10% 的显著性水平检验；当金融效率大于 0.9720 时，金融发展对环境质量的影响系数绝对值增加为 0.1909，表明较高的金融发展效率可以降低污染物排放，缓解环境质量问题。金融集聚度对环境质量的影响呈现促进效果，即当金融集聚水平小于等于 2.5190 时，金融集聚度对环境质量的改善具有明显的促进作用；但随着金融集聚水平的进一步提高，当大于 2.5190 时，这种促进作用开始减弱，金融集聚度对环境污染综合指数的回归系数绝对值降为 0.0920，这表明金融集聚度对环境污染物排放量的影响呈现边际递减的特征。

五 本章小结

本章从金融规模、金融效率和金融集聚度三个方面探讨了我国西部地区金融发展对环境质量的影响机理，并基于 2003～2018 年西部地区 82 个地级市的面板数据，从线性和非线性双重视角回答了金融发展对环境质量的影响，得到的结论如下。

第一，我国西部地区金融规模的过度扩张会在一定程度上增加环境污染物的排放量，而金融效率的提升和金融集聚性的增强对环境质量的恶化具有一定的抑制作用。

第二，金融发展对环境质量的影响不仅仅是简单的线性关系，还存在非线性的门槛特征。随着金融发展规模的不断扩张，环境质量出现先改善而后恶化的情况；金融效率对环境质量的影响为正向的非线性效应，并且具有边际递增特征；而金融集聚对环境污染物排放量的影响呈现边际递减的特征。

第十三章
西部地区农村普惠金融发展的减贫增收效应

普惠金融的宗旨与使命在于为难以获得商业性金融服务的弱势群体提供金融服务，以实现社会各个阶层享有平等的金融服务权。因此，普惠金融的发展对贫困地区、贫困农户减贫脱贫具有重要意义。本章将基于西部地区农户微观调查数据，对西部地区农村普惠金融发展及其减贫增收效应进行分析，有助于对西部地区金融发展质量进行客观评价。

一 普惠金融的内涵、发展宗旨及研究回顾

（一）普惠金融的内涵与发展宗旨

为使社会各阶层享有平等的金融服务权，尤其是满足弱势群体的融资需求，我国政府多次明确提出要大力发展普惠金融，这对于广大农村地区来讲尤为重要。普惠金融在农村的发展，就是期望通过对广大农村居民及农户金融服务的全覆盖，减缓农村地区贫困，加速农村经济发展，实现农村居民的全面小康。

普惠金融（Inclusive Finance）这一概念由联合国在 2005 年提出，是指"立足机会平等要求和商业可持续原则，以可负担的成本为有金融服务需求的社会各阶层和群体提供适当、有效的金融服务"。在《中共中央关于制定国民经济和社会发展第十三个五年规划的建议》中提出，普惠金融强调"让每一个人在有需求时都能以合适的价格享受到及时、有尊严、方便、高质量的各类型金融服务"[1]，这也是我国从国家层面对普惠金融内涵的全面表述。

---

[1] 《〈中共中央关于制定国民经济和社会发展第十三个五年规划的建议〉辅导读本》，人民出版社，2015，第 150 页。

普惠金融发展的宗旨在于重视消除贫困、实现社会公平，因此其被视为一种可以实现包容性社会的重要机制，应以有效方式使金融服务惠及每一个人、每一个群体，尤其是一些难以获得商业性金融服务的弱势群体[①]，包括低收入者、小微企业、老年人、残障人士、农户等。这部分群体具有收入低、个体多的特征，且非自愿地被金融机构排斥，只有针对这部分弱势群体的金融服务才能称为普惠金融。[②] 通过普惠金融的发展，突破原本正规金融服务的边界，一方面提高金融资源配置效率，使得金融重新回归服务实体本质，促进经济增长；另一方面提高弱势群体获得金融服务的可能性，进而促进收入公平。[③] 农村普惠金融，即是考察普惠金融在农村地区的发展程度，重点考察农户是否获得了所需的金融服务，并由此缓解了贫困程度。

（二）普惠金融与减贫增收问题的研究回顾

近年来，农村普惠金融发展与农户贫困减缓、收入增加、农村经济增长的关系一直是学术界研究的热点之一，其研究结论主要可归为以下四种观点。

第一，贫困减缓效应。农村金融机构的惠农服务有助于农户采用现代化的农业生产技术，提高农业生产效率，而农业增长是快速减缓贫困的核心[④]；Kablana 和 Chhikara 对跨国数据的分析发现，普惠金融服务可得性与贫困率呈显著负相关关系[⑤]；农村普惠金融通过扩大农村金融的覆盖面和提高农户金融服务的可得性，可以有效消除贫困[⑥]；农村普惠金融的反贫困绩效已经得到了普遍认可，且低收入农户获得贷款后，其食物消费等生活性现金消费支出显著增加，这也是一种绝对贫困程度的减缓[⑦]。

---

① 王曙光：《普惠金融——中国农村金融重建中的制度创新与法律框架》，《中国城市金融》2014 年第 4 期，第 80 页。

② 星焱：《普惠金融：一个基本理论框架》，《国际金融研究》2016 年第 9 期，第 21～37 页。

③ Hannig, A., Jansen, S. Financial Inclusion and Financial Stability: Current Policy Issues. Social Science Electronic Publishing, 2015.

④ Abate, G. T., Rashid, S., Borzaga, C., and Getnet, K. Rural Finance and Agricultural Technology Adoption in Ethiopia: Does the Institutional Design of Lending Organizations Matter? *World Development*, 2016, 84: 235–253.

⑤ Kablana, A. S. K., and Chhikara, K. S. A Theoretical and Quantitative Analysis of Financial Inclusion and Economic Growth, *Management & Labour Studies*, 2013, 38 (1–2): 103–133.

⑥ 郑中华、特日文：《中国三元金融结构与普惠金融体系建设》，《宏观经济研究》2014 年第 7 期，第 51～57 页。

⑦ 武丽娟、徐璋勇：《支农贷款影响农户收入增长的路径分析——基于 2126 户调研的微观数据》，《西北农林科技大学学报》（社会科学版）2016 年第 6 期，第 94～104 页。

　　第二，收入效应。当低收入者获得普惠金融服务时，如在银行开设金融账户并经常使用时，通常伴随消费水平的增长和收入的提高。Dupas 和 Robinson 在对肯尼亚女性客户的实证研究中，发现女性打工者获得普惠金融服务后，其个人投资和消费水平均得到了大约 40% 的大幅增长。[1] 国内已有的研究更多将视角集中于农村金融发展对农户收入水平的增长效应，但研究结论存在一些分歧。一部分学者认为农村金融的发展可以显著促进农户收入水平的提高[2]；但也有部分学者的研究表明，农村金融没有真正服务于农民，对农户收入的增长具有抑制作用[3]；还有学者研究了金融发展对不同收入水平农户收入增长的影响，发现金融发展不利于低收入水平农户收入的增加，且农户初始收入水平越高，越能够从金融发展中获益[4]。伴随研究的深入，部分学者对农村金融发展对农户内部收入差距的影响进行了诸多研究，一些学者运用 Hansen 面板门槛回归模型，发现农村金融发展与农户内部收入差距之间的关系并非简单线性关系，而是存在显著的门槛效应，农村金融发展水平在初级阶段对缩小农户收入差距的影响最为显著。[5] 然而对于农村金融规模与效率对农户内部收入差距的影响，却并没有得出一致的结论。部分学者研究得出，农村金融效率提高会缩小农户内部收入差距，农村金融规模扩大会拉大农户内部收入差距[6]；而另外的部分学者的研究却表明，农村金融效率提高会拉大农户内部收入差距，农村金融规模扩大会缩小农户内部收入差距[7]。

　　第三，经济增长效应。普惠金融的核心功能旨在优化资源配置，实现包容性增长，并以此促进经济发展。世界银行数据显示，普惠金融指标如正规

---

[1] Dupas, P., and Robinson, J. Savings Constraints and Microenterprise Development: Evidence from a Field Experiment in Kenya. *American Economic Journal Applied Economics*, 2013, 5(1): 163–192.

[2] 王婧磊:《中国农村金融发展与农民收入的关系》,《经济研究导刊》2012 年第 35 期, 第 27~29 页。

[3] 余新平、熊晶白、熊德平:《中国农村金融发展与农民收入增长》,《中国农村经济》2010 年第 6 期, 第 77~86 页。

[4] 师荣蓉、徐璋勇、赵彦嘉:《金融减贫的门槛效应及其实证检验——基于中国西部省际面板数据的研究》,《中国软科学》2013 年第 3 期, 第 32~41 页。

[5] 孟兆娟、张乐柱:《金融发展影响收入分配"门槛效应"的实证检验》,《统计与决策》2014 年第 7 期, 第 102~105 页。

[6] 张敬石、郭沛:《中国农村金融发展对农村内部收入差距的影响——基于 VAR 模型的分析》,《农业技术经济》2011 年第 1 期, 第 34~41 页。

[7] 刘纯彬、桑铁柱:《农村金融发展与农村收入分配: 理论与证据》,《上海经济研究》2010 年第 12 期, 第 37~46 页。

金融账户的拥有率、使用频率、金融基础设施水平等的提高可以显著促进各国的经济增长。[1] 还有学者指出,汇兑服务作为普惠金融服务的一项内容,具有放松民众的资金约束、增加投融资活动、提高金融账户使用频率等的作用,最终对经济增长产生了积极的正向促进作用。[2] 一些国内的研究也指出,健全的农村普惠金融发展对农村经济的增长具有显著的支持作用。[3] 然而由于中国正规农村金融机构的无效率,利用西北大学中国西部经济发展研究中心的调研数据发现,陕西省农户信贷的满足率低、借贷额度不足已成为妨碍农村经济持续发展的一个重要问题。[4]

第四,区域因素的影响。提升农村普惠金融,实现包容性增长,还应重点关注和消除区域不平衡。一些学者考虑到我国农村普惠金融发展的区域差异,指出农村金融发展存在强烈的区域不平衡和空间依赖性。[5] 在农村金融较为发达的东部地区,金融发展对农户收入提高的促进效用更为明显;在金融发展滞后的中西部地区,农村金融发展对农户的增收作用则有限。[6] 此外,我国东部地区的农村金融效率也要高于中部和西部地区。[7]

现有文献从多个方面综合评价了农村普惠金融的经济绩效,但研究结论并没有达成一致。在评价方法的选择上,上述研究主要采用了面板数据回归模型、分位数回归模型、时间序列回归模型等传统模型。从科学评价的角度看,这些方法难以克服金融发展与经济增长之间相互作用的内生性问题,难以准确识别出农村普惠金融对农村经济增长和农户收入变化产生的净效应。针对传统评估方法的不足,学术界逐渐开始使用近似自然随机试验的断点回归方法,该方法可以在现实的约束条件下有效克服模型参数间的内生性问题,分析变量之间的因果关系,其实证结果也被证明是最为接近自然随机试

---

[1] 星焱:《普惠金融:一个基本理论框架》,《国际金融研究》2016 年第 9 期,第 21~37 页。

[2] Giuliano, P., and Ruiz – Arranz, M. Remittances, Financial Development, and Growth. *Journal of Development Economics*, 2009,90(1):144–152.

[3] 丁志国、张洋、覃朝晖:《中国农村金融发展的路径选择与政策效果》,《农业经济问题》2016 年第 1 期,第 68~75 页。

[4] 常建新、姚慧琴:《陕西省农户金融抑制与福利损失——基于 2007–2012 年 6000 户农户调研数据的实证分析》,《西北大学学报》(哲学社会科学版)2015 年第 3 期,第 65~71 页。

[5] 吕勇斌、张琳、王正:《中国农村金融发展的区域差异性分析》,《统计与决策》2012 年第 19 期,第 111~115 页。

[6] 孙玉奎、周诺亚、李丕东:《农村金融发展对农村居民收入的影响研究》,《统计研究》2014 年第 11 期,第 90~95 页。

[7] 黎翠梅、曹建珍:《中国农村金融效率区域差异的动态分析与综合评价》,《农业技术经济》2012 年第 3 期,第 4~12 页。

验的结果。[①]基于此，本部分试图利用最新发展的模糊断点回归方法（Fuzzy Regression Discontinuity，FRD）和大样本的农户调研数据，对西部农村地区普惠金融的贫困减缓效应和经济增长效应展开研究。

二　普惠金融减贫增收效应的理论分析

（一）研究假设

本部分借鉴 Tirole 提出的基本固定投资模型（Fixed–Investment Model）分析框架[②]，根据农村金融机构以及农户借贷行为的现实情况加以修正，从理论上探讨农村金融机构的最优放贷条件和普惠金融的减贫增收效应。

首先，假设农村金融机构与农户均追求效益最大化，由于农村金融机构承担着支农惠农的政策职能，因此只要真实收益率 $r \geqslant 0$，便会发放部分"三农"贷款。其次，在农村金融市场中，资金供给方主要为农村金融机构，资金需求方主要为农户。农户的自有投资资本为 A，计划进行一项所需资金为 I 的生产项目投资，其中 $A < I$，并且农户会将自有资本 A 全部用于投资，因此农户若想启动生产项目，需要向农村金融机构获得 $I - A$ 的贷款融资。农户获得金融机构贷款后，可以选择尽职或偷懒，选择尽职的农户会努力经营生产项目，项目成功的概率为 $p = P_H$，如果农户选择偷懒，项目成功的概率降为 $p = P_L$，且 $P_L < P_H$，此时农户会因享受了闲暇、放松甚至赖账而获得项目的私人收益 B，其中 $B > 0$。如果项目获得成功，农户获得项目收益 R_b，农村金融机构获得项目收益 R_1，R_b 和 R_1 构成了项目总收益 R，即 $R = R_1 + R_b$。如果项目失败，农户损失全部抵押品 Am，农村金融机构发生了亏损，收益为负。

（二）农村金融机构最优放贷条件

根据基本假设，农村金融机构只要满足真实收益率 $r \geqslant 0$，便会发放支农贷款。农村金融机构选择发放支农贷款的最低约束条件为 $r = 0$，因此农村金融机构放贷的零利润约束可以写为：

$$P_H R_1 = I - A \tag{1}$$

虽然农户有选择偷懒等道德风险行为的激励，获得了私人收益 B，但是

---

① 余静文、王春超：《新"拟随机实验"方法的兴起——断点回归及其在经济学中的应用》，《经济学动态》2011 年第 2 期，第 125 ~ 131 页。

② Tirole, J. *The Theory of Corporate Finance*. Princeton University Press，2006.

将项目成功的概率由 P_H 下降到了 P_L。若存在有效的监督机制，使得下面的激励约束条件得到满足，农户将选择尽职：

$$P_H R_b \geq P_L R_b + B, \ (P_H - P_L) R_b \geq B \tag{2}$$

令 $\Delta p = P_H - P_L$。由式（2）可推知在农户尽职状态下农村金融机构的收益可以表示为：

$$R_1 \leq R - B/\Delta p \tag{3}$$

于是，农村金融机构预期的最高可保证收入为：

$$\Gamma = P_H (R - B/\Delta p) \tag{4}$$

结合式（1），农村金融机构发放贷款的必要条件为：

$$\Gamma = P_H (R - B/\Delta p) \geq I - A \tag{5}$$

当式（5）满足时，农村金融机构发放支农贷款的可保证收入超过了初始支出，实现了收支相抵。进一步，可得：

$$A \geq \overline{A} = P_H B/\Delta p - (P_H R - I) \tag{6}$$

式（6）为农村金融机构在农户尽职状态下发放支农贷款的条件，当农村金融机构事先预期到农户会发生偷懒或违约时，放贷行为便不会发生，因此，农户获得支农贷款的充分必要条件为：$A \geq \overline{A}$。$\overline{A}$ 为农村金融机构选择发放贷款的门槛条件，意味着农户必须拥有足够的资本才能获得贷款。在 $A < \overline{A}$ 的情况下，即使农户具有好的生产项目且会尽职经营，但仍然难以获得贷款。

在既有的约束条件下，考察农户的贷款最优选择条件。

$$\max P_H R_b + (1 - P_H)(-A) \tag{7}$$

$$\text{s.t. } P_H R_b + (1 - P_H)(-A) \geq P_L R_b + (1 - P_L)(-A) + B \tag{8}$$

$$P_H R_1 - c \geq P_L R_1 \tag{9}$$

$$R = R_b + R_1 \tag{10}$$

$$R_b \geq -A \tag{11}$$

$$P_H R_1 = I - A \tag{12}$$

其中，式（7）为农户贷款的最优条件；式（8）为农户的激励相容条件；式（9）代表农村金融机构的激励相容条件，其中，c 为农村金融机构的监督成本；式（10）表示农户与农村金融机构之间的收益分配；式（11）为农户有限责任约束条件；式（12）为农村金融机构放贷的零利润约束条件。求解农户的贷款最优化问题，可以得出农户的贷款最低抵押品要求为：

$$Am \geq \overline{A} = (P_H B/\Delta p - P_H R + I)/(1 + P_H) \tag{13}$$

上述分析结果表明，农村金融机构在开展普惠金融的过程中，即使是在零利润约束的前提下，农户必须拥有足够的资本和抵押品才可以获得贷款，即满足 $A \geqslant \overline{A}$ 和 $Am \geqslant \overline{A}$ 的现实约束条件。市场经济下农村金融机构虽然肩负着支农的政策性职能，但选择惠农贷款的发放对象时，仍以农户的现有资本为主要的考量条件，在开展普惠金融过程中"嫌贫爱富"的本质仍难以掩饰。根据上述分析，下文中关于断点回归方法中驱动变量的估计，便以农户现有资本水平为依据。当以家庭借贷能力指标表示的驱动变量超过某一跳点时，农户将可能获得农村金融机构发放的惠农贷款。

（三）农村普惠金融的减贫增收效用

　　普惠金融是对农户等弱势群体的利益倾斜，与完全的商业金融原则存在一定冲突。因此，为保持普惠政策的可持续，政策制定者需要向从事普惠金融业务的金融机构给予政策优惠与激励，以调动其积极性。因此在农村金融市场引入除机构、农户以外的第三方利益相关主体——政府时，政府作为第三方监管机构，为了激励农村金融机构配合其实施普惠金融政策，需要对农村金融机构进行转移支付，地方政府承诺给农村金融机构的转移支付记为 T[1]。农村金融机构可以在惠农贷款与普通商业贷款之间做出选择，设发放惠农贷款的利率为 r_b，发放普通商业贷款的利率为 r，现实中满足 $r_b \leqslant r$。而农户为使自身收益最大化，会选择尽职经营。

1. 关于农村金融机构的最优化问题

　　农村金融机构按照惠农贷款利率 r_b 向农户发放贷款的约束条件为（此时政府实施激励机制，向金融机构进行转移支付）：

$$P_H R_1 + T \geqslant I - A \qquad (14)$$

　　在零利润约束条件下，可以得出：

$$R_1 = (I - A - T)/P_H \qquad (15)$$

　　农村金融机构按照普通商业贷款利率 r 向农户发放贷款的约束条件为（此时不存在政府对金融机构的激励措施）：

$$P_H R_1 \geqslant I - A \qquad (16)$$

　　在零利润约束条件下，可以得出：

$$R_1 = \frac{I - A}{P_H} \qquad (17)$$

---

① 这种转移支付可以体现为对金融机构的直接补贴及税收优惠的价值转移，也可以体现为非经济价值形式，比如金融机构在申请开办新网点时审批的优先权及门槛的降低，即获取在当地从事某些金融业务的优先权以及处理某些会计账户的许可等。

2. 关于农户的最优化问题

农村金融机构按照利率 r_b 向农户发放惠农贷款时, 农户的收益记为 π_b, 可表述为:

$$\pi_b = P_H R_b + (1 - P_H)(-A) - (I - A) r_b \qquad (18)$$

其中约束条件为:

$$R = R_b + R_1 \qquad (19)$$

$$R_1 = \frac{I - A - T}{P_H} \qquad (20)$$

$$P_H R_1 = (I - A) r_b + T \qquad (21)$$

综合上述约束等式, 可以推导出农户以惠农贷款利率 r_b 融资后的期望收益为:

$$\pi_b = P_H R - (1 - P_H) A - [2(I - A) r_b - T] \qquad (22)$$

当金融机构按照普通商业贷款利率 r 向农户发放贷款时, 农户的收益记为 π, 可以表述为:

$$\pi = P_H R_b + (1 - P_H)(-A) - (I - A) r \qquad (23)$$

其中约束条件为:

$$R = R_b + R_1 \qquad (24)$$

$$R_1 = \frac{I - A}{P_H} \qquad (25)$$

$$P_H R_1 = (I - A) r \qquad (26)$$

综合上述约束等式, 可以推导出农户以商业贷款利率 r 融资后的期望总收益为:

$$\pi = P_H R - (1 - P_H) A - 2(I - A) r \qquad (27)$$

由于本节在分析中假定了农户努力工作使得项目成功的概率保持不变, 为 P_H, 同时还假定项目成功的总收益 R 不变, 以及农户的自有资本 A 以及项目所需资金 I 不变, 所以通过比较式 (22) 和式 (27), 可以发现以下关系。

其一, 当惠农政策贷款利率 r_b 比普通贷款利率 r 低时 (这是惠普金融的典型特征, 因为存在政府对从事普惠金融的金融机构的激励补贴措施), 即当 $r_b < r$ 时, 可以得出, $\pi_b > \pi$, 这表明农户获得惠农贷款的收益大于获得普通贷款的收益。

其二, 即使惠农贷款利率 r_b 和普通贷款利率 r 相同 (这可以表现为普惠金融下对农户贷款门槛的降低, 或者其他金融服务便利性的提高), 由于存在政府对农村金融机构正向的转移支付 T，此时有 $r_b = r$ 且 $T > 0$，仍可以得出 $\pi_b > \pi$，这表明农户获得惠农贷款的收益仍然大于获得普通贷款的收益。

可见，普惠金融无论体现为贷款利率的优惠，还是农户获得贷款条件的放松，或是其他金融服务便利性的提高，只要政府对金融机构从事普惠金融业务存在一定的政策激励，农户总能从享受普惠金融中增加收益，这无疑是对农户减贫效应的直接体现。

三　研究方法与数据说明

（一）研究方法

在理论分析基础上，对于西部地区农村普惠金融的减贫增收效应问题，本部分采用断点回归方法（Regression Discontinuity，RD）进行实证分析。作为一种新兴的"拟随机试验"方法，断点回归估计很好地避免了参数估计的内生性问题，是仅次于自然随机试验的一种因果关系估计方法。[①] 断点回归方法的基本思想是：结果变量会受到某个可观测的特征变量（即驱动变量，Forcing Variable）的影响，当驱动变量等于或大于某个临界值时，若结果变量得到处理，就说明结果变量与驱动变量间存在因果效应。由于达到贷款条件的农户并不一定会立即开始贷款，而只是增大了获贷的概率，即驱动变量在断点处未必呈 0 ~ 1 的变化，因此采用模糊断点回归方法更为合理。根据前文理论分析，本节首先建立一个外生的基于家庭资本水平的驱动变量，该外生驱动变量将是决定家庭借贷结果的主要因素，然后基于西部地区农村家庭微观调研数据，建立模型检验惠农贷款对农村贫困减缓与经济增长的因果效应。

1. 驱动变量估计

农村金融机构在发放惠农贷款时，会对申请借贷的农户进行风险评估，然后向符合条件的农户发放贷款。与此同时，有借贷能力的农户也可以自主决定是否借贷以及实际借贷数额。农户收入是决定家庭资本水平的主要因素，由于农户从亲戚朋友处获得的借款也构成了农户特定时点中现金存量的一部分，所以也将其考虑在内。由于并非所有达到农村金融机构贷款发放条件的农户均有贷款需求，是否参与贷款是农户的自愿选择行为，因此农户是否有

① Lee, D. S. Randomized Experiments from Non-random Selection in U.S. House Elections. *Journal of Econometrics*, 2008，142（2）：675-697.

贷款需求、贷款需求的数量也需要综合考虑在内。此外，本节还加入了一些控制变量，微观层面有农户的家庭人口规模、农户劳动力质量、农户对家庭收入的满意度，宏观层面有农户所在村庄的农业收入和工业收入。控制变量的加入有助于提高模型的现实拟合度。

基于上述分析，本节运用 Probit 模型来估计决定家庭贷款行为的驱动变量和借贷概率。建立的 Probit 模型如下所示：

$$p_i = P_r(B_i = 1 | Z_i, Z_y) = P_r(\alpha_0 + Z_i \alpha_1 + u_i > 0) \tag{28}$$

式（28）中，p_i 为农户 i 的借贷概率；$B_i = 1$ 表示农户 i 为被实际观测到的借贷户；向量 Z_i 包括决定家庭在农村金融机构中借贷能力的资本水平（家庭总收入和向亲戚朋友借款）、决定家庭借贷与否的影响因素（家庭是否有贷款需求和贷款需求数量）以及相关控制变量。其中，家庭总收入由经营性收入、工资收入、财产性收入和转移性收入共同构成，其中经营性收入包括家庭种植业收入、养殖业收入、林业收入、家庭工业及服务业收入。基于式（28）的估计系数计算出农户的预期借贷概率 $\hat{p}_i$，将其作为农户借贷行为结果的外生驱动变量。鉴于 $\hat{p}_i$ 的估计建立在正向影响农户贷款能力的各项指标的基础上，故在下文的分析中，以"农户借贷能力指标"来指代 $\hat{p}_i$。

本章假设，当家庭借贷能力指标超过某一跳点 a（$0 < a < 1$）时，农户会获得农村金融机构发放的惠农贷款。农户 i 成为处理组的选择行为变量 b_i 由式（29）表示：

$$b_i = 1(\hat{p}_i \geq a) \tag{29}$$

式（29）中，$b_i = 1$ 表示农户 i 属于处理组（即进行借贷），$b_i = 0$ 则表示农户 i 属于控制组（即不进行借贷）。农户实际进行借贷的概率随其借贷能力 $\hat{p}_i$ 的增强而上升。由于农村金融机构发放的惠农贷款是农户自愿参与的，当 $\hat{p}_i \geq a$ 时，农户不必立即开始借贷活动，有部分具有借贷能力的农户实际并不会发生借贷行为，因此当农户的借贷能力达到或越过临界点 a 后，其实际借贷概率会有所上升，但不会达到 100%。

2. 模糊断点回归

假设 τ 表示惠农贷款对农村贫困减缓或经济增长的因果效应，$E(\tau | \hat{p}_i)$ 表示因果效应估计值，$E(\varepsilon_{it} | \hat{p}_i)$ 表示在临界点附近决定农户是否借贷的不可观测因素，$E(\tau | \hat{p}_i)$ 与 $E(\varepsilon_{it} | \hat{p}_i)$ 在临界点 a 附近遵从局部连续性。[1] 同时假

---

① Imbens, G., and Kalyanaraman, K. Optimal Bandwidth Choice for the Regression Discontinuity Estimator. *Review of Economic Studies*, 2009，79（14726）：933–959.

设惠农贷款对农村贫困减缓和经济增长的影响不随个体 i 的变化而变化，即满足个体同质性。[①] 这样在临界点局域范围内形成了服从随机分布的拟实验环境。使用 y 表示因变量，运用式（30）来计算惠农贷款对 y 的局域平均处理效应（LATE）：

$$E(\tau|\hat{p}_i=a)=\lim_{e\to 0_+}E[\tau|b_i(a+e)-b_i(a-e)=1]$$
$$=\frac{\hat{\alpha}_{g_+}-\hat{\alpha}_{g_-}}{\hat{\alpha}_{b_+}-\hat{\alpha}_{b_-}}=\frac{\lim_{\hat{p}\to a_+}E(g_i|\hat{p}_i)-\lim_{\hat{p}\to a_-}E(g_i|\hat{p}_i)}{\lim_{\hat{p}\to a_+}E(b_i|\hat{p}_i)-\lim_{\hat{p}\to a_-}E(b_i|\hat{p}_i)} \quad (30)$$

式（30）中，$\hat{\alpha}_{g_+}=\lim_{\hat{p}\to a_+}E(g_i|\hat{p}_i)$、$\hat{\alpha}_{g_-}=\lim_{\hat{p}\to a_-}E(g_i|\hat{p}_i)$ 分别为处理组、控制组农户在其借贷能力水平上形成的因变量 y 的条件期望；$\hat{\alpha}_{g_+}-\hat{\alpha}_{g_-}$ 表示在临界点局域内处理组与控制组 y 值的差异；$\hat{\alpha}_{b_+}=\lim_{\hat{p}\to a_+}E(b_i|\hat{p}_i)$、$\hat{\alpha}_{b_-}=\lim_{\hat{p}\to a_-}E(b_i|\hat{p}_i)$ 分别为处理组、控制组农户在其借贷能力水平上的借贷行为变量的条件期望；$\hat{\alpha}_{b_+}-\hat{\alpha}_{b_-}$ 表示在临界点局域内处理组与控制组农户实际借贷行为的差异。下面介绍式（30）的具体估计方法。首先，计算出局域 Wald 估计值。临界点局域样本由集合 $\Psi=\{i|i\in(a-h\leq\hat{p}_i<a+h)\}$ 来定义[②]，其中，h 表示带宽。使用下述公式计算式（30）中的四个极限项。

$$\lim_{\hat{p}\to a_+}E(g_i|\hat{p}_i)=\frac{\sum_{ic\psi}g_iw_i}{\sum_{ic\psi}w_i} \quad (31)$$

$$\lim_{\hat{p}\to a_-}E(g_i|\hat{p}_i)=\frac{\sum_{ic\psi}g_i(1-w_i)}{\sum_{ic\psi}(1-w_i)} \quad (32)$$

$$\lim_{\hat{p}\to a_+}E(b_i|\hat{p}_i)=\frac{\sum_{ic\psi}b_iw_i}{\sum_{ic\psi}w_i} \quad (33)$$

$$\lim_{\hat{p}\to a_-}E(b_i|\hat{p}_i)=\frac{\sum_{ic\psi}b_i(1-w_i)}{\sum_{ic\psi}(1-w_i)} \quad (34)$$

式（31）~式（34）中，变量 $w_i=I(a\leq\hat{p}_i<a+h)$ 规定了农户 i 的借贷能力是否刚刚超过临界点（$w_i=1$ 表示"是"，$w_i=0$ 表示"否"）；局域样本的选择由带宽 h 决定。[③]

[①] Hahn, J., Todd, P., and Wilbert, V. D. K. Identification and Estimation of Treatment Effects with a Regression-Discontinuity Design. *Econometrica*, 2001, 69（1）: 201–209.

[②] 当农户 i 的借贷能力 $\hat{p}_i$ 位于 $[a-h,a+h]$ 的区间时，该家庭被纳入临界点局域样本集合。

[③] Imbens, G., and Kalyanaraman, K. Optimal Bandwidth Choice for the Regression Discontinuity Estimator. *Review of Economic Studies*, 2009, 79（14726）: 933–959.

式（30）的估计采用两步控制方程法来实现。[①]

第一步，通过标准 Probit 模型估计出农户 i 获得惠农贷款的概率：

$$E(b_i|\hat{p}_i)=Pr(b_i=1|\hat{p}_i)=\gamma \times I(\hat{p}_i \geq a)+f(\hat{p}_i) \qquad (35)$$

式（35）中，γ 表示农户借贷概率在临界点处的断点大小；$f(\hat{p}_i)$ 为一个二次分段函数。

$$g(\hat{p}_i)=\lambda_0+\lambda_1\hat{p}_i+\lambda_2\hat{p}_i^2+[\lambda_3(\hat{p}_i-a)+\lambda_3(\hat{p}_i-a)^2] \times I(\hat{p}_i \geq a) \qquad (36)$$

式（36）表示农户进行贷款（成为处理组）对其借贷能力的非线性影响。

第二步，建立如下结果方程（Outcome Regression）：

$$g_i=\beta_0+\hat{\tau}_0 E(b_i|\hat{p}_i)+X_i\beta_1+k(\hat{p}_i)+\varepsilon_i \qquad (37)$$

式（37）中，向量 X_i 表示影响农户借贷能力的各项指标；$k(\hat{p}_i)$ 为控制方程，以控制农户借贷能力指标与因变量之间可能存在的相关性，有助于减小内生变量的影响。ε_i 为正态独立同分布干扰项。$\hat{\tau}_0$ 衡量由式（30）所定义的惠农贷款对因变量的静态局域平均处理效应。控制方程 $k(\hat{p}_i)$ 的计算采用平滑计算法。[②] 令 $k(\hat{p}_i)=\sum_{j=1}^{J}\hat{p}_i^j$，依次计算 $j=1,2,\cdots,J$ 时的 $GCV_n=n^{-1}||\hat{p}_n-k_n||/(1-n^{-1}trM_n)^2$，其中，$\hat{p}_n=(\hat{p}_1,\hat{p}_2,\cdots,\hat{p}_n)'$ 为包含所有 $\hat{p}_i$ 的向量，$k_n=(k_1,k_2,\cdots,k_n)'$ 为包含所有 k_n 的向量，$n \times n$ 矩阵 M_n 由 $k_n=M_n\hat{p}_n$ 决定，GCV_n 最小时 J 为最优取值，然后代入式（37）。

3. 关键指标的选取与说明

由于普惠金融被视为一种可以实现包容性社会的重要机制，应以有效方式使金融服务惠及每一个人、每一个群体，尤其是弱势群体[③]，重在消除贫困、实现社会公平和促进经济增长。因此，普惠金融在最初的发展中，就将银行信贷的可获得性作为重点关注的指标。随着普惠金融的深化，评价视角不断拓展，如 Sarma 和 Pais 通过银行渗透度、金融服务可利用性和使用状况来评价世界各国的普惠金融发展状况。[④] 但在世界银行扶贫小组和中国普惠金融工作组对中国普惠金融开展状况的评价中，农户是否获得了银行贷款仍

① Klaauw, W. V. D. Breaking the Link Between Poverty and Low Student Achievement. *Journal of Econometrics*, 2008，142（2）：731–756.

② Craven, P., and Wahba, G. Smoothing Noisy Data with Spline Functions. *Numerische Mathematik*, 1979, 31（4）：377–403.

③ 王曙光：《普惠金融——中国农村金融重建中的制度创新与法律框架》，《中国城市金融》2014 年第 4 期，第 80 页。

④ Sarma, M., and Pais, J. Financial Inclusion and Development. *Journal of International Development*, 2011, 23（5）：613–628.

是重要的评价指标之一。一些国际组织如国际货币基金组织（IMF）、普惠金融联盟（AFI）、芬玛克信托（FinMark Trust）在研究设计普惠金融指标时，均将正规金融服务的可获得性作为重要指标。2013 年普惠金融全球合作伙伴（GPFI）在 G20 框架下制定了更加完善的普惠金融指标体系，由金融服务使用情况、金融服务可获得性和金融产品与服务质量三方面的指标构成。[①] 考虑到指标的代表性与数据的可得性，本节选取农户是否获得过正规农村金融机构的惠农贷款作为衡量指标，即用"农户信贷可获得性"来衡量农村普惠金融的惠及程度。

关于绝对贫困的测度指标，本章选取村庄中的贫困人口数量与农户所在家庭的恩格尔系数来衡量。根据我国 2012 年人均收入 2300 元 / 年的农村地区贫困标准，计算并统计出每个村庄中的年人均可支配收入低于或等于 2300元的人口数量，以此作为村庄中贫困人口数量的衡量指标。恩格尔系数为农户所在家庭的食品支出占家庭生活消费现金支出的比重，反映了农户家庭为维持身体健康或最低的生存需求而进行的必要的购买和消费。另外，需要说明的是，本节在分析中将政府是否认定某农户为贫困户作为虚拟变量引入模型，以控制政府行为对减贫的影响，该数据由村干部提供，若农户被评为贫困户，赋值为 1，否则赋值为 0。

关于相对贫困的测度指标，本章采用村庄基尼系数表示。基尼系数通过计算居民的收入平均差距对收入总体期望均值偏离的相对程度，给出了反映居民之间贫富差异程度的数量界限，可以比较客观、直观地反映居民内部收入分配的不平等程度以及贫困程度。本章采用的基尼系数的计算公式如下。[②]

$$g = \frac{1}{2n^2\mu} \sum_{j=1}^{n} \sum_{i=1}^{n} |y_j - y_i| \qquad (38)$$

其中，n 为样本数量，μ 为收入均值，$|y_j - y_i|$ 代表任何一对农户个体 j 和 i 收入差的绝对值，g 为基尼系数。

需要说明的是，以村庄为单位计算每个村的基尼系数，这样做的好处是：一是可以体现村庄之间的差异性，增大数据容量；二是以村庄为整体可以很好地消除区域因素的影响，村庄内部的居民所面临的外部市场环境、政策制度环境可以认为几乎是一致的，在区域内更有助于对比分析由惠农贷款的差距引起的贫困程度变化，通过对基尼系数的分类计算，使其在运用于本

---

①　焦瑾璞：《我国普惠金融现状及未来发展》，《金融电子化》2014 年第 11 期，第 15～17 页。

②　李实：《对基尼系数估算与分解的进一步说明——对陈宗胜教授评论的再答复》，《经济研究》2002 年第 5 期，第 84～87 页。

章实证分析的同时，具有更为合理的现实解释意义。

（二）变量与数据说明

本章所用数据来自教育部人文社会科学重点研究基地——西北大学中国西部经济发展研究中心 2012 年对全国 27 个省（区、市）517 个村庄共 6070 户农户的问卷调研。经整理统计，共收回问卷 4978 份，回收率为 82%。根据研究需要，选取西部 11 个省（区、市）的问卷进行分析，在研究过程中，对问卷中出现的部分缺失数据进行了插值处理，并对问卷中可能出现的极端值进行了 Winsorize 缩尾处理，最终筛选出西部地区有效农户问卷 2553 份。西部地区有效问卷的省域分布情况见表 13-1。

表 13-1　西部地区有效问卷省域分布情况

省 （区、市）	内蒙古	广西	重庆	四川	贵州	云南	陕西	甘肃	青海	宁夏	新疆	合计
问卷数 （份）	45	56	56	89	90	162	1715	141	61	64	74	2553
占比 （%）	1.8	2.2	2.2	3.5	3.5	6.3	67.2	5.5	2.4	2.5	2.9	100.0

研究中所用到变量的定义及描述见表 13-2。

表 13-2　变量定义及描述

变量符号	变量名称	描述与衡量
credit	农户惠农贷款	农村地区普惠金融的测度指标，反映普惠金融的覆盖面与可得性，根据农户是否获得过惠农贷款衡量：1 表示获得；0 表示未获得
lnti	农户家庭总收入对数	包括农户经营性收入、工资收入、财产性收入和转移性收入总量的对数
loanjk	亲戚朋友处借款	有无向亲戚朋友借款：1 表示有；0 表示没有
lndemand	农户惠农贷款需求	农户需要向正规农村金融机构贷款数量的对数，0 表示没有需求
medu	农户劳动力质量	通过农户教育质量衡量，由各学历层次农户所受教育年限乘以该层次人口数占总人口的比重得出，其中设定文盲 0 年，小学 6 年，初中 9 年，高中和中专 12 年，大专及以上 16 年

续表

变量符号	变量名称	描述与衡量
popu	家庭人口总数	农户家庭总人口
satisfy	农户收入满意度	农户对家庭当前收入水平的满意程度：0 表示非常不满意；1 表示不满意；2 表示基本满意；3 表示比较满意；4 表示非常满意
ln*nongye*	农户所在村庄农业总产值对数	农户所在村庄年度农业总产值取对数
n	贫困人口	村庄中年人均收入低于 2300 元的人口数量，绝对贫困测度指标
engel	恩格尔系数	家庭食品支出/家庭生活消费现金支出，绝对贫困测度指标
g	农户基尼系数	计算公式为：$g=\dfrac{1}{2n^2\mu}\sum_{j=1}^{n}\sum_{i=1}^{n}|y_j-y_i|$，以村庄为单位计算，反映农户所在村的相对贫困程度
gdp	农户所在村庄 GDP	以村庄为单位计算的村庄年度总产值
poor	是否为贫困户	若农户被评为贫困户，赋值为 1，否则赋值为 0，作为虚拟变量引入模型，以控制政府行为对减贫的影响

四　实证检验

（一）Probit 模型估计结果

表 13-3 显示了西部地区 Probit 模型估计结果。其中，模型（1）对我们最为关注的三个核心变量农户家庭总收入对数、亲戚朋友处借款和农户惠农贷款需求直接进行了回归，模型（2）在模型（1）的基础上加入了控制变量再次进行回归。由于模型（2）的拟合度更高，所以农户 *i* 获得惠农贷款的概率由 Probit 模型（2）估计得出。下文将对我们最为关注的核心变量以及控制变量的回归结果予以讨论。

表 13-3　Probit 模型估计结果

变量	（1）	（2）
ln*ti*	0.220*** （−6.69）	0.234*** （−4.92）
loanjk	0.798*** （13.27）	0.919*** （11.05）

续表

变量	（1）	（2）
ln*demand*	0.079*** （13.16）	0.047*** （5.61）
medu		0.024** （2.18）
popu		0.034 （0.95）
satisfy		−0.193*** （−3.60）
ln*nongye*		0.041*** （2.59）
ln*gongye*		−0.017*** （−2.81）
常数项	1.452*** （4.37）	1.163** （2.22）
r2_p	0.186	0.196
N	2261.000	1197.000

注：括号内为对应的 t 统计量，**、*** 分别表示显著性水平为 5%、1%。

在模型（1）与模型（2）中，核心变量农户家庭总收入对数（ln*ti*）、亲戚朋友处借款（*loanjk*）和农户惠农贷款需求（ln*demand*）的回归结果基本一致，且均通过了 1% 的显著性检验。根据模型（2），农户收入水平越高，越有可能获得农村金融机构的惠农贷款，收入水平决定了农户在贷款过程中提供资本或抵押品的能力，表明农村金融机构在开展普惠金融的过程中，确实是以农户的现有资本水平作为重要的考量指标。农户在亲戚朋友处的借款变量（*loanjk*）对农户惠农贷款获得性的影响也显著为正，农户从亲戚朋友处获得借款后，一是确实可以提高农户现有的资金实力；二是由于农村金融机构对农户的资金来源并不知情，该借款也可以构成抵押的一部分，有助于贷款能力的提高。上述结果表明，农村金融机构在普惠支农的过程中，会表现出资本"嫌贫爱富"的本质一面，同时在市场经济中，农村金融机构出于风险控制和可持续发展的经营原则，在发放贷款时需要农户提供足额的抵押品，导致部分贫困农户被排斥在外，这无疑为惠农贷款的发放设立了门槛，表现为农村中较为富裕的中高收入农户才更容易享有普惠金融的权利。农户对惠农贷款的需求变量（ln*demand*）也显著增强了惠农贷款的可得性，即贷款需求越大，农户越有可能获得贷款，这是因为惠农贷款的发放是双向选择的过程，农户主动申请是获取贷款的前提。

在模型（2）中，控制变量的回归结果多在 5% 或 1% 的水平下通过了显著性检验。其中，农户劳动力质量（medu）有助于惠农贷款的获得，原因是接受过更多教育的农户一方面思想观念先进，能够了解和运用国家的惠农支农政策，另一方面体现了较高的人力资本水平，有着相对高的创收能力；家庭人口规模（popu）对西部地区农户惠农贷款获得性的影响方向为正，但没有通过显著性检验；农户对自身的收入满意度指标（satisfy）和农贷的可获得性显著负相关，表明农户对自身的收入水平越满意，就越无贷款需求；村庄的农业总产值（lnnongye）与农户惠农贷款显著正相关，反映出农村金融机构发放的惠农贷款确实应用在了农业领域；村庄的工业总产值（lngongye）与农户惠农贷款显著负相关，同样表明农村金融机构对惠农贷款的用途进行了严格把关，用在了农业而非工业上。

（二）断点回归模型识别

运用 Probit 模型预测出农户的借贷能力指标 $\hat{p}_i$，将 $\hat{p}_i$ 从小到大在横轴上标示；然后计算出农户实际发生借贷的概率，并作为纵轴，将临界点左右两侧的样本农村家庭分别平均划分为 15 个组，描述实际借贷概率在组间的变化趋势。经过多次计算发现跳点在 $a=0.2$ 处，图 13-1 显示了西部地区农户在跳点 $a=0.2$ 处实际借贷概率与借贷能力指标的关系。

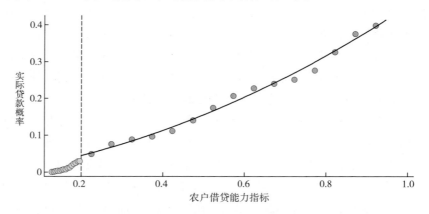

图 13-1　西部地区农户实际借贷概率与借贷能力指标的关系

根据图 13-1，当临界点 $\hat{p}_i \geqslant a=0.2$ 时，西部地区样本农户实际发生的借贷概率有所上升，即出现跳点。这表明当驱动变量超过某临界值时，农户进行借贷的概率会上升，使用模糊断点回归方法是可行的。

判断断点回归方法有效性的另一个识别条件是经济个体能否完全操纵或控制驱动变量，可以通过密度检验法来验证驱动变量的连续性。[1] 密度检验法的基本原理为，在临界点左右，驱动变量的密度函数没有发生明显的跳跃，即表明经济个体没有完全控制驱动变量，局域内样本可以被看作满足近似随机分布的拟自然实验环境。西部地区的农户借贷能力指标密度函数分布如图 13-2 所示。

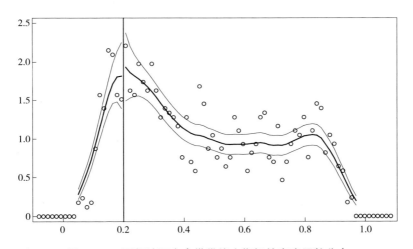

图 13-2　西部地区农户借贷能力指标的密度函数分布

根据图 13-2，西部地区农户借贷能力指标 $\hat{p}_i$ 在临界点左右的密度分布是较为平滑的，没有发生显著的跳跃，可以认为在临界点局域内样本是随机分布的，对驱动变量不能进行人为控制。

综上，本章所构建的模型符合模糊断点回归的前提假设，可以据此进行西部地区普惠金融与贫困减缓和农村经济增长之间的因果推断。

（三）西部地区普惠金融、贫困减缓与农村经济增长

表 13-4、表 13-5、表 13-6 和表 13-8 分别显示了西部地区普惠金融与农村贫困人口、农户恩格尔系数、农村基尼系数和农村 GDP 的断点回归估计结果。断点回归估计通常采用局部线性回归方法，即不选用全样本，而是选

---

① Mccrary, J. Manipulation of the Running Variable in the Regression Discontinuity Design: A Density Test. *Journal of Econometrics*, 2007, 142（2）: 698-714.

用一定带宽的样本进行估计①，最优带宽的选取参照Imbens和Kalyanaraman提供的方法②，并选取临近最优带宽的样本范围进行多次估计。本部分报告了选择不同带宽时所对应的不同局域估计值，其中 *lwald* 表示最优带宽对应的局域估计值，*lwald*50 表示最优带宽的一半所对应的局域估计值，*lwald*200 表示最优带宽的 2 倍所对应的局域估计值。由于政府行为有可能对普惠金融的减贫增收效应产生外部影响，在模型（2）中引入了 *poor* 虚拟变量，该变量代表政府是否认定某农户为贫困户，以控制政府行为对模型结果产生的影响。模型（1）则代表没有加入 *poor* 虚拟变量的回归结果。下文对表 13–4、表 13–5、表 13–6 和表 13–8 中模型（1）与模型（2）的回归结果进行对比分析。

　　表 13–4 模型（1）与模型（2）中普惠金融的回归系数均为负值。模型（2）中，在默认带宽与 0.5 倍带宽下的估计系数通过了显著性检验，表明西部地区普惠金融的发展可以显著带来农村地区贫困人口的减少。根据模型（2），在默认带宽下，1 单位普惠金融的增加可以显著带来 0.352 单位贫困人口的减少，在 0.5 倍带宽下可以显著引起 0.575 单位贫困人口的减少。模型（1）的回归系数在不同带宽下虽没有通过显著性检验，但影响方向均为负向的。

表 13–4　西部地区普惠金融与农村贫困人口的断点回归估计结果

变量	（1）	（2）
lwald	−0.222 （−0.96）	−0.352* （−1.72）
*lwald*50	−0.361 （−1.20）	−0.575** （−2.40）
*lwald*200	−0.070 （−0.36）	0.378 （1.37）
poor		−0.043 （−0.87）
*poor*50		−0.021 （−0.32）

---

①　带宽决定了局域样本范围的选取，以断点为中心，带宽为半径，可以将断点左右两侧的样本分为对照组和处理组。采用断点回归方法分别对两侧样本进行局域核密度估计，然后对比计算样本接受处理后对结果变量的净影响，本质是对断点周围局部效应的一个估计。

②　Imbens, G., and Kalyanaraman, K. Optimal Bandwidth Choice for the Regression Discontinuity Estimator. *Review of Economic Studies*, 2009, 79（14726）: 933–959.

续表

变量	（1）	（2）
*poor*200		−0.052 （−1.43）
r2_p		
N	2553	2553

注：括号内为对应的 t 统计量，*、** 分别表示显著性水平为 10%、5%。

　　恩格尔系数越高，表示农户食物支出占生活消费支出的比重越高，农户的绝对贫困程度也就越高，因此恩格尔系数的下降表示农户贫困程度的降低。根据表 13-5 回归结果，发现不同模型的回归系数均为负，表明普惠金融有助于农户绝对贫困程度的降低。在模型（1）中，0.5 倍带宽下的回归系数通过了 10% 的显著性检验；在模型（2）中，2 倍带宽下的回归系数通过了 5% 的显著性检验，回归系数为 −0.060，说明 1 单位普惠金融的增加可以引起 0.060 单位恩格尔系数的下降。

表 13-5　西部地区普惠金融与农户恩格尔系数的断点回归估计结果

变量	（1）	（2）
lwald	−0.053 （−1.14）	−0.034 （−1.28）
*lwald*50	−0.107* （−1.73）	−0.038 （−1.11）
*lwald*200	−0.018 （−0.44）	−0.060** （−1.96）
poor		−0.049 （−1.45）
*poor*50		−0.038 （−0.89）
*poor*200		−0.037 （−1.60）
r2_p		
N	2553	2553

注：括号内为对应的 t 统计量，*、** 分别表示显著性水平为 10%、5%。

　　综合比较表 13-4 和表 13-5，可以发现，无论是否加入政府行为控制变量，均可以得出一致的结论，即西部地区普惠金融的普及有助于降低农村地区的贫困人口数量与农户的恩格尔系数，也即西部地区普惠金融的发展有利于减缓农村地区的绝对贫困。

根据表 13-6 的估计结果，模型（1）与模型（2）均显示，西部农村地区普惠金融的发展显著引起了农村基尼系数的增加。根据模型（2），在 2 倍带宽下，1 单位普惠金融的增加可以引起 0.036 单位基尼系数的上升，这一结论通过了 10% 的显著性检验。上述结论似乎与常理相悖，为进一步探究原因，我们对东部地区和中部地区的样本进行了回归，回归结果见表 13-7。

表 13-6　西部地区普惠金融与农村基尼系数的断点回归估计结果

变量	（1）	（2）
lwald	0.028* （1.82）	−0.004 （−0.17）
lwald50	0.024 （1.09）	0.012 （0.30）
lwald200	0.030** （2.32）	0.036* （1.92）
poor		0.102** （2.16）
poor50		0.150*** （2.99）
poor200		0.107*** （2.94）
r2_p		
N	2553	2553

注：括号内为对应的 t 统计量，*、**、*** 分别表示显著性水平为 10%、5% 和 1%。

表 13-7　东部与中部地区普惠金融与农村基尼系数的断点回归估计结果

变量	东部地区	中部地区
lwald	−0.011 （−0.26）	−0.037 （−1.19）
lwald50	0.003 （0.04）	−0.040 （−0.64）
lwald200	−0.356** （−2.14）	−0.044** （−2.01）

续表

变量	东部地区	中部地区
poor	0.073 （0.58）	−0.041 （−0.43）
poor50	0.237 （0.84）	0.206** （2.19）
poor200	0.127 （1.58）	0.042 （0.62）
r2_p		
N	701	769

注：括号内为对应的 t 统计量，** 表示显著性水平为 5%。

表 13-7 与表 13-6 得出了相反的结论，在东部地区，2 倍带宽下，1 单位普惠金融的增加可以使基尼系数显著下降 0.356 单位；在中部地区，同样是在 2 倍带宽下，1 单位普惠金融的增加可以使基尼系数显著下降 0.044 单位。

为什么在西部地区普惠金融未能降低相对贫困程度，反而是加剧了收入不平等呢？结合前文的理论分析，农村金融机构仅会选择有一定资金实力的农户作为发放惠农贷款的对象。而根据国家统计局贫困监测数据，相对于东部与中部地区，我国西部地区的贫困更加严重，表现为西部地区的贫困人口占到全国贫困人口的 66%，在我国现有的 592 个国家级贫困县中，375 个县属于西部地区，占到了全国贫困县总量的 63.3%，而收入低的群体更容易受到金融抑制。[①] 上述分析结果反映了这样一个事实：相对于东部和中部地区，西部地区农户的平均资金水平偏低，在初始资本不足与农村金融机构"嫌贫爱富"本性的双重约束下，惠农贷款仅仅惠及了农村中相对富裕的农户，而贫穷农户并未能享有平等的金融权利，财富增长缓慢，农村金融市场存在的这种金融抑制现象进一步加剧了农村贫富两极分化，在文中表现为西部地区基尼系数的提高。而对于经济相对较为发达的东部、中部地区来说，由于农户资本水平和收入水平的普遍提高，农村金融抑制现象得到缓解，该区域内大量农户均可满足农村金融机构的门槛条件而获得惠农贷款，因而总体表现出了缓解收入不平等和减缓相对贫困的趋势。

① Kempson, E., Whyley, C., and Foundation, J. R. *Kept Out or Opted Out? Understanding and Combating Financial Exclusion.* London: The Polity Press, Cambridge, 1999.

表 13-8 模型（1）与模型（2）得出了一致的结论，西部地区普惠金融的发展不利于农村 GDP 的增长，两个模型的回归系数均在 0.5 倍带宽下通过了显著性检验，且显著为负。上述结论再一次与理想结果相悖，在我国的东部与中部地区普惠金融与农村经济增长的关系又如何呢？与西部地区的结论会一致吗？为进行对比分析，我们再次运用东部与西部地区样本进行了回归估计，回归结果如表 13-9 所示。

表 13-8　西部地区普惠金融与农村 GDP 的断点回归估计结果

变量	（1）	（2）
lwald	-0.026 （-1.48）	-0.558 （-1.60）
lwald50	-0.062*** （-2.70）	-0.876* （-1.75）
lwald200	-0.001 （-0.07）	-0.196 （-0.70）
poor		0.008 （0.46）
poor50		0.022 （0.88）
poor200		-0.029 （-1.63）
r2_p		
N	2553	2553

注：括号内为对应的 t 统计量，*、*** 分别表示显著性水平为 10%、1%。

表 13-9　东部与中部地区普惠金融与农村 GDP 的断点回归估计结果

变量	东部地区	中部地区
lwald	8.513*** （7.31）	-0.575 （-1.21）
lwald50	4.378*** （4.16）	-0.521 （-0.86）
lwald200	6.736*** （7.56）	-0.411 （-1.04）
poor	-0.573** （-2.10）	0.001 （0.02）
poor50	-0.147 （-1.35）	0.033 （1.10）

变量	东部地区	中部地区
poor200	−0.352** （−2.27）	0.010 （0.34）
r2_p		
N	701	769

注：括号内为对应的 t 统计量，**、*** 分别表示显著性水平为 5%、1%。

　　根据表 13-9 的结果，在东部地区，普惠金融的发展可以显著促进农村经济增长，在最优带宽、0.5 倍带宽与 2 倍带宽下的回归系数均通过了 1% 的显著性检验，促进效应非常明显；在中部地区，普惠金融的发展对农村经济增长无显著影响，表现为最优带宽、0.5 倍带宽与 2 倍带宽下的回归系数均没有通过显著性检验。

　　普惠金融的发展虽然对西部地区的经济增长产生了抑制作用，但是显著促进了东部地区的农村经济增长，对中部地区农村经济增长则没有显著影响。剖析背后的原因，引起上述不同作用结果的主要机理可以归纳为以下两个方面。一是我国东部、中部、西部地区农村金融市场的完善程度不同。东部地区的农村金融效率总体要高于中部、西部地区①，东部地区的农村金融市场相对完善和发达，有着较高的资本配置效率，从而形成了金融发展与经济增长的良性循环；中部地区居中，普惠金融对经济增长的促进效应尚未显现；而西部地区金融市场相对落后，农村金融发展过程中存在的一些资源配置效率低下、道德风险和寻租等问题尚未得到完全解决，表现为抑制经济增长。二是我国中部、西部农村地区表现出的金融抑制现象更为严重，金融抑制现象在欠发达省份表现得更为明显②，西部地区的大多数农户具有较为强烈的信贷需求和愿望，但农户在正规信贷市场上普遍面临信贷约束③，而大量证据表明，金融抑制与经济增长之间存在负相关关系④。

---

① 丁志国、徐德财、赵晶：《农村金融有效促进了我国农村经济发展吗》，《农业经济问题》2012 年第 9 期，第 50~57 页。

② 王小华、温涛、王定祥：《县域农村金融抑制与农民收入内部不平等》，《经济科学》2014 年第 2 期，第 44~54 页。

③ 徐璋勇、杨贺：《农户信贷行为倾向及其影响因素分析——基于西部 11 省（区）1664 户农户的调查》，《中国软科学》2014 年第 3 期，第 45~56 页。

④ Fry, M. J. Financial Repression and Economic Growth. *Journal of Development Economics*, 1993, 39（1）: 5-30.

综上，在西部地区，普惠金融对绝对贫困的减缓成效显著，表现为可以显著减少农村地区的贫困人口数量，显著降低农户的恩格尔系数，但是对减缓相对贫困与促进经济增长产生了负向作用，西部地区普惠金融的受益者局限于较高收入农户，金融抑制问题突出，所以普惠金融的发展导致了基尼系数的增加，同时我国西部地区尚未形成普惠金融促进农村经济发展的良性市场环境，最终普惠金融的发展反而对经济增长产生了不利作用。但是普惠金融的发展显著促进了东部地区和中部地区基尼系数的下降，并显著促进了东部地区的农村经济增长。

以上结论验证了普惠金融是重要的扶贫脱贫工具，在精准扶贫过程中要持续发挥金融扶贫的引领作用和助推作用；同时，也在一定程度上验证了逐利的金融资本"嫌贫爱富"的现象，西部地区贫困现象严重。相对于东部、中部地区，西部地区有更多的贫穷农户由于缺乏抵押品而难以获得贷款，导致注重效率的金融资本在配给上更倾向于富裕农户，仅使部分富裕农户受益，结果使得普惠金融对富裕农户的增收效应要远大于对贫穷农户的扶贫效应，表现为西部地区农户相对贫困的加剧，对农村经济增长的作用也将是十分有限和难以持续的，上述分析表明我国农村普惠金融的实施仍然存在严重的目标偏离问题，尤其在西部地区。

五　本章小结

本章利用西北大学中国西部经济发展研究中心数据库中的农户微观调研数据，使用模糊断点回归方法，主要对我国西部地区农村普惠金融的贫困减缓效应和经济增长效应进行了实证检验。研究结论如下。

农村普惠金融在西部地区的发展，虽有利于绝对贫困水平的下降，但却加剧了相对贫困，并对经济增长存在一定的抑制作用。

利用东部地区与中部地区的数据进行对比分析，发现在东部地区，农村普惠金融的发展有助于缓解相对贫困，并有效地促进了经济增长；在中部地区，农村普惠金融的发展虽有利于降低相对贫困水平，但对经济增长的促进效应并不明显。这说明农村普惠金融的发展在减缓贫困、促进经济增长方面存在较为明显的区域差异性。

第五篇 | 提升路径

▶ 本篇依据前述对西部地区金融发展质量的测度评价及影响因素分析，重点对西部地区金融发展质量提升的制约因素进行归纳，并在此基础上提出西部地区金融发展质量提升的路径。

第十四章
西部地区金融发展质量提升的制约因素

由前述各章对西部地区金融发展质量的评价分析可知，近年来西部地区金融业对区域经济社会发展及环境改善的贡献持续增大，金融发展质量获得了显著提高。但西部地区作为我国的经济落后地区，依然存在诸多制约金融发展质量提升的因素。本章对此进行归纳分析，为进一步提升西部地区金融发展质量提供依据。

一 西部地区金融资源依然稀缺

金融资源是金融发展的前提和基础，也是保证金融发展质量的重要条件。虽然近年来西部地区金融资源规模在快速扩大，但金融资源依然稀缺，既体现在金融资源的绝对规模上，也体现在金融资源的相对规模上。

（一）西部地区金融资源绝对规模与其经济地位极不相称

金融资产额与社会融资额是衡量金融资源规模的两个核心指标。表14-1是2006~2018年西部地区金融资产额、社会融资额、GDP占全国的比例情况。

表14-1 2006~2018年西部地区金融资产额、社会融资额、GDP占全国比例

单位：%

年份	金融资产额占比	社会融资额占比	GDP占比
2006	13.83	13.12	18.65
2007	11.92	12.38	18.50
2008	14.64	15.34	19.25
2009	12.87	15.24	19.65

续表

年份	金融资产额占比	社会融资额占比	GDP 占比
2010	15.36	13.80	20.28
2011	16.27	15.83	21.26
2012	16.88	15.22	21.95
2013	16.63	21.86	21.43
2014	16.73	23.22	21.70
2015	16.00	20.60	21.50
2016	15.65	16.85	21.04
2017	15.92	16.91	20.67
2018	16.44	17.34	20.45

资料来源：根据《中国统计年鉴》（2007～2019 年）和中国人民银行发布的《中国区域金融运行报告》（2007～2019 年）相关数据计算。

由表 14-1 可以看出，2006～2018 年，西部地区金融资产额与社会融资额占全国的比例虽然在持续上升，但与西部地区经济总量占全国的比例极不相称。截至 2018 年，西部地区 GDP 占全国的比例已达到 20.45%，但西部地区金融资产额及社会融资额占全国的比例分别仅为 16.44% 和 17.34%。金融资源规模的占比远远低于其经济总量的占比，表明西部地区金融发展没有与全国保持同步，而存在较为明显的滞后性。西部地区金融资源规模较小，不但不利于金融业自身的发展，还使得金融支持实体经济的功能不能有效发挥。如何扩大并保持与经济发展相适应的金融规模，是西部地区金融发展过程中需要面对和解决的重要问题。

（二）西部地区金融资源相对规模滞后于全国平均水平

对于金融资源的相对规模，我们可以用金融相关率来衡量。表 14-2、图 14-1 是 2006～2018 年西部地区与全国金融相关率的比较及变化情况。

表 14-2　2006～2018 年西部地区与全国金融相关率

年份	2006	2007	2008	2009	2010	2011	2012	2013	2014	2015	2016	2017	2018
西部	1.16	1.53	1.14	1.35	1.52	1.33	1.37	1.41	1.59	1.81	1.81	1.86	1.84
全国	1.56	2.38	1.49	2.06	2.00	1.73	1.78	1.82	2.07	2.43	2.43	2.41	2.29

资料来源：根据前文有关数据表格计算。

图 14-1 2006～2018 年西部地区与全国金融相关率变化情况

资料来源：根据前文有关数据表格计算。

由表 14-2、图 14-1 可以看出，从动态变化来看，2006～2018 年西部地区金融相关率快速提升，且变动态势与全国基本保持一致；但若从静态比例来看，西部地区金融相关率与全国水平一直存在很大差距，且差距还存在继续扩大的趋势。2006 年西部地区金融相关率低于全国水平 0.40；到 2010 年差值扩大到 0.48；到 2018 年差值为 0.45。这表明，西部地区金融资源在相对规模上同样远远滞后于全国平均水平。

（三）西部地区与东部地区相比金融机构数量差距呈现拉大趋势

作为金融产品和服务的供给方，一个地区金融机构的发展情况能够在一定程度上决定一个地区的金融资产规模。2006～2018 年的 12 年间，西部地区金融机构的发展始终落后于东部地区，且从时间维度来看，东部、西部地区金融机构数量之间的差距还在日益扩大（见图 14-2）。

首先，从银行业营业网点数量来看，东部、西部地区拥有的银行业营业网点数存在较大差距。2006 年，东部地区拥有的银行业营业网点数是西部地区的 1.44 倍；2010 年和 2018 年，东部地区拥有的银行业营业网点数分别是西部地区的 1.46 倍和 1.49 倍。

其次，从证券公司总部数量来看，东部、西部地区证券公司总部数量差距较大。2006 年总部设在东部地区的证券公司数量是设在西部地区的 3.55 倍；2010 年，总部设在东部地区的证券公司数量是设在西部地区的 3.94 倍；到 2018 年总部设在东部地区的证券公司数量是设在西部地区的 4.79 倍。12 年间差距扩大了 1.24 倍。

最后，从保险公司总部数量来看，西部地区远远少于东部地区，且这种差距比银行业营业网点数量、证券公司总部数量的差距都要大。2006年，总部设在东部地区的保险公司数量是西部地区的11.57倍；2010年，总部设在东部地区的保险公司数量是西部地区的12.50倍；2018年，总部设在东部地区的保险公司数量是西部地区的9.00倍。12年间差距缩小了2.57倍。2018年，总部设在西部地区的保险公司仅为18家，比东部地区少144家。

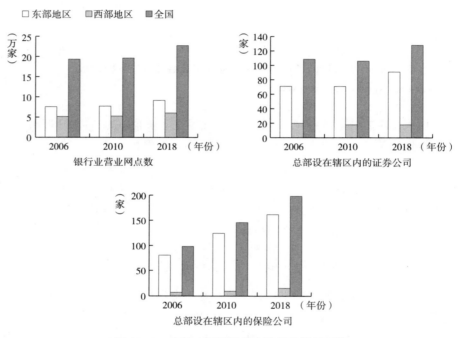

图14-2　东部、西部地区金融机构数量对比

资料来源：中国人民银行发布的《中国区域金融运行报告》（2007年、2011年、2019年）；Wind数据库。

另外，除上述传统金融机构数量较少外，西部地区新型金融组织发展较为缓慢，如互联网金融、民营金融等的发展也都远远滞后于东部地区。

二　西部地区金融资源配置结构不合理

从西部地区不同类型的金融工具与金融机构以及相对规模来看，西部地区金融资源配置结构不合理主要体现在金融组织体系结构不合理、金融资产结构不合理、融资结构不合理三个方面。

（一）西部地区金融组织体系结构不合理

总体上看，西部地区金融组织体系以传统金融机构为主，以互联网金融机构为代表的新型金融组织发展滞后。到目前为止，西部地区无一家如支付宝、财付通、百度金融等具有一定影响力的新型金融组织。而传统金融机构又以银行业金融机构为主体，非银行业金融机构占比相对较小。以 2018 年的统计数据为例，总部设在西部地区的证券公司、保险公司、期货公司及基金公司等非银行业金融机构合计为 56 家，而银行业法人机构有 1430 家，后者是前者的 25.54 倍。同期总部设在东部地区的证券公司、保险公司、期货公司及基金公司等非银行业金融机构合计为 477 家，银行业法人机构为 1759 家，后者仅是前者的 3.69 倍。可见，在金融组织体系结构中，西部地区还以传统的银行业金融机构为主，各类新型金融组织发展严重滞后。

（二）西部地区金融资产结构不合理

表 14-3 反映了西部地区金融资产的内部构成情况。从金融资产构成来看，银行业资产始终占据绝对主导地位。除 2007 年外，以银行贷款余额表示的银行业资产所占比例始终在 70% 以上，在 2013 年达到最高点 81.43%；除 2007 年外，非银行金融资产占比一直在 18% 和 29% 之间。2007 年由于股价大幅上涨，2007 年证券业资产占金融资产的比例达到 12 年中的最高值 40.14%。进一步分析会发现，在证券业资产中，债券资产所占比例一直很小，即使在 2018 年占比达到最高，也不到 4%。这说明，西部地区金融行业资产分布存在严重的不均衡现象。

表 14-3 2006～2018 年西部地区金融资产的构成情况

单位：%

年份	银行业资产占比	证券业资产占比			保险业资产占比	非银行金融资产占比	合计
		股市市值占比	债券资产占比	合计			
2006	80.53	16.84	0.65	17.49	1.97	19.46	100.00
2007	58.27	39.74	0.40	40.14	1.59	41.73	100.00
2008	78.91	17.57	0.87	18.44	2.64	21.09	100.00
2009	72.48	24.57	0.91	25.48	2.04	27.52	100.00
2010	71.92	24.50	1.47	25.97	2.12	28.08	100.00

续表

年份	银行业资产占比	证券业资产占比			保险业资产占比	非银行金融资产占比	合计
		股市市值占比	债券资产占比	合计			
2011	79.04	17.20	1.73	18.93	2.03	20.96	100.00
2012	80.02	15.31	2.79	18.10	1.89	19.99	100.00
2013	81.43	14.04	2.66	16.71	1.86	18.57	100.00
2014	76.50	18.09	3.67	21.76	1.73	23.50	100.00
2015	73.18	21.47	3.60	25.07	1.75	26.82	100.00
2016	76.70	18.51	2.75	21.26	2.04	23.30	100.00
2017	76.64	19.24	1.98	21.22	2.15	23.36	100.00
2018	80.33	13.65	3.84	17.49	2.18	19.67	100.00

注：非银行金融资产占比＝证券业资产占比＋保险业资产占比。

另外，若将西部地区非银行金融资产占比与全国平均水平进行比较，不难发现，2006～2018 年，西部地区非银行金融资产占比始终低于全国平均水平 7～15 个百分点。2007 年西部地区非银行金融资产占比低于全国平均水平 14.75 个百分点，其后差距逐步缩小。到 2018 年西部地区非银行金融资产占比比全国平均水平还低 7.17 个百分点（见图 14-3）。非银行业发展缓慢，与银行业发展极度不均衡，不仅使金融体系内部结构失衡，而且会影响金融体系功能的发挥，制约金融资源配置效率的提高。

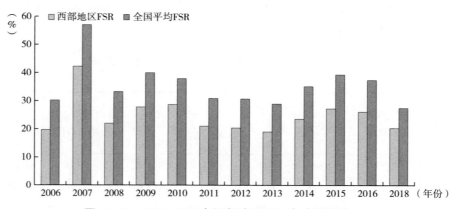

图 14-3 2006～2018 年西部地区 FSR 与全国平均 FSR

注：由于 2017 年数据缺失较多，该图未显示 2017 年情况；FSR 代表非银行金融资产占比。

资料来源：Wind 数据库；中国人民银行发布的《中国区域金融运行报告》（2007～2017 年、2019 年）。

（三）西部地区融资结构不合理

从前文对西部地区金融组织体系结构的分析可以看到，银行业在西部地区金融体系中占据主导地位，资本市场的发展程度与东部地区还有较大差距。因此，西部地区的融资结构以银行信贷等间接融资为主，直接融资的使用较少。2006～2018年，虽然间接融资占比从最高时超过90%降至2018年的不足60%，但仍远高于东部地区。2006年西部地区拥有境内上市公司267家，较东部地区少557家；2018年西部地区拥有境内上市公司474家，较东部地区少2017家。2006～2018年的12年间，西部地区拥有的境内上市公司数增长了77.53%，而同期东部地区拥有的境内上市公司数增长了202.31%，全国境内上市公司数增长了147.86%。可以看到，东西部地区境内上市公司数之间差距在不断扩大。

与间接融资相比，直接融资的资金供求双方联系更紧密，资金配置更灵活，使用效率更高，融资成本也更低，但同时对融资主体的资产水平、盈利能力、资信状况也有更高的要求。因此，以间接融资为主的融资结构主要是服务于以工业化为主的经济发展阶段的一种金融范式。伴随西部地区产业结构的转型升级，尤其是第三产业的发展和科技创新步伐的加快，以间接融资为主的融资结构已不再能完全满足西部地区经济高质量增长阶段的融资需求。

三 西部地区金融生态环境有待改善

金融生态环境不仅表现为一个地区的软环境，而且直接影响该地区的经济金融发展。良好的金融生态环境可以有效促进资金的流动和金融资源的配置。近年来，在西部大开发战略的推动下，西部地区金融生态环境获得明显改善，但是与东部地区相比，金融生态环境仍有待完善。

（一）西部地区经济综合实力较弱

经济综合实力是金融发展的前提和基础，因此它是影响金融生态环境的一个首要因素。自西部大开发战略实施以来，西部地区经济总量虽然取得了超出全国平均水平的快速增长，但总体来看，经济综合实力依然薄弱。一是人均GDP和人均居民可支配收入水平较低。2018年西部地区人均GDP仅为全国平均水平的75.11%，人均居民可支配收入仅为全国平均水平的77.90%。较低的收入水平使金融体系可以动员的资源数量有限，制约了金融规模的扩

大与资源配置效率的提升。二是地方财政力量较弱。2006～2018 年，西部
地区政府财政收支缺口率从 143.91% 提高到 179.84%，2018 年高出全国平均
水平 159.36 个百分点。地方财政的入不敷出，使得其为金融体系资源配置
提供的配套能力有限，对金融发展及其功能的发挥形成了约束。三是固定资
产投资出现严重下滑。2018 年西部地区固定资产投资增长率由上年的 7.88%
下滑至 3.75%，其中，内蒙古、新疆和宁夏三个自治区与上年相比增速出现
了断崖式的下降，内蒙古下降了 28.30%，新疆下降了 25.30%，宁夏下降了
18.20%，是全国全社会固定资产投资负增长的 8 个省（区、市）中下降幅度
最大的三个。这对经济增长高度依赖投资推动的西部地区来讲，经济增长的
前景堪忧。经济增长的快速下滑，会在企业投资预期、消费预期等方面增大
金融风险，对金融发展产生极大负面影响。四是市场经济活力还有待增强。
非国有经济是市场经济活力的重要代表，其发展规模占区域经济规模的比
例是衡量区域市场经济发展活力的重要指标。截止到 2018 年，西部地区非
国有企业资产占企业资产的比例仅为 44.38%，国有企业依然占据主导地位，
这表明西部地区市场经济活力还有待进一步增强。

（二）西部地区法治环境有待进一步完善

法治环境是金融生态环境的重要组成部分，其中立法和执法又是法治环
境的核心。近年来，西部地区在立法和执法等方面取得了显著成绩，但从总
体上看，立法和执法环境离金融稳健发展的要求还存在巨大差距，主要体现
为保障和促进区域金融运行的具体办法较少，甚至当金融机构与当地企业发
生冲突时，司法机构只给出一些模糊的解释。例如，由于资源价格变动等，
西部地区某企业经营困难并出现集体违约现象，当地政府为了追求地区经济
发展，过度保护本地区企业，当地法院对于金融机构对企业的违约起诉不予
立案或者拖延立案时间，这无疑助长了企业恶意逃废债的行为，造成地区信
用环境整体恶化，破坏了公平公正的金融法治环境。

（三）西部地区信用环境亟须改进

西部各省（区、市）信用环境建设的基础不同，信用环境建设的进度和
存在的问题也有所不同。其中，既有共性问题，诸如信用法律法规不健全、
失信惩戒与守信激励机制不完善、企业和居民信用意识不强等，也有部分地
区所特有的问题，诸如金融知识普及度不高、地区整体信用环境恶化等。金
融知识普及度不高的问题更多出现在贫困地区和偏远山区，产生此类问题的

原因是多方面的，地理位置偏远、信息流通不畅、居民受教育程度不高等客观因素使得金融普及的难度加大，而金融机构出于营利性考虑，在此类地区设置网点的主观意愿不强，进一步缩窄了此类地区居民金融知识的接触渠道。

（四）西部地区金融业对外开放力度滞后于金融发展的现实需要

金融对外开放是加速金融发展，提高金融资源配置效率的重要途径。近年来，随着国家西部大开发战略的实施、丝绸之路经济带建设倡议的提出、西部主要城市（成都、重庆、西安）区域金融中心建设的加快以及西部5个自由贸易试验区（四川、重庆、陕西、广西、云南）的设立，西部地区金融对外开放的步伐也在持续加快。但从实际效果来看，开放力度依然滞后于金融发展的现实需要。

一是西部地区外资金融机构数量较少（见图 14-4）。2018 年西部地区外资金融机构营业网点数为 75 家，仅为东部地区的 5.6%。截至 2018 年，西部地区仍然无一家外资法人金融机构，而东部地区的外资法人金融机构已有 40 余家。2018 年西部地区外资金融机构从业人员仅 1906 人，而同期东部地区有 33649 人，是西部地区的 17.65 倍。

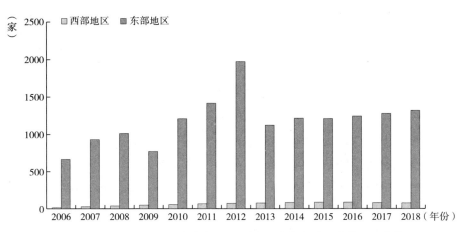

图 14-4　2006~2018 年东部、西部地区外资金融机构营业网点数

资料来源：Wind 数据库。

二是西部地区外资金融机构市场占有率较低（见图 14-5）。2006 年外资金融机构营业网点在西部地区的总资产仅为 107.3 亿元，虽然 2006~2018 年的 12 年间，西部地区外资金融机构营业网点总资产增长了近 8 倍，但由于其起步晚、基数小，直至 2018 年外资金融机构营业网点在西部地区的总资产也仅为 941.3 亿元，而同期外资金融机构营业网点在东部地区的总资产已经超过了 2.85 万亿元，是西部地区的 30.28 倍。

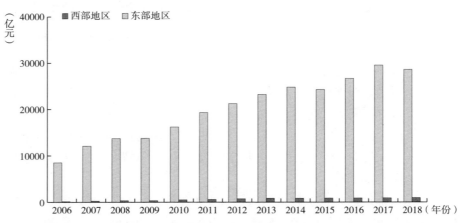

图 14-5　2006～2018 年东部、西部地区外资金融机构营业网点总资产

资料来源：Wind 数据库。

　　西部地区金融开放不足，不仅对西部地区金融发展规模、金融机构成长、金融市场发育及金融结构优化形成约束，制约金融资源配置效率的提升，而且也影响西部地区的引资环境、营商环境，进而影响区域经济增长。因此，加强西部地区金融对外开放，是加快西部地区金融发展的重要内容与重要举措。

四　西部地区金融的贡献率较低

　　金融的本源在于服务实体经济，金融对实体经济发展的贡献是对金融功能发挥程度及金融发展质量进行评价的根本标准。金融对实体经济的贡献体现在多个方面，如经济增长、产业升级、科技创新、社会进步以及环境友好等方面。单纯从金融对经济增长的贡献来说，主要包括两方面：一是金融业作为一个产业，本身创造的增加值构成地区生产总值的一部分，直接推动国民经济的增长；二是金融业作为一个为生产生活服务的特殊行业，通过促进资本形成、推动劳动就业、带动技术进步等拉动其他行业发展，从而间接促进经济增长。从这两方面看，西部地区金融对经济增长的贡献率都远低于东部地区。

（一）西部地区金融对经济增长的贡献率低

　　金融业增加值是地区生产总值的一部分，也是衡量金融业对经济贡献最直接的指标，能够直观地反映金融业对国民经济增长的推动作用。表 14-4

是 2006～2018 年西部、东部地区金融业增加值占全国比例的变化情况。

表 14-4 2006～2018 年西部、东部地区及全国金融业增加值及其占 GDP 比例

单位：亿元，%

年份	金融业增加值			金融业增加值占 GDP 比例		
	西部地区	东部地区	全国	西部地区	东部地区	全国
2006	1352.73	5523.22	9972.30	3.35	4.27	4.54
2007	1768.48	8313.60	15200.00	3.60	5.40	5.62
2008	2266.84	10071.83	18345.60	3.75	5.58	5.74
2009	2856.39	11897.21	21836.80	4.26	6.05	6.25
2010	3378.79	14301.39	25733.10	4.15	6.16	6.23
2011	4313.51	16864.41	30747.20	4.30	6.21	6.29
2012	5580.60	19055.40	35272.20	4.90	6.44	6.53
2013	7265.67	22852.59	41293.40	5.72	7.04	6.95
2014	8318.29	25836.64	46853.40	6.02	7.38	7.28
2015	9683.17	30074.88	56299.80	6.68	8.06	8.44
2016	11168.26	33262.87	59964.00	7.12	8.11	8.26
2017	12549.51	37177.06	64844.30	7.45	8.26	7.79
2018	13325.71	40195.00	70610.30	7.23	8.37	7.68
年均增长率	21.00	17.99	17.72			

资料来源：Wind 数据库。

由表 14-4 可知，2006～2018 年，西部地区金融业增加值的年均增长率达到了 21.00%，分别比东部地区与全国金融业增加值年均增长率高出 3.01 个百分点和 3.28 个百分点，但其占 GDP 的比例始终低于东部地区和全国平均水平。2018 年西部地区金融业增加值占 GDP 的比例为 7.23%，分别低于东部地区和全国平均水平 1.14 个百分点和 0.45 个百分点。这表明西部地区金融业对经济增长的贡献率明显低于东部地区和全国平均水平。

（二）西部地区金融资源投入的边际贡献逐步降低

图 14-6 是西部地区信贷投入、社会融资规模及金融业增加值的边际产出贡献。可以看出，2007～2018 年这三项金融指标的边际贡献均呈现明显下降趋势。其中，西部地区百元信贷投放对 GDP 的边际产出贡献由 2007 年的 133 元下降到 2018 年的 37 元，减少了 96 元；百元社会融资规模对 GDP 的边际产出贡献由 2007 年的 108 元下降到 2018 年的 31 元，减少了 77 元；每

元金融业增加值带来的规模以上工业企业资产总值由 2007 年的 32.03 元减少到 2018 年的 17.24 元，减少了 14.79 元。边际贡献逐步降低不仅意味着金融对经济增长的支持乏力，更意味着金融推动经济增长的后劲不足。

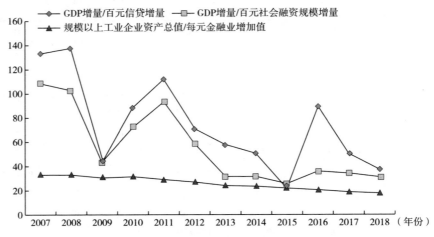

图 14-6　2007～2018 年西部地区金融资源投入的边际贡献

资料来源：中国人民银行发布的《中国区域金融运行报告》（2008～2019 年）；Wind 数据库。

五　西部地区金融发展的稳健性与资产质量较差

风险控制始终是金融发展过程中的首要任务，保持稳健发展与资产高质量是金融发展的基本要求。但近年来西部地区金融业在发展的稳健性和资产质量方面都出现了恶化现象。

（一）西部地区金融发展的波动性呈现增大趋势

在标准的金融学文献中，一般选取金融变量的 5 年移动标准差来衡量某个金融变量在样本区间的波动程度。从金融相关率和社会融资规模占 GDP 的比重两个指标的 5 年移动标准差来看（见图 14-7、图 14-8），在 2013 年以前，西部地区金融波动性要小于全国平均水平，但 2013 年以后，西部地区金融发展的波动幅度逐渐超过全国平均水平。首先，西部地区社会融资规模 /GDP 的 5 年移动标准差虽然呈现下行趋势，但其下行幅度远低于全国平均水平，且 2013 年后，西部地区社会融资规模 /GDP 5 年移动标准差持续高于全国平均水平。其次，西部地区金融相关率的 5 年移动标准差虽然始终低于全国平均水平，但其 2013～2015 年大幅上升后，与全国平均水平的差距日益缩小。这表明，随着金融发展的深入和金融规模的扩大，西部地区金融发展的波动性在增大、稳定性在变差。

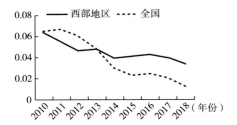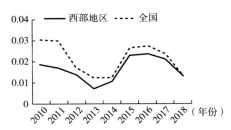

图 14-7　2010～2018 年西部地区社会融资规模 /GDP 5 年移动标准差　　**图 14-8　2010～2018 年西部地区金融相关率 5 年移动标准差**

资料来源：中国人民银行发布的《中国区域金融运行报告》（2011～2019 年）；Wind 数据库。

（二）西部地区银行业不良贷款率偏高

由于银行业在西部地区金融体系中占据主导地位，因此，银行业资产质量状况对西部地区金融业能否稳健运行具有重要影响。2013 年以后西部地区商业银行不良贷款率开始缓慢上升，至 2018 年末西部地区商业银行不良贷款率为 2.37%，较上年提高 0.07 个百分点，高于全国平均水平 0.54 个百分点，高于东部地区 0.30 个百分点，高于中部地区 0.20 个百分点（见图 14-9）。与此同时，西部地区部分中小法人银行机构资本补充压力较大，如 2017 年，仅宁夏就有 7 家银行资本充足率未达标。

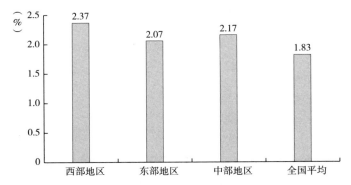

图 14-9　2018 年东部、中部、西部地区及全国平均商业银行不良贷款率

资料来源：中国人民银行发布的《中国区域金融运行报告（2019）》。

　　金融作为实体经济的血脉，金融业稳健运行是经济可持续发展的充分必要条件。尤其是在经济转型升级的关键时期，金融发展的稳健性较差，必然会对西部地区经济可持续发展产生较为严重的负面影响。因此，对于西部地区而言，提升金融运行的稳健性意义重大。

六　西部地区省域间金融发展不平衡的现象严重

　　西部各省（区、市）地理位置、资源禀赋、人口、环境等差异，造成区域经济发展不平衡。而由于资本逐利性，区域经济发展的不平衡导致区域间资金分布和金融发展的不平衡，又会进一步强化、放大区域间经济发展的不平衡。如此反复循环，使得西部地区省域间金融非均衡发展的问题十分突出。

（一）西部地区省域间金融规模的差异性较大

　　虽然近年来青海等金融发展相对落后地区的金融资产增速在西部地区遥遥领先，但由于基数过小，其与四川、重庆等金融相对发达的地区的金融资产规模的差距依然较大。2018 年西部各省（区、市）金融资产总量分布在2000 亿元和 8 万亿元之间，金融资产规模最大和最小的省分别为四川和青海，2018 年四川的金融资产总量已经达到 74945.45 亿元，而青海仅为 2748.00 亿元。四川的金融资产总量为青海的 27.27 倍，且四川的金融资产总量超过了陕西、青海、宁夏、甘肃、新疆五省（区）金融资产之和（见图 14-10）。

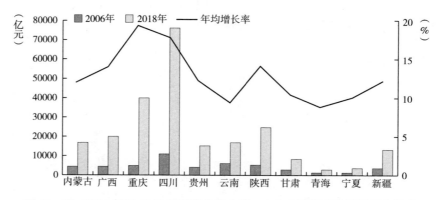

图 14-10　2006 年和 2018 年西部各省（区、市）金融资产总量及变化情况

资料来源：中国人民银行发布的《中国区域金融运行报告》（2007 年、2019 年）；Wind 数据库。

　　除金融资产规模的差距较大外，西部各省（区、市）金融规模之间的差异性还体现在社会融资规模、社会融资规模占 GDP 的比重和金融相关率等数据指标上。在社会融资规模方面，2018 年西部各省（区、市）社会融资规模增量分布在 100 亿 ~ 8000 亿元，社会融资规模增量最大和最小的省（区）分别为四川和宁夏，其中四川的社会融资规模增量已达 8087 亿元，而青海的社会融资规模增量仅为 126 亿元，四川的社会融资规模增量为青海的 64.18 倍。在社会融资规模占 GDP 的比重和金融相关率方面，2018 年青海社会融资规模占 GDP 的比重仅为 4.57%，甘肃社会融资规模占 GDP 的比重为 35.00%，两省相差 30.43 个百分点。2018 年金融相关率最高的青海为 2.83，最低的广西为 1.55，前者为后者的 1.83 倍。

（二）西部地区省域间在金融资产结构和融资结构方面也存在较大差异

若用非银行资产占全部金融资产比重计算的指标 FSR 来衡量金融资产结构，可以看到，2006 ~ 2018 年西部各省（区、市）金融资产结构的差异性始终较大，且各省（区、市）金融资产结构变动的差异性也很大。青海的 FSR 值 2006 年在西部地区中处于第 2 位，到 2018 年处于第 8 位；陕西的 FSR 值在 2006 年时处于西部地区中的倒数第 2 位，而到 2018 年位列第 4。从动态变化上看，2006 ~ 2018 年，陕西和重庆非银行资产占比提升的幅度较大；青海和甘肃是西部地区中两个非银行资产占比下降幅度最大的省份（见图 14 - 11）。

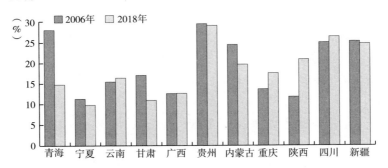

图 14 - 11　2006 年和 2018 年西部各省（区、市）非银行金融资产占比情况

资料来源：中国人民银行发布的《中国区域金融运行报告》（2007 年、2019 年）；Wind 数据库。

（三）西部地区省域间金融效率表现出明显的差异性

金融效率的差异主要体现在金融劳动效率、金融资产效率和金融行业效率三个方面。在金融劳动效率方面，2018 年重庆的金融劳动效率最高，甘肃的金融劳动效率最低，前者金融业增加值与金融从业人数的比值为后者的 3.05 倍；在金融资产效率方面，2018 年新疆的金融资产效率最高，宁夏的金融资产效率最低，前者 GDP 增量与信贷增量的比值为后者的 18.3 倍；在金融行业效率方面，2018 年宁夏贷存比为四川的 1.63 倍，贵州保险赔付率为陕西的 1.41 倍。

（四）西部地区省域间金融发展质量差异显著

1. 青海、宁夏：金融总量小，基础薄弱

青海、宁夏的金融发展进程在西部 11 个省（区、市）（不包含西藏）中处于最后两位。而造成青海、宁夏金融发展落后的最主要原因是金融总量小，金融发展的基础较为薄弱。截至 2018 年末，青海、宁夏金融资产总额分别为 7782.70 亿元和 7772.55 亿元，而西部其他省（区、市）金融资产总额均已超过 2 万亿元。在社会融资规模方面，截至 2018 年，青海、宁夏社会融资规模年增量分别为 126 亿元、529 亿元，而西部其他省（区、市）社会融资规模年增量均已超过 1000 亿元。

从金融与经济的匹配度来看，青海、宁夏的金融资产总额与 GDP 的比值分别为 2.83 和 2.21，均高于四川、重庆等西部金融较发达地区。因此可以说，这两省（区）金融对经济的支撑作用较强，但经济基础薄弱制约了金融总量的扩张。2018 年青海、宁夏的 GDP 分别为 2748.00 亿元和 3510.21 亿元，两者 GDP 合计仍低于西部其他任何一省（区、市）。

2. 甘肃等六个省（区）：金融发展质量不高，结构效率有待优化

甘肃：风险防控压力较大，融资结构失衡。近年来，甘肃银行业金融机构不良贷款率呈现明显的上升趋势。2018 年末，银行业不良贷款率为 5.04%，较 2017 年提高了 1.53 个百分点，是 2006 年的 4.3 倍，高于西部地区和全国平均水平。信用体系建设滞后、监管能力与金融创新发展不适应、地方法人机构管理能力有待提高等问题较为明显。另外，甘肃资本市场发展滞后，社会融资对信贷依存度较高，长期以来，社会融资中银行贷款占比在 80% 左右，直至 2017 年银行信贷在社会融资中的占比才有所降低。甘肃直接融资比重偏低，主要是由于甘肃经济发展落后，符合上市或发债条件的企业稀缺，发债企业主要集中在几家省属骨干企业，上市公司再融资能力也相对较弱。虽然证监会开辟了贫困地区企业上市绿色通道，但由于贫困地区企业主体较少，相关优惠政策未能在甘肃落地。

新疆：金融效率较低，金融资源配置作用未能有效发挥。新疆在金融结

构优化方面成效显著，截至 2018 年，新疆共有 A 股上市公司 55 家，居西北五省（区）第 2 位，仅次于四川。但在金融效率方面，2018 年新疆金融业增加值占 GDP 的比重仅为 5.04%，低于西部地区平均值 2.19 个百分点，可见金融业尚未成为拉动新疆地区经济增长的主要力量。另外，新疆 GDP 增量／信贷增量从 2007 年的 1.33 下降至 2017 年的 0.55，单位信贷增量所创造的 GDP 增量呈现明显的下滑趋势，有限的金融资源还难以有效转化为支持地方经济发展的动力。金融效率较低成为制约新疆金融业向更高水平迈进的主要因素，也表明新疆金融资源配置作用未能有效发挥。

内蒙古：金融服务与中介功能不强。内蒙古地域辽阔，是我国东西最为狭长的地区。以农牧业为主的居民居住较为分散，金融网点难渗透，金融服务不足，尤其是农村金融服务不足的问题比其他省（区、市）更为突出。出于降低经营成本的考虑，商业银行缩减物理网点渐成趋势，2017 年、2018 年内蒙古拥有的金融机构营业网点数连续两年下滑，2018 年较 2016 年减少 304 个。对于金融欠发达地区，物理网点是拓展金融服务的基础，物理网点的缩减必定会对金融服务的覆盖面产生一定影响。除此之外，内蒙古保险业规模较小，证券业发展滞后。以 2018 年为例，内蒙古非金融企业直接融资延续了 2017 年的下降态势，同比减少 83.02 亿元。2016～2018 连续三年无一家 IPO 新增企业。农牧经济过分依赖信贷支持，保险市场和资本市场在农村金融体系中优化资源配置、分散风险的作用也未能有效发挥。

贵州：金融资产质量欠佳，金融风险防控难度较大。一是贵州银行机构的不良贷款率不断上升，2018 年银行业不良贷款虽同比略有下降，但不良贷款率仍为 1.94%。二是存在部分行业和机构的风险向银行传导的潜在可能。如贵州地方负债率和债务率均超过了警戒线，2017 年末贵州地方债务规模为 8607.2 亿元，居全国第 5 位；债务率①为 161%，居全国第 1 位，地方债务风险防控难度较大。另外，贵州小额贷款公司、民间融资担保机构贷款集中度过高，风险管控薄弱，民间融资领域存在一定风险。

广西：建设东盟金融开放门户的基础还有待夯实。广西面向东南亚、紧邻粤港澳大湾区，是海上丝绸之路和陆上丝绸之路的节点，也是中国与东盟各国交流的重要门户。对于广西而言，不仅要实现金融高质量发展，还要建设好东盟金融对外开放的门户。但从目前广西金融业发展现状来看，虽然其

---

① 债务率＝债务余额／综合财力。综合财力为财政收入、转移性收入、政府性基金收入及国有资本预算收入之和。

在推进广西沿边金融综合改革中取得了一系列成绩，但建设金融对外开放门户的基础还有待夯实。这主要表现在以下几点。一是金融门户基础设施建设水平还有待提高，如口岸贸易结算互联互通尚处于起步建设阶段。二是金融主体仍有待丰富。以银行业金融机构为例，截至 2018 年，入驻广西的股份制商业银行仅有 8 家，外资金融机构营业网点仅有 4 家。三是金融稳定情况有待加强。截至 2018 年末，广西不良贷款余额同比增长 78.1%，不良贷款率为 2.64%，较上年同期提高 0.93 个百分点。在新增贷款中，中长期贷款占比较大，"短存长贷"特征明显，期限错配问题严重，流动性有趋紧态势。

云南：金融运行稳健性水平有待提高。与贵州情况类似，云南在金融发展过程中也需要对金融运行的稳健性予以更多的关注。由于金融业自身稳健性较差，当外部环境变化时，风险易集中暴露。以 2017 年为例，云南银行业不良贷款余额为 860.86 亿元，不良贷款率为 3.32%，分别较 2016 年增加 172.92 亿元和 0.4 个百分点，银行风险防控难度加大。2017 年云南银行业计提各项资产减值损失同比增加了 134.63 亿元，但拨备覆盖率却下降了 16.79 个百分点。

3. 四川、重庆、陕西：金融竞争力有待进一步提高，开放创新亟须加强

四川、重庆和陕西三省（市）金融发展较快，处于西部地区发展的第一梯队，金融资产总额均已超过 3 万亿元，金融组织体系基本健全，金融结构日趋优化，既具备了与东部省份竞争的基础，也具备了打造区域金融中心的条件。四川、重庆、陕西不仅要实现金融的高质量发展，还要对标东部发达地区，不断提高金融竞争力，并充分发挥对西部其他省（区）的辐射带动作用。而从目前情况来看，这三个省（市）与东部发达地区相比，金融竞争力还有待提高，构建金融中心的基础还有待夯实，金融资源集聚有限，开放创新力度尚不足。

四川：金融要素市场发展滞后，法人金融机构实力有待提高。要素市场是衡量一个城市金融业发展层次的重要指标，国内外重要的金融中心都拥有较为活跃的要素市场。目前，四川缺乏全国性且有重要影响力的要素市场，区域性产权交易市场不够活跃，交易规模相对较小。除此之外，四川虽然法人金融机构数量众多，但实力不足。如成都锦泰财产保险股份有限公司注册资本金只有重庆安诚财产保险股份有限公司的 1/4，成都银行的资产规模只相当于北京银行的约 14%、上海浦发银行的约 7%。

重庆：金融创新人才缺失。金融人才是金融业的重要支撑，尤其是在金

融创新发展的趋势下，金融人才的集聚对金融中心的形成具有重要的意义。但对于重庆而言，其高等院校数并不占优势，金融人才培养有限，同时，对金融人才的吸引力也有待提升，金融人才流入较少。2018 年，重庆金融人才净流入未进入全国前十名，甚至低于西安、郑州、成都、长沙、南京等省会城市。2018 年发布的天府金融指数分项指数显示，重庆人力资源指数也未进入全国前十名。

陕西：金融业集聚化和金融创新尚显不足。金融机构的集聚是金融高水平发展的基础，也是打造金融中心所必须具备的条件。而目前，陕西还未能有效吸引金融机构，金融业各项指标处于全国中等水平，金融机构数量总体偏少、种类不健全，尤其是非银行业金融机构和金融中介机构数量、规模与陕西金融发展的定位不匹配，资本市场发展不活跃，地方法人金融机构发展缓慢，呈现出散、弱、小的特点。除此之外，陕西金融创新活力不足，尤其是对于科技、资源、文化等陕西优势产业发展缺乏具有创新性的金融支持手段，也未能利用好陕西科技等资源为金融发展服务，尚未能形成金融发展与经济转型的良性互动。

第十五章
西部地区金融发展质量提升的路径

提升发展质量是金融业发展的客观要求，也是经济新常态下我国金融发展的基本方向。本章将依据前述各章的研究结论，提出西部地区金融发展质量提升的基本路径。

一　强化金融服务实体经济的目标定位

习近平总书记在 2017 年 7 月 14～15 日召开的全国金融工作会议上的讲话中指出"金融要把为实体经济服务作为金融发展的出发点和落脚点……金融是实体经济的血脉，为实体经济服务是金融的天职，是金融的宗旨"。

强调金融服务于实体经济，并不意味着将金融业放在被动的从属位置，而是强调金融发展的宗旨是服务于实体经济，并在发展中实现与实体经济的良性互动。结合西部地区经济社会发展实际，西部地区金融支持实体经济的重点应该放在以下几个方面。

（一）着力发挥金融在特色优势产业发展中的资源整合作用

产业是经济增长的支柱，而特色优势产业又是产业发展的关键。近年来，西部各省（区、市）在发展的过程中，初步形成了具有本地区，甚至全国及国际竞争力的特色产业，如在农牧业及农产品加工业、旅游业、矿产品资源开发及能源化工工业、高端装备制造业、软件产业、电子信息产业以及涵盖航空、航天、兵器、电子信息、船舶、核工业、汽车等多个领域的航空航天产业等高新技术产业领域都积累了一定的优势，并形成了一定规模。可以预见，在未来的区域经济发展与竞争格局中，特色优势产业的发展将对西部地区经济增长起着决定性作用。

因此，要提升西部地区金融发展质量，就必须将对特色优势产业发展的支持放在重要位置。充分发挥金融促进并激发生产要素集聚的资源整合作用，将西部地区特色产业已有的生产要素整合，并以国家发改委发布的《西部地区鼓励类产业目录》为主要参考，促进新的生产要素不断加入。具体而言，一方面，金融机构应将支持特色优势产业发展作为传统金融资源配置的重要考量，加大传统金融资源向特色优势产业倾斜的力度，通过传统金融资源的导向作用带动经济资源向特色优势产业集中，促使特色优势产业做强做大，提升其国内外市场竞争力；另一方面，金融机构应该基于特色优势产业的发展特点和金融需求特点，积极开展金融创新，重点关注传统金融资源无法对接或者无法有效对接的产业金融需求，通过开发新的金融产品、提供新的金融服务，更好地促进资本、人力、技术等生产要素向特色优势产业集聚。如创新发展文化金融产品，支持西部地区特色文化旅游产业的发展；创新适应战略性新兴产业的金融工具，拓宽西部地区战略性新兴产业发展的融资渠道；加快科技金融发展，支持西部地区科技创新产业快速成长壮大等。

（二）强化金融对绿色产业发展的助推作用

西部地区既是我国生态系统的重要保护区，又是生态系统的脆弱区。实现西部地区绿色发展不仅是我国区域经济协调发展的战略需要，也是西部地区实现经济稳定增长与可持续发展的永久出路。因此，作为现代经济的核心和资源配置的枢纽，西部地区金融业要实现可持续发展，必须承担起引导和支持经济绿色发展的重要任务，以绿色金融推进西部地区绿色转型。但从以往对西部地区金融资源配置产出的环境友好效率评估中发现，自 2006 年以来西部地区金融资源在配置过程中对绿色产业发展的支持存在弱于其他产业的现象，导致金融资源配置产出的环境友好效率持续下降，从"十一五"期间的"中等效率"区间降为"十三五"期间的"较低效率"区间，这无疑会对西部地区经济社会的长远发展产生不利影响。因此，西部地区金融业应该在未来的资源配置过程中，对绿色产业发展、绿色产品开发以及以绿色发展为目标的相关技术创新给予大力支持。

从引导方向来看，西部地区金融机构应该注重以下几方面：一是帮助传统产业进行绿色升级改造；二是支持绿色环保产业快速发展，如引导金融资源支持西部地区风能、水能等丰富的可再生资源产业化开发；三是支持西部地区生态环境保护。从金融工具创新和使用来看，目前绿色金融产品主要涵盖绿色信贷、绿色债券、绿色资产支持证券、环保权益交易、绿色保险和绿色基金等。西部地区目前仍呈现以间接融资为主的融资特点，使得金融机构在绿色金融工具使用过程中，短期内仍将以绿色信贷为主体，同时积极引导绿色债券和绿色资产支持证券的使用，大力推广绿色保险，探索环境权益交易和绿色基金，并通过多种金融工具、多种融资方式、多种支持途径为西部地区绿色产业发展提供支持，以实现西部地区绿色产业的快速成长。

（三）着力发挥金融对新型城镇化的支持作用

城镇化已成为当今世界反映一个区域社会经济发展的重要指标，城镇化也是一个国家和地区经济迅速发展的必然结果。党的十八大报告提出，要协调城乡区域发展，走中国特色新型城镇化道路，进一步明确了新型城镇化的发展路线。国家统计局发布的数据显示，我国西部地区城镇化率最低，但其提升速度正在加快，这不仅为西部地区金融业的快速发展带来了难得的历史机遇，而且为金融业职能作用的发挥提供了巨大的发展空间。具体而言，金融支持西部地区新型城镇化发展，应该着力于以下几个方面。

1. 支持西部地区新型城镇化中的基础设施建设

基础设施是城镇运行与发展的基本条件，其完备性、配套性及规划的合理性是城镇化有序推动与良性发展的重要前提。西部地区新型城镇化建设的快速推进，必然会产生巨大的资金需求。但西部地区地方政府由于财力薄弱，难以承受如此巨大的资金需求压力，加之基础设施建设周期长、回报率低的投资特点，使其很难与传统的商业性金融相匹配。因此，西部地区金融支持城镇化建设应该以开发性金融为主导，大力发挥开发性金融的积极作用。

2. 支持西部地区城市产业结构的转型升级

新型城镇化与传统城镇化的最大不同在于，它不是简单意义上人口在空间和地理上的集中，而是在人口集中的同时完成城市产业结构的转型升级，并以此为支撑实现进城居民身份的转化及生活方式的现代化。因此，产业转型升级是新型城镇化建设的核心。为此，金融业应该将促使城镇产业转型升级作为对新型城镇化金融支持的重要内容。由于西部地区地域广阔、地理特征及资源特点各异，不同城镇在其区域经济布局中的功能定位与产业特色不同。因此，金融业对新型城镇化建设中产业转型升级的支持应该因城而异，不可"一刀切"。

3. 支持西部地区城乡居民消费升级

新型城镇化所带来的不仅是人口的转移，还包括"市民化"后生活方式的转变和消费的升级。因此，西部地区金融机构在支持新型城镇化过程中，应该对城乡居民消费升级所产生的金融需求予以关注。如部分居民对住房的刚性需求和合理的改善性需求、部分经济较宽裕居民对投资理财的需求、随着风险保障意识的增强部分居民对健康保险和人身保险的需求等。

（四）积极发挥金融在乡村振兴中的助力作用

乡村振兴战略是习近平总书记在党的十九大报告中提出的重大战略，它不仅仅是我国脱贫攻坚战略的重要内容，更是解决新时代中国社会主要矛盾、实现"两个一百年"奋斗目标和中华民族伟大复兴中国梦的必然要求。西部地区是我国的经济落后地区，实现乡村振兴的任务更为艰巨。因此，西部地区乡村振兴目标的实现，更需要金融业的大力支持。

1. 持续加大对"三农"的支持力度

涉农金融机构要加强服务"三农"的意识，充分发挥其机构网点和涉农业务经验丰富的优势，持续加大对"三农"的支持力度。一是农业银行要通过"三农"金融事业部体制机制的建立与完善，积极实施互联网金融服务工程，扩大农村金融服务的覆盖面，提高信贷渗透率；二是邮储银行要发挥网点网络、资金和丰富的小额贷款专营经验优势，以小额贷款、零售金融服务为抓手，突出做好对乡村振兴领域中农户、新型农业经营主体、中小企业、建档立卡贫困户等小微普惠领域主体的金融服务；三是农商行要充分利用其农村金融服务主力军的市场优势，通过推进村镇银行的有序发展，丰富农村金融服务供给渠道；四是股份制商业银行和城市商业银行要结合自身职能定位和业务优势，突出支持重点领域发展，围绕扩大基础金融服务覆盖面、推动城乡资金融通等乡村振兴的重要环节，积极创新金融产品和服务方式，打造综合化、特色化乡村振兴金融服务体系；五是涉农保险机构要积极拓展"三农"保险业务，不断提高风险保障水平，为西部地区乡村振兴战略的顺利实施保驾护航。

2. 明确金融支持乡村振兴的重点领域

结合新时期"三农"问题发展的新情况与新变化，明确金融支持乡村振兴的重点领域，以充分发挥金融的支持效能。一是在巩固脱贫攻坚成果的基础上，将缓解与消除相对贫困作为新时期金融助力脱贫攻坚的主要目标，吸收总结"十三五"金融助力脱贫攻坚的成功经验，继续用好、用足扶贫小额信贷、农户小额信用贷款、创业担保贷款、助学贷款、康复扶贫贷款等优惠政策，推动金融扶贫和产业扶贫的融合发展；二是针对西部地区农业基础设施条件落后的现实，加大对农田水利、农业科技、农产品加工以及冷链仓储物流等基础设施建设的支持力度，为乡村振兴提供基础保障；三是结合西部地区地域特色，助力高效农业、绿色农业、智慧农业的发展，探索农业与旅游、养老、健康等产业融合发展的有效模式，推动农村一二三产业融合发展；四是在做好小农户金融服务的基础上，积极支持家庭农场、农民合作社、农业社会化服务组织、龙头企业等新型农业经营主体的发展，助力构建现代农业生产体系及多种经营模式，推动实现农业节本增效。

3. 稳妥推进金融产品和服务创新

推进农业信贷、担保、投融资等方面产品和服务的创新，是更好满足乡村振兴多样化融资需求的现实需要，也是深入推进金融供给侧结构性改革的内在要求。面对目前农村金融产品品种少与金融服务滞后的现实，需要针对农村资源特色，加强对涉农金融产品的研发设计和服务供给，重点围绕农业产业、乡村特色产业所形成的产业链、供应链，稳妥开发供应链金融产品，加大对链条关键环节的金融支持力度；完善"三农"绿色金融产品和服务体系，通过发行绿色金融债券等方式，筹集资金用于支持污染防治、清洁能源、节水、生态保护、绿色农业等领域；积极拓宽农业农村抵质押物范围，探索创新并依法合规地形成全方位、多元化的农村资产抵质押融资模式，有效打破"三农"发展中的资金瓶颈；加速推进数字技术应用，支持金融机构将大数据、人工智能、物联网等技术运用到"三农"金融服务中，解决供需双方信息不对称和信用风险等问题。

4. 树立以打造区域产业链为核心的金融支持新思路

传统的金融支持以向单个农户提供小额信贷或向农业企业、合作社提供贷款以解决其资金不足为主要方式，这种方式的典型特征是"点对点"，即提供资金的金融机构对资金短缺的单个主体（包括农户、农业企业、合作社）。其优点在于能够做到"精准"；但缺点在于，其"点对点"产生的效应相对有限，且单个主体的发展容易陷入大市场波动的风险之中。因此，金融支持乡村振兴必须树立以打造区域产业链为核心的新思路，即金融机构由支持单个主体转变为支持以村、镇甚至县为对象的产业链。根据具体村、镇或县的自然资源特点，考虑市场需求，规划布局1条或者2~3条主导产业链，将辖区农户、企业、合作社均纳入其中，通过分析农户的能力条件、企业及合作社的产业方向，将其分别布局于主导产业链的各个节点，从而形成集生产—加工—销售—服务于一体的产业体系。在产业链中，具有生产经营能力的农户可以以家庭为生产单位与产业链对接；缺乏生产经营能力的农户则可以进入企业打工，以劳务的形式与产业链对接；企业根据自身的优势，可以是产业链中的生产组织者也可以是加工者，或者是销售者、服务者。以产业链发展为核心的金融支持模式的优势在于：一是可以消除单个农户生产面临的大市场风险，保证农户收入增加的稳定性；二是可以将辖区农户的脱贫致富与乡域、县域经济发展相结合，通过主导产业的培育与发展，加快区域经济的整体发展；三是可以通过发展以产业链为整体的产业链融资，有效降低金融机构信贷风险，减少金融机构向"三农"放贷的后顾之忧。

二 完善金融服务体系以强化金融对经济的支持作用

（一）完善西部地区金融服务的组织体系

完善金融服务组织体系，应以服务西部地区经济高质量发展为目标，力争形成多行业、多类型、多层次及多种所有制金融机构共同发展、功能互补、规范稳健、覆盖广泛、竞争有序的金融组织体系。

1. 培育多元金融主体，增强金融机构实力

西部地区地域辽阔，各省（区、市）在经济发展规模与水平、发展阶段与特征、资源禀赋与经济结构等诸多方面均存在较为明显的差异，这使得西部地区经济社会发展对金融服务的需求呈现多样化的特征。因此，基于优化金融资源配置的原则，西部地区需要培育多元化的金融主体，发挥不同类型金融主体的最大优势，以满足不同特征的金融服务需求。

目前西部地区金融主体结构存在较为严重的失衡现象，表现为以下几点。一是在金融业内部行业结构上，存在银行业与非银行业金融主体结构发展的失衡。2018 年末西部地区银行业金融资产总额占地区金融资产总额的 80.34%，而证券、保险、信托等非银行业金融资产仅占地区金融资产总额的 19.66%。二是在银行业内部，国有银行与非国有银行发展的结构性失衡虽有明显改善，但国有银行资产占比过高的问题依然存在。三是银行业金融机构的城乡分布与区域经济格局严重不匹配，以"三农"为重点服务对象的小型农村金融机构与新型农村金融机构发展严重不足。四是总部设在西部地区的证券公司、保险公司、信托公司、期货公司、基金公司、财务公司等主体数量少、规模小，在部分省（区、市）甚至不存在这些公司。这种严重失衡的金融主体结构，难以满足西部地区经济社会发展对金融服务的现实需求。因此，培育多元金融主体、增强金融机构实力，不仅是完善西部地区金融组织体系的首要环节，而且是提高西部地区金融发展质量和金融资源配置效率的重要举措。

结合西部地区经济社会发展的现实需求，以及现有的金融主体结构现状，西部地区金融主体发展的基本思路是：在进一步提高国有金融机构服务

效率的前提下，重点发展非国有、中小型和非银行类金融机构。一是鼓励和引导民间资本参与设立民营银行等持牌民营金融机构；二是支持本地区大型企业在区域内发起设立金融租赁公司、金融财务公司、汽车金融公司等非银行金融机构；三是争取设立本地法人保险公司、合格证券公司、基金公司等各种类型的金融机构；四是支持地区法人银行的发展，完善地方法人银行的公司治理结构，鼓励法人银行通过引进战略投资者、发行次级债券、混合资本，增强资本实力；五是在大力发展金融机构的同时，鼓励会计师事务所、律师事务所、审计机构、评级机构等金融中介服务机构的发展。

2. 强化政策性金融体系作用

虽然经过西部大开发战略，西部地区的公路、铁路、机场等基础设施建设取得了令世界瞩目的变化，经济社会发展的基础条件获得显著改善，但过去长期形成的东西部地区之间的经济发展差距依然巨大，加之西部地区特有的地理特征、气候条件以及资源特点，西部地区在区域经济竞争中依然处在绝对劣势的地位。因此，单纯依靠市场机制的自发调节很难实现金融资源由具有较高发展水平的东部地区流向经济较为落后的西部地区。金融资源投入是经济增长的首要推动力，对于政府财政状况捉襟见肘的西部地区来讲，加大金融资源的持续稳定流入尤为重要。因此，除了要继续发挥中央政府向西部地区的财政转移支付作用之外，还要进一步强化对西部地区政策性金融的支持作用。因为政策性金融的作用方式既不同于商业金融，也不同于政府公共财政，它可以根据政府的目标，通过准金融的运作方式，有效解决区域经济发展中依靠市场运作难以克服的某些问题，消除瓶颈因素，为要素的市场化流入创造条件。在西部大开发过去的 20 年间，政策性银行凭借国家信用的资源优势，利用国内国际资本市场取得的大量低成本资金，通过贷款、投资和担保等方式为符合西部大开发要求的建设项目提供了大量长期优惠的资金支持，有力地推动了西部地区的经济发展。在西部大开发新的发展阶段，除了应继续发挥政策性银行的积极作用外，还应针对西部地区经济发展水平低、风险大的特点，大力发展政策性保险。通过政策性保险，为西部地区自身经济发展和商业性金融支持西部地区经济发展提供更好的保障。

3. 深化农村金融改革，形成服务无盲区的农村金融体系

党的十九大报告指出，"三农"问题是关系国计民生的根本性问题，必须始终把解决好"三农"问题作为全党工作的重中之重。而西部地区城镇化率低，农业人口占比大，解决好"三农"问题的任务更加艰巨，意义也更为重大。金融作为现代经济的核心，在服务乡村振兴方面具有不可替代的重要

作用。但目前，西部地区面向"三农"的金融服务远远无法满足农村经济发展的现实需要。因此，西部地区要全面推进乡村振兴，确保顺利完成农村改革发展任务，首先要进一步深化农村金融改革，加快健全农村普惠金融体系，为"三农"提供高质量的现代金融服务。一是加快培育与发展小型农村金融机构和新型农村金融机构，增加面向"三农"服务的机构数量，提高金融服务覆盖率，力争金融服务无盲区。二是完善农村支付体系，支持新型农村金融机构通过代理方式办理支付结算业务，确保金融交易便捷、安全，提高清算效率。三是推进农村信用体系形成，降低信用风险和交易成本，优化农村金融业务的资产质量。四是创新农村融资模式，提供顺应农业发展趋势、适应农村发展特点、满足农民发展需求的金融业务。五是丰富农村金融理财产品，满足不同风险偏好的理财需求，帮助农民实现财富保值与增值。

（二）完善西部地区金融市场体系

1. 发展并规范西部地区多层次资本市场

资本市场是直接融资的主要平台，优化融资结构必须以建立发达的资本市场为前提。在我国对公司进入资本市场融资门槛要求全国基本一致的管理体系下，西部地区由于经济发展水平较低、企业规模较小、优秀企业数量少，上市公司数量及融资额占全国的比例均较低，对西部地区融资结构的优化形成严重制约。截止到 2018 年末，西部地区在 A 股上市的公司数量仅为 474 家，占全国上市公司总数的 13.23%，2006～2018 年西部地区上市公司在 A 股、H 股市场上累计筹资额仅占全国累计筹资额的 11.89%，这与西部地区经济总量占全国的比例极不相称。① 虽然为了配合脱贫攻坚战略目标的实现，中国证监会于 2016 年出台了《关于发挥资本市场作用服务国家脱贫攻坚战略的意见》（证监会公告〔2016〕19 号），对注册地在贫困地区的公司上市给予了绿色通道，但 2016～2018 年西部地区新增加的上市公司数仅为 70 家，占同期全国新增加上市公司数 757 家的 9.25%。因此，在现有的资本市场管理制度下，要依靠全国性资本市场来优化西部地区融资结构，无疑具有很大的困难且不现实。基于此，发展并规范西部地区多层次资本市场就成为可行的现实选择。

由于西部地区内部省域间在经济发展水平、经济结构、企业所有制结

---

① 2018 年西部地区 GDP 为 18.41 万亿元，占全国 GDP 90.00 万亿元的 20.46%。

构、金融业发展程度等方面均存在较大差异，西部地区各省域实体经济主体在融资需求、融资能力、融资结构、融资成本承受力等方面均存在差异。因此，西部地区多层次资本市场发展必须体现出"多层次"特点。多层次资本市场发展的核心价值就在于给予不同发展阶段的企业不同的资本市场平台支持，让各类企业都能够享受直接融资的便利。为此，一是要积极推动与支持一批优秀企业上市，并规范已上市企业的经营行为，打造资本市场标杆，为后续企业利用资本市场营造良好环境。二是要大力培育发展区域性股权交易市场，使之成为企业并购重组、股权流通、创投资本退出的交易平台和拟上市企业培育基地。三是要促进私募基金行业规范发展，鼓励上市引导基金、产业并购基金、私募股权投资基金、创业投资基金在西部地区开展业务。四是要重视对地方中介服务机构的培育，提高利用资本市场的能力。五是要依托西部各省（区、市）现有产业优势，整合现有各类交易场所资源，构建具有产业特色、门类齐全、布局合理的要素市场体系。

2. 积极推进西部地区区域金融中心建设

区域金融中心是金融机构集聚、金融信息灵敏、金融设施先进、金融交易发达、金融服务高效的融资枢纽，它能够以其集中起来的大量金融资本为纽带，集聚其他生产要素，从而对该区域及周边区域的经济社会发展产生巨大的推动作用。正因如此，西部地区的重庆、成都、西安都提出建设区域金融中心的目标，如重庆提出建设"长江上游区域性金融中心"的目标、成都提出建设"具有国际影响力的国家西部金融中心"的目标、西安提出建设"丝路国际金融中心"的目标。经过近些年的发展，重庆、成都与西安在向自己金融中心目标迈进的过程中均取得了显著成效（见表15-1）。

表 15-1　2018 年重庆、成都、西安主要金融指标

金融指标		重庆	成都	西安
金融机构数量及人员数量	商业银行支行数量（家）	2396	1937	1782
	保险、证券、基金、期货公司总部数量（家）	11	7	6
	金融从业人员（万人）	18.21	12.47	11.24
金融业务规模	存款余额（亿元）	35651.57	36656.15	20948.18
	贷款余额（亿元）	31425.87	31422.96	19729.82
	保费收入（亿元）	806.24	927.14	478.56
	证券交易额（亿元）	37312.05	84000.01	32892.35

	金融指标	重庆	成都	西安
金融业增加值及其占比	增加值（亿元）	1942.33	1750.15	874.91
	占 GDP 比例（％）	9.54	11.41	10.48
与 2010 年相比年均增长率（％）	存款余额	12.79	11.56	11.24
	贷款余额	14.02	12.62	14.93
	金融业增加值	19.05	18.93	17.77
	保费收入	12.20	15.17	14.86

资料来源：2019 年重庆、成都、西安三个城市的统计年鉴。

由表 15-1 可知，在主要金融指标的规模上，重庆、成都无疑具有较大的优势，而西安的优势相对较小；但从主要金融指标的增长来看，西安在某些方面发展又相对较快。因此，西部地区金融中心的"金三角"似乎正在加速形成。

根据中国（深圳）综合开发研究院对全国 31 个城市金融中心综合实力及专项实力进行研究后发布的"中国金融中心指数"，2018 年重庆、成都及西安的金融实力排名位次见表 15-2。

表 15-2 2018 年重庆、成都、西安金融实力排名

比较项目		位次		
		重庆	成都	西安
综合评价	综合竞争力	8	5	11
	金融产业绩效	9	4	11
	金融机构实力	5	8	11
	金融市场规模	21	12	19
	金融生态环境	11	5	10
专项	法人机构发展	10	8	
	地方法人机构发展	2	9	
	资本市场利用水平		8	
	基金业发展水平		7	
	金融人才集聚	4	6	9
	金融开放发展水平		7	
	金融风险管理水平	10		
	金融政策综合支持		4	6

资料来源：中国（深圳）综合开发研究院课题组主编《中国金融中心指数（CDI CFCI）报告（第十一期）》，中国经济出版社，2019。

可见，若将重庆、成都、西安放在全国范围来看，其金融发展的综合实力与已形成较大规模的其他城市相比仍显得较弱，三个城市在某些项目上的实力还没有进入全国前十位，即使是综合实力排名在全国第5位的成都，其综合指数仅为63.6分，与排在第3、第4位的深圳、广州相比分别相差74.6分和9.9分。因此，西部地区区域金融中心的建设还需要更大的推进力度。

从世界范围内金融中心形成与发展的规律来看，要形成具有较强竞争力的区域金融中心，首先需要明确定位与发展目标，不可求大求全。经过长时期的论证，目前重庆、成都与西安都明确提出了其金融中心发展的目标定位，如重庆定位于"以金融结算为特征的长江上游区域性金融中心"，成都定位于"立足四川、服务西部、具有国际影响力的国家西部金融中心"，西安定位于"立足西安、带动西北、辐射中亚的丝绸之路经济带金融中心"。除此之外，重庆、成都及西安还需要重点加强以下几个方面：一是增加区域经济总量并提升经济活力，为区域金融中心建设奠定坚实基础；二是基于比较优势和互惠发展的原则，构建区域金融中心之间的分工协作与共享机制，提高西部地区整体的金融竞争力；三是根据不同的目标定位，梳理金融产业链，并采取积极有效的支持政策，加快相关产业发展，弥补产业短板，形成完善的金融产业链与产业集群，提高金融中心的吸引力及对周边区域的辐射力；四是加强各区域金融中心之间及其对外的信息交流，构建应对区域性金融风险的金融安全网，提高防范、化解区域金融风险的能力；五是加强金融人才队伍建设，为金融中心的快速推进与发展提供人才保障。

3. 积极融入国内外资本市场，分享市场开放与扩张带来的巨大收益

当前国内外资本市场与之前相比发生了很多实质性的变化，最主要的表现就是市场发展日益规范和各市场间更加互联互通。发生在资本市场领域的积极变化，使得资本市场的资源配置效率显著提高，不仅为企业投融资提供了更多便利，也为企业成长提供了更多的机遇和可能。因此，西部地区应加强对优质上市后备企业的培育与辅导，推动更多符合条件的企业在境内外交易所上市挂牌；积极推动上市企业通过并购重组、定向增发等方式，加强资源整合；鼓励上市公司建立市值管理制度，并通过增发、配股、发行公司债等方式开展再融资；鼓励各类市场主体利用债券市场融资，探索开发新型债务融资工具，让更多企业通过资本市场的支持做优做强。

（三）构建西部金融健康发展的金融监管体系

由于东西部的金融发展处于不同的阶段，若采取完全相同的金融监管政策，既不利于东部地区金融业的深化创新，也不利于西部地区金融业的追赶发展。因此，应对西部地区采取差异化的监管政策，推动我国各区域金融业协调、健康发展。

1. 准备金率的差异化

准备金率最初为中国人民银行管理商业银行流动性的工具，但随着监管技术的发展，银行流动性监管指标日趋增多，准备金率逐步转变为中国人民银行宏观调控的重要工具。尤其是差异化准备金率的实施，使货币政策调控更加精准。而此前差异化的准备金政策主要用于对特定行业和领域的支持，差异化准备金率的实施有力地加大了金融对中小微企业等的支持力度。可以比照准备金率的机构差异化，探索准备金率的区域差异化。通过对西部地区实施差异化的准备金率，合理分配货币总量供给，调整国内资金分布，平衡东西部地区流动性，增加对西部地区的信贷支持。但由于存款准备金率的变动在影响金融机构可用资金的同时，还会影响公众预期和货币乘数，因此，对西部地区实施差异化准备金率时，不能"一刀切"，应尽量缩小差异化范围，并结合结构差异化稳步实施。

2. 机构设立门槛的差异化

由于东西部地区经济金融实力存在巨大差距，金融机构发起设立的股东对相同资本金等的承受能力大不相同，金融机构的盈利外部环境也存在较大差距，导致目前西部地区法人类金融机构和金融机构网点绝对量都远低于东部地区。因此，可考虑各地区经济发展水平的差距，降低西部欠发达地区金融机构的设立门槛，如适当降低法人机构设立的资本金要求，制定优惠政策吸引金融机构到西部欠发达地区设立分支机构。

3. 监管标准的差异化

一方面，西部地区金融业务较为单一，金融业多元化、创新性与东部地区有较大差异；另一方面，部分金融机构在西部欠发达地区的投入具有一定的政策性。因此，可以考虑对西部欠发达地区和承担政策性业务的金融机构实行差异化的考核和监管，创新能够反映区域差异和业务性质差异的监管工具，为西部地区金融业发展提供良好的监管环境。

4. 金融机构税收政策的差异化

与货币政策相比，财政政策在结构性调节方面更具有优势。因此，在支持西部地区金融发展过程中，也应该充分发挥财政政策的作用，尤其是税收的调节作用。对西部欠发达地区金融机构实行优惠税率，引导金融资源加大对欠发达地区的支持；给予在西部地区新设立的金融机构一定时间的税收优惠，吸引金融机构在西部地区的入驻与集聚。

三　深化金融供给侧结构性改革以优化金融结构

习近平总书记在中央政治局第十三次集体学习时强调，未来一段时间要深化金融供给侧结构性改革，平衡好稳增长和防风险的关系，增强金融服务实体经济能力，推动我国金融业健康发展。而对于如何深化金融供给侧结构性改革，习近平总书记首先提到要以金融体系结构调整优化为重点，优化融资结构和金融机构体系、市场体系、产品体系，为实体经济发展提供更高质量、更有效率的金融服务。西部地区作为金融发展的落后地区，金融发展不平衡、不充分的问题更为突出，要更加积极地推进金融供给侧结构性改革，推动金融高质量发展，将优化融资结构、金融机构结构、金融行业结构、金融产品结构落到实处。

（一）优化融资结构

西部地区融资结构不均衡问题较为突出，主要表现在两个方面。一是直接融资与间接融资发展不平衡，直接融资发展显著滞后于经济发展需要，成为制约金融服务实体经济的短板。二是金融资源过多集中于国有企业和大型企业，非国有企业和中小微企业融资比例偏低，不利于激发经济活力。因此，西部地区在深化金融供给侧结构性改革、优化融资结构过程中，也需要从两方面入手。一方面，发展多层次的资本市场，发展股权融资、权益融资、风险投资等直接融资方式，降低债务融资占比。另一方面，引导金融资源更多地流向民营企业、中小微企业以及"三农"领域。

（二）优化金融机构结构

当前西部地区以大银行为主体，中小银行业务规模过小，与实体经济融资需求不匹配。因此，要积极推动金融机构差异化定位。一方面鼓励大型银行积极开展普惠金融业务，下沉机构网点；另一方面鼓励设立与发展中小型金融机构，增加中小型金融机构的数量与业务比重，发展专注小微金融服务的中小型金融机构，同时支持地方金融机构的发展，促进城商行、农商行、农信社、村镇银行等地方金融机构回归本源，加大对地方经济发展的支持力度。另外，也可吸引外资金融机构到西部地区发展，不断提升西部地区金融机构活力。通过构建多层次、广覆盖、有差异的银行体系和信贷市场体系，消除金融服务盲区，更好地满足多样化的金融服务需求。

（三）优化金融行业结构

西部地区的金融行业结构较为单一，银行业在西部地区金融业中占据主导地位，证券、保险、信托等非银行金融业所占比例低、规模较小，相应的金融功能也未得到有效发挥。西部地区推进金融行业结构优化，要从加快非银行金融业发展入手，除支持本地证券公司、保险公司、信托公司及融资担保公司做大做强之外，积极吸引国内外知名的证券公司、保险公司、信托公司、基金公司、期货公司等各类型金融机构到西部地区发展，逐步增加非银行业金融机构的数量占比。通过发展壮大证券行业，为西部地区经济建设提供更好的资本市场中介服务；通过发展壮大期货行业，为西部地区涉农企业和资源型企业利用期货市场套期保值和风险管理提供条件；通过发展壮大基金行业，激活西部地区投资市场，为企业投融资及城乡居民财产性收入的增加提供便利；通过发展壮大保险行业，为西部地区经济发展提供风险保障。

（四）优化金融产品结构

西部地区金融产品市场发展深度相对不足，金融产品种类不够丰富，具有充分价格发现和风险分散功能的金融产品稀缺。在金融服务方面，西部地区不仅服务专业化程度欠缺，而且同质化现象比较严重，居民多元化、个性化的资产配置需求难以得到满足，导致居民储蓄率过高、房产在居民财富中的占比过高等。因此，对于西部地区而言，深化金融供给侧结构性改革的重要一步就是要推进金融产品供给，优化金融产品供给结构，丰富居民和企业的投资渠道，增加不同风险、不同期限、不同类型的金融产品供给，满足不同层次、不同人群对金融产品的不同需求。同时，提高城乡居民的金融风险辨别能力，增加居民对金融产品的了解，有效降低各种非法金融活动发生的概率及带来的危害。

四 以服务实体经济为出发点推动西部地区金融业效能的全面提升

（一）树立本源意识，加大金融业对实体经济的支持力度

1. 从满足实体经济融资需求出发，逐步加大对实体经济的资金投入力度

金融回归本源、支持实体经济发展是金融业发展的本质要求。而要加大金融对实体经济的支持力度，首先，需要从实体经济的需求侧出发，完善金

融供给，使金融结构与实体经济结构相吻合；其次，根据实体经济产业部门对资金的需求特点、生产周期等，创新金融产品，加大对实体经济的信贷支持力度；再次，提高地区贷存比，确保更多的资金用于支持当地经济发展；最后，完善储蓄向投资的转化机制，引导储蓄资源流入投资效率较高的行业及企业，提高地区储蓄投资转化率。

2. 加快金融基础设施建设，提高金融服务需求满足率

积极推动西部地区各类支付机构发展电子支付业务，培育与发展地方性第三方支付机构，并推广以电子商业票据为主的其他票据；改善西部地区农村支付环境，支持新型农村金融机构通过代理方式办理支付结算业务；加快推进多层次融资担保体系建设，探索组建各种形式的担保共同体；建立健全担保机构风险补偿机制，鼓励担保行业积极开展业务创新，支持实体经济发展；加强西部地区绿色金融基础设施、文化金融基础设施、普惠金融基础设施、科技金融基础设施等特色金融基础设施的建设，不断提高西部地区金融服务需求满足率。

3. 加快保险业创新，为实现社会经济发展提供风险保障

保险业具有经济"助推器"和社会"稳定器"的功能，在西部地区经济新旧动能转换和产业转型升级的关键时期，经济增长、民生保障、社会治理等各方面对风险管理的需求都日益增多。西部地区应加快保险业的创新发展，以小额贷款保证保险、科技保险和出口信用保险为载体，支持实体经济发展；聚焦民生社会事业，大力发展符合人民群众需求的商业健康保险；加快发展社会保障、医疗、公共安全等领域的责任保险，推动农业保险使用全覆盖；大力发展保障型和长期储蓄型保险产品，为经济社会发展提供多层次、多元化的风险保障。

（二）优化信贷资金投向结构，提高金融资源利用的产出效率

由于信贷投向对经济发展具有导向作用，西部地区在信贷投放过程中要关注重要领域的调控导向，区别对待、有保有压、有扶有控，将有限的信贷资源投入重点领域和薄弱环节，提高金融资源利用的产出效率。

1. 优化信贷投向的行业结构，推动西部地区产业结构转型升级

西部地区金融机构在信贷投放过程中，要对不同行业信贷投放区别对待，严格限制对"高耗能、高污染、产能过剩"行业的信贷投放，谨慎对房地产行业和政府融资平台等的信贷投放。加大对与西部地区产业转型升级相关的战略性新兴产业的信贷投放，重点关注特色产业、小微企业的信贷投

放，注重保障民生领域信贷投放，通过发挥信贷投放的导向作用积极推动西部地区产业结构的转型升级。

2. 优化信贷投向的主体结构，有效缓解非国有企业及中小微企业的融资困难

西部地区金融机构在信贷投放过程中，要对不同所有制主体的信贷投放区别对待。在考虑国有企业合理信贷需求的同时，重点关注非国有企业及中小微企业的融资困境。严格落实中共中央办公厅、国务院办公厅印发的《关于加强金融服务民营企业的若干意见》，消除对民营企业融资的隐形壁垒，按照市场化、法治化的原则，扩大对民营企业及中小微企业的有效金融供给，完善对民营企业的政策措施，建立健全长效机制，持续提升金融服务民营企业的质效，充分激发民营企业在西部地区经济发展中的活力和创造力。

3. 优化信贷投向的城乡结构，加大对"三农"的资金支持力度

虽然近年来西部地区农村金融改革发展取得了一定成效，但与城乡对比来看，农村金融仍然是金融发展的薄弱环节。农村信贷结构不平衡、供求矛盾问题也更为突出。金融资源不足必将制约乡村振兴战略的有效实施。因此，西部地区金融机构应加大对农业农村领域的信贷投放，一是加强与政府的合作，通过专项金融产品满足农业基础设施建设资金需求。二是以农业产业化龙头企业、新型农业经营主体为重点，满足农业产业化上下游生产资金需求。三是关注农村文化健康产业发展，满足休闲农业、乡村旅游发展过程中合理的资金需求。

4. 加强对资金运用的管理，有效提高资金利用率

在优化信贷投向结构的同时，西部地区还应引导金融机构加强对信贷资金的管理，严格按照信贷全流程管理的各项要求进行信贷资金投放。贷前要尽职调查，把好准入关；贷中要严格审查，保证信贷发放的合法性、合规性、安全性、效益性，以及与国家经济政策和产业政策的一致性；贷后要经常检查，确保信贷资金的安全性和可回收性。通过对资金运用的科学管理，确保信贷资金使用高效、安全。

（三）加快科技金融发展，强化经济增长动力

随着经济步入高质量发展阶段，经济增长方式正在发生转变，科技创新对经济增长的拉动作用日益凸显。西部地区集聚了一大批有创新实力和能力的科研院所，科技成果非常丰硕，但科技成果在西部地区的转化率并不高。有众多科技成果在西部地区被孕育出来，却最终在东部地区转化落地。其中

一个重要原因就是西部地区金融体系支持科技成果落地的能力不强。党的十九大报告也提出"着力加快建设实体经济、科技创新、现代金融、人力资源协同发展的产业体系"。西部各省（区、市）应引导金融业加大对科技创新的支持力度，大力推进科技金融发展，将科技创新与现代金融两大要素协同起来，通过现代金融服务科技创新，推动实体经济发展。

五　优化金融生态环境为金融业较快发展创造条件

（一）夯实金融发展的经济基础

"经济兴、金融活"，经济发展与金融发展相辅相成，要实现金融的高质量发展，必须要夯实经济发展的基础。针对西部地区经济基础较为薄弱的现实，夯实经济基础，一是要以深化供给侧结构性改革为主线，大力推动经济结构调整和发展方式转变，加快推进产业优化升级，加快培育新的增长动能，打造具有西部特色的创新驱动发展体系；二是要改善供给结构，拓展消费领域，不断增强消费对经济增长的驱动作用；三是要在培育壮大国有经济的同时，加快发展非公经济，增强中小微企业发展活力，为经济金融持续健康发展提供有力支撑。

（二）加快社会信用体系建设

西部地区由于地域广阔，省域及城乡间经济发展水平差异较大，市场意识与文化水平差异明显，信用意识与信用体系较经济发达地区有很大差距，这已经成为西部地区经济金融发展的重要制约因素。因此，加强社会信用体系及信用文化建设对于提升西部地区金融发展质量来讲已刻不容缓。具体来讲：一是加强对经济落后地区城乡居民金融知识的普及教育，树立信用意识，使居民明白银行信贷资金与财政救助资金的性质区别，提高信贷资金使用效率；二是应努力扩大企业和个人记入中国人民银行征信系统或其他征信系统信用信息的范围，并积极扩大信用信息在金融领域的使用范围，提高利用率；三是积极推动西部地区小贷公司、担保公司、典当行等机构信息接入中国人民银行征信系统，提高信用透明度，有效降低其金融活动风险，确保区域金融安全；四是积极研究和探索西部地区社会基础信息中介体系和信用担保体系建设，鼓励发展独立的资信评估机构和征信机构；五是制定对逃废金融债务行为的严格惩戒制度，以充分发挥信用体系在维护社会经济秩序、促进社会经济和谐发展中的职能作用。

（三）健全金融法律制度

为了满足多元化的投融资需求，以弥补与消除正规金融体系存在的服务盲区，金融主管部门出台了多项金融改革及鼓励金融创新的办法，如发展新型农村金融机构、小型农村金融机构、消费贷款公司、小额贷款公司、P2P网贷平台等。但从实践来看，这些金融创新在有效满足多元化投融资需求的同时，也产生了诸多金融风险，威胁着区域金融的稳定与安全。因此，西部各省（区、市）应该在国家金融监管政策框架下，以维护区域金融的稳定与安全为出发点，逐步修订完善地方金融政策法规，确保各类金融机构特别是新兴金融市场主体在设立和运营上受到有力的法律规范约束；极力营造公平、公正的金融法治环境，加强司法机关和金融、公安、工商、税务等部门的配合，提高司法机关处理金融案件的能力和水平，坚决打击各类金融犯罪活动，保护金融企业和从业人员的合法权益；加大金融法律、法规、政策的宣传和教育力度，增强公众法治观念，提高金融风险防范意识，营造促进金融业发展的良好法治氛围。

（四）严控地方政府债务率

近几年，快速飙升并居高不下的地方政府债务已成为威胁整个金融系统及区域金融运行稳定的重要因素，这在经济不发达的西部地区尤为严重。根据任泽平的研究，2018 年末，从以政府债务余额占 GDP 比例衡量的负债率来看，在全国 31 个省（区、市）中排在前 10 位的省（区、市）西部地区占了 8 个，分别是青海（第 1 位）、贵州（第 2 位）、云南（第 4 位）、内蒙古（第 5 位）、宁夏（第 6 位）、新疆（第 8 位）、甘肃（第 9 位）和广西（第 10 位），其中青海达到 61.5%，超过了 60% 的国际警戒线；从以政府债务余额占地方政府综合财力[①] 比例衡量的债务率来看，排在全国前 10 位的省（区、市）西部地区占了 5 个，分别是贵州（第 1 位）、内蒙古（第 3 位）、云南（第 4 位）、青海（第 7 位）和宁夏（第 9 位），其中贵州（149.1%）、内蒙古（130.3%）、云南（109.9%）突破了 100% 的国际警戒线，青海（99.9%）接近国际警戒线。[②]政府债务率过高，举债的可持续性将会显著降低，偿还压力加大，若出现债务集中到期，则容易引发逾期风险，传导至金融领域将对区域金融稳定产生

[①] 政府综合财力＝公共财政收入＋中央转移支付和税收返还＋政府性基金收入。

[②] 任泽平：《中国财政报告 2019：政府债务风险与化解》，泽平宏观，2020 年 1 月 21 日。

巨大冲击。我国地方政府债务的形成有极其复杂的背景原因，既有经济发展和城镇化推进带来的必然原因，也有中央与地方之间财权与事权划分不匹配、预算软约束与政绩考核机制不健全的体制原因，还有经济下行叠加减税降费政策导致地方财政压力进一步加大的政策原因。因此，地方政府债务率的控制与下降是一个长期的过程，需要严格遵循 2018 年中央经济工作会议提出的"稳妥处理地方政府债务风险，做到坚定、可控、有序、适度"的原则，在相对长的时间内以时间换空间，从严整治举债乱象，有效遏制隐性债务增量，在此基础上，通过经济发展，逐步降低政府债务率，为金融业运行提供稳定的外部环境。

六　加强区域内外金融合作以提高金融资源配置效率

西部各省（区、市）经济金融发展存在很大差异，各具优势又各有不足，这就需要区域内各省（区、市）依据比较优势原则，充分发挥各自优势，取长补短，加快推进区域金融一体化建设，实现金融资源在区域内的自由流动和优化配置，从而更好地贯彻落实国家统筹区域协调发展的战略部署，促进区域内各方的经济社会发展。借鉴长三角地区区域金融合作，以及粤港澳大湾区金融合作框架的成功经验，基于目前西部地区金融发展尚处于初级阶段的现实，西部地区加强区域内省际的金融合作可以从以下五方面起步。

（一）建立多层次的信息沟通渠道

信息沟通与交流是西部地区省际金融合作的前提与基础。因此，要加强区域内省际的金融合作，首先要建立和畅通信息的沟通交流渠道。可以尝试建立多元化、多层次、多渠道的信息沟通机制，推进区域金融合作。一是依托行业协会，构建区域内金融机构间的商业信息沟通渠道，推动省域间金融各行业的合作与协调发展；二是推动区域内金融机构之间跨省的业务合作，如联合信贷、信用资料共享等，提高金融机构对区域经济的支持能力；三是加强地方政府间的信息交流，畅通各地方政府间的信息沟通渠道，推动政府层面金融合作意向的达成；四是加强各地金融监管机构之间的协调与合作，构建区域内监管信息共享平台，更好地防范区域内金融风险，共同维护区域内金融稳定。

（二）加强区域内资本市场建设的合作

对全国资本市场利用不足及区域内资本市场不发达是西部各省（区、市）

金融发展过程中面临的共性问题，各省（区、市）虽然也在着力推进本省资本市场的建设，但就目前西部地区金融所处的发展阶段而言，无论是金融需求规模还是金融供给规模都显著偏小，不能有效支撑每一个省（区、市）资本市场的发展。因此，西部各省（区、市）可考虑发挥金融资源规模效应，探索建立多层次的区域性资本市场。一方面，可以促进金融资源的跨省流动，提高金融资源的配置效率；另一方面，可以更好地发挥金融市场的价格发现功能，为企业提供成本更加合理的资金，以及更加切合企业需求的金融服务，尤其是为区域内中小企业和民营企业提供融资便利。

（三）支持区域内金融机构的相互延伸

金融机构的延伸是金融产品和服务延伸最为有效的途径。因此，可以考虑支持和鼓励发达地区金融机构在欠发达地区设立分支机构，通过设立金融机构，将更加多样的金融产品和更加便捷的金融服务延伸至金融欠发达地区。通过金融机构延伸，一方面增加经济金融欠发达地区的金融服务供给，提高欠发达地区金融服务需求满足率，促进其经济社会发展；另一方面实现延伸金融机构的规模经济效应，降低资金成本，提高资金使用效率。但需要注意的是，金融机构延伸过程中应该杜绝"虹吸效应"的出现，即金融相对发达地区金融机构向不发达地区的延伸导致不发达地区金融资源向发达地区流动，使得不发达地区金融资源供给与需求失衡问题进一步加剧。同时，还可尝试借鉴区域金融合作的国内及国际经验，探索跨省各方共同出资组建区域性金融机构，以便更好地服务于区域内经济合作及产业合作，推动区域经济的快速发展。

（四）加强以产业链为纽带的跨区域金融合作

产业是区域经济增长的支撑力量，而打造完整的产业链是推动区域经济快速增长的重要途径。产业链的形成是基于不同区域的资源禀赋及各参与主体的分工优势，因此跨区域形成的产业链是区域间经济金融合作的重要纽带。区域内金融机构可以以产业链为纽带，既通过对产业链上下游企业的金融支持而展开合作，也可以通过对出口导向型企业生产地与口岸地的金融支持而展开合作，还可以通过对产业链不同节点企业的结算、融资而展开合作，从而形成金融机构与产业链节点企业之间以及金融机构之间共生共荣的紧密关系。另外，"一带一路"倡议的深入推进，使处于丝绸之路经济带上的西部各省（区、市）与"一带一路"沿线国家的经济往来不断增多，中欧班列的开通，有效推动了西部地区出口贸易的增长以及资金流动，这为金融机构围绕企业结算结汇方面的合作提供了需求与机遇。

（五）加大金融对外开放，拓展西部地区金融业活动空间

西部地区处于"一带一路"的核心区域，陆路邻国较多，具有金融对外开放的天然优势。西部地区应以"一带一路"倡议为契机，不断加大金融对外开放的力度。一是加大与丝绸之路经济带沿线国家的金融合作力度，积极引进外资金融机构进入西部地区，结合西部地区实际有序开展符合政策的限额内资本项下结算、资本项目可兑换等试点，简化直接投资外汇登记手续，促进跨境投融资便利化。二是区域内金融机构也要拓展涉外金融服务，为西部地区企业"走出去"提供投融资服务。如支持有条件的企业境外上市或发行境外人民币债券，拓宽境外融资渠道；推动设立海外投资基金和开展境外投资业务；为丝绸之路沿线国家间贸易投资提供便捷的结算服务。三是探索建立以服务"一带一路"沿线区域跨境贸易及投融资为重点的跨境金融服务中心，提升多币种交易清算能力。具体包括：加快跨境贸易结算业务发展，引导参与"一带一路"建设的跨国企业在西部地区开展人民币资金集中运营与结算；依托中欧、中亚班列和众多国际航线，推进中波、中德、中哈、中乌等跨境贸易结算；加快发展跨境电子商务结算，推动跨境电商人民币计价结算，不断提高西部地区经济外向型程度。

七　强化金融监管以保障金融业的稳健运行

防范金融风险是构建强大金融系统、保障金融发展质量的前提，深化金融业供给侧结构性改革中的一项重要内容就是防范化解金融风险。西部地区应将防范化解金融风险，特别是防范系统性金融风险的发生作为提升金融发展质量的一项核心工作，既要落实国家层面的宏观审慎监管，也要推进地区层面的微观审慎监管，加强监管协调和风险监测，强化监管约束，牢牢守住不发生系统性金融风险的底线，实现西部地区金融业稳健运行。

（一）牢固树立审慎监管理念，坚决防范系统性金融风险的发生

金融风险的应对不仅需要金融领域的风险防范，还需要从宏观经济整体的视角，全局性、系统性地考虑金融风险问题。西部地区在推动金融发展过程中，应牢固树立审慎监管理念。坚持深化改革，坚持统筹协调，强化金融去杠杆的能力，客观评价金融机构的风险状况，审慎保障流动性的相对稳

定。深化房地产市场的风险管控，密切关注企业和地方政府债务风险，谨防各领域风险传导至金融领域，坚决守住不发生系统性金融风险的底线。

（二）完善监管内容，实现金融监管无盲区

近几年暴露的一些"金融乱象"背后似乎总能发现监管盲区的存在。在金融向混业经营方向不断迈进的过程中，资金在不同监管机构下的主体之间往来，极易"逃过"监管的跟踪，进入监管盲区。为此，西部地区地方金融监管部门应加强与"一行两会"的沟通与合作，比照国务院金融稳定发展委员会，在西部各省（区、市）设置金融稳定委员会；加强监管协调与沟通，完善监管内容，将银行、保险公司、证券公司、信托公司等传统金融机构和P2P、互联网金融、小额贷款公司、商业保理公司等新兴金融业态全部纳入监管范围，构建全范围、全流程、全过程的金融监管框架，为区域金融的稳健运行提供保障。

（三）加强金融机构的内部管理，增强金融业稳健运行的微观基础

严格有效的内部管理是金融机构安全高效经营的基础，与东部地区相比，西部地区金融机构的内部管理能力较弱，尤其是法人农村金融机构，公司治理机制不健全、风险管理能力欠缺、风险管理制度执行不规范等问题普遍存在。西部地区应加强对各类金融机构的监管，尤其是完善地方法人金融机构内部管理的体制机制，健全地方法人金融机构公司治理架构，提高各类金融机构的风险管理能力，强调合规文化，严控内部操作风险，使各类金融机构能够稳健经营，为区域金融稳定奠定良好的微观基础。

（四）构建完善的监管约束机制，提高监管效率

近年来，西部地区金融业发展较快，但金融机构内控不强的问题依然存在，虽然政府监管有效地防范了系统性金融风险的产生，但也存在一定的局限性。由于相对信息优势的存在，现实中可能出现违规者行为隐蔽、监管和查处成本较高、监管主体对违规行为查处的激励动力不足等问题。为此，西部地区应完善和加强社会约束机制在金融监管中的作用，一方面对于金融机构违规行为，明确责任追究制度，大幅度提高违规者的违规成本；另一方面提高信息透明度，培育会计师事务所、律师事务所等中介机构，强化社会对金融业的监督，即既提高金融外部监管的有效性，又促进金融业平稳、健康、高质量发展。

参考文献

一　中文文献

白钦先、谭庆华:《论金融功能演进与金融发展》,《金融研究》2006 年第 7 期。

蔡海亚、徐盈之:《贸易开放是否影响了中国产业结构升级?》,《数量经济技术经济研究》2017 年第 10 期。

常建新、姚慧琴:《陕西省农户金融抑制与福利损失——基于 2007－2012 年 6000 户农户调研数据的实证分析》,《西北大学学报》(社学社会科学版) 2015 年第 3 期。

陈诗一:《中国的绿色工业革命: 基于环境全要素生产率视角的解释 (1980—2008)》,《经济研究》2010 年第 11 期。

丁志国、徐德财、赵晶:《农村金融有效促进了我国农村经济发展吗》,《农业经济问题》2012 年第 9 期。

丁志国、张洋、覃朝晖:《中国农村金融发展的路径选择与政策效果》,《农业经济问题》2016 年第 1 期。

扶明高:《提高金融发展质量,支持现代化经济体系建设》,《新华日报》2018 年 1 月 24 日,第 20 版。

高一铭、徐映梅、季传凤、钟宇平:《我国金融业高质量发展水平测度及时空分布特征研究》,《数量经济技术经济研究》2020 年第 10 期。

何秉孟、李千:《金融改革与经济安全——警惕"金融自由化"对我国金融改革的干扰》,《马克思主义研究》2007 年第 6 期。

贺祥民、赖永剑:《金融发展恶化了中国城市的环境质量吗?——基于 275 个城市的空间动态面板数据模型》,《河北地质大学学报》2017 年第 2 期。

黄志钢:《市场建设对金融发展的作用研究——以江西为例》,南昌大学博士学位论文,2010。

焦瑾璞：《我国普惠金融现状及未来发展》，《金融电子化》2014 年第 11 期。

黎翠梅、曹建珍：《中国农村金融效率区域差异的动态分析与综合评价》，《农业技术经济》2012 年第 3 期。

李俊玲、戴朝忠、吕斌、胥爱欢、张景智：《新时代背景下金融高质量发展的内涵与评价——基于省际面板数据的实证研究》，《金融监管研究》2019 年第 1 期。

李善燊：《地方金融业高质量发展路径研究——以陕西省为例》，《金融发展评论》2019 年第 8 期。

李实：《对基尼系数估算与分解的进一步说明——对陈宗胜教授评论的再答复》，《经济研究》2002 年第 5 期。

刘纯彬、桑铁柱：《农村金融发展与农村收入分配：理论与证据》，《上海经济研究》2010 年第 12 期。

刘海瑞、成春林：《金融发展质量的内涵——基于动力、过程、结果维度的研究》，《南方金融》2018 年第 7 期。

吕勇斌、张琳、王正：《中国农村金融发展的区域差异性分析》，《统计与决策》2012 年第 19 期。

孟兆娟、张乐柱：《金融发展影响收入分配"门槛效应"的实证检验》，《统计与决策》2014 年第 7 期。

〔美〕诺思：《经济学的一场革命》，载科斯等著《制度、契约与组织：从新制度经济学角度的透视》，刘刚等译，经济科学出版社，2003。

任保平、钞小静、魏婕等：《中国经济增长质量发展报告（2015）——中国产业与行业发展质量评价》，中国经济出版社，2015。

任力、朱东波：《中国金融发展是绿色的吗——兼论中国环境库兹涅茨曲线假说》，《经济学动态》2017 年第 11 期。

任泽平：《中国财政报告 2019：政府债务风险与化解》，泽平宏观，2020 年 1 月 21 日。

师荣蓉、徐璋勇、赵彦嘉：《金融减贫的门槛效应及其实证检验——基于中国西部省际面板数据的研究》，《中国软科学》2013 年第 3 期。

孙伟祖：《功能观视角下的金融发展理论及其延伸》，《广东金融学院学报》2005 年第 5 期。

孙玉奎、周诺亚、李丕东：《农村金融发展对农村居民收入的影响研究》，《统计研究》2014 年第 11 期。

王婧磊：《中国农村金融发展与农民收入的关系》，《经济研究导刊》

2012 年第 35 期。

王曙光：《普惠金融——中国农村金融重建中的制度创新与法律框架》，《中国城市金融》2014 年第 4 期。

王文启、郭文伟、曹思佳：《城市房价、金融集聚对产业结构升级的空间溢出效应》，《金融发展研究》2018 年第 12 期。

王小鲁、樊纲、胡李鹏：《中国分省份市场化指数报告（2018）》，社会科学文献出版社，2019。

王小华、温涛、王定祥：《县域农村金融抑制与农民收入内部不平等》，《经济科学》2014 年第 2 期。

王玉、陈柳钦：《现代金融发展理论的发展及计量检证》，《兰州学刊》2006 年第 2 期。

武丽娟、徐璋勇：《支农贷款影响农户收入增长的路径分析——基于 2126 户调研的微观数据》，《西北农林科技大学学报》（社会科学版）2016 年第 6 期。

向琳：《经济新常态下区域金融发展质量动态比较与借鉴》，《金融与经济》2015 年第 8 期。

星焱：《普惠金融：一个基本理论框架》，《国际金融研究》2016 年第 9 期。

徐盈之、管建伟：《金融发展影响我国环境质量的实证研究：对 EKC 曲线的补充》，《软科学》2010 年第 9 期。

徐璋勇、杨贺：《农户信贷行为倾向及其影响因素分析——基于西部 11 省（区）1664 户农户的调查》，《中国软科学》2014 年第 3 期。

徐璋勇：《金融发展质量及其评价指标体系构建研究》，《武汉科技大学学报》（社会科学版）2018 年第 5 期。

杨涤：《金融资源配置论》，中国金融出版社，2011。

于庆军、王海东：《金融产业组织结构与管制模式》，《生产力研究》2005 年第 6 期。

余静文、王春超：《新"拟随机实验"方法的兴起——断点回归及其在经济学中的应用》，《经济学动态》2011 年第 2 期。

余新平、熊皛白、熊德平：《中国农村金融发展与农民收入增长》，《中国农村经济》2010 年第 6 期。

禹钟华：《金融功能的扩展与提升》，中国金融出版社，2005。

张敬石、郭沛：《中国农村金融发展对农村内部收入差距的影响——基于 VAR 模型的分析》，《农业技术经济》2011 年第 1 期。

张志元、李东霖、张梁：《经济发展中最优金融规模研究》，《山东大学学报》（哲学社会科学版）2016年第1期。

郑中华、特日文：《中国三元金融结构与普惠金融体系建设》，《宏观经济研究》2014年第7期。

《〈中共中央关于制定国民经济和社会发展第十三个五年规划的建议〉辅导读本》，人民出版社，2015。

二　外文文献

Abate, G. T., Rashid, S., Borzaga, C., and Getnet, K. Rural Finance and Agricultural Technology Adoption in Ethiopia: Does the Institutional Design of Lending Organizations Matter? *World Development*, 2016, 84：235−253.

Buera, F. J., Kaboski, J. P., and Shin, Y. Finance and Development: A Tale of Two Sectors. *American Economic Review*, 2011, 101（5）：1964−2002.

Chung, Y. H., Färe, R., and Grosskopf, S. Productivity and Undesirable Outputs: A Directional Distance Function Approach. *Journal of Environmental Management*, 1997, 51（3）：229−240.

Cole, M. A., Elliott, R. J. R. and Shimamoto, K. Industrial Characteristics, Environmental Regulations and Air Pollution: An Analysis of the UK Manufacturing Sector. *Journal of Environmental Economics & Management*, 2005, 50（1）：121−143.

Craven, P., and Wahba, G. Smoothing Noisy Data with Spline Functions. *Numerische Mathematik*, 1979, 31（4）：377−403.

Demirguc−Kunt, A, and Levine, R. Finance and Economic Opportunity. World Bank Policy Research, 2008, Working Paper 4468.

Dupas, P., and Robinson, J. Savings Constraints and Microenterprise Development: Evidence from a Field Experiment in Kenya. *American Economic Journal Applied Economics*, 2013, 5（1）：163−192.

Fry, M. J. Financial Repression and Economic Growth. *Journal of Development Economics*, 1993, 39（1）：5−30.

Fukuyama, H., and Weber, W. L. A Directional Slacks−Based Measure of Technical Inefficiency. *Socio-Economic Planning Sciences*, 2009, 43（4）：274−287.

Giuliano, P., and Ruiz−Arranz, M. Remittances, Financial Development, and Growth. *Journal of Development Economics*, 2009, 90（1）：144−152.

Greenwood, J., Sanchez, J. M., and Wang, C. Financing Development: The Role of Information Costs. *American Economic Review*, 2010, 100 (4): 1875 – 1891.

Hahn, J., Todd, P., and Wilbert, V. D. K. Identification and Estimation of Treatment Effects with a Regression - Discontinuity Design. *Econometrica*, 2001, 69 (1): 201 – 209.

Hannig, A., and Jansen, S. Financial Inclusion and Financial Stability: Current Policy Issues. Social Science Electronic Publishing, 2015.

Hansen, B.E. Threshold Effects in Non – Dynamic Panels: Estimation, Testing, and Inference. *Journal of Econometrics*, 1999, 93 (2): 345 – 368.

Henderson, D. J., and Millimet, D. L. Pollution Abatement Costs and Foreign Direct Investment Inflows to U.S. States: A Nonparametric Reassessment. *The Review of Economics and Statistics*, 2007, 89 (1): 691 – 703.

Imbens, G., and Kalyanaraman, K. Optimal Bandwidth Choice for the Regression Discontinuity Estimator. *Review of Economic Studies*, 2009, 79 (14726): 933 – 959.

Kablana, A. S. K., and Chhikara, K. S. A Theoretical and Quantitative Analysis of Financial Inclusion and Economic Growth. *Management & Labour Studies*, 2013, 38 (1 – 2): 103 – 133.

Kempson, E., Whyley, C., and Foundation, J. R. *Kept Out or Opted Out? Understanding and Combating Financial Exclusion.* London: The Polity Press, Cambridge, 1999.

Klaauw, W. V. D. Breaking the Link Between Poverty and Low Student Achievement. *Journal of Econometrics*, 2008, 142 (2): 731 – 756.

Lee, D. S. Randomized Experiments Erom Non – random Selection in U.S. House Elections. *Journal of Econometrics*, 2008, 142 (2): 675 – 697.

Liang, F.H. Does Foreign Direct Investment Harm the Host Country's Environment? Evidence from China. Academy of Management, 2005.

Ma, C., and Stern, D. I. China's Changing Energy Intensity Trend: A Decomposition Analysis. *Energy Economics*, 2008, 30 (3): 1037 – 1053.

Ma, J.Q., Guo, J. J., and Liu, X. J. Water Quality Evaluation Model Based on Principal Component Analysis and Information Entropy: Application in Jinshui River. *Journal of Resources and Ecology*, 2010, 1 (3): 249 – 252.

Markusen, J. R., and Venables, A.J. Foreign Direct Investment as a Catalyst for Industrial Development. *European Economic Review*, 1999, 43 (2): 335 – 356.

Mccrary, J. Manipulation of the Running Variable in the Regression Discontinuity Design: A Density Test. *Journal of Econometrics*, 2007, 142 (2): 698 – 714.

Sadorsky, P. The Impact of Financial Development on Energy Consumption in Emerging Economies. *Energy Policy*, 2010, 38 (5): 2528 – 2535.

Shahbaz, M., Solarin, S. A., Mahmood, H., and Arouri, M. Does Financial Development Reduce CO_2 Emissions in Malaysian Economy? A Time Series Analysis. *Economic Modeling*, 2013, 35 (1): 145 – 152.

Smarzynska, B.K., and Wei, S.J. Pollution Havens and Foreign Direct Investment: Dirty Secret or Popular Myth? World Bank Policy Research Working Paper, 2001.

Tirole, J. *The Theory of Corporate Finance*. Princeton University Press, 2006.

后 记

面对资源约束的日益强化，加快转变经济增长方式，提升经济发展质量就成为我国全面实现小康社会与现代化目标的核心主题。金融业作为资源配置的重要手段及经济社会运行的枢纽，其高质量发展问题就显得尤为重要。

西部地区作为我国经济不发达地区，自西部大开发战略实施以来，金融业获得了快速发展，突出体现为金融资产规模的大幅扩大、金融机构种类的快速增多、金融机构数量的大幅增加以及经济金融化程度的快速提高。但这一切仅表明了西部地区金融业在数量方面取得了巨大成就，但其发展质量如何未知，且截至目前还未有对此问题的系统研究。基于此，本书以习近平总书记在第五次全国金融工作会议上指出的"金融要回归本源"的讲话精神为指导，依据金融功能理论及金融资源可持续发展理论，对金融发展的质量及内涵进行界定，以此构建包含金融规模、金融结构、金融效率、金融功能、金融稳健性五个维度的金融发展质量评价指标体系，从省域和区域整体两个层面对西部地区 2006～2018 年金融发展质量进行系统评价，分析制约金融发展质量提升的主要因素，并以此提出西部地区金融发展质量提升的有效路径，为加快西部地区金融业高质量发展提供参考。

本书是我承担的国家社会科学基金重点项目"我国金融'脱实向虚'的形成机理、资源错配效应及其治理研究"（19AJL010）的中期成果之一，是我及我的博士研究生、硕士研究生合作完成的成果。由我提出研究思路及写作提纲，经多次讨论最后确定。在项目推进及书稿完成过程中，博士研究生王小腾、刘潭承担了大量的组织、撰稿及统稿工作。本书各章初稿撰写者如下：第一、二章由徐璋勇撰写；第三章由刘潭撰写；第四章由王梦、刘潭撰写；第五章由刘潭撰写；第六章由孙倩撰写；第七章由张春鹏撰写；第八章由朱睿撰写；第九章由刘坤撰写；第十章由王小腾撰写；第十一章由徐璋勇、朱睿撰写；第十二章由刘潭撰写；第十三章由武丽娟撰写；第十四章由刘蕾蕾撰写；第十五章由刘蕾蕾、徐璋勇撰写。王小腾承担了所有的指标计算工作；刘潭对第三章至第七章的初稿进行了修改、校正。我对初稿的部分章节在内容上进行了较大幅度的补充与完善。

需要特别说明的是，2019年2月22日，习近平总书记在主持中共中央政治局第十三次集体学习时，就推动金融业高质量发展做出了重要部署；学术界对金融发展质量问题的研究也才刚刚开始。本书的研究仅是对这一问题的初步探索，核心概念的形成及评价指标体系的构建还不成熟，无论在指标体系的构建还是评价方法的选择上，难免存在诸多缺点与不足，恳请学界予以包容及批评指正。

最后，在书稿完成出版之际，感谢西北大学发展规划与学科建设处、社科处、中国西部经济发展研究院及经济管理学院的大力支持！感谢社会科学文献出版社丁凡编辑在本书出版过程中付出的辛勤工作！

书稿在撰写过程中参考了许多前人的研究成果，在参考文献中进行了罗列，但难免会有所遗漏。在此，对所有的成果作者表示衷心感谢！

徐璋勇

2021年8月于西北大学长安校区

图书在版编目（CIP）数据

中国西部金融发展：2006－2018：基于发展质量视角的分析/徐璋勇等著．--北京：社会科学文献出版社，2022.5
ISBN 978－7－5201－9909－4

Ⅰ．①中…　Ⅱ．①徐…　Ⅲ．①区域金融－经济发展－研究－西北地区－2006－2018②区域金融－经济发展－研究－西南地区－2006－2018　Ⅳ．①F832.7

中国版本图书馆 CIP 数据核字（2022）第 047156 号

中国西部金融发展（2006－2018）
—— 基于发展质量视角的分析

著　　者／徐璋勇　王小腾　刘　潭　等

出 版 人／王利民
责任编辑／丁　凡
文稿编辑／陈丽丽
责任印制／王京美

出　　版／社会科学文献出版社·城市和绿色发展分社（010）59367143
　　　　　地址：北京市北三环中路甲 29 号院华龙大厦　邮编：100029
　　　　　网址：www.ssap.com.cn
发　　行／社会科学文献出版社（010）59367028
印　　装／三河市尚艺印装有限公司

规　　格／开　本：787mm×1092mm　1/16
　　　　　印　张：28.5　字　数：490 千字
版　　次／2022 年 5 月第 1 版　2022 年 5 月第 1 次印刷
书　　号／ISBN 978－7－5201－9909－4
定　　价／98.00 元

读者服务电话：4008918866